河南调查年鉴 2024

HENAN SURVEY YEARBOOK

国家统计局河南调查总队　编

Compiled by Survey Office of the National Bureau of Statistics in Henan

中国统计出版社
China Statistics Press

图书在版编目（CIP）数据

河南调查年鉴. 2024 / 国家统计局河南调查总队编.
北京 : 中国统计出版社, 2024. 11. -- ISBN 978-7-5230-0600-9

Ⅰ. C832. 61-54

中国国家版本馆 CIP 数据核字第 2024T5U811 号

河南调查年鉴2024

作　　者 / 国家统计局河南调查总队　编
责任编辑 / 冯诗萌
执行编辑 / 杜珞维
装帧设计 / 李雪燕　王国定
出版发行 / 中国统计出版社有限公司
地　　址 / 北京市丰台区西三环南路甲 6 号　邮政编码 / 100073
电　　话 / 邮购（010）63376909　书店（010）68783171
网　　址 / http://www.zgtjcbs.com
印　　刷 / 郑州豫兴印刷有限公司
经　　销 / 新华书店
开　　本 / 880mm×1230mm　1/16
字　　数 / 820 千字
印　　张 / 25.5　彩页 0.25 印张
版　　别 / 2024 年 12 月第 1 版
版　　次 / 2024 年 12 月第 1 次印刷
定　　价 / 380.00 元

《河南调查年鉴2024》
编委会和编辑人员

编者说明

一、《河南调查年鉴2024》是一部全面反映河南省经济社会发展情况的抽样调查资料年刊。本书收录了全省和市、县（区）2023年经济和社会发展有关方面大量的调查统计数据，以及重要历史年份的全省主要调查统计数据。

二、本年鉴正文内容分为9个部分，即1.调查工作报告；2.农业；3.畜牧业；4.消费价格；5.生产价格；6.农产品价格；7.人民生活；8.全国及各省区市指标；9.大事记（2023）。第2–7部分篇末附有《主要统计指标解释》。

三、资料中所使用的度量衡单位均采用国际统一标准计量单位。

四、本年鉴部分数据合计数或相对数，由于单位取舍不同产生的计算误差未作机械调整。

五、本年鉴各表中，有关对全表的注解均在该表上方，对表中部分指标的注解则在该表下方。凡带续表的资料，对部分指标的注解一律在最后续表的下方。

六、本年鉴表中的符号使用说明："空格"表示该项统计指标数据不详或无该项数据；"#"表示其中的主要项。

七、本年鉴的编辑出版，得到了国家统计局的大力支持和帮助，值此出版之际，特致谢忱！

八、由于编者水平所限，加之编辑时间仓促，本年鉴中不当之处，敬请读者批评指正。

河南调查年鉴编辑部

二〇二四年七月

目　　录

一、调查工作报告

二、农　业

三、畜牧业

四、消费价格

五、生产价格

六、农产品价格

七、人民生活

八、全国及各省区市指标

九、大事记(2023 年)

一 调查工作报告

资料整理：高庚茂

凝心铸魂固根本　强基赋能谱新篇
在新征程上推动河南国家调查工作提质进阶

——在河南国家调查工作会议暨党建工作会议上的讲话

（2024 年 2 月 1 日）

同志们：

这次会议的主要任务是：以习近平新时代中国特色社会主义思想为指导，深入贯彻落实党的二十大和二十届二中全会精神，深入贯彻习近平总书记关于统计工作重要讲话和指示批示精神，认真落实全国统计工作会议暨国家统计局党建工作会议精神，全面总结 2023 年工作，研究部署 2024 年重点任务，持续推进系统党的建设高质量发展。下面，我代表总队党组讲四点意见。

一、凝心聚力、奋楫争先，2023 年工作迈出新步伐

2023 年是全面贯彻党的二十大精神的开局之年，是推进统计现代化事业的关键一年，也是河南国家调查工作奋进新征程、建功新时代的起航之年。我们坚持以习近平新时代中国特色社会主义思想为指导，深入贯彻落实党的二十大精神，精心组织开展主题教育，以提高数据质量为中心，持续深化统计现代化改革，纵深推进全面从严治党，各项工作迈出新步伐，呈现稳中向好、稳中提质、稳中奋进的良好态势。重点抓好了以下十个方面：

一年来，我们高擎思想旗帜，坚定不移用党的创新理论凝心铸魂，主题教育走深走实。一是第一批主题教育成效显著。成立主题教育领导小组，组建工作机构，制定实施办法。举办两期主题教育读书班，深入基层开展专题调研 32 次，形成调研报告 10 篇，在国家统计局“关键小事”调研成果评奖中荣获三等奖和优秀奖。制定 95 项整改措施并已全部整改到位，建立修订制度规范 50 余项。二是第二批主题教育扎实推进。召开主题教育第一批总结暨第二批部署会议，印发工作方案、指导检查清单，完成对全省 62 个市县队现场指导检查全覆盖。各市县队将“四下基层”贯穿主题教育各环节，用心用情解决基层急难愁盼问题，开展“立足岗位作贡献”200 余

次，推进完成重点任务 349 项，为民办实事解难题 100 余件。主题教育开展以来，中央第十八巡回指导组、国家统计局主题教育巡回督导组来豫现场督导 13 次，康义局长、毛盛勇副局长先后到河南总队督导，对河南总队主题教育开展情况给予充分肯定。

一年来，我们胸怀"国之大者"，不折不扣推动党中央重大决策部署落实落地，防治统计造假有力有效。一是法治理念不断厚植。深入学习贯彻习近平法治思想，建立完善 9 项统计法治制度文件，组织 11 次专题学习，开展形式多样的普法宣传。聚焦法治政府建设考核目标，完成工作任务 34 项，推动河南国家调查工作在法治框架下高效运行。二是专项任务落地见效。组织开展防惩统计造假弄虚作假工作情况专题调研，制发贯彻落实习近平总书记关于防治统计造假重要批示精神、贯彻落实国务院专题会议精神等 4 项任务清单。4 项清单合计 56 项具体举措中，23 项限时任务已全部完成，33 项长期任务深入落实，防治统计造假的堤坝防线日益稳固。三是执法监督精准有力。组织开展历年统计执法监督检查发现问题及查办情况梳理检查，确保历史遗留问题"清仓见底"。分两轮对 9 个市级国家调查队、20 个承担国家调查任务的县级统计局开展统计执法监督检查，不敢造假、不能造假、不想造假的统计生态逐步形成。四是执法队伍迅速壮大。在 2023 年国家统计执法证考试中，全系统共 254 人参加考试，150 人考试合格，通过率近 60%，参考人数和通过人数均位居全国调查队系统第一。

一年来，我们树立和践行正确政绩观，持之以恒在主责主业上聚焦用力，数据质量管控有方。一是常规调查扎实推进。严格执行国家统计调查制度，各项常规监测调查高质量开展，全面从严治党民意调查等专项调查任务圆满完成，全年批复同意地方统计调查项目 17 项。经省政府同意，印发通知、高位推动，完成全省 5.5 万个村级单位、近 130 万家养殖户的主要畜禽样本轮换工作。二是基层基础持续巩固。制定方案、统筹协调，稳妥推进市县队同城整合。加强住户、价格、农业农村等新一轮调查样本管理，组织对 55 个市县级统计调查机构、322 个样本村、1195 个调查对象的源头数据质量检查。召开辅调员管理工作座谈会，举办辅调员业务能力提升培训班，首创编印《优秀辅调员先进事迹汇编》，拨付近 10 万元对优秀辅调员进行表彰。三是外部环境拓展优化。积极争取地方党委政府支持，省长王凯、省委副书记孙梅君、常务副省长孙守刚等领导多次对总队工作作出指示批示，支持保障国家调查队更好发挥独立调查、独立上报、独立监督职能。副省长李酌到总队调研工作，看望慰问干部职工。分别与省农业农村厅、人社厅签订合作框架协议，与省统计局、工信厅等近 10 家单位座谈交流 20 余次，与河南农业大学、河南财经政法大学等高校开展深层次合作。

一年来，我们主动创新求变，积极探索智慧统计建设基层新实践，统计现代化改革蹄疾步稳。一是制度创新多点突破。采购经理调查积极探索扩样后的指数编制方法改革，生猪调查建立与牧原集团等企业总部信息共享机制，农业农村、居民收支、劳动力、房价等专业与相关部门建立联席会议制度。二是大数据应用持续拓展。积极推动行政记录和大数据在就业、价格、住户等调查工作中的应用，加大扫描数据、网络交易数据和二手住宅网签数据的应用力度。国家统计局《全面深化统计改革工作简报》对河南总队 CPI 电子扫描数据工作给予报道。三是信息技术赋能不断深化。持续推进住户 E 调查 E 记账、劳动力“智慧提醒”APP、OA 移动办公系统等拓展应用，重点打造河南农业农村统计遥感智慧平台、河南国家调查管理服务平台，积极探索 AI 大数据视觉识别技术在畜禽调查中的应用，持续推进河南农业农村统计调查遥感中心建设。《智慧农业》《智慧畜牧业》2 项统计应用成果入选第四届联合国世界数据论坛“中国智慧统计”成果展示。

一年来，我们强化精品意识，充分发挥“主力军”作用和“轻骑兵”优势，统计服务亮点纷呈。一是信息分析量质齐升。完成国家统计局《每日调查》约稿 28 篇，编发《调查信息》186 期、《调查专报》131 期，上报省委、省政府各类经济信息 324 篇次。党中央、国务院领导批示 10 余篇次，省领导批示 60 余篇次。全系统利用新媒体矩阵报送、发布新媒体作品 2500 余篇。《中国信息报》稿件采用量、发行量均创历史新高。二是统计服务及时高效。优化完善河南调查数据服务仓，建设完成第一期河南国家调查数据库，发挥河南国调系统综合调研问卷平台作用，开展各类调研 46 项。夏粮生产期间，总队牵头相关部门 2 天内完成“烂场雨”受灾损失评估，受到国家统计局充分认可和省政府高度肯定。三是课题研究成果丰硕。组织“入百村、访千户”大型专题调研，形成调研报告 59 篇。申报国家统计局课题 12 项，立项总队课题 65 项，1 篇分析报告荣获全国统计分析报告专项业务考核二等奖。参与河南农业强省建设专题研究，受到省政协发文表扬。与河南农业大学等单位联合开展无人机识别小麦穗粒数研究，荣获全国统计重大专项课题优秀等次。

一年来，我们树立鲜明导向，深入贯彻新时代党的组织路线，国调队伍迸发活力。一是班子建设持续加强。组织开展总队机关竞争性选拔，选拔 4 名处级领导干部。从总队机关选派 5 名干部、从地方交流 3 名干部到市县队任职，从市队选拔 11 名处级领导干部，选拔配备 22 名县队科级领导干部，持续选优配强市县队领导班子。二是青年干部管育并重。一批优秀青年干部走上系统各级领导岗位，激励担当作为、重实干实绩的选人用人导向更加鲜明。持续开展系统内公开遴选，分两批选调 2 名副处级领导干部和 20 名青年干部到总队帮助工作、跟班学习，选派 8 名青年干部到国家统计局跟班学习。加强对年轻干部 8 小时之外的监督管理，发现苗头性、倾向性问题，及时介入提醒。三是人才培养成效显著。建立系统分析研究骨干人才库，动态更新应知应会题库，分层分类组织开展教育培训，举办7期“调查学堂”、2期“分享沙龙”，组织开展统计执法、分析研究等6项技能竞赛，连续两年均有1人入选国家统计局统计高层次人才培养工程。在2023年全国统计建模大赛中，总队组建两支参赛队，最终荣获1个一等奖、1个二等奖和优秀组织奖。

一年来，我们突出政治引领，坚定走好“两个维护”第一方阵，党的建设全面加强。一是理论武装不断强化。认真落实“第一议题”制度，召开33次党组会议、22次党组理论学习中心组会议，运用“五级联动”学习机制，深入学习习近平新时代中国特色社会主义思想，跟进学习习近平总书记最新重要讲话指示批示精神。严守党的政治纪律和政治规矩，全年报告重大事项28项。二是党的二十大精神落地见效。分层分类举办4期培训班和2期专题讲座，分阶段组织线上线下同步学习，开展红色微党课、主题征文等活动，推动党的二十大精神入脑入心。聚焦国家统计局贯彻落实党的二十大战略部署21项统计专项任务，制发河南总队贯彻落实方案、任务清单。任务清单42项进度安排中，18项限时任务已全部完成，24项长期任务取得阶段性成果，长效贯彻落实机制初步建立。三是党建基础持续巩固。严格落实“三会一课”、主题党日等组织生活制度，条块结合推进“四强”党支部建设，扎实开展民主评议、评选表彰“两优一先”，完成总队机关党的基层组织及群团组织改选、补选和换届工作，党建课题荣获河南省机关党建研究优秀成果二等奖。四是党建业务深度融合。深入推进“党建+”，组织开展夏秋粮实割实测等兼具国家调查特色、河南区域特色和基层实践特色的党建活动，推动党建与中心工作、重点任务、日常工作深度融合。召开4次动员会暨推进会，一体推进模范机关、清廉机关和全国文明单位创建，在河南省直机关清廉机关创建工作推进会上作典型发言。

一年来，我们坚持严的基调，一刻不停推进全面从严治党，政治生态向善向好。一是政治责任扛稳压实。召开系统全面从严治党工作会议和专题会议，制定多项任务清单并已全部落实到位。定期听取系统各级党组书记、纪检组长履职汇报，开展全面从严治党“两个责任”落实情况督导检查，推动全面从严治党责任层层传递、压力层层传导、任务层层落实。二是政治巡察持续深化。派出4个巡察组完成党的二十届中央任期内总队党组首轮巡察，领导班子成员带队反馈并提出整改要求，扎实做好巡察工作“后半篇文章”。认真对照国家统计局党组2023年巡视发现主要问题，有则改之、无则警示。三是执纪审查严谨规范。全年共接收信访举报69件（含重复举报50件），处置问题线索15件，办结11件，处分处理6人，其中批评教育、诫勉谈话2人，党内警告3人，严重警告1人，严肃查处恶意举报问题，持续释放执纪必严的强烈信号。四是日常监督做实做细。分级做好总队及市队领导干部廉政档案动态更新。综合运用谈心谈话、约谈提醒、督查检查等形式加强日常监督，开展警示教育 4 次，回复廉政意见 238 人次。定期召开总队内部监督工作贯通协同会议，加强与地方纪检监察部门贯通协调。

一年来，我们统筹发展和安全，规范提升系统治理能力和治理效能，综合管理科学高效。一是为基层减负落实落细。严格执行中央八项规定及其实施细则精神，制定贯彻落实具体措施。制定为基层减负任务清单，印发整治形式主义、官僚主义工作方案，大力推动为基层减负。绷紧“过紧日子”之弦，加大经费向调查一线和重点项目倾斜力度。二是安全防线不断巩固。制定出台 10 余项网络和数据安全管理制度，每季度组织安全检查，定期开展安全演练和宣传教育，接受国家统计局网信办现场检查并获高度认可。全年未发生失泄密事件和违反保密规定事项。三是管理效能持续提升。制发《年度工作要点》《重点工作任务分解意见》，统筹运用专项督办、日常调研、工作检查、统计执法以及巡察等形式，聚焦重大部署、重点任务、重要事项进行跟踪问效，确保系统上下令行禁止、同频共振。

一年来，我们深化国家调查工作分级管理，因地制宜推动各地竞相发展，市县工作成绩斐然。郑州队综合施治、持续发力，工作质效全面提升。焦作队、南阳队加压奋进、赶超晋位，各项工作进步明显。开封队在主题教育中开展“日学 1 小时”活动，许昌队在主要畜禽样本轮换工作中成立临时党支部，鹤壁队“为民调查党旗红”被市直工委表彰为优秀党建品牌，系统党建工作亮点纷呈。新乡队“讲好民生故事　打造有温度的数字”特色活动受到广泛好评，安阳队信息服务位列全市中央省属及企事业单位第一，国家调查品牌不断擦亮。信阳队组织青年干部跨省开展专题调研，周口队大力评选表彰优秀骨干，高素质专业化干部队伍持续壮大。洛阳队、漯河队积极争取地方党政支持，办公条件明显改善。襄城、虞城、息县、光山、西平等县级调查队奋发作为、争先创优，在夯实基层基础、做实源头数据和服务地方发展中作出了新的成绩。睢县、新县、兰考、栾川、淅川等县级统计局认真落实国家调查工作部署要求，取得了新的进展。全省各级国家调查队、承担国家调查任务的县级统计局抢抓机遇、各展优势、和衷共济、争创一流的生动局面初步形成。

2023 年，总队在政务管理、财务审计、安全生产、对口帮扶、群团工会以及老干部服务等方面也做了大量工作，取得了积极成效。先后荣获国家统计局创建模范机关先进单位、河南省直机关党建工作考评优秀单位、河南省法治政府建设考核优秀单位、平安河南建设优秀单位、服务河南经济社会发展优秀中央驻豫单位等荣誉称号，在全国会议上作经验交流或典型发言 13 次。在国家统计局 29 项专业考核中，总队共获得 17 个优秀、7 个良好，位居全国调查队系统前列。

同志们，过去的一年，我们用朝耕暮耘换来了一份沉甸甸的成绩单，用精业笃行交出了一份精彩的答卷。这些成绩的取得，是习近平新时代中国特色社会主义思想科学指导的结果，是国家统计局党组和河南省委、省政府正确领导的结果，是各地区各部门大力支持、通力协作的结果，是社会各界特别是广大统计调查对象充分信任、积极配合的结果，更是全系统广大干部职工担当作为、团结奋斗的结果。每一份辛勤的汗水，都值得珍惜，每一个奋斗的身影，都值得铭记。在此，我代表总队党组，向关心、支持、理解河南国家调查事业发展的各地区、各部门、各单位和社会各界表示衷心的感谢！向全系统干部职工致以亲切的慰问和崇高的敬意！

二、拉高标杆、加压奋进，全力推动河南国家调查工作提质进阶

新时代新征程，河南国家调查工作面临的机遇和挑战、肩负的使命和任务都发生了深刻变化。从国家发展全局看，去年底的中央经济工作会议明确指出，必须把推进中国式现代化作为最大的政治，聚焦经济建设这一中心工作和高质量发展这一首要任务，把中国式现代化宏伟蓝图一步步变成美好现实，这是新征程上党的中心工作，更是我们开展所有工作的行动纲领和根本遵循。从统计工作发展要求看，党的十八大以来，习近平总书记先后70余次对统计工作作出指示批示，其中统计数据质量是习近平总书记最为关心重视的统计问题。最新修订的《中国共产党纪律处分条例》将统计造假纳入违反党的工作纪律问题并作出处分规定，去年底国务院常务会议决定将《统计法（修正草案）》提请全国人大常委会审议，国家统计局正在积极推动以中办、国办名义印发关于建立健全防治统计造假制度机制的相关文件。今年全国统计工作会议明确提出，要坚定不移提高统计数据质量，以统计现代化服务中国式现代化。这都对河南国家调查工作高质量发展提出了新的更高要求。从全省发展规划看，近年来，全省正致力于锚定“两个确保”，深入实施“十大战略”、推进“十大建设”，谱写中原更加出彩新篇章。省委、省政府对国家调查工作的重视程度、支持力度日益提升，此次工作会，王凯省长、孙守刚常务副省长又专门作出批示，提出殷切期望。植根中原大地，我们有责任也有义务，为河南经济社会高质量发展贡献国家调查力量。

在看到外部机遇挑战的同时，我们还要对自身工作有清醒的认识。通过多年的改革发展，我们建立了相对独立完善的国家调查业务体系和工作机制，积累了一整套丰富完备且行之有效的经验办法，培育了一支勤勉敬业、自信自强的国家调查队伍，在统计调查系统、中原大地上树立了良好形象，这也是我们在新征程上推动河南国家调查工作改革发展的基础和底气。但对比高质量发展的新要求，当前我们还面临不少困难和问题，需要直面应对。一是高质量发展的基

础还不够牢。从去年考核结果看,河南总队虽然总体位居全国前列,但各专业考核情况不均衡,特别是部分主要专业考核结果并不理想。全省各个地市之间、同一地市的不同县队之间工作开展不平衡,部分队伍之间工作质效差距较大。非国家调查县业务水平不平衡、工作标准不高的现象较为突出。二是推动现代化改革的新质生产力还不够强。统计现代化改革中的河南经验、河南做法相对缺乏,改革创新发源较早、行动不快、被后来者居上的局面还未得到根本扭转。三是全面从严治党向下延伸穿透的力度还不够大。在推动全面从严治党向基层末端延伸上有梗阻,党风廉政建设风险隐患犹存,系统治理、基层治理有待进一步提升。

总的来看,在进入新时代踏上新征程、以高质量发展推进中国式现代化的时代背景下,在全国调查队系统千帆竞发、百舸争流、你追我赶的竞争态势下,深入贯彻党的二十大精神,加快构建与全面建设社会主义现代化国家相适应的现代化统计调查体系,推进河南国家调查事业高质量发展,已成为新征程上河南国家调查队系统的时代课题和历史使命。基于此,总队党组在广泛调查研究的基础上,作出了以“十高提升行动”推动河南国家调查工作高质量发展的总体规划,以此作为当前和今后一个时期河南国家调查工作改革发展的抓手,全力推动各项工作提质进阶。这是我们顺应时势、应对挑战的客观需要,是我们抢抓机遇、加快发展的战略举措,是我们接续奋斗、开创新局的现实要求,更是推动河南国家调查事业高质量发展的长远之策和务实之举。具体为以下十个方面:

——高站位党的建设提升行动。旗帜鲜明坚持和加强党的全面领导是做好统计调查工作的根本保证。要充分发挥高质量党建引领作用,对标对表新时代党的建设总要求,全面查找党建工作的盲区漏洞、短板弱项以及不平衡、不充分的领域,以创建模范机关为抓手,持续深化党的政治建设,条块结合抓实党的组织建设,积极探索党建业务融合新路径,精心打造特色党建品牌,纵深推进全面从严治党,全力打造坚强有力的政治机关,激励广大党员干部走在前、作表率。

——高标准基层基础提升行动。扎实稳固的基层基础是确保统计数据质量的基石和第一道“防线”。要牢固树立大抓基层的鲜明导向,全面对照国家统计调查制度,以最高标准、最实举措、最大力度,推动基层基础工作管理规范化、制度化、法治化,高标准落实调查样本管理维护制度规定,高标准推动基层工作管理和调查能力建设,高标准抓好非国家调查县国家调查工作的统一管理,高标准推进辅调员队伍建设,高标准提升基层工作保障水平,为确保统计数据源洁流清筑牢坚实基础。

——高质量调查数据提升行动。数据质量是统计工作的生命线,提供高质量的调查数据,是做好国家调查工作的根本和第一要务、第一责任。要聚焦聚力数据质量这一核心,严格执行国家统计调查制度，认真落实国家统计质量保证框架，健全从源头至终端、从调查对象至管理主体的责任体系，拧紧各层级各环节责任链条，加强全流程数据质量管控，做实数据质量评估、核查、质量追溯等工作，以"日夜思之念之"的责任感，下真功夫、硬功夫、苦功夫、细功夫，构筑起层层保障数据真实可信的坚实屏障。

——高品质调查产品提升行动。快速精准服务中国式现代化，是国家调查队的光荣使命和职责所在。要以提供高品质的服务产品为目标，胸怀"国之大者"，立足河南、放眼全国，找准工作定位，全力拓展统计服务的广度和深度，全面提高统计服务的及时性、精准度和精细度，高水平开展热点难点问题专项调查和课题研究，深层次开展经济形势研判和监测预警分析，创新做好统计新闻宣传和数据发布解读工作，不断满足各级党委政府以及社会公众对高质量调查产品的迫切需求。

——高智能应用系统提升行动。现代信息技术是推进统计现代化改革的重要动力源泉，是破解任务资源矛盾的有力法宝。要以智慧统计建设为契机，统筹考虑总队需要和系统需要、专业需求和基层需求、解决当下问题和优化流程再造，以新方式新手段新技术加速构建现代统计调查体系，在数据采集、传输、审核、处理、分析、发布全流程上实现信息化、智能化改造，积极争取国家统计局各项改革创新试点，深入开展基层探索与实践，力争形成"河南经验"、贡献"河南智慧"，为统计现代化改革提供参考借鉴。

——高效能综合管理提升行动。高效能管理是提高队伍执行力、战斗力的内在要求，是推进国家调查工作高质量发展的必备条件。要坚持系统观念、大局意识、底线思维，聚焦机关管理、系统管理、政务管理、安全管理、财务管理等领域，审视管理现状，定位短板弱项，寻找破解办法，以不舍寸功、臻于至善的精神健全管理机制、规范工作流程、创新管理方法，全面提升管理的系统化、科学化、精细化水平，确保全系统安全稳定、高效运转，凝聚起保障河南国家调查工作高质量发展的强大合力。

——高素质专业人才提升行动。致天下之治者在人才，培养造就一批高素质专业化人才队伍是推进国家调查工作高质量发展的重要支撑。要立足于统计现代化改革发展需要，以"人"的现代化为核心，实施分梯次分类别的干部培养模式，健全优秀年轻干部"选育管用"全链条机制，营造立足本职、刻苦钻研、人人成才的浓厚氛围，持续加强干部队伍思想淬炼、政治历练、实践锻炼、专业训练，在各专业、各领域培养造就一批行家里手、专家人才，为河南国家调查工作高质量发展提供坚实人才保障。

——高水平依法治统提升行动。充分发挥法治固根本、稳预期、利长远的护航保障作用，坚定不移走厉行法治、奉法强统之路。要强化崇尚法治、尊重法律、遵守规则的意识，提升运用法治思维和法治方式组织工作的能力水平。要坚定不移扛稳防治统计造假政治责任，健全完善常态化统计执法监督机制，加快锻造统计执法铁军，加大统计执法检查力度，加强对住户、劳动力、价格、农业农村等重点领域执法检查，以“零容忍”态度严肃查处统计造假、弄虚作假行为，一体推动构建不敢造假、不能造假、不想造假的统计生态。

——高质效监督协同提升行动。监督是治理的内在要素，高质量发展离不开高质量监督。要以党内监督为主导，搭建监督平台、畅通监督途径，优化提升纪检、巡察、审计、人事、统计执法和统计调查项目管理等多种监督多位一体的监督协同机制，做到监督资源高效整合、监督内容全面覆盖、监督力量互为补充、监督信息互联互通、监督成果充分共享，构建完善分工明确、各有侧重、有序衔接、协调一致的内部监督贯通协同机制，为推进河南国家调查工作行稳致远提供监督保障。

——高层次部门合作提升行动。部门合作是整合资源、优势互补的重要手段，是助力国家调查工作高质量发展的有效途径。要坚持平等、互利、务实、合规的原则，加强与政府部门、高等院校、科研机构等单位的深层次合作，倡导以签订合作框架协议等形式，在信息共享、专家座谈、联合调研、科研攻关、委托调查等领域加强全方位合作交流，推动部门合作规范化、长效化。要抓实日常合作，健全重点项目推进机制，全力推动各项合作事宜落地见效。

同志们，“十高提升行动”规划了河南国家调查工作高质量发展的实现路径，是一个逻辑紧密、相互关联、高度耦合的系统工程，各领域各环节紧密联系、相互作用、缺一不可。在新征程上实施“十高提升行动”没有现成的经验和模式可循，我们必须弘扬马克思主义学风，把习近平新时代中国特色社会主义思想蕴含的立场、观点、方法转化为推进河南国家调查工作高质量发展的有效路径、实践方法和精神动力，以谋定而速动、百折而不挠的精神抓好贯彻落实。一要坚持系统观念。“十高提升行动”是一项系统工程，必须统筹谋划、综合施策。要坚持问题导向、目标导向、结果导向相统一，从宏大处着眼、于细微处着手，多措并举、多点发力、多方协同，构建起推动贯彻实施的强效机制。系统各级领导班子要有胸怀全局的眼界和格局，在工作中做到着眼大局、把握大局、服从大局、服务大局，全力以赴、不讲条件，既为一域争光，更为全局添彩。要把“十高提升行动”的蓝图转化为全系统全体党员干部的共同意志、共同目标、共同行动，将小我融入大我，用事业凝聚人心，调动一切积极因素，激发更多创造伟力。二要树牢“四板”理念。要把固底板、补短板、强长板、锻新板的理念贯穿“十高提升行动”各领域各环节。以固底板的理念夯实基层基础，筑牢底线防线，延伸拓展经验做法，奠定高质量发展的坚实根基。以补短板的理念审视不足、找准症结，既要刀刃向内剖析自身，也要放眼全省对比考量，及时补齐短板弱项。以强长板的理念聚焦本地优势和特色工作，巩固扩大现有成果，保持在全国的领先优势。以锻新板的理念奋力改革创新，培育新优势、打造新亮点、形成新特色，力争在全国出经验、树品牌。三要统筹科学实施。推进“十高提升行动”必须尊重规律、循序渐进。要充分考虑专业实际和基层现状，从加强基础工作做起，统筹把握好时度效，以系统思维、科学方法、务实举措抓好贯彻实施，不搞“一刀切”。各处室要根据自身职能确定1—2项重点任务，选择部分地市结对指导、先行先试。各市县队要结合自身实际、工作情况、人员力量，因地制宜选择若干主攻方向，聚焦聚力、重点突破，不搞面面俱到、拔苗助长，坚决杜绝搞花架子、形象工程。总队要加强统筹协调、指导帮助和跟踪督办，推动各项改革试点、工作举措在全系统均衡、有序推进。四要抓实工作作风。天下难事必作于易，天下大事必作于细。要以极端负责的工作态度和抓铁有痕踏石留印的工作作风，一个环节一个环节抓，一个步骤一个步骤推，在精细精准中提质增效，在精益求精中提高本领，确保每一项工作任务完成得有结果、有成效。各级领导干部要以身作则、率先垂范，种好责任田、做好分内事，以“功成不必在我”的精神境界和“功成必定有我”的历史担当，勇当推动者、执行者、先行者，充分调动各方面积极因素，以昂扬向上的奋进姿态向优者学、与快者比、跟强者争、朝高者攀。

三、锚定目标、团结实干，全力推进2024年重点任务

2024年是中华人民共和国成立75周年，是实施“十四五”规划的关键一年，也是推进河南国家调查工作“十高提升行动”的第一年。总队党组把今年确定为“强基赋能年”，今年工作的主要任务是：以习近平新时代中国特色社会主义思想为指导，全面贯彻落实党的二十大和二十届二中全会精神，认真落实全国统计工作会议暨国家统计局党建工作会议精神，以党的政治建设为统领，坚持稳中求进工作总基调，完整、准确、全面贯彻新发展理念，聚焦聚力高质量发展这一主题，以“十高提升行动”为抓手，深入开展“强基赋能年”活动，着力固底板、补短板、强长板、锻新板，在新征程上全力推动河南国家调查工作提质进阶。重点做好以下七项工作：

（一）全面实施“十高提升行动”。要制定总体实施方案，聚焦今年强基赋能重点任务，形成督办清单，明确责任处室、时间节点和完成期限。各处室要确定工作重点、试点范围和推进规划。各市队要结合本地实际，与相关处室对接，积极承接重点任务，市队党组要统筹抓好本地市县两级调查队的任务落实。对于涉及多部门的工作，组织部门要充分发挥牵头抓总、统筹推动作用，职能部门要各司其职、密切配合，形成知责于心肯担当、担责于身能担当、履责于行善担

当，人人讲担当、个个争先锋的良好局面。系统各级领导班子要把实施"十高提升行动"作为抓工作、带队伍、促发展的主要载体，勇于求真碰硬谋突破，敢于推陈出新促发展，全力以赴、持之以恒推动各项任务落实落地。

（二）持续强化法治监督。要深入学习贯彻习近平法治思想，持续提升依法统计依法治统能力，涵养良好法治生态。要持续深入贯彻落实习近平总书记关于防治统计造假重要批示精神，巩固拓展统计造假专项治理行动成效，持续推进落实防治统计造假等多项任务清单，细化统计监督与各类监督贯通协调工作制度。要加大统计执法监督检查力度，严肃查处统计违纪违法案件，加大案件曝光力度，扎实做好执法检查"回头看""后半篇文章"，争取 3 年内实现对全省承担国家调查业务的县级统计局统计执法检查全覆盖。要落实"谁执法谁普法"责任制，全面推动"八五"统计普法工作，扎实推进法治政府建设考核各项任务。要做好统计执法人才梯次培养，有重点、有计划培养年轻执法骨干，提高执法队伍实战能力和水平。

（三）扎实开展监测调查。要扎实开展粮食产量、农产品价格、畜牧业等农业农村调查，就业、收入、农民工、时间利用等民生调查，房地产、工业生产者、流通消费、国际比较项目等价格类调查，采购经理、新设立小微企业和个体经营户、服务零售结构等企业类调查。要精心组织文明城市测评、全面从严治党、网购用户等专项调查，规范开展地方统计调查项目，推动与省农业农村厅、人社厅合作框架协议中专项调查任务的落实落地。要全力做好国家调查队承担的高质量发展综合绩效评价、粮食安全党政同责考核、菜篮子米袋子工程考核等工作，确保数出有据、真实可信。

（四）大力夯实基层基础。要加强基层基础规范化管理，动态维护调查网点信息库，修订完善各专业业务流程规范及数据质量控制办法，常态化开展基层基础工作规范化检查和源头数据质量检查。要做好同城合并新设立调查队各项工作的组织开展、部分地区农业农村统计调查工作的转移交接，确保工作衔接到位、运转平稳有序。要严格落实《国家统计局办公室关于进一步加强未设国家调查队的县（市、区）国家调查工作的通知》要求，加强对未设国家调查队的县（市、区）国家调查工作的安排部署、业务培训和监督检查，要求不降、力度不减，确保国家调查制度落实落地。要加强辅调员管理和培训，动态维护辅调员电子信息库，定期督导辅调员选用、培训以及补贴发放等情况。要持续贯彻落实为基层减负任务清单，尽力协调解决基层面临的困难和问题。

（五）加快推进科技赋能。要按照国家统计局统计云工程业务上线安排，做好总队数据处理环境搭建，推进各调查专业顺利应用。要结合国家统计局智慧统计建设导向及要求，有机整合各领域现有信息化探索成果，合理规划建设方案和技术路线，发挥专班牵头作用，做好任务分配、协作分工和督办落实，科学规范、安全有序推进河南智慧调查平台建设。要做好无人机识别小麦穗粒数成果应用，开展县级粮食播种面积精细化遥感测量，持续推进河南农业农村统计调查遥感中心建设。要深化 AI 大数据视觉识别技术在生猪养殖监测和数据核查中的试点成效，加快推进河南农业农村统计遥感智慧平台建设。要扩大扫描数据在 CPI 调查中的应用范围，加大网络交易数据和二手住宅网签数据的应用力度，推动 OA 移动办公系统向基层延伸应用。

（六）全力提升服务水平。要围绕党中央、国务院重大决策，紧贴省委、省政府中心工作，发挥“独、专、快、准、实”职能优势，加强对经济社会特别是民生领域热点问题的调查研究，丰富统计调查产品输出，完善信息快报快送机制，在服务各级党委政府决策上展现国家调查新作为。要深化月度、季度和年度经济形势分析，推动经济形势分析会提档升级，推出年度课题研究重点精品工程，加强与高校等科研机构的联合攻关，提升分析研究质量，打造“拳头”产品。要发挥“河南调查”微信公众号等新媒体平台作用，加强媒体合作交流，解读河南国家调查数据，讲好河南国家调查故事，扩大河南国家调查队影响力。

（七）坚持统筹发展和安全。要严格执行网络和数据安全制度规范，持续加强防护体系建设，深入开展宣传教育，定期排查风险隐患，加大对基层检查指导力度，落实问题通报及约谈机制。要树牢“大安全”观念，强化底线思维，统筹抓好机关消防、平安建设、综治维稳等工作，确保全系统安全稳定、无重大安全责任事故发生。要坚持以制度管人、按制度办事，及时修订完善各项管理制度，加强重点工作督查督办，加大典型问题通报力度，提升重点任务落实时效。要严格预算执行，强化绩效管理，加大内部审计和财务检查力度，提升财务管理规范化水平。

四、一以贯之、全面从严，坚定不移加强新时代党的建设

在新征程上实施“十高提升行动”、推进河南国家调查工作高质量发展，关键在加强党的全面领导，关键在全面从严治党、全面从严治队。要深入学习贯彻习近平总书记关于党的建设的重要思想，扎实推进新时代党的建设新的伟大工程，贯彻落实二十届中央纪委三次全会精神，驰而不息深化全面从严治党、党的自我革命，把严的基调、严的措施、严的氛围长期坚持下去，以党的建设高质量引领和保障河南国家调查工作高质量发展。

（一）突出抓好党的政治建设。要增强政治自觉，坚持把党的政治建设摆在首位，坚决捍卫“两个确立”，忠诚践行“两个维护”，自觉与中央对标对表，自觉维护中央权威，自觉秉持高度的政治忠诚，始终坚持正确的政治方向和政治立场。要保持高度的政治敏锐性，深入学习贯彻习

近平总书记关于统计工作重要讲话和指示批示精神，将党中央、国务院、国家统计局党组的决策部署以及总队党组的工作要求贯彻落实到位，把讲政治的要求贯穿河南国家调查工作全过程各方面。要严明政治纪律和政治规矩，持续深入开展政治机关意识教育、对党忠诚教育，引导广大党员干部严格用党章党规党纪约束自己，在大是大非面前旗帜鲜明、立场坚定，对党忠诚、听党指挥、为党尽责，做风清气正的良好政治生态的维护者。

（二）持续深化党的创新理论武装。要巩固拓展主题教育成果，充分汲取主题教育中积累的有效做法和成功经验，建立健全以学铸魂、以学增智、以学正风、以学促干的长效机制，在真学真懂真信真用、深化内化转化上持续用功发力。要完善“第一议题”制度，始终把学习贯彻习近平新时代中国特色社会主义思想作为必修课、常修课，不断提高运用党的创新理论观察新形势、研究新情况、解决新问题的能力和水平。要发挥党组理论学习中心组引领示范作用，突出抓好“五级联动”学习机制，深入实施青年理论学习提升工程，建强青年理论学习小组，不断提高学习质量。要严格落实意识形态工作责任制，抓实全系统意识形态阵地建设和管理，持续加强和改进思想政治工作。

（三）全面锻造坚强有力的基层党组织。要严格落实“三会一课”等组织生活制度，持续深化共联共建活动，积极探索工作方式方法和机制创新，不断增强党组织政治功能和组织功能。要以打造“四强”党支部为抓手，组织开展基层党建现场观摩交流活动，条块结合推进党支部标准化规范化建设，全力打造富有国家调查特色的党建品牌。要全面优化党建业务融合路径，着力推进“党建+”，实现党建工作和业务工作同频共振、相互促进。要加强党员教育管理，重点强化对青年党员和党员发展对象的教育培养，抓好党员先进典型的培育和选树。要持续深化党建带群建，加强模范机关、清廉机关、全国文明单位创建，积极支持青工团妇开展工作，巩固提升创建成效。

（四）着力打造高素质专业化干部队伍。要制定并抓好新周期系统领导班子建设三年规划的贯彻实施，选优配强总队机关各处室和市县队领导班子，稳步推进干部职级晋升。要完善干部考核评价体系，建立实施业绩清单管理办法，加强领导干部监督管理，激励干部职工敢担当、善作为、出实绩，推动干部能上能下、能进能出。要完善“选育管用”全链条机制，加强年轻干部思想淬炼、政治历练、实践锻炼、专业训练，加快年轻干部成长。要以“人”的现代化为核心，健全统计高层次人才培养机制，加强各专业领军人才储备，用好“调查学堂”“技能竞赛”“分享沙龙”等载体，努力打造高素质专业化干部队伍。

（五）一刻不停正风肃纪反腐。要严格执行全面从严治党各项制度规定，督促各级领导干部履行好“一岗双责”职责，推动领导干部严于律己、严负其责、严管所辖。要以学习贯彻新修订的纪律处分条例为契机，按照党中央统一部署开展好集中性纪律教育。要锲而不舍落实中央八项规定及其实施细则精神，持续深入开展警示教育，持续深化纠治“四风”，大力加强新时代廉洁文化建设，营造崇廉拒腐的良好风尚。要发挥巡察利剑作用，持续开展巡察工作，加强巡察整改和成果运用。要用好监督执纪“四种形态”，紧盯群众反映强烈的突出问题和国家调查队易发多发问题，保持高压态势，抓早抓小、防微杜渐。

同志们，蓝图绘就千般景，奋楫扬帆万里程。在新征程上推动河南国家调查工作高质量发展的号角已经吹响，让我们更加紧密地团结在以习近平同志为核心的党中央周围，坚决贯彻落实党中央关于统计工作重大决策部署和国家统计局党组各项工作安排，锚定奋斗目标、保持战略定力，积小胜为大胜、致广大而尽精微，全力以赴把“十高提升行动”落到实处、抓出实效，奋力谱写新时代河南国家调查工作高质量发展新篇章！

二 农　业

资料整理：杨　浩

2-1　历年农业生产情况

年　份	粮食播种面积（千公顷）	棉花播种面积（千公顷）	油料播种面积（千公顷）	粮食产量（万吨）	#小麦	棉花产量（万吨）	油料产量（万吨）
1978	9123.30	612.00	465.33	2097.40	868.18	22.42	24.16
1979	9066.70	555.33	632.67	2134.50	969.00	19.84	36.87
1980	8858.90	626.67	710.00	2148.68	890.37	40.62	46.20
1981	9029.30	641.33	744.67	2314.50	1083.50	35.50	55.99
1982	8923.30	754.00	709.33	2217.10	1220.10	32.04	44.16
1983	9286.70	794.00	607.33	2904.00	1455.75	63.24	51.52
1984	8996.70	1162.00	579.33	2893.50	1653.00	86.89	52.50
1985	9029.30	814.30	793.70	2710.53	1528.23	54.73	96.18
1986	9372.20	619.33	921.33	2545.67	1567.90	39.86	98.99
1987	9365.20	717.33	977.33	2948.41	1626.00	57.00	136.57
1988	9053.80	916.03	952.84	2663.00	1520.95	63.71	96.17
1989	9262.00	836.15	915.43	3149.44	1695.13	52.72	118.48
1990	9316.10	823.00	876.40	3303.66	1639.86	67.61	152.29
1991	9040.40	1193.20	896.00	3010.30	1554.28	94.77	127.62
1992	8804.70	1247.90	908.60	3109.61	1650.67	65.85	133.63
1993	8969.00	974.00	1075.00	3639.21	1922.13	66.01	204.50
1994	8810.90	966.70	1242.00	3253.80	1798.42	62.81	225.00
1995	8810.00	1000.10	1271.50	3466.50	1754.18	77.00	298.00
1996	8965.30	933.30	1181.10	3839.90	2026.76	73.57	278.46
1997	8879.90	868.30	1208.50	3894.66	2372.35	79.00	276.66
1998	9101.98	800.00	1235.90	4009.61	2073.53	72.84	312.13
1999	9032.30	733.30	1316.10	4253.25	2291.46	70.73	349.25
2000	9029.60	779.33	1492.54	4101.50	2235.95	70.38	392.55
2001	8822.79	858.20	1443.97	4119.88	2299.71	82.77	362.49
2002	8975.10	793.10	1537.00	4209.98	2248.39	76.49	420.68
2003	8923.30	926.67	1569.90	3569.47	2292.50	37.67	309.91
2004	8970.07	951.80	1554.96	4260.00	2480.93	66.67	408.75
2005	9153.41	781.47	1605.83	4582.00	2577.69	67.70	449.60
2006	9455.80	748.20	1489.10	5112.30	2936.50	81.00	460.07
2007	9528.52	653.16	1464.65	5252.92	2958.31	69.98	478.27
2008	9746.87	527.62	1452.62	5405.80	3036.20	56.66	493.48
2009	9890.62	436.53	1442.27	5506.87	3092.20	42.03	514.34
2010	10027.00	354.23	1431.68	5581.82	3121.00	33.89	515.66
2011	10244.43	280.57	1413.60	5733.92	3144.90	27.04	501.69
2012	10434.56	169.40	1378.05	5898.38	3223.07	16.95	530.38
2013	10697.43	114.96	1361.87	6023.80	3266.33	11.68	542.13
2014	10944.97	88.11	1339.01	6133.60	3385.20	8.44	531.41
2015	11126.30	64.34	1311.84	6470.22	3526.90	6.77	538.99
2016	11219.55	50.03	1302.35	6498.01	3618.62	4.88	549.82
2017	10915.13	40.00	1397.49	6524.25	3705.21	4.40	586.95
2018	10906.08	36.68	1461.40	6648.91	3602.85	3.79	631.03
2019	10734.54	33.80	1533.93	6695.36	3741.77	2.71	645.45
2020	10738.79	16.20	1597.53	6825.80	3753.13	1.77	672.57
2021	10772.31	11.50	1604.37	6544.20	3802.86	1.40	657.28
2022	10778.35	10.90	1592.45	6789.37	3812.71	1.40	684.03
2023	10785.29	6.10	1610.25	6624.27	3549.73	0.70	703.04

2-2 主要粮食作物播种面积

单位:千公顷

指　　标	2000年	2005年	2010年	2015年	2017年	2018年	2019年	2020年	2021年	2022年	2023年
粮食作物	**9029.60**	**9153.41**	**10027.00**	**11126.30**	**10915.13**	**10906.08**	**10734.54**	**10738.80**	**10772.31**	**10778.35**	**10785.29**
夏收粮食	4997.97	5027.33	5390.69	5648.60	5741.31	5770.11	5718.65	5676.28	5695.56	5683.76	5687.43
秋收粮食	4031.63	4126.08	4636.31	5477.70	5173.82	5135.97	5015.89	5062.52	5076.75	5094.59	5097.86
谷物	7743.72	8093.85	9274.24	10498.94	10412.61	10367.18	10193.87	10168.26	10193.12	10183.58	10180.95
稻谷	459.59	511.07	610.84	616.35	615.03	620.41	616.60	617.07	595.30	601.70	590.75
小麦	4922.33	4962.67	5364.56	5623.14	5714.64	5739.85	5706.65	5673.67	5690.74	5682.45	590.75
玉米	2201.33	2508.31	3233.50	4189.91	3998.94	3918.96	3801.33	3818.01	3865.78	3857.52	3864.37
谷子	80.33	41.31	35.52	33.83	36.00	36.36	36.62	37.33	28.03	25.94	24.03
高粱	12.87	6.41	3.69	10.25	21.33	21.34	20.67	19.33	12.73	15.49	15.26
豆类	683.43	616.53	487.56	370.35	389.85	424.00	428.00	406.13	355.24	390.97	403.01
大豆	564.73	533.58	444.78	343.56	345.17	385.55	394.67	375.17	330.49	363.56	380.80
绿豆	90.39	66.16	42.78	26.78	40.00	38.45	33.33	24.43	20.08	22.30	17.41
红薯	602.45	443.03	265.19	257.02	112.67	114.90	112.67	164.40	223.96	203.80	201.33

2－3　主要粮食作物产品产量

单位：万吨

指　　标	2000年	2005年	2010年	2015年	2017年	2018年	2019年	2020年	2021年	2022年	2023年
粮食作物	**4101.50**	**4582.00**	**5581.82**	**6470.22**	**6524.25**	**6648.91**	**6695.36**	**6825.80**	**6544.20**	**6789.37**	**6624.27**
夏收粮食	2268.05	2609.21	3129.48	3537.70	3715.98	3613.70	3745.40	3753.75	3804.50	3813.05	3550.06
秋收粮食	1833.45	1972.79	2452.34	2932.52	2808.27	3035.21	2949.96	3072.05	2739.70	2976.32	3074.21
谷物	3669.73	4277.48	5393.55	6331.75	6382.89	6483.41	6528.85	6631.76	6333.05	6582.60	6409.76
稻谷	318.82	359.77	458.51	499.88	485.25	501.41	512.50	513.71	479.69	479.15	479.22
小麦	2235.95	2577.69	3121.00	3526.90	3704.98	3602.85	3741.77	3753.13	3802.86	3812.71	3549.73
玉米	1074.97	1298.00	1795.31	2288.50	2170.14	2351.38	2247.37	2342.37	2033.93	2275.05	2365.70
谷子	7.86	11.17	9.81	4.17	7.57	9.00	15.42	14.73	9.34	9.74	9.19
高粱	2.00	1.93	0.37	1.29	3.32	7.92	8.19	7.41	7.05	5.76	5.73
豆类	140.13	74.44	88.93	48.84	53.36	101.70	102.00	97.87	78.25	88.55	95.90
大豆	115.78	58.07	83.91	46.75	50.36	95.57	98.21	93.42	74.21	84.85	92.69
绿豆	13.11	10.00	5.03	2.09	3.00	6.13	3.79	3.15	3.21	2.57	2.16
红薯（按折粮薯类计算）	291.64	230.08	99.34	89.63	88.00	63.80	64.51	96.17	132.90	118.23	118.62

2－4 主要粮食作物单位面积产量

单位:公斤/公顷

指　　标	2000年	2005年	2010年	2015年	2017年	2018年	2019年	2020年	2021年	2022年	2023年
粮食作物	**4542**	**5006**	**5567**	**5815**	**5977**	**6097**	**6237**	**6356**	**6075**	**6299**	**6142**
夏收粮食	4538	5190	5805	6263	6472	6263	6549	6613	6680	6709	6242
秋收粮食	4548	4781	5289	5354	5428	6242	5881	6068	5397	5842	6030
谷物	4739	5285	5816	6031	6130	6254	6405	6522	6213	6464	6296
稻谷	6937	7040	7506	8110	7890	8082	8312	8325	8058	7963	8112
小麦	4542	5194	5818	6272	6483	6277	6557	6615	6683	6710	6243
玉米	4883	5175	5552	5462	5427	6000	5912	6135	5261	5898	6122
谷子	978	2704	2761	1234	2103	2475	4211	3946	3334	3755	3825
高粱	1554	3011	1011	1263	1557	3711	3962	3833	5539	3719	3752
豆类	2050	1207	1824	1319	1369	2399	2383	2410	2203	2265	4075
大豆	2050	1088	1886	1361	1459	2479	2488	2490	2246	2334	2379
绿豆	1450	1511	1175	779	750	1594	1137	1289	1599	1152	2434
红薯（按折粮薯类计算）	4841	5193	3746	3487	7811	5553	5726	5850	5934	5801	5892

2－5　各市粮食作物播种面积和产量(2023 年)

地　区	粮食作物			夏收粮食		
	播种面积（千公顷）	总产量（万吨）	公顷产量（公斤）	播种面积（千公顷）	总产量（万吨）	公顷产量（公斤）
省辖市						
郑州市	287.90	141.78	4924.68	138.55	68.26	4926.53
开封市	515.69	294.16	5704.19	295.35	178.47	6042.47
洛阳市	496.50	241.54	4864.85	231.81	114.63	4945.10
平顶山市	446.68	223.18	4996.50	221.08	114.26	5168.40
安阳市	562.26	377.84	6719.99	290.03	206.08	7105.36
鹤壁市	171.11	124.94	7301.85	89.97	67.44	7495.03
新乡市	723.46	465.14	6429.40	388.02	265.47	6841.69
焦作市	281.24	204.80	7282.09	149.41	110.85	7419.45
濮阳市	431.83	299.57	6937.17	231.47	167.08	7218.12
许昌市	450.70	289.15	6415.68	230.80	158.50	6867.62
漯河市	275.07	184.97	6724.64	147.55	105.68	7162.64
三门峡市	164.41	73.98	4499.80	75.12	34.45	4586.35
南阳市	1308.89	694.20	5303.73	729.65	397.66	5449.99
商丘市	1100.53	717.55	6520.02	605.94	417.72	6893.69
信阳市	841.76	581.76	6911.27	312.59	146.34	4681.64
周口市	1377.80	902.61	6551.13	734.40	508.58	6925.17
驻马店市	1305.06	782.77	5997.98	793.79	475.97	5996.23
济源市	44.40	24.31	5475.62	21.90	12.62	5760.62
省直管县						
巩义市	36.52	15.51	4247.31	17.31	7.43	4292.75
兰考县	101.44	55.01	5422.43	59.51	33.56	5639.07
汝州市	95.56	46.04	4817.80	48.39	24.63	5090.60
滑县	207.77	172.04	8280.32	120.85	93.79	7760.83
长垣市	110.15	78.03	7083.50	57.99	42.79	7379.68
邓州市	219.09	124.15	5666.76	139.54	80.15	5743.66
永城市	213.60	137.78	6450.29	114.34	79.71	6971.12
固始县	154.36	114.01	7386.35	36.03	16.08	4464.00
鹿邑县	143.93	96.00	6669.83	73.31	50.94	6949.13
新蔡县	154.74	93.26	6026.76	87.64	53.77	6135.40

2－5 续表1

地 区	秋收粮食			谷物合计			稻谷		
	播种面积（千公顷）	总产量（万吨）	公顷产量（公斤）	播种面积（千公顷）	总产量（万吨）	公顷产量（公斤）	播种面积（千公顷）	总产量（万吨）	公顷产量（公斤）
省辖市									
郑州市	149.35	73.53	4922.96	270.85	132.97	4909.52	0.01	0.01	6162.16
开封市	220.34	115.69	5250.74	480.66	280.57	5837.24	3.95	2.68	6790.54
洛阳市	264.69	126.91	4794.57	442.11	218.45	4941.12	1.17	0.62	5284.09
平顶山市	225.60	108.92	4828.04	418.95	212.50	5072.22	1.05	0.58	5498.33
安阳市	272.23	171.76	6309.41	547.48	371.68	6788.94	0.01	0.00	4650.00
鹤壁市	81.14	57.51	7087.63	168.52	124.12	7365.36	0.00	0.00	0.00
新乡市	335.44	199.67	5952.48	703.91	458.14	6508.42	7.34	4.57	6225.26
焦作市	131.83	93.95	7126.42	275.55	202.73	7357.18	0.67	0.49	7277.23
濮阳市	200.36	132.49	6612.60	404.13	290.90	7198.22	15.91	11.09	6969.83
许昌市	219.90	130.65	5941.34	389.18	267.03	6861.48	0.00	0.00	0.00
漯河市	127.52	79.29	6217.85	241.12	174.81	7249.78	0.00	0.00	0.00
三门峡市	89.29	39.53	4426.98	137.50	65.61	4771.73	0.00	0.00	0.00
南阳市	579.24	296.54	5119.50	1238.88	668.15	5393.23	32.22	21.07	6538.74
商丘市	494.59	299.83	6062.23	1047.29	698.60	6670.60	0.00	0.00	0.00
信阳市	529.17	435.42	8228.36	833.84	578.46	6937.29	502.13	420.07	8365.86
周口市	643.40	394.03	6124.18	1282.40	874.82	6821.78	0.00	0.00	0.00
驻马店市	511.27	306.80	6000.68	1256.08	766.53	6102.61	26.28	18.04	6863.49
济源市	22.50	11.70	5198.22	42.50	23.66	5567.09	0.00	0.00	0.00
省直管县									
巩义市	19.21	8.08	4206.37	34.90	15.06	4315.31	0.01	0.00	6166.67
兰考县	41.94	21.45	5115.04	96.99	52.79	5443.21	0.08	0.06	7525.00
汝州市	47.17	21.41	4537.94	92.45	44.84	4849.92	0.00	0.00	0.00
滑县	86.92	78.25	9002.54	205.76	171.16	8318.24	0.00	0.00	0.00
长垣市	52.16	35.23	6754.26	106.41	76.82	7219.23	0.48	0.28	5771.87
邓州市	79.55	44.00	5531.86	212.48	122.07	5744.81	0.83	0.54	6459.76
永城市	99.26	58.07	5850.29	184.09	128.98	7006.71	0.00	0.00	0.00
固始县	118.33	97.93	8276.24	154.09	113.90	7391.88	116.05	96.76	8337.72
鹿邑县	70.63	45.06	6379.92	133.27	93.26	6998.27	0.00	0.00	0.00
新蔡县	67.10	39.49	5884.86	149.22	91.37	6123.34	0.50	0.26	5252.82

2-5 续表2

地　区	小麦			玉米		
	播种面积（千公顷）	总产量（万吨）	公顷产量（公斤）	播种面积（千公顷）	总产量（万吨）	公顷产量（公斤）
省辖市						
郑州市	138.55	68.26	4926.53	131.13	64.34	4906.27
开封市	295.35	178.47	6042.47	181.22	99.36	5482.73
洛阳市	231.81	114.63	4945.10	194.48	97.10	4992.69
平顶山市	220.85	114.22	5171.68	196.79	97.62	4960.59
安阳市	290.03	206.08	7105.36	252.10	164.07	6508.07
鹤壁市	89.97	67.44	7495.03	77.77	56.46	7259.21
新乡市	388.02	265.47	6841.69	307.66	187.83	6105.05
焦作市	149.41	110.85	7419.45	125.41	91.36	7284.95
濮阳市	231.47	167.08	7218.12	156.36	112.55	7197.93
许昌市	230.80	158.50	6867.62	155.86	107.46	6894.66
漯河市	147.55	105.68	7162.64	93.58	69.13	7387.18
三门峡市	75.12	34.45	4586.35	60.18	30.35	5043.15
南阳市	728.92	397.52	5453.52	472.36	247.86	5247.36
商丘市	605.76	417.67	6895.01	439.60	279.73	6363.24
信阳市	312.59	146.34	4681.64	18.43	11.77	6387.34
周口市	734.40	508.58	6925.17	545.96	365.54	6695.39
驻马店市	793.58	475.88	5996.63	434.94	272.17	6257.53
济源市	21.90	12.62	5760.62	20.55	11.02	5365.23
省直管县						
巩义市	17.31	7.43	4292.75	17.38	7.58	4359.20
兰考县	59.51	33.56	5639.07	37.31	19.13	5126.34
汝州市	48.39	24.63	5090.60	43.97	20.18	4590.39
滑县	120.85	93.79	7760.83	84.83	77.35	9117.63
长垣市	57.99	42.79	7379.68	47.93	33.75	7040.43
邓州市	139.43	80.13	5746.88	69.05	40.39	5849.74
永城市	114.32	79.71	6971.99	69.24	48.89	7060.93
固始县	36.03	16.08	4464.00	1.89	1.00	5327.75
鹿邑县	73.31	50.94	6949.13	59.94	42.31	7059.69
新蔡县	87.64	53.77	6135.40	61.03	37.32	6115.57

2－5 续表3

地区	豆类合计			大豆			红薯		
	播种面积（千公顷）	总产量（万吨）	公顷产量（公斤）	播种面积（千公顷）	总产量（万吨）	公顷产量（公斤）	播种面积（千公顷）	总产量（万吨）	公顷产量（公斤）
省辖市									
郑州市	5.76	1.20	2077.06	5.14	1.12	2175.94	11.29	7.61	6739.38
开封市	14.94	3.09	2066.37	14.54	3.02	2074.47	20.09	10.50	5226.46
洛阳市	23.82	5.04	2115.42	17.95	4.18	2329.12	30.57	18.05	5904.39
平顶山市	16.04	3.85	2400.86	15.24	3.73	2447.83	11.68	6.83	5844.96
安阳市	8.07	2.21	2737.54	7.74	2.15	2779.21	6.70	3.94	5884.69
鹤壁市	1.96	0.52	2669.73	1.81	0.50	2781.38	0.63	0.30	4731.36
新乡市	15.62	4.63	2961.31	15.61	4.62	2962.52	3.92	2.38	6061.79
焦作市	4.80	1.40	2914.17	4.80	1.40	2914.64	0.89	0.68	7616.04
濮阳市	24.76	6.88	2780.35	24.74	6.88	2779.89	2.94	1.78	6062.05
许昌市	42.16	10.48	2486.86	42.15	10.48	2487.12	19.36	11.64	6009.96
漯河市	30.21	7.82	2588.72	30.21	7.82	2588.72	3.74	2.34	6273.53
三门峡市	20.10	3.93	1956.15	15.45	3.30	2136.38	6.81	4.44	6515.93
南阳市	38.39	7.45	1941.57	32.67	6.71	2052.50	31.62	18.59	5879.45
商丘市	43.57	12.27	2815.97	42.88	12.12	2825.37	9.66	6.67	6903.64
信阳市	3.68	0.76	2056.75	2.34	0.56	2418.50	4.23	2.54	6009.45
周口市	75.89	17.11	2254.30	74.93	16.99	2267.33	19.51	10.68	5475.72
驻马店市	31.80	6.93	2178.49	31.21	6.79	2175.86	17.18	9.31	5418.36
济源市	1.42	0.32	2277.16	1.40	0.32	2283.54	0.48	0.33	6810.68
省直管县									
巩义市	0.92	0.19	2093.61	0.83	0.18	2175.94	0.69	0.25	3684.16
兰考县	1.86	0.52	2811.63	1.75	0.51	2895.85	2.60	1.69	6513.99
汝州市	1.38	0.33	2366.66	1.30	0.32	2424.20	1.73	0.87	5053.12
滑县	1.57	0.52	3297.68	1.54	0.51	3305.20	0.44	0.36	8267.99
长垣市	3.34	0.94	2814.84	3.33	0.94	2816.79	0.40	0.27	6613.21
邓州市	4.53	0.90	1982.84	3.55	0.75	2124.23	2.08	1.19	5716.01
永城市	28.40	7.92	2789.04	28.38	7.92	2789.34	1.11	0.87	7848.45
固始县	0.12	0.03	2184.23	0.09	0.02	2514.26	0.15	0.09	6014.80
鹿邑县	9.84	2.28	2315.14	9.80	2.27	2319.20	0.82	0.46	5553.79
新蔡县	3.10	0.63	2045.51	3.07	0.63	2048.55	2.43	1.25	5171.10

2－6　主要粮食产品产量与历史最高年份比较

指　标	单　位	2023年	建国以来历史最高年		2023年为建国以来最高的%
			年份	产量	
粮食产品					
粮食总产量	万吨	6624.27	2020	6825.80	97.05
夏收粮食	万吨	3550.06	2022	3813.05	93.10
#小麦	万吨	3549.73	2022	3812.71	93.10
秋收粮食	万吨	3074.21	2023	3074.21	100.00
#稻谷	万吨	479.22	2016	542.15	88.39
红薯	万吨	118.62	1973	478.00	24.82
玉米	万吨	2365.70	2023	2365.70	100.00
大豆	万吨	92.69	1981	154.00	60.19

2－7　各市气候情况(2023年)

城　市	年平均气温(摄氏度)	年极端最高气温(摄氏度)	年极端最低气温(摄氏度)	年平均相对湿度(%)	全年日照时数(小时)	全年降水量(毫米)
省辖市						
郑州	16.1	42.0	－11.4	62.3	2100.6	943.8
开封	16.1	40.3	－11.9	66.8	2100.3	748.5
洛阳	15.2	40.9	－13.3	63.2	2202.7	903.6
平顶山	16.2	39.8	－10.7	65.6	2049.9	1038.7
安阳	15.3	43.3	－16.5	63.0	2262.4	1006.1
鹤壁	15.2	40.3	－16.6	66.0	2246.8	1104.7
新乡	15.7	40.7	－16.4	65.8	2216.3	838.2
焦作	16.1	42.0	－12.2	64.3	2083.9	797.5
濮阳	15.1	40.3	－17.0	66.4	2255.1	648.7
许昌	15.9	40.2	－11.6	69.4	2129.5	1056.9
漯河	15.8	40.2	－12.9	72.0	1925.8	1004.2
三门峡	14.0	39.1	－12.4	64.3	2086.4	967.0
南阳	16.0	40.6	－10.9	71.9	1953.7	1068.9
商丘	15.6	39.5	－12.5	69.9	2174.7	938.3
信阳	17.0	38.0	－9.3	73.0	1880.6	1248.4
周口	16.4	39.9	－10.9	69.0	2102.9	1003.2
驻马店	16.3	38.8	－10.5	72.3	2061.7	1246.1
济源	16.1	41.7	－9.4	64.0	2208.0	664.3

2－8 108个粮食大县

地 区	全年粮食		夏收粮食		秋收粮食	
	播种面积（千公顷）	总产量（吨）	播种面积（千公顷）	总产量（吨）	播种面积（千公顷）	总产量（吨）
荥阳市	38.81	214386.08	18.03	105185.97	20.78	109200.11
新密市	52.80	212459.15	25.40	108913.03	27.40	103546.12
新郑市	39.19	227634.91	20.12	116660.19	19.07	110974.71
登封市	52.14	204293.91	25.24	88978.31	26.90	115315.60
祥符区	107.96	610600.48	63.49	388860.38	44.47	221740.10
杞　县	121.94	712829.09	65.00	406166.75	56.94	306662.34
通许县	67.25	399761.10	39.57	245945.44	27.68	153815.67
尉氏县	96.73	562463.59	58.28	357032.34	38.45	205431.25
兰考县	101.44	550070.30	59.51	335561.96	41.94	214508.34
孟津区	52.30	258233.92	26.73	142146.07	25.57	116087.85
新安县	47.13	228527.33	21.00	97970.25	26.12	130557.08
嵩　县	47.69	195575.78	19.63	83381.12	28.06	112194.66
宜阳县	89.27	429671.78	41.86	190085.66	47.42	239586.11
洛宁县	62.10	284004.23	29.32	133485.18	32.78	150519.05
伊川县	78.56	392158.10	39.07	213296.14	39.48	178861.96
偃师区	40.24	232860.34	20.88	129370.36	19.36	103489.98
宝丰县	52.39	276532.38	26.76	152016.68	25.64	124515.70
叶　县	123.27	666735.67	59.54	328725.57	63.73	338010.10
鲁山县	62.70	231073.93	30.79	112711.44	31.91	118362.49
郏　县	63.01	357586.63	31.06	180374.43	31.94	177212.20
汝州市	95.56	460393.36	48.39	246337.53	47.17	214055.83
殷都区	38.31	197509.00	14.50	85063.83	23.81	112445.17
安阳县	64.20	414584.67	31.25	228603.89	32.95	185980.77
汤阴县	73.30	436248.08	36.49	255413.74	36.81	180834.34
滑　县	207.77	1720406.64	120.85	937871.25	86.92	782535.39
内黄县	96.74	640034.96	59.83	422583.36	36.92	217451.60
林州市	56.91	255347.97	16.94	77544.16	39.98	177803.81
浚　县	101.36	780117.39	55.64	433214.46	45.72	346902.93
淇　县	40.79	299539.79	20.18	153519.07	20.61	146020.72
新乡县	38.07	259336.51	20.39	144616.51	17.68	114720.00
获嘉县	57.43	379082.17	27.42	188755.17	30.01	190327.00
原阳县	110.05	691442.60	55.21	360774.60	54.84	330668.00
延津县	82.68	516554.98	56.14	372831.98	26.54	143723.00
封丘县	117.46	737382.64	67.70	466991.64	49.76	270391.00
卫辉市	66.80	406707.75	32.49	214815.75	34.31	191892.00
辉县市	93.08	585994.16	46.66	312800.16	46.42	273194.00
长垣市	110.15	780262.56	57.99	427928.56	52.16	352334.00

粮食生产情况（2023 年）

主要粮食品种播种面积（千公顷）				主要粮食品种总产量（吨）			
稻谷	小麦	玉米	大豆	稻谷	小麦	玉米	大豆
	18.03	19.22	0.40		105185.97	102374.06	863.12
	25.40	23.85	1.00		108913.03	88522.75	1555.25
	20.12	16.86	0.75		116660.19	101675.65	2033.49
	25.24	24.47	0.45		88978.31	96969.51	887.47
2.64	63.49	31.47	1.43	20220.02	388860.38	165010.08	2254.99
	65.00	47.91	5.32		406166.75	272467.73	11802.16
	39.57	24.51	1.69		245945.44	143301.02	2536.31
	58.28	32.55	3.71		357032.34	181963.61	7338.16
0.08	59.51	37.31	1.75	602.00	335561.96	191260.48	5053.65
0.96	26.73	19.23	3.41	5210.18	142146.07	96479.65	6561.70
	21.00	21.10	1.47		97970.25	106909.23	4032.27
	19.63	20.43	2.29		83381.12	83216.34	3593.23
	41.86	31.27	3.14		190085.66	174786.10	8429.39
0.03	29.32	24.21	3.24	144.42	133485.18	114508.78	8283.97
0.13	39.07	24.64	1.13	590.29	213296.14	111582.85	2536.46
	20.88	17.21	0.98		129370.36	95649.96	2890.11
	26.76	24.91	0.40		152016.68	122287.68	771.60
	59.54	57.24	4.98		328725.57	316269.58	12204.09
0.44	30.56	28.76	0.61	2437.51	112240.46	103298.02	1522.98
	31.06	20.28	5.49		180374.43	126161.42	14517.63
	48.39	43.97	1.30		246337.53	201838.91	3155.17
	14.50	21.60	0.55		85063.83	104803.76	1226.18
	31.25	32.11	0.62		228603.89	182929.27	1708.98
	36.49	34.95	1.29		255413.74	173017.80	3901.58
	120.85	84.83	1.54		937871.25	773484.37	5091.80
	59.83	35.10	0.88		422583.36	208243.97	2409.88
0.01	16.94	31.34	2.35	46.50	77544.16	145839.34	5749.84
	55.64	44.51	1.18		433214.46	342817.52	3917.42
	20.18	19.93	0.33		153519.07	143768.60	625.54
0.00	20.39	15.91	1.67	29.00	144616.51	108958.08	5146.86
1.94	27.42	25.07	2.87	11954.89	188755.17	168392.28	9580.16
3.77	55.21	49.34	1.53	23409.05	360774.60	302354.91	3631.55
	56.14	24.67	0.73		372831.98	134773.26	1835.21
0.01	67.70	46.65	2.00	74.42	466991.64	257784.95	6276.73
	32.49	33.00	0.87		214815.75	187647.62	2225.37
0.07	46.66	43.61	1.60	444.90	312800.16	262623.92	4984.93
0.48	57.99	47.93	3.33	2752.03	427928.56	337472.75	9389.31

2－8 续表1

地 区	全年粮食		夏收粮食		秋收粮食	
	播种面积（千公顷）	总产量（吨）	播种面积（千公顷）	总产量（吨）	播种面积（千公顷）	总产量（吨）
修武县	29.75	212306.12	14.84	109284.77	14.91	103021.36
博爱县	27.68	203006.33	13.45	101915.64	14.23	101090.69
武陟县	73.93	554857.49	40.21	306114.32	33.72	248743.17
温　县	40.51	312769.52	22.20	171300.11	18.31	141469.41
沁阳市	45.32	334115.96	22.94	171710.51	22.39	162405.46
孟州市	36.56	270245.39	21.61	161539.29	14.95	108706.11
清丰县	85.45	628932.10	49.44	372078.10	36.01	256854.00
南乐县	68.39	514030.55	35.79	278892.55	32.59	235138.00
范　县	62.38	417669.13	31.26	215718.72	31.12	201950.41
台前县	38.47	235331.41	18.95	131308.24	19.52	104023.17
濮阳县	155.06	1045116.17	83.64	583041.84	71.41	462074.32
建安区	97.61	616318.49	51.28	355076.41	46.32	261242.07
鄢陵县	77.00	538963.23	42.69	311162.98	34.31	227800.25
襄城县	91.62	565126.48	45.66	320201.10	45.96	244925.37
禹州市	98.97	590679.89	48.20	294862.00	50.76	295817.89
长葛市	80.29	552733.55	40.31	287012.35	39.97	265721.21
郾城区	44.38	278989.55	23.57	169792.35	20.81	109197.20
召陵区	43.06	299580.83	23.64	168949.63	19.42	130631.20
舞阳县	81.61	568932.63	43.05	305343.43	38.57	263589.20
临颍县	77.62	503735.48	42.72	308088.28	34.91	195647.20
灵宝市	55.66	252383.93	24.35	115346.71	31.31	137037.22
宛城区	86.18	515435.95	52.41	327699.21	33.77	187736.74
卧龙区	64.06	342835.97	34.95	192571.73	29.12	150264.24
方城县	161.07	715911.85	82.31	373161.70	78.76	342750.14
镇平县	100.78	517594.28	53.41	268768.92	47.37	248825.36
内乡县	73.81	381126.50	35.56	189085.86	38.25	192040.63
淅川县	64.80	284213.86	35.60	152135.98	29.20	132077.87
社旗县	126.98	632350.73	64.58	288079.79	62.40	344270.94
唐河县	230.18	1309032.60	142.32	905014.80	87.86	404017.80
新野县	81.35	517703.70	53.56	346925.30	27.79	170778.40
桐柏县	46.79	244537.36	15.97	63597.79	30.82	180939.57
邓州市	219.09	1241522.73	139.54	801486.96	79.55	440035.76
梁园区	55.53	356108.31	30.08	204822.62	25.45	151285.68
睢阳区	96.05	615273.32	51.04	346069.27	45.02	269204.05
民权县	108.82	717452.29	68.10	462225.38	40.72	255226.91
睢　县	102.83	668780.25	57.67	393227.02	45.17	275553.23
宁陵县	77.00	508032.72	48.43	330775.04	28.57	177257.68
柘城县	119.41	793991.64	66.58	464836.46	52.83	329155.18
虞城县	148.12	974981.44	77.31	535647.64	70.81	439333.79

主要粮食品种播种面积(千公顷)				主要粮食品种总产量(吨)			
稻谷	小麦	玉米	大豆	稻谷	小麦	玉米	大豆
	14.84	13.43	1.37		109284.77	97293.33	4795.25
	13.45	13.70	0.40		101915.64	99235.76	976.66
0.67	40.21	32.13	0.85	4900.00	306114.32	241260.58	2075.50
	22.20	17.73	0.43		171300.11	139196.81	1171.35
	22.94	20.98	1.17		171710.51	156838.77	3705.58
	21.61	14.40	0.40		161539.29	106825.73	783.58
	49.44	34.89	0.21		372078.10	250035.76	415.03
	35.79	31.74	0.76		278892.55	231463.09	2754.98
15.03	31.26	11.97	3.92	103803.84	215718.72	86788.20	10122.62
	18.95	13.77	5.63		131308.24	86765.10	16120.35
0.88	83.64	55.94	13.89	7053.66	583041.84	412559.11	38542.32
	51.28	28.77	15.34		355076.41	212759.15	36274.30
	42.69	30.89	1.93		311162.98	214397.25	4821.69
	45.66	16.37	16.74		320201.10	119860.41	44115.32
	48.20	43.51	3.20		294862.00	269367.24	7401.67
	40.31	35.37	3.47		287012.35	251718.38	8519.25
	23.57	11.16	9.24		169792.35	82552.00	24179.00
	23.64	16.68	2.10		168949.63	121580.00	5049.00
	43.05	33.04	4.64		305343.43	246901.00	11230.00
	42.72	20.38	12.93		308088.28	151015.00	34454.00
	24.35	24.15	4.15		115346.71	121882.35	8249.84
1.59	52.40	28.33	3.35	11673.30	327666.91	164043.68	8830.34
1.18	34.88	24.12	1.53	6897.33	192403.14	127643.63	2809.72
0.00	82.31	71.14	3.61	0.00	373161.70	319606.48	7346.99
0.17	53.40	44.42	1.00	1037.30	268753.90	233634.96	2165.19
0.01	35.54	34.18	0.67	25.65	189064.14	172082.61	1368.06
0.03	35.21	21.35	3.62	205.59	151410.91	97021.22	7051.64
	64.58	55.10	4.17		288079.79	314848.47	9654.98
2.50	142.31	68.60	6.18	14082.62	905006.36	331562.36	10617.25
0.00	53.56	24.65	1.69	0.00	346925.30	159628.18	2997.24
18.51	15.97	10.04	1.09	124606.00	63597.79	49644.67	2244.03
0.83	139.43	69.05	3.55	5373.42	801275.85	403902.59	7548.10
	30.08	24.96	0.44		204822.62	149918.80	1023.26
	51.04	43.72	0.89		346069.27	264438.78	1824.43
	68.10	37.53	1.67		462225.38	239244.58	4706.77
	57.67	41.55	2.22		393227.02	262280.17	6761.82
	48.43	24.90	1.69		330775.04	158598.66	5507.52
	66.58	49.75	1.70		464836.46	314397.19	5583.42
	77.31	66.70	2.47		535647.64	419032.57	7385.17

2－8 续表 2

地 区	全年粮食		夏收粮食		秋收粮食	
	播种面积（千公顷）	总产量（吨）	播种面积（千公顷）	总产量（吨）	播种面积（千公顷）	总产量（吨）
夏邑县	161.21	1049388.06	82.44	575782.48	78.77	473605.59
永城市	213.60	1377791.17	114.34	797108.91	99.26	580682.27
平桥区	75.16	508824.84	33.01	141404.84	42.16	367420.00
罗山县	96.56	725370.55	28.46	115009.55	68.10	610361.00
光山县	67.35	552319.55	7.22	29799.55	60.12	522520.00
商城县	37.44	294791.84	2.43	9321.84	35.01	285470.00
固始县	154.36	1140146.85	36.03	160846.85	118.33	979300.00
潢川县	99.54	705697.98	37.27	155317.98	62.27	550380.00
淮滨县	102.26	592624.86	56.05	276840.86	46.21	315784.00
息 县	180.47	1073511.54	108.43	562622.54	72.04	510889.00
淮阳区	150.43	996776.47	77.73	537850.23	72.70	458926.24
扶沟县	105.27	662123.86	65.26	449160.04	40.01	212963.82
西华县	136.56	869223.95	74.63	515119.41	61.94	354104.54
商水县	162.78	1080391.38	80.45	557746.46	82.33	522644.92
沈丘县	137.95	923008.43	72.99	509312.87	64.96	413695.56
郸城县	179.24	1188445.95	91.63	637565.58	87.61	550880.37
太康县	202.38	1345409.28	111.83	775922.42	90.55	569486.86
鹿邑县	143.93	960005.52	73.31	509420.16	70.63	450585.36
项城市	139.37	885554.05	75.89	524941.93	63.48	360612.12
驿城区	87.15	461680.06	46.44	242358.06	40.71	219322.00
西平县	142.71	945635.81	72.53	473538.21	70.18	472097.60
上蔡县	169.69	1058187.12	98.83	647968.12	70.86	410219.00
平舆县	132.83	859516.12	80.94	539600.12	51.89	319916.00
正阳县	159.23	873942.50	130.79	694692.50	28.43	179250.00
确山县	99.27	555706.42	57.52	314183.72	41.74	241522.70
泌阳县	127.02	702652.02	76.52	400348.92	50.51	302303.10
汝南县	129.62	809434.64	88.18	563799.64	41.44	245635.00
遂平县	102.81	628382.20	54.40	345531.20	48.41	282851.00
新蔡县	154.74	932584.32	87.64	537710.72	67.10	394873.60
济源市	44.40	243117.62	21.90	126157.62	22.50	116960.00

主要粮食品种播种面积(千公顷)				主要粮食品种总产量(吨)			
稻谷	小麦	玉米	大豆	稻谷	小麦	玉米	大豆
	82.28	73.64	3.05		575366.35	454416.33	8282.68
	114.32	69.24	28.38		797066.50	488917.84	79161.50
38.81	33.01	2.30	0.29	348680.49	141404.84	14173.16	663.73
67.27	28.46	0.08	0.13	606927.82	115009.55	562.62	310.42
58.63	7.22	0.36	0.41	515487.57	29799.55	2451.40	1143.73
33.02	2.43	0.75	0.53	277132.33	9321.84	4144.00	1176.67
116.05	36.03	1.89	0.09	967622.79	160846.85	10046.00	227.96
61.93	37.27	0.17	0.06	548723.93	155317.98	1120.60	161.32
42.66	56.05	2.44	0.13	295720.54	276840.86	15400.00	324.26
60.15	108.43	10.18	0.45	436609.20	562622.54	67962.76	1063.96
	77.73	62.48	6.39		537850.23	425611.36	14300.07
	65.26	30.93	8.13		449160.04	190363.45	17892.55
	74.63	52.89	7.19		515119.41	328407.94	16388.74
	80.45	75.14	5.40		557746.46	500982.96	12364.45
	72.99	53.53	7.00		509312.87	374409.07	15871.02
	91.63	77.05	6.47		637565.58	514530.27	14796.64
	111.83	78.33	10.13		775922.42	535367.50	23082.11
	73.31	59.94	9.80		509420.16	423129.98	22728.34
	75.89	47.60	13.40		524941.93	318933.24	30210.63
	46.44	39.21	0.67		242358.06	214533.00	1265.00
	72.53	67.64	1.28		473538.21	464475.00	2374.00
	98.83	63.32	5.98		647968.12	389784.00	11782.00
	80.94	48.97	1.67		539600.12	310401.00	3380.00
19.81	130.79	3.91	3.72	140332.00	694692.50	24000.00	8773.00
4.44	57.52	28.10	5.46	28300.00	314183.72	177503.00	13379.00
1.53	76.31	42.89	1.48	9077.00	399417.95	266711.00	3004.00
0.01	88.18	34.14	6.29	80.00	563799.64	227137.00	13992.00
	54.40	45.73	1.59		345531.20	273896.00	3667.00
0.50	87.64	61.03	3.07	2611.00	537710.72	373233.00	6284.00
	21.90	20.55	1.40		126157.62	110231.90	3200.00

2-9 各月份气候情况(2023 年)

单位:摄氏度、%、毫米、小时

站名	项目	1月	2月	3月	4月	5月	6月	7月	8月	9月	10月	11月	12月	全年
郑州市	平均气温	2.5	4.9	13.2	16.3	21.0	26.6	28.9	27.2	23.1	17.8	9.6	2.1	16.1
	最高气温	19.0	20.3	30.8	30.3	37.1	38.9	42.0	37.7	33.3	30.7	30.7	27.0	42.0
	最低气温	-10.0	-5.5	-0.3	3.9	9.6	14.0	20.0	16.2	14.1	6.8	-4.0	-11.4	-11.4
	相对湿度	46.3	61.7	47.9	59.0	66.3	59.1	69.9	78.3	78.3	69.3	54.9	57.3	62.3
	降水量	10.4	19.4	22.7	89.4	125.2	41.9	256.4	174.7	112.4	15.3	41.3	34.7	943.8
	日照时数	161.4	94.4	200.3	191.6	163.3	220.1	181.3	208.1	143.5	184.2	173.9	178.5	2100.6
开封市	平均气温	2.0	5.1	12.9	16.0	21.0	27.0	29.1	27.5	23.5	18.4	9.7	1.4	16.1
	最高气温	17.7	18.7	30.3	29.2	34.1	39.1	40.3	37.1	33.7	30.7	30.1	22.4	40.3
	最低气温	-9.6	-4.6	-0.6	4.5	9.8	15.7	20.8	16.7	13.2	6.7	-4.9	-11.9	-11.9
	相对湿度	54.4	63.6	53.0	64.6	69.4	62.4	75.4	80.0	79.6	70.4	59.2	66.2	66.8
	降水量	6.8	13.6	16.7	63.0	124.9	37.3	144.6	179.3	89.2	6.9	35.5	30.6	748.5
	日照时数	151.6	107.4	195.4	184.8	163.2	218.5	180.7	220.7	141.5	186.0	170.5	179.9	2100.3
洛阳市	平均气温	2.2	4.3	12.5	15.5	19.7	24.7	27.6	26.2	21.7	16.4	9.0	2.1	15.2
	最高气温	20.6	20.0	30.2	31.4	37.1	38.1	40.9	38.7	33.0	29.6	30.5	25.1	40.9
	最低气温	-10.4	-7.0	-2.6	1.5	7.0	11.2	15.9	13.8	11.0	4.1	-3.6	-13.3	-13.3
	相对湿度	43.2	66.1	46.9	59.6	69.9	64.8	69.4	77.4	81.0	70.7	53.1	56.4	63.2
	降水量	3.6	22.3	27.0	69.7	115.0	90.8	180.0	134.4	146.7	43.9	32.2	37.9	903.6
	日照时数	181.7	92.5	205.6	197.4	164.6	232.8	204.8	223.6	148.8	188.7	183.7	178.5	2202.7
平顶山市	平均气温	3.2	5.1	13.0	16.5	20.8	25.9	28.4	26.9	22.8	18.1	10.6	3.1	16.2
	最高气温	19.9	20.3	29.6	30.7	34.3	39.8	39.0	38.1	33.6	30.3	29.9	23.1	39.8
	最低气温	-9.6	-6.7	-1.3	4.1	9.5	13.7	16.8	16.0	13.9	6.9	-2.6	-10.7	-10.7
	相对湿度	50.7	67.3	54.1	62.3	69.7	64.3	74.4	79.1	80.4	69.3	56.6	58.9	65.6
	降水量	10.9	24.8	23.4	75.2	105.9	107.9	184.6	221.4	181.0	34.5	35.0	34.3	1038.7
	日照时数	165.9	86.7	183.1	194.1	144.2	213.6	187.6	217.2	129.5	183.6	170.4	174.1	2049.9
安阳市	平均气温	0.7	4.1	12.6	15.4	20.4	27.2	28.8	26.4	22.6	17.4	7.9	-0.4	15.3
	最高气温	16.9	16.6	31.3	30.9	37.0	39.7	43.3	36.5	34.4	31.2	30.8	27.1	43.3
	最低气温	-11.2	-6.4	-1.3	1.8	8.8	13.5	20.3	15.7	12.5	3.6	-6.9	-16.5	-16.5
	相对湿度	48.8	59.4	47.6	61.4	68.2	52.6	68.6	81.6	79.4	63.8	59.0	65.8	63.0
	降水量	4.9	9.1	6.7	102.4	101.7	35.2	379.7	206.0	91.9	0.1	35.1	33.4	1006.1
	日照时数	175.4	110.9	209.5	181.9	167.5	249.4	205.6	212.3	174.1	201.3	197.0	177.5	2262.4
鹤壁市	平均气温	0.6	4.2	11.9	15.2	20.3	27.4	28.7	26.6	22.8	17.8	7.9	-0.7	15.2
	最高气温	16.2	16.9	27.5	27.5	34.1	40.3	39.1	35.5	34.3	30.2	29.5	21.5	40.3
	最低气温	-12.2	-6.9	-1.2	3.8	8.3	13.9	19.9	15.4	11.3	4.8	-7.3	-16.6	-16.6
	相对湿度	52.0	61.7	56.0	67.3	72.3	54.0	73.0	81.7	80.0	65.0	63.7	69.7	66.0
	降水量	3.8	7.8	9.2	92.4	90.3	92.0	427.5	222.1	86.1		42.4	31.1	1104.7
	日照时数	164.2	113.7	207.5	188.9	166.1	232.5	201.1	224.1	171.5	200.0	194.7	182.8	2246.8

2-9 续表1

单位:摄氏度、%、毫米、小时

站名	项目	1月	2月	3月	4月	5月	6月	7月	8月	9月	10月	11月	12月	全年
新乡市	平均气温	1.3	4.6	12.6	15.8	20.8	27.4	29.0	27.0	23.2	17.8	8.6	0.4	15.7
	最高气温	17.1	18.6	29.2	29.9	35.5	39.7	40.7	36.7	33.8	30.7	31.0	25.0	40.7
	最低气温	-11.2	-5.9	-1.0	4.2	8.2	13.4	18.6	15.4	12.6	3.8	-7.8	-16.4	-16.4
	相对湿度	50.0	61.8	52.8	64.8	70.4	57.1	73.0	82.6	80.9	69.4	60.4	66.3	65.8
	降水量	2.3	7.5	15.5	80.4	116.2	22.1	303.8	136.6	80.9	2.4	40.7	29.9	838.2
	日照时数	168.9	109.3	205.6	194.1	166.8	221.8	192.2	222.6	166.1	195.3	188.3	185.5	2216.3
焦作市	平均气温	1.9	4.8	12.9	16.2	21.1	27.3	29.7	27.4	23.2	17.5	9.4	2.2	16.1
	最高气温	18.9	21.0	30.6	30.1	36.8	39.5	42.0	37.8	34.1	31.5	32.1	25.3	42.0
	最低气温	-12.2	-5.4	-0.3	3.8	8.1	13.8	20.8	16.2	13.7	5.5	-5.1	-11.3	-12.2
	相对湿度	49.4	64.4	51.9	62.7	70.4	59.0	66.7	80.4	81.1	72.0	55.0	57.9	64.3
	降水量	8.3	12.7	24.6	76.7	107.6	26.4	217.9	140.8	93.6	15.7	37.4	36.0	797.5
	日照时数	162.5	75.1	197.5	182.8	160.9	219.8	193.1	199.3	149.3	181.9	183.0	178.8	2083.9
濮阳市	平均气温	-0.2	4.0	12.0	15.1	20.5	27.4	29.2	26.8	23.0	17.5	7.5	-1.1	15.1
	最高气温	16.0	15.7	28.0	27.8	34.3	39.5	40.3	35.5	33.8	30.6	30.0	21.2	40.3
	最低气温	-12.0	-6.1	-2.7	2.6	8.4	13.4	20.5	15.5	12.3	4.5	-7.8	-17.0	-17.0
	相对湿度	56.2	60.0	52.4	66.2	70.0	54.4	72.0	83.6	82.2	67.2	64.6	70.8	66.4
	降水量	3.4	9.1	3.8	72.4	51.8	12.4	251.4	140.9	36.9	0.0	43.8	22.8	648.7
	日照时数	164.8	125.2	202.8	181.3	163.4	247.3	214.5	221.6	166.3	198.6	187.8	181.6	2255.1
许昌市	平均气温	2.1	4.6	12.5	16.1	20.9	26.5	28.7	27.0	22.8	17.9	9.8	2.1	15.9
	最高气温	18.3	20.7	29.2	30.4	35.3	38.6	40.2	37.3	33.2	30.7	30.3	22.1	40.2
	最低气温	-10.1	-6.2	-0.8	2.4	7.7	15.6	18.6	15.5	13.7	6.1	-5.5	-11.6	-11.6
	相对湿度	56.6	68.2	57.6	67.0	72.0	65.0	77.2	84.0	84.4	75.2	61.2	65.2	69.4
	降水量	13.2	19.4	15.8	69.9	127.7	56.4	257.5	238.5	166.1	19.4	38.3	34.7	1056.9
	日照时数	163.4	103.7	192.8	195.0	158.3	213.4	191.2	228.2	148.8	190.4	169.5	174.8	2129.5
漯河市	平均气温	2.0	4.5	12.0	16.2	20.8	26.0	28.9	27.1	22.7	17.5	9.8	2.2	15.8
	最高气温	19.5	18.9	28.6	31.4	34.6	38.8	40.2	38.4	34.0	30.4	30.8	23.5	40.2
	最低气温	-11.2	-7.1	-2.2	1.6	7.8	13.7	19.4	15.0	13.1	5.9	-3.7	-12.9	-12.9
	相对湿度	61.3	71.3	62.0	69.0	75.3	70.0	76.7	82.0	84.7	78.0	65.0	68.7	72.0
	降水量	22.2	25.6	21.3	71.3	132.3	96.2	129.5	212.2	204.5	28.4	28.5	32.3	1004.2
	日照时数	149.5	85.9	171.8	179.8	136.4	189.1	175.9	206.2	132.9	171.6	156.8	169.8	1925.8
三门峡市	平均气温	0.7	3.7	11.5	14.5	18.8	23.1	26.2	25.2	20.8	14.9	7.8	0.7	14.0
	最高气温	19.9	17.4	28.8	32.1	35.6	35.3	39.1	36.7	32.6	28.6	29.2	22.5	39.1
	最低气温	-11.9	-7.7	-2.4	2.7	6.3	12.6	15.4	14.0	12.3	4.7	-3.7	-12.4	-12.4
	相对湿度	46.8	66.0	46.3	60.0	69.5	69.0	71.3	77.5	81.3	73.0	53.5	56.5	64.3
	降水量	5.6	13.5	24.8	58.1	213.4	84.5	127.4	182.5	150.6	55.3	31.4	20.1	967.0
	日照时数	172.5	76.2	202.0	180.2	157.0	212.2	206.0	209.4	134.4	175.1	183.9	177.6	2086.4

2－9　续表 2

单位：摄氏度、%、毫米、小时

站名	项目	1月	2月	3月	4月	5月	6月	7月	8月	9月	10月	11月	12月	全年
南阳市	平均气温	3.3	5.4	12.2	16.6	20.6	25.1	28.1	27.0	22.7	17.5	10.4	3.4	16.0
	最高气温	22.3	20.6	30.3	33.0	35.0	39.5	37.9	40.6	34.2	30.1	29.8	23.5	40.6
	最低气温	－9.9	－7.3	－1.4	3.6	8.9	14.3	18.0	15.7	13.3	7.3	－1.5	－10.9	－10.9
	相对湿度	59.7	70.7	63.2	67.9	75.1	72.8	79.3	80.6	81.9	76.8	66.8	68.8	71.9
	降水量	11.2	18.3	29.9	59.4	105.8	178.3	164.6	204.5	169.6	69.9	29.0	28.6	1068.9
	日照时数	166.8	74.6	172.8	191.9	137.8	189.0	176.2	227.7	130.7	168.9	153.7	163.6	1953.7
商丘市	平均气温	1.3	4.5	11.9	15.6	20.6	26.3	28.4	26.9	22.9	18.0	9.3	1.3	15.6
	最高气温	18.7	18.1	28.4	30.7	34.1	39.5	38.6	36.4	33.7	30.5	30.2	22.4	39.5
	最低气温	－12.1	－5.3	－1.1	2.1	7.7	14.0	20.8	15.2	12.1	4.4	－6.8	－12.5	－12.5
	相对湿度	62.5	66.9	56.0	67.5	71.9	65.8	80.8	83.6	82.4	70.6	61.1	69.3	69.9
	降水量	12.9	19.8	11.1	78.9	156.2	76.4	227.7	202.3	99.4	9.4	22.5	21.8	938.3
	日照时数	183.3	121.7	195.6	187.5	162.9	203.8	179.4	231.8	156.4	196.2	182.1	174.2	2174.7
信阳市	平均气温	4.3	6.0	13.7	17.8	21.6	25.8	28.8	28.1	23.3	18.8	12.0	4.4	17.0
	最高气温	22.9	19.0	29.5	35.5	34.0	37.8	36.9	38.0	35.4	29.8	29.9	25.0	38.0
	最低气温	－8.3	－4.4	－1.0	4.5	9.4	15.4	20.9	18.1	15.3	7.0	－0.2	－9.3	－9.3
	相对湿度	63.9	73.0	59.7	66.9	75.2	76.0	82.7	80.0	85.8	76.2	64.9	69.7	73.0
	降水量	23.6	24.2	15.9	123.3	134.1	194.5	186.8	83.5	273.5	63.8	51.7	73.4	1248.4
	日照时数	159.9	82.3	170.0	178.8	129.2	165.9	153.3	233.1	111.3	167.7	177.5	151.7	1880.6
周口市	平均气温	2.5	5.3	12.6	16.5	21.1	26.7	29.1	27.6	23.3	18.8	10.5	2.5	16.4
	最高气温	19.3	18.9	28.7	31.4	35.5	39.9	39.2	37.2	33.9	30.8	30.6	23.9	39.9
	最低气温	－10.2	－4.5	0.3	3.0	8.5	14.6	20.8	15.8	13.4	6.7	－4.2	－10.9	－10.9
	相对湿度	60.6	67.6	58.3	66.6	72.4	67.4	79.0	81.0	81.1	69.0	59.2	66.3	69.0
	降水量	21.6	29.3	13.9	61.8	174.0	95.5	228.5	182.5	126.5	15.3	29.0	25.2	1003.2
	日照时数	170.6	107.0	190.1	196.4	151.8	190.6	188.9	233.0	148.7	187.6	169.6	168.6	2102.9
驻马店市	平均气温	3.0	5.3	12.3	16.6	20.9	25.8	28.8	27.4	22.8	18.2	10.8	3.1	16.3
	最高气温	21.0	18.9	29.9	33.3	34.7	38.3	38.3	38.8	34.1	30.3	30.1	24.9	38.8
	最低气温	－8.8	－5.2	－0.5	3.1	8.2	13.8	19.1	15.6	13.4	7.2	－2.7	－10.5	－10.5
	相对湿度	63.5	72.3	63.1	69.2	75.1	72.1	80.5	81.4	84.3	74.3	63.6	68.7	72.3
	降水量	19.1	26.1	22.5	87.5	156.2	203.3	202.1	141.9	274.0	43.2	38.4	31.9	1246.1
	日照时数	170.0	94.7	180.8	195.9	140.4	186.7	185.0	238.8	138.1	183.3	172.0	175.9	2061.7
济源市	平均气温	1.9	4.6	12.7	16.3	20.9	26.9	29.8	27.7	23.2	17.3	9.3	2.2	16.1
	最高气温	18.7	21.3	30.5	29.9	35.7	38.1	41.7	37.5	33.0	30.3	31.2	25.7	41.7
	最低气温	－9.3	－4.3	－0.6	5.2	9.9	13.9	20.7	17.3	15.0	7.4	－3.3	－9.4	－9.4
	相对湿度	49.0	66.0	52.0	59.0	70.0	60.0	64.0	76.0	79.0	73.0	57.0	59.0	64.0
	降水量	0.4	19.6	19.5	68.5	152.0	36.8	106.2	77.5	108.8	14.5	27.3	33.2	664.3
	日照时数	173.8	82.8	211.3	190.6	167.4	238.1	201.1	220.1	158.8	198.1	184.5	181.4	2208.0

主要统计指标解释

农作物总播种面积　是指全年各季各种农作物播种面积的总和。现行农业统计报表制度规定全年农作物总播种面积是指应该在本日历年度内收获农产品的作物的播种面积之和。其计算公式为:

本年农作物总播种面积 = 上年秋冬播种作物面积 + 本年春播作物面积 + 本年夏播作物面积

或:本年农作物总播种面积 = 本年夏收作物播种面积 + 本年秋收作物播种面积

粮食产量　指全社会的产量。包括全民所有制经营的、集体统一经营的和农民家庭经营的粮食产量。粮食除包括稻谷、小麦、玉米、高粱、谷子及其它杂粮外还包括薯类和大豆。其产量的计算方法:豆类按去豆荚后的干豆计算;薯类按五公斤鲜薯折粮一公斤计算。其他粮食一律按脱粒后的原粮计算。

三 畜牧业

资料整理：王　铮　赵　倩

3-1 主要畜产品产量

指标	单位	2000年	2005年	2010年	2015年	2017年	2018年	2019年	2020年	2021年	2022年	2023年
猪牛羊出栏头数												
肉猪出栏头数	万头	4180.00	5568.00	5382.80	6151.36	6220.00	6402.38	4502.10	4311.12	5802.77	5918.83	6102.31
占年初存栏头数比重	%	117.5	142.1	119.0	139.6	145.7	145.8	103.8	136.0	149.3	134.76	143.23
肉用牛出栏头数	万头	578.00	702.64	390.08	251.29	232.95	231.16	238.43	241.25	235.94	243.49	245.92
占年初存栏头数比重	%	43.1	50.3	49.4	57.8	66.9	100.3	63.9	62.6	60.2	60.80	61.37
肉用羊出栏只数	万只	2903.80	4225.00	1959.16	1790.23	2145.00	2208.19	2301.11	2342.65	2359.05	2370.84	2207.57
占年初存栏头数比重	%	104.2	114.5	98.1	94.9	139.7	131.3	132.7	123.4	120.0	117.82	108.73
肉用禽出栏只数	万只			81530.72	83132.35	90681.61	92767.28	108816.02	110828.12	112158.06	115859.28	100805.18
占年初存栏只数比重	%			142.4	145.6	159.3	142.7	165.4	159.2	159.2	160.53	141.80
肉类总产量	万吨	517.00	689.00	608.96	647.22	655.84	669.41	560.42	544.05	646.81	660.03	676.54
#猪肉产量	万吨	337.90	441.20	407.72	466.45	466.90	479.04	344.43	324.80	426.78	434.89	465.33
牛肉产量	万吨	83.00	102.75	58.67	37.84	35.04	34.80	36.22	36.71	35.53	36.71	37.99
羊肉产量	万吨	32.00	47.38	23.35	21.81	26.10	26.90	28.11	28.64	28.87	29.05	27.30
驴肉产量	万吨	2.30	1.96	3.40	1.52	0.29	0.30	0.24	0.17	0.21	0.20	0.24
骡肉产量	万吨	1.10	0.80	0.43	0.10	0.03	0.02	0.02	0.01	0.01	0.01	0.00
马肉产量	万吨	1.50	1.13	1.05	0.39	0.15	0.14	0.10	0.09	0.06	0.04	0.03
禽肉产量	万吨	55.00	87.51	101.32	108.97	118.97	121.94	145.24	148.05	149.98	154.63	142.57
兔肉产量	万吨	4.20	5.66	9.46	6.23	4.85	4.41	4.20	3.77	3.60	3.01	3.07
平均每头肉猪产肉量	公斤/头	80.80	79.20	75.74	75.83	75.10	74.82	76.50	75.34	73.55	73.48	76.26
平均每头肉牛产肉量	公斤/头	144.70	146.20	150.47	150.42	150.21	150.52	151.90	152.17	150.61	150.76	154.49
平均每只肉羊产肉量	公斤/只	11.00	11.20	11.89	12.18	12.17	12.18	12.21	12.23	12.24	12.25	12.37
其他畜产品产量												
奶类总产量	万吨	20.20	108.50	207.04	233.66	212.87	208.90	208.55	214.72	216.77	217.80	241.78
牛奶产量	万吨	16.10	104.00	190.06	223.57	202.86	202.65	204.07	210.05	212.10	213.17	237.47
羊奶产量	万吨	4.10	4.50	16.98	10.10	10.01	6.24	4.47	4.67	4.67	4.63	4.31
羊毛总产量	吨	10844.00	14335.00	11983.87	7245.69	9214.42	6848.85	6447.00	6631.77	5115.50	4383.70	4342.86
山羊毛产量	吨	2858.00	2873.00	4297.34	2245.31	3449.52	2718.64	2797.65	2863.53	1997.64	1782.20	1708.74
绵羊毛产量	吨	7986.00	11462.00	7686.53	5000.38	5764.90	4130.21	3649.34	3768.24	3117.86	2601.50	2634.12
羊绒产量	吨	277.00	433.00	180.53	310.73	580.54	312.54	330.63	371.30	232.93	154.24	148.20
蜂蜜产量	吨	23105.00	27441.00	61819.94	27907.26	71486.89	61392.54	61092.60	68913.93	65206.16	48410.07	48799.62
禽蛋产量	万吨	270.00	375.30	372.29	372.30	401.18	413.61	442.42	449.42	446.42	457.17	441.19

3－2　主要畜禽年末存栏数量

指　标	单　位	2000年	2005年	2010年	2015年	2017年	2018年	2019年	2020年	2021年	2022年	2023年
大牲畜总头数	**万头**	**1445.70**	**1508.80**	**719.19**	**411.70**	**376.09**	**377.01**	**388.27**	**394.88**	**403.11**	**403.01**	**382.81**
#从事农事劳役的头数	万头	482.80	412.90	296.16	183.71	108.50	107.96	92.21	85.00	72.48	37.20	0.00
牛	万头	1340.20	1447.00	695.05	402.68	372.67	373.41	385.13	391.68	400.30	400.74	380.73
肉牛	万头	282.80	514.06	346.53	181.76	230.51	231.12	257.32	270.04	289.34	322.81	341.58
乳牛	万头	6.70	31.22	52.35	37.22	33.66	34.33	35.60	36.64	38.48	40.73	39.15
马	万头	29.30	17.29	8.05	2.80	0.97	0.91	0.72	0.75	0.45	0.29	0.28
驴	万头	49.50	29.60	12.34	5.13	2.18	2.33	2.11	2.18	2.27	1.79	1.72
骡	万头	26.80	14.91	3.76	1.09	0.28	0.35	0.30	0.27	0.11	0.10	0.08
猪	万头	3787.70	4439.00	4540.55	4361.95	4390.00	4337.15	3170.46	3886.98	4392.29	4260.52	4038.97
#能繁殖的母猪	万头	365.00	517.00	473.59	459.31	440.54	417.19	301.21	402.61	400.62	397.79	370.74
羊	万只	2961.40	3988.00	1895.40	1926.00	1682.02	1734.07	1898.81	1965.12	2012.29	2030.40	1931.66
山羊	万只	2730.10	3509.00	1662.88	1552.77	1412.88	1473.96	1620.22	1672.50	1710.55	1680.24	1596.80
绵羊	万只	231.30	479.00	232.52	373.23	269.14	260.11	278.60	292.63	301.74	350.16	334.86
家禽	万只	42529.00	61958.00	56708.51	57070.49	65019.50	65799.73	69601.71	70436.65	72172.92	71090.33	60071.33

3－3　各市主要畜禽出栏数量和畜产品产量（2023年）

地　区	猪出栏头数（万头）	牛出栏头数（万头）	羊出栏只数（万只）	家禽出栏只数（万只）
郑州市	103.12	4.36	34.46	952.60
开封市	362.94	16.80	201.37	4555.24
洛阳市	187.00	16.00	80.46	2438.00
平顶山市	342.02	12.32	140.87	2483.00
安阳市	238.53	2.90	52.32	7361.77
鹤壁市	116.92	1.51	37.69	8825.44
新乡市	360.13	8.31	90.01	5226.92
焦作市	86.00	6.17	38.71	2845.61
濮阳市	157.00	4.50	72.77	13464.24
许昌市	285.24	6.12	64.70	2000.63
漯河市	338.24	2.35	30.00	6407.46
三门峡市	101.00	7.31	33.51	898.00
南阳市	844.14	51.00	270.80	4002.80
商丘市	495.28	24.92	388.48	11013.23
信阳市	346.33	9.99	74.53	7787.64
周口市	745.02	18.98	347.77	15771.13
驻马店市	950.00	50.70	241.30	4603.97
济源市	43.42	1.68	7.82	167.50

3-3 续表

地区	肉类总产量（万吨）	猪肉（万吨）	禽蛋产量（万吨）	奶类总产量（万吨）
郑州市	10.74	8.25	10.13	8.59
开封市	39.59	28.39	34.60	35.41
洛阳市	22.00	15.03	17.46	17.70
平顶山市	33.28	26.04	17.30	24.72
安阳市	29.69	18.27	16.80	11.38
鹤壁市	21.14	8.84	15.39	7.49
新乡市	36.56	27.05	26.99	19.62
焦作市	11.83	6.84	14.42	9.82
濮阳市	31.34	12.12	27.43	1.96
许昌市	26.75	22.11	15.60	3.78
漯河市	37.12	27.08	11.88	1.68
三门峡市	10.76	8.03	6.48	3.27
南阳市	80.63	63.35	38.42	24.04
商丘市	61.94	37.20	57.56	24.91
信阳市	42.01	26.03	41.12	0.43
周口市	84.49	55.08	49.48	4.33
驻马店市	89.98	72.24	37.40	29.52
济源市	4.01	3.39	2.75	9.01

3-4 各市主要畜禽存栏数量(2023年)

地区	猪年末头数（万头）	牛年末头数（万头）	羊年末只数（万只）	家禽年末只数（万只）
郑州市	59.27	7.32	42.05	834.92
开封市	230.86	30.11	174.99	4220.00
洛阳市	134.40	33.63	77.58	2399.86
平顶山市	220.58	17.85	123.16	1852.98
安阳市	183.32	5.99	55.09	3101.00
鹤壁市	81.16	2.53	33.50	2566.79
新乡市	190.13	16.26	67.49	2679.92
焦作市	44.45	7.42	41.42	1402.90
濮阳市	103.90	6.39	58.06	6439.16
许昌市	144.18	5.36	50.31	1215.84
漯河市	183.50	3.35	25.88	2394.99
三门峡市	65.00	15.56	36.22	586.00
南阳市	619.49	65.59	275.13	5003.00
商丘市	321.56	36.65	294.00	8049.15
信阳市	242.47	17.91	84.80	4656.53
周口市	547.01	28.10	297.40	7999.56
驻马店市	640.90	76.42	179.11	4502.72
济源市	26.80	4.30	15.46	166.00

3－5　生猪大县生产情况

地　区	年末生猪存栏（万头）														
	2006年	2010年	2011年	2012年	2013年	2014年	2015年	2016年	2017年	2018年	2019年	2020年	2021年	2022年	2023年
杞　县	66.35	78.12	79.00	72.68	73.50	76.55	78.34	77.12	79.83	79.99	66.23	85.28	99.62	96.58	71.89
通许县		44.36	45.69	45.74	46.11	46.02	46.94	46.25	50.19	53.01	33.69	51.20	53.18	54.44	47.26
尉氏县	62.24	74.20	74.50	75.50	69.99	70.13	69.63	69.84	71.98	69.90	43.21	68.85	70.01	68.17	55.33
祥符区		50.88	52.41	52.46	53.68	54.62	54.44	54.18	54.83	57.02	42.14	55.91	53.76	50.97	32.38
叶　县	58.41	81.62	82.40	81.41	86.00	85.02	84.31	83.60	85.04	81.58	56.05	73.48	76.50	63.28	47.40
汝州市	52.51	70.21	70.46	71.60	72.82	71.73	71.33	70.45	73.55	70.87	53.01	60.48	75.23	72.36	82.56
林州市		63.24	65.14	65.14	64.36	61.71	60.63	60.28	61.03	55.00	30.48	27.10	21.36	22.51	9.04
浚　县		38.55	39.71	39.83	40.10	38.35	38.52	38.04	40.66	39.72	26.87	45.09	40.93	38.78	40.16
封丘县		44.22	45.55	45.64	47.28	47.83	48.64	48.27	49.09	50.28	32.77	51.16	56.86	49.72	40.75
卫辉市	49.13	45.40	46.00	46.40	45.24	46.58	46.51	46.84	46.87	47.51	15.07	32.14	30.08	28.05	21.16
辉县市	58.57	71.10	72.50	71.78	72.60	71.14	69.91	69.10	70.79	69.80	29.47	43.02	40.83	40.56	38.97
许昌县	49.65	64.55	64.20	60.41	61.10	56.23	55.00	54.62	56.28	52.28	33.87	43.53	24.09	21.06	12.41
鄢陵县	47.85	56.80	56.90	56.60	56.00	56.35	55.69	55.27	56.17	54.17	35.40	48.31	53.50	52.15	38.34
襄城县	57.56	51.40	51.60	51.70	49.99	51.28	50.76	50.19	51.01	52.36	26.86	40.03	43.08	44.22	32.82
禹州市	38.06	52.10	52.50	51.61	52.20	52.43	52.07	51.44	52.74	52.08	41.65	49.94	45.32	42.36	32.58
长葛市	34.93	44.50	44.80	43.59	44.00	43.42	43.07	42.37	43.38	43.86	30.11	50.52	43.46	42.05	28.03
郾城区	38.19	42.66	42.60	43.00	43.60	43.25	43.10	42.51	43.40	44.28	38.02	54.27	45.52	44.08	43.13
召陵区	50.27	41.00	41.50	41.40	42.00	41.14	40.23	39.60	40.77	40.32	31.12	46.36	43.46	42.17	44.58
舞阳县		44.72	46.06	46.11	45.60	45.80	45.61	45.14	46.55	47.01	38.14	51.56	46.88	46.00	45.33
临颍县	44.41	56.20	56.20	55.80	56.20	54.28	53.22	52.62	53.05	53.97	40.42	57.96	47.91	47.92	46.76
内乡县	46.79	49.20	51.20	51.97	58.46	55.31	55.71	65.89	67.43	71.67	68.07	88.94	153.06	146.21	160.49
社旗县		50.53	52.05	52.10	52.80	53.00	53.15	52.16	55.75	54.78	48.43	49.30	63.55	62.22	65.06
唐河县	71.28	82.20	82.50	82.60	83.01	82.80	82.20	80.80	82.15	80.38	76.87	78.95	86.01	81.58	83.81
邓州市	93.54	108.80	106.80	106.98	107.62	105.12	104.70	104.20	105.98	102.59	91.92	88.63	95.92	93.32	94.82
睢阳区		43.74	45.05	45.10	46.00	46.10	46.05	45.30	45.71	46.13	32.05	44.16	40.94	40.20	37.49
睢　县		29.82	30.72	30.81	30.04	30.34	30.35	29.87	32.81	32.80	22.22	32.31	25.35	24.90	23.75
柘城县		28.49	29.34	29.40	30.66	30.01	30.92	30.41	33.40	34.06	25.55	31.55	34.54	33.91	36.01
夏邑县		49.27	50.75	50.80	51.20	52.85	53.96	53.93	55.21	55.28	40.57	48.47	45.07	44.26	40.30
固始县	57.93	72.10	72.20	70.54	72.00	72.53	72.42	71.49	71.99	68.91	42.04	53.07	71.48	67.31	39.60
潢川县		48.63	49.12	51.00	50.34	49.19	49.51	49.00	50.18	49.59	23.93	40.90	38.65	37.54	38.52
西华县	49.71	64.40	64.35	64.60	64.80	66.22	66.32	65.69	66.86	69.14	50.35	76.08	67.30	68.83	76.57
商水县	52.15	68.80	68.90	67.38	64.35	65.20	64.83	65.97	67.98	69.18	54.70	63.11	72.22	72.58	80.50
沈丘县	49.18	50.60	51.30	52.00	53.35	54.19	54.62	54.06	55.01	55.10	42.72	52.81	47.16	46.78	46.38
淮阳县	62.88	55.98	56.80	57.10	56.36	57.02	56.80	56.64	58.20	58.07	44.61	43.44	45.82	46.95	46.41
太康县	59.00	72.20	72.25	73.20	68.44	68.63	68.48	67.28	69.45	73.55	64.94	84.69	86.78	89.55	81.26
鹿邑县		58.73	59.08	59.40	57.97	57.86	57.56	56.36	57.05	55.99	51.59	60.37	67.31	70.78	58.56
西平县	86.12	95.85	96.90	97.60	93.50	92.74	91.90	90.32	92.92	90.42	59.15	84.68	94.53	80.96	80.35
上蔡县	61.34	68.50	68.90	64.08	64.14	66.23	67.16	66.49	67.04	66.31	50.24	70.79	103.79	99.86	101.65
平舆县		49.29	50.77	50.82	49.04	46.54	46.59	46.92	47.21	47.83	37.45	53.81	73.54	65.73	65.21
正阳县	90.29	114.65	114.80	107.91	103.38	104.74	105.44	106.90	110.00	107.34	73.03	103.39	110.54	100.33	106.43
确山县	47.72	58.68	58.58	53.89	53.95	54.26	54.41	54.36	55.97	55.99	43.16	60.58	59.88	53.62	50.66
汝南县	58.66	66.65	67.00	68.00	65.82	66.16	65.74	65.14	66.44	65.75	46.75	65.22	62.30	53.01	51.37
遂平县	55.10	70.25	70.50	70.48	70.62	70.22	69.60	69.31	70.94	71.94	47.79	63.21	57.84	55.69	48.89
新蔡县	58.83	70.80	72.00	68.40	65.53	65.78	65.90	65.29	66.55	65.85	50.79	68.00	61.05	54.73	47.64
济源市		36.02	37.10	37.17	35.05	33.89	33.63	32.99	36.00	36.38	17.96	31.57	28.93	27.39	26.80

3－5　续表1

地　区	#能繁殖母猪(万头)														
	2006年	2010年	2011年	2012年	2013年	2014年	2015年	2016年	2017年	2018年	2019年	2020年	2021年	2022年	2023年
杞　县	5.04	7.99	8.30	8.31	8.36	8.63	8.43	8.07	8.33	7.87	6.74	7.87	9.00	8.95	7.39
通许县		4.91	5.00	5.01	5.40	5.41	5.28	5.12	5.52	5.32	3.59	5.61	4.71	5.15	4.49
尉氏县	4.72	7.48	7.70	8.00	8.60	8.51	8.20	7.86	8.00	7.61	5.15	6.35	6.40	6.24	4.96
祥符区		5.45	5.55	5.56	5.66	5.69	5.53	5.34	5.35	5.40	4.52	5.41	5.02	5.04	2.81
叶　县	4.78	9.18	9.25	8.98	9.22	9.20	8.83	8.43	8.55	8.01	5.27	5.61	6.52	6.71	4.31
汝州市	2.95	7.06	7.10	7.20	7.28	7.08	6.87	6.66	6.85	6.70	4.34	6.48	6.21	7.73	7.66
林州市		8.04	8.20	8.20	7.80	7.46	7.02	6.80	6.74	6.01	3.68	2.20	2.00	1.95	0.81
浚　县		4.69	4.79	4.80	4.60	4.48	4.31	4.24	4.53	4.29	3.08	3.93	3.75	3.56	3.86
封丘县		4.40	4.49	4.50	5.40	5.35	5.27	5.11	5.18	4.96	3.17	5.02	5.07	4.75	4.30
卫辉市	2.56	4.80	4.80	4.94	5.01	5.11	4.94	4.83	4.90	4.62	1.82	3.30	2.70	2.57	2.02
辉县市	4.62	8.11	8.10	8.10	8.00	7.89	7.51	7.23	7.32	6.93	3.84	4.14	3.97	3.83	4.12
许昌县	3.94	6.12	6.60	6.43	6.41	5.99	5.68	5.52	5.63	5.22	3.90	4.21	2.29	1.92	1.36
鄢陵县	4.01	6.55	6.68	6.64	6.10	6.05	5.81	5.66	5.71	5.39	3.95	4.91	4.92	4.51	3.92
襄城县	4.32	5.45	5.46	5.50	5.51	5.64	5.43	5.35	5.42	5.16	3.51	4.65	3.99	4.42	3.05
禹州市	2.57	5.96	6.00	5.83	5.76	5.85	5.68	5.52	5.58	5.30	4.07	4.57	4.33	3.69	3.00
长葛市	2.69	4.72	4.80	4.71	4.70	4.52	4.36	4.29	4.34	4.10	2.60	4.55	3.95	3.90	2.90
郾城区	6.90	4.50	4.50	4.54	4.50	4.40	4.25	4.09	4.14	4.14	3.65	4.63	4.19	4.04	4.05
召陵区	4.71	4.80	4.95	4.90	4.68	4.69	4.59	4.39	4.40	4.20	3.17	3.58	4.02	4.23	4.07
舞阳县		4.70	4.80	4.80	4.82	4.73	4.61	4.51	4.58	4.37	3.42	4.05	4.25	4.59	4.34
临颍县	3.96	6.89	6.85	6.40	6.20	6.24	6.02	5.79	5.82	5.55	4.02	4.66	4.34	4.59	4.09
内乡县	2.85	6.25	6.34	6.41	7.20	7.01	6.94	8.08	8.00	7.64	7.26	8.03	13.49	14.19	14.25
社旗县		5.48	5.59	5.60	5.60	5.63	5.53	5.41	5.64	5.38	4.84	5.09	5.55	5.89	5.50
唐河县	7.69	7.84	8.2	8.34	8.40	8.48	8.21	7.87	7.96	7.50	6.73	7.94	7.71	8.17	7.29
邓州市	5.25	9.62	10.2	10.39	12.80	12.42	12.11	11.66	11.72	10.86	8.12	9.69	8.39	8.67	8.12
睢阳区		4.91	5.00	5.01	5.00	4.98	4.80	4.67	4.74	4.53	3.27	4.31	3.81	3.91	3.19
睢　县		3.52	3.59	3.60	3.60	3.53	3.43	3.33	3.62	3.41	2.49	2.99	2.42	2.48	2.24
柘城县		3.52	3.59	3.60	3.55	3.36	3.33	3.26	3.56	3.41	2.49	3.18	3.27	3.36	3.40
夏邑县		5.97	6.09	6.10	6.02	6.15	6.00	5.87	5.95	5.65	4.48	4.75	4.30	4.42	4.04
固始县	4.02	6.26	6.90	6.76	7.10	7.22	7.01	6.79	6.82	6.48	4.28	4.79	6.93	4.94	3.32
潢川县		4.95	5.09	5.18	5.20	5.00	4.95	4.78	4.85	4.61	2.37	3.88	3.76	3.99	4.06
西华县	3.61	6.33	6.60	6.50	6.52	6.69	6.57	6.38	6.53	6.39	4.71	6.08	6.12	6.25	6.73
商水县	5.32	7.85	8.00	7.90	7.20	7.14	6.88	6.67	7.01	6.66	5.66	7.70	6.38	4.69	6.71
沈丘县	5.23	5.80	6.00	6.20	6.10	6.21	6.07	5.93	6.01	5.75	4.46	4.65	4.50	4.37	4.51
淮阳县	8.20	6.46	6.50	6.70	6.40	6.50	6.30	6.14	6.23	5.95	4.35	4.54	4.20	5.87	4.44
太康县	4.12	7.11	7.30	7.50	7.50	7.52	7.36	7.10	7.21	6.83	6.00	9.59	7.99	6.22	7.35
鹿邑县		5.68	5.83	5.94	6.10	6.14	5.92	5.80	5.83	5.60	5.00	5.33	6.07	4.33	4.62
西平县	7.62	9.76	10.02	9.91	9.90	9.72	9.38	8.93	9.17	8.58	6.53	8.90	8.32	7.92	7.65
上蔡县	4.60	7.40	7.42	7.50	7.40	7.62	7.47	7.20	7.31	6.92	5.52	8.01	9.80	8.70	9.16
平舆县		5.09	5.19	5.20	5.26	5.01	4.85	4.73	4.75	4.55	3.46	5.89	6.88	6.10	6.28
正阳县	7.91	13.66	14.00	14.00	12.00	11.99	11.76	11.27	11.54	10.70	7.44	9.19	10.18	9.80	9.72
确山县	5.37	6.12	6.26	6.26	6.10	6.08	5.85	5.73	5.85	5.60	4.36	4.76	5.25	4.94	4.91
汝南县	4.54	6.88	7.10	7.30	7.30	7.14	6.86	6.65	6.73	6.40	4.78	5.88	5.37	5.22	5.11
遂平县	4.80	8.02	8.12	8.00	7.88	7.62	7.33	7.07	7.18	6.80	4.98	5.61	5.27	5.07	4.82
新蔡县	4.11	7.06	7.22	7.38	7.30	7.22	7.00	6.77	6.86	6.51	5.31	6.56	5.64	5.71	4.76
济源市		4.36	4.45	4.46	4.40	4.11	3.95	3.83	4.09	3.90	2.21	2.90	2.74	2.73	2.70

3－5 续表 2

地 区	生猪出栏(万头)														
	2006年	2010年	2011年	2012年	2013年	2014年	2015年	2016年	2017年	2018年	2019年	2020年	2021年	2022年	2023年
杞 县	71.53	85.10	86.00	87.12	95.66	102.04	100.82	99.26	103.64	107.39	74.14	85.28	119.38	125.77	110.94
通许县		61.56	62.79	62.85	65.60	63.78	63.60	62.98	70.45	72.90	54.04	51.20	70.47	70.34	67.57
尉氏县	68.94	84.50	85.00	87.38	96.55	105.33	103.41	103.98	108.12	111.44	78.76	68.85	90.36	92.61	85.29
祥符区		65.13	66.43	66.50	70.20	68.80	67.81	68.21	70.51	72.26	57.81	55.91	67.87	71.11	68.47
叶 县	81.91	106.32	106.80	108.72	116.80	122.82	120.28	119.35	123.13	127.06	91.30	73.48	93.48	98.49	98.73
汝州市	62.18	86.12	87.00	88.31	90.00	91.08	89.94	89.80	92.24	94.31	62.60	60.48	101.91	100.80	124.20
林州市		83.35	85.01	85.10	86.20	84.29	82.02	81.47	84.65	77.26	45.04	27.10	32.18	29.07	29.36
浚 县		70.57	71.99	72.13	75.20	70.00	68.53	67.37	70.98	73.04	50.00	45.09	58.07	54.33	55.29
封丘县		72.74	74.20	74.27	82.20	83.00	81.50	80.92	84.82	86.54	59.30	51.16	73.67	78.14	81.93
卫辉市	62.25	56.80	57.00	57.80	61.60	60.13	59.51	59.97	61.73	63.95	49.92	32.14	42.52	43.61	45.37
辉县市	87.16	108.00	107.80	107.80	113.20	120.22	116.81	115.06	117.20	119.57	74.14	43.02	53.73	59.20	62.82
许昌县	78.20	88.89	89.20	87.24	90.60	95.94	92.34	90.63	93.24	79.22	51.42	43.53	37.34	32.51	25.96
鄢陵县	72.95	81.52	82.00	82.98	82.40	87.90	85.85	85.50	87.97	81.14	51.80	48.31	61.29	72.50	74.91
襄城县	61.47	69.50	69.60	70.23	70.00	69.57	68.25	67.68	68.47	63.89	39.83	40.03	53.47	58.10	61.44
禹州市	72.35	74.00	74.60	74.50	78.40	82.94	81.16	80.57	83.05	79.32	51.28	49.94	61.32	61.15	62.53
长葛市	60.30	77.56	77.80	74.30	76.60	79.00	77.32	76.72	79.68	73.02	54.57	50.52	65.71	58.63	60.42
郾城区	74.63	72.26	72.40	72.40	75.60	78.74	77.03	76.22	78.66	79.21	55.38	54.27	74.07	74.37	76.64
召陵区	79.77	69.00	69.40	67.25	68.80	72.16	70.18	69.40	72.11	72.96	48.81	46.36	69.00	73.00	76.10
舞阳县		67.83	69.18	69.32	72.20	72.34	72.07	71.39	74.52	77.52	54.45	51.56	67.79	69.18	72.00
临颍县	80.69	91.10	92.00	89.79	94.10	94.85	92.21	91.01	94.44	99.04	58.74	57.96	79.23	83.78	89.31
内乡县	64.90	80.50	81.20	81.77	92.23	92.87	91.79	105.25	112.87	119.17	91.90	88.94	147.51	204.09	205.48
社旗县		66.34	67.66	67.73	71.20	74.19	74.10	73.63	76.77	78.90	53.24	49.30	73.70	83.95	84.37
唐河县	91.35	99.50	99.80	100.20	105.30	110.94	108.03	106.55	109.43	113.53	81.69	78.95	115.48	123.48	124.22
邓州市	106.39	118.66	118.78	119.37	132.00	136.78	133.65	133.02	136.87	142.62	93.99	88.63	134.36	126.70	128.07
睢阳区		67.53	68.88	69.02	73.00	74.93	75.22	73.79	75.01	78.04	51.26	44.16	57.83	56.75	81.26
睢 县		43.29	44.16	44.20	48.00	50.51	49.82	49.07	53.59	54.82	37.70	32.31	44.13	35.14	38.00
柘城县		39.33	40.12	40.24	43.38	45.93	46.72	46.31	50.62	53.17	35.26	31.55	48.01	47.88	71.43
夏邑县		78.05	79.61	79.61	82.00	84.85	83.80	83.34	86.06	88.75	59.33	48.47	68.86	62.48	69.59
固始县	93.18	102.66	101.60	99.57	104.80	109.35	107.05	105.81	107.54	109.52	69.04	53.07	74.64	81.61	80.37
潢川县		67.02	67.82	68.50	72.00	76.53	76.77	76.34	78.76	81.01	52.45	40.90	53.06	50.83	58.95
西华县	75.72	81.11	81.15	81.56	84.00	87.78	86.34	85.71	89.77	94.68	73.06	76.08	94.98	89.72	93.73
商水县	69.47	79.33	79.50	78.23	84.10	89.27	88.24	89.02	92.17	95.23	55.50	63.11	94.51	98.90	108.42
沈丘县	72.46	67.80	67.90	68.44	72.60	83.00	82.78	82.27	85.01	87.64	57.68	52.81	65.97	62.88	62.94
淮阳县	85.76	76.98	77.50	78.04	82.20	87.42	86.26	85.93	89.35	92.23	59.48	43.44	52.63	54.79	57.08
太康县	88.58	84.45	85.00	85.51	89.20	90.58	89.33	89.16	92.51	98.59	75.45	84.69	124.44	115.71	117.39
鹿邑县		74.41	75.00	75.53	78.60	78.71	77.43	76.94	79.67	82.37	63.83	60.37	90.30	93.74	94.45
西平县	104.83	121.21	122.00	120.17	126.00	132.46	129.93	127.80	132.16	136.82	94.47	84.68	122.63	127.69	122.96
上蔡县	60.25	76.65	77.00	77.85	81.60	86.21	87.14	86.86	89.23	92.66	62.23	70.79	121.68	132.04	136.69
平舆县		70.62	72.03	72.10	76.20	72.00	70.76	70.02	72.17	74.93	48.73	53.81	80.08	85.42	89.72
正阳县	107.26	129.89	130.00	130.78	138.00	145.25	144.71	146.75	150.00	156.42	112.08	103.39	141.19	137.61	150.61
确山县	63.50	63.60	63.50	64.71	68.39	71.86	70.73	70.18	72.40	75.27	50.08	60.58	85.13	80.89	82.45
汝南县	72.24	86.68	86.60	87.38	91.40	91.84	90.36	89.05	91.00	92.16	62.59	65.22	90.21	84.14	86.62
遂平县	70.60	85.69	85.74	86.43	93.25	97.58	95.47	95.02	98.56	100.58	69.85	63.21	80.81	69.13	64.65
新蔡县	68.79	80.26	82.00	82.49	86.80	86.90	86.09	85.75	88.72	91.57	60.04	68.00	89.02	82.47	76.22
济源市		51.68	52.72	52.77	55.20	52.56	51.61	50.95	55.54	56.39	38.15	31.57	42.08	43.11	43.42

3－5 续表3

地区	猪肉产量(万吨)														
	2006年	2010年	2011年	2012年	2013年	2014年	2015年	2016年	2017年	2018年	2019年	2020年	2021年	2022年	2023年
杞　县	5.71	6.30	6.38	6.49	7.20	7.68	7.54	7.41	7.72	8.00	5.53	6.44	8.79	9.25	8.66
通许县		4.43	4.57	4.57	4.80	4.77	4.74	4.67	5.19	5.37	3.99	3.86	5.19	5.17	5.22
尉氏县	5.36	6.50	6.54	6.72	7.43	7.97	7.84	7.88	8.18	8.43	5.96	5.23	6.68	6.82	6.58
祥符区		4.84	4.99	4.99	5.29	5.18	5.11	5.15	5.34	5.46	4.37	4.24	5.01	5.24	5.26
叶　县	5.96	7.72	7.80	7.98	8.61	9.23	9.05	8.97	9.28	9.57	6.88	5.58	6.90	7.25	7.51
汝州市	4.53	6.27	6.35	6.48	6.63	6.85	6.75	6.75	6.94	7.10	4.72	4.60	7.54	7.48	9.48
林州市		6.20	6.38	6.39	6.60	6.45	6.26	6.23	6.46	5.91	3.45	2.06	2.38	2.15	2.14
浚　县		5.09	5.24	5.25	5.56	5.31	5.22	5.14	5.44	5.58	3.83	3.43	4.29	4.07	4.26
封丘县		5.25	5.40	5.41	6.05	6.18	6.08	6.04	6.30	6.43	4.41	3.90	5.46	5.62	6.26
卫辉市	4.36	4.20	4.23	4.29	4.58	4.52	4.48	4.50	4.63	4.78	3.73	2.44	3.14	3.32	3.45
辉县市	6.50	7.71	7.70	7.91	8.40	9.01	8.73	8.59	8.76	8.93	5.54	3.26	3.96	4.47	4.79
许昌县	5.76	6.54	6.56	6.44	6.76	7.17	6.90	6.75	6.95	5.94	3.86	3.30	2.76	2.39	2.01
鄢陵县	5.37	6.02	6.06	6.13	6.12	6.60	6.45	6.43	6.59	6.07	3.88	3.68	4.54	5.35	5.84
襄城县	4.49	5.21	5.22	5.27	5.28	5.25	5.13	5.09	5.14	4.79	2.99	3.04	3.95	4.31	4.75
禹州市	5.32	5.45	5.50	5.49	5.78	6.18	6.04	6.00	6.18	5.90	3.82	3.79	4.53	4.53	4.88
长葛市	4.44	5.42	5.46	5.45	5.64	5.94	5.81	5.78	5.99	5.48	4.10	3.83	4.85	4.31	4.63
郾城区	4.58	4.65	4.66	4.73	5.06	5.37	5.37	5.32	5.50	5.54	3.88	4.11	5.46	5.48	5.83
召陵区	6.25	4.70	4.75	4.74	5.01	5.36	5.21	5.14	5.33	5.38	3.60	3.51	5.09	5.39	5.76
舞阳县		4.89	5.04	5.05	5.28	5.42	5.41	5.34	5.57	5.78	4.07	3.91	5.00	5.09	5.40
临颍县	5.68	6.27	6.50	6.45	6.86	7.06	6.84	6.74	6.98	7.32	4.35	4.41	5.87	6.16	6.69
内乡县	4.70	6.11	6.18	6.22	7.02	7.22	6.93	7.97	8.58	9.01	6.96	6.77	10.93	15.19	14.96
社旗县		4.90	5.04	5.05	5.40	5.63	5.63	5.57	5.79	5.95	4.02	3.74	5.44	6.18	6.15
唐河县	6.73	7.48	7.50	7.53	7.92	8.35	8.13	8.01	8.23	8.52	6.15	5.98	8.53	9.09	9.11
邓州市	7.84	8.95	8.96	9.00	9.94	10.33	10.08	10.02	10.29	10.70	7.07	6.74	9.95	9.34	9.36
睢阳区		5.07	5.22	5.23	5.54	5.68	5.68	5.57	5.67	5.89	3.87	3.35	4.27	4.18	6.38
睢　县		3.20	3.30	3.30	3.56	3.81	3.77	3.69	4.03	4.12	2.84	2.45	3.26	2.61	2.87
柘城县		2.95	3.04	3.05	3.30	3.48	3.55	3.49	3.83	4.02	2.67	2.40	3.55	3.54	5.60
夏邑县		5.85	6.03	6.03	6.24	6.43	6.35	6.32	6.54	6.75	4.51	3.67	5.08	4.60	5.43
固始县	7.71	8.21	8.21	7.93	8.32	8.54	8.18	8.09	8.21	8.36	5.27	4.03	5.52	6.01	6.08
潢川县		5.08	5.14	5.19	5.46	5.81	5.82	5.78	5.98	6.15	3.98	3.10	3.92	3.74	4.52
西华县	5.71	6.16	6.18	6.21	6.40	6.69	6.58	6.53	6.80	7.16	5.53	5.76	7.01	6.61	7.13
商水县	5.24	6.03	6.06	6.02	6.34	6.74	6.67	6.74	6.98	7.21	4.21	4.79	6.99	7.29	8.15
沈丘县	5.20	5.52	5.53	5.57	5.85	6.55	6.31	6.29	6.51	6.71	4.42	4.01	4.87	4.63	5.00
淮阳县	6.32	6.18	6.25	6.29	6.50	6.81	6.57	6.55	6.80	7.02	4.53	3.29	3.88	4.05	4.42
太康县	6.68	6.42	6.46	6.50	6.72	6.84	6.77	6.76	7.01	7.44	5.70	6.43	9.19	8.52	8.95
鹿邑县		5.64	5.69	5.72	5.96	5.97	5.88	5.83	6.05	6.22	4.82	4.60	6.69	6.96	6.91
西平县	7.98	9.11	9.18	9.13	9.54	10.04	9.87	9.74	10.08	10.42	7.20	6.46	9.10	9.43	9.38
上蔡县	4.58	5.75	5.78	5.84	6.10	6.50	6.56	6.54	6.72	6.95	4.67	5.42	9.05	9.83	10.39
平舆县		5.31	5.46	5.47	5.78	5.44	5.35	5.27	5.45	5.62	3.66	4.10	5.94	6.32	6.75
正阳县	8.17	9.77	9.80	9.86	10.40	10.96	10.88	11.06	11.60	12.06	8.65	7.91	10.49	10.17	11.28
确山县	4.83	4.81	4.80	4.89	5.10	5.45	5.38	5.33	5.52	5.67	3.78	4.63	6.33	6.00	6.29
汝南县	5.50	6.52	6.52	6.58	6.88	6.91	6.84	6.72	6.85	6.93	4.71	4.97	6.69	6.21	6.53
遂平县	5.38	6.46	6.68	6.73	7.09	7.38	7.24	7.19	7.44	7.59	5.28	4.83	6.01	5.15	4.91
新蔡县	5.24	6.03	6.20	6.24	6.56	6.57	6.52	6.50	6.73	6.95	4.56	5.18	6.60	6.15	5.79
济源市		3.79	3.91	3.91	4.10	3.95	3.89	3.82	4.17	4.23	2.86	2.41	3.13	3.21	3.39

3－6 历年牧渔业产量

年 份	肉类产量（万吨）	#猪肉	#牛肉	#羊肉	大牲畜年末存栏头数（万头）	猪年末存栏头数（万头）	禽蛋产量（万吨）	水产品产量（万吨）
1978	45.64	42.20			515.03	1724.90		2.47
1979	55.14	50.00			521.50	1592.30		2.30
1980	55.03	49.45	0.69	2.88	541.99	1474.24	15.86	2.91
1981	51.58	44.30	0.60	3.36	607.00	1386.50	16.31	3.00
1982	54.26	47.60	0.52	3.46	671.50	1310.70	16.75	3.25
1983	51.33	43.70	0.88	3.41	704.70	1195.70	21.41	3.78
1984	58.59	49.60	1.83	3.31	794.70	1327.00	31.38	4.89
1985	71.83	61.08	3.01	3.38	886.35	1621.74	37.15	6.37
1986	79.42	65.00	5.50	3.70	957.44	1539.41	37.32	6.61
1987	86.63	66.10	8.90	5.00	1000.82	1404.72	43.55	7.62
1988	103.75	76.87	12.24	6.48	1069.20	1586.18	50.43	9.39
1989	121.53	88.11	15.26	7.89	1111.56	1680.22	53.62	9.83
1990	134.86	97.45	18.16	8.05	1116.33	1750.32	59.58	10.48
1991	157.95	108.73	24.82	7.76	1102.10	1820.80	73.81	10.77
1992	171.66	119.23	25.67	7.96	1135.50	1959.70	79.29	11.55
1993	203.51	137.60	32.64	9.90	1211.00	2085.00	95.58	13.83
1994	253.31	165.81	44.00	12.57	1329.18	2325.17	125.28	15.84
1995	333.00	210.37	64.39	21.10	1420.45	2667.72	140.01	18.09
1996	347.72	225.63	59.45	21.72	1089.14	2229.67	154.54	20.51
1997	403.00	256.12	64.88	25.23	1420.87	2931.91	201.40	23.88
1998	461.63	297.86	76.71	28.00	1416.84	3439.66	229.34	27.02
1999	485.11	313.95	82.21	29.96	1448.42	3556.43	251.82	28.83
2000	517.00	337.88	83.00	32.00	1445.73	3787.69	270.00	32.17
2001	540.65	343.77	89.23	34.51	1435.93	3672.07	286.00	31.46
2002	570.01	366.49	89.20	37.85	1409.78	3800.00	302.00	36.22
2003	603.55	386.00	93.00	42.00	1469.45	3917.80	326.20	38.95
2004	643.00	412.37	98.33	44.06	1491.19	4152.87	347.40	42.70
2005	689.00	441.20	102.75	47.38	1508.80	4439.00	375.30	51.68
2006	584.60	391.30	82.00	23.80	1114.24	3953.30	329.50	61.43
2007	545.87	338.88	75.28	24.82	985.75	4184.00	333.14	74.74
2008	573.35	366.84	70.70	25.51	910.09	4458.81	363.82	85.68
2009	591.61	389.18	64.75	24.46	814.97	4524.05	370.74	92.94
2010	608.96	407.72	58.67	23.35	719.19	4540.55	372.29	99.41
2011	604.28	405.67	53.14	22.54	619.07	4560.84	370.13	102.90
2012	632.84	431.57	47.80	22.07	537.56	4577.45	379.00	109.75
2013	648.97	452.99	43.89	21.66	487.16	4415.68	380.58	116.65
2014	622.02	476.63	41.02	21.80	447.59	4407.38	370.81	120.39
2015	647.22	466.45	37.84	21.81	411.70	4361.95	372.30	125.36
2016	625.94	449.04	34.87	21.85	353.67	4268.82	379.56	128.35
2017	655.84	466.90	35.04	26.10	376.09	4390.00	401.18	128.23
2018	669.41	479.04	34.80	26.90	377.01	4337.15	413.61	98.38
2019	560.06	344.43	36.22	28.11	388.27	3170.46	442.42	99.08
2020	538.21	324.80	36.71	28.64	394.88	3886.98	449.42	98.05
2021	646.81	426.78	35.53	28.87	403.11	4392.29	446.42	94.32
2022	660.03	434.89	36.71	29.05	403.01	4260.52	457.17	94.25
2023	676.54	465.33	37.99	27.30	382.81	4038.97	441.19	97.95

主要统计指标解释

主要畜禽养殖场户分类标准

品种	大型养殖场(户) (年饲养量)	中型养殖场(户) (年饲养量)	小型养殖场(户) (年饲养量)
生猪	5000 头以上	100－5000 头	100 头以下
牛	1000 头以上	10－1000 头	10 头以下
羊	1000 只以上	50－1000 只	50 只以下
禽	100000 只以上	200－100000 只	200 只以下

生猪期末存栏　指本调查期末饲养生猪的总量,包括 25 公斤以下仔猪、待育肥猪(架子猪)和种猪等数量之和。

能繁殖母猪　指猪龄约在 9 个月(包括 9 个月)以上的、具备繁殖能力的母猪。

猪肉产量　指本调查期内出栏肥猪头数折算出的鲜、冷鲜、冷冻猪肉总量,按胴体重计算。

牛期末存栏　指本调查期末饲养各类型的牛总量,包括牛犊、待育肥牛(架子牛)、奶牛和种牛等数量之和。

能繁殖母牛　指牛龄在 16 个月左右,具备繁殖能力的母牛。

牛肉产量　指本调查期内出栏肉牛头数折算出的鲜、冷鲜、冷冻牛肉产量,按胴体重计算。

牛肉产量＝出栏肉牛头数×平均每头肉牛出售重量×肉牛产肉率(%)

羊期末存栏　指本调查期末饲养各种羊只总量。包括羊羔、待育肥羊(架子羊)、奶羊和种羊等数量之和。

能繁殖母羊(山羊或绵羊)　指羊龄在 6 个月左右,具备繁殖能力的母羊。

羊肉产量　指本调查期内出栏肥羊头数折算出的鲜、冷鲜、冷冻羊肉产量,按胴体重计算。

家禽期末存栏　指本调查期末饲养家禽的总量,包括幼禽、肉用家禽、蛋用家禽和种家禽等。

禽肉产量　指本调查期内出栏肉用家禽产出的禽肉总量。

禽蛋产量　指本调查期内饲养的蛋用家禽生产的禽蛋总重量。包括出售的和农民自产自用的部分。品种主要为鸡鸭鹅。

肉类总产量　指调查期内各种牲畜及家禽、兔等动物肉产量总计。猪、牛、羊、马、驴、骡、骆驼肉产量按去掉头蹄下水后带骨肉的胴体重量计算,兔禽肉产量按屠宰后去毛和内脏后的重量计算。猪牛羊禽四个品种肉产量由主要畜禽监测抽样调查获得,马、驴、骡、骆驼、兔肉产量由全面统计获得,其它特种养殖肉产量可用住户调查资料推算获得。

四 消费价格

资料整理：朱毓瑞　刘　涵

4－1　历年居民消费价格总指数

（上年＝100）

年　份	全　省	城　市	农　村
1957			
1958	99.6	98.0	100.3
1959	100.3	100.9	100.0
1960	100.8	102.0	100.3
1961	118.3	128.5	113.9
1962	96.4	86.1	100.8
1963	96.2	86.5	100.4
1964	98.5	96.2	99.5
1965	97.0	96.3	97.3
1966	99.5	98.6	99.9
1967	100.2	100.8	100.0
1968	99.9	100.0	99.9
1969	99.4	100.0	99.2
1970	99.0	99.8	98.5
1971	99.5	99.9	99.3
1972	99.7	100.0	99.6
1973	100.0	100.1	99.9
1974	100.1	100.1	100.1
1975	100.1	100.2	100.1
1976	100.2	100.3	100.1
1977	99.9	99.9	99.9
1978	100.1	100.0	100.1
1979	100.4	100.3	100.4
1980	104.6	106.0	103.8
1981	101.4	102.4	100.8
1982	101.4	101.8	101.2
1983	101.6	102.9	100.9
1984	100.8	102.2	100.1
1985	104.6	106.5	103.6
1986	105.5	106.8	104.3
1987	106.3	107.8	105.3
1988	119.4	121.5	118.1
1989	118.7	114.9	122.0
1990	100.7	100.5	100.9
1991	102.3	105.1	100.0
1992	105.4	107.7	102.9
1993	110.4	110.6	110.3

4-1 续表

（上年=100）

年份	全省	城市	农村
1994	125.2	127.4	123.5
1995	116.5	116.9	116.3
1996	110.5	109.5	110.9
1997	103.5	102.4	103.9
1998	97.5	97.9	97.1
1999	96.9	96.6	97.1
2000	99.2	99.1	99.2
2001	100.7	100.7	100.7
2002	100.1	99.8	100.6
2003	101.6	101.7	101.4
2004	105.4	105.4	105.4
2005	102.1	102.1	102.1
2006	101.3	101.2	101.5
2007	105.4	105.4	105.4
2008	107.0	106.5	107.9
2009	99.4	98.8	100.4
2010	103.5	103.4	103.8
2011	105.6	105.4	106.1
2012	102.5	102.6	102.4
2013	102.9	102.9	102.9
2014	101.9	102.0	101.6
2015	101.3	101.3	101.2
2016	101.9	101.9	102.0
2017	101.4	101.5	101.2
2018	102.3	102.4	102.0
2019	103.0	102.9	103.1
2020	102.8	102.5	103.3
2021	100.9	101.0	100.8
2022	101.5	101.4	101.7
2023	99.8	99.6	100.2

4－2　居民消费价格总指数(2023年)

以下列年份为100	全　省	城　市	农　村
1952	718.0	857.4	649.5
1957	628.9	746.2	571.1
1965	579.1	675.6	532.6
1970	590.4	677.0	548.3
1975	591.6	676.5	551.8
1978	587.0	657.0	552.3
1980	557.5	617.2	527.6
1985	506.8	529.1	496.1
1990	316.9	327.6	310.8
1995	182.5	175.7	190.8
2000	170.4	167.1	176.8
2005	154.6	152.0	159.9
2006	152.6	150.3	157.5
2007	144.7	142.5	149.5
2008	135.3	133.9	138.6
2009	136.1	135.5	138.0
2010	131.5	131.0	132.9
2011	124.5	124.2	125.4
2012	121.6	121.2	122.3
2013	118.0	117.7	118.9
2014	115.9	115.4	117.0
2015	114.4	113.9	115.6
2016	112.3	111.8	113.3
2017	110.7	110.3	111.6
2018	108.3	107.7	109.4
2019	105.1	104.5	106.1
2020	102.2	102.0	102.7
2021	101.3	101.0	101.9
2022	99.8	99.6	100.2

4－3 居民消费价格分类指数(2023年)

(上年＝100)

类　别	全　省	城　市	农　村
总指数	**99.8**	**99.6**	**100.2**
一、食品烟酒	99.6	99.4	100.0
1. 食品	99.0	98.8	99.4
(1)粮食	101.2	101.1	101.4
(2)薯类	107.3	106.1	109.3
(3)豆类	101.5	101.1	102.3
(4)食用油	100.7	101.0	100.4
(5)菜及食用菌	96.7	97.2	95.5
(6)畜肉类	89.9	90.3	89.0
(7)禽肉类	102.2	101.9	102.8
(8)水产品	98.3	97.6	100.3
(9)蛋类	97.7	96.7	99.7
(10)奶类	99.1	98.5	100.1
(11)干鲜瓜果类	106.1	104.9	109.1
(12)糖果糕点类	102.4	103.5	100.7
(13)调味品	99.9	98.6	102.3
(14)其他食品类	101.3	100.9	101.8
2. 茶及饮料	100.0	99.8	100.3
3. 烟酒	101.1	100.8	101.5
4. 在外餐饮	101.0	100.9	101.3
二、衣着	99.8	99.8	100.0
1. 服装	100.0	100.0	100.0
2. 鞋类	99.1	98.8	99.8
三、居住	99.6	99.3	100.1
1. 租赁房房租	99.1	99.0	99.8
2. 住房保养维修及管理	99.9	99.6	100.5
3. 水电燃料	100.2	99.9	100.7
4. 自有住房	99.3	99.1	99.8
四、生活用品及服务	99.6	99.7	99.4
1. 家具及室内装饰品	99.6	99.9	98.9
2. 家用器具	98.4	98.4	98.5
3. 家用纺织品	99.1	99.1	99.3
4. 家庭日用杂品	99.6	99.5	99.7
5. 个人护理用品	100.8	100.8	100.8
6. 家庭服务	101.5	101.4	101.7
五、交通和通信	97.9	97.6	98.4
1. 交通	97.2	97.0	97.9
2. 通信	99.6	99.6	99.8
六、教育文化和娱乐	101.4	101.2	101.8
1. 教育	101.3	101.0	102.0
2. 文化娱乐	101.7	101.8	101.2
七、医疗保健	100.9	100.8	101.3
1. 药品及医疗器具	101.5	101.1	102.1
2. 医疗服务	100.7	100.6	100.9
八、其他用品和服务	103.2	103.1	103.5
1. 其他用品	104.7	104.9	104.1
2. 其他服务	101.7	101.3	102.7

4－4 居民消费价格

（上年同月＝100）

类　　别	年平均	1月	2月	3月	4月	5月
总指数	**99.8**	**101.1**	**100.6**	**100.4**	**99.9**	**99.9**
一、食品烟酒	99.6	102.4	101.5	101.8	100.3	100.7
1.食品	99.0	102.8	101.6	102.0	100.1	100.6
(1)粮食	101.2	105.0	104.9	102.9	101.3	99.9
大米	100.4	100.3	100.1	100.1	99.9	99.1
面粉	100.9	108.5	107.8	103.4	100.8	98.3
其他粮食	100.2	101.0	101.0	101.0	100.4	99.8
粮食制品	101.9	106.8	106.9	104.6	102.6	101.1
(2)薯类	107.3	119.6	119.2	117.6	109.2	109.3
薯 类	107.3	119.6	119.2	117.6	109.2	109.3
(3)豆类	101.5	103.0	102.9	102.1	101.4	101.3
干豆	100.0	101.7	101.8	101.5	100.5	99.9
豆制品	101.7	103.2	103.0	102.2	101.5	101.4
(4)食用油	100.7	106.9	107.2	106.6	105.5	104.5
食用植物油	100.8	106.9	107.3	106.7	105.6	104.5
食用动物油	94.8	104.4	100.2	100.4	101.0	100.2
(5)菜及食用菌	96.7	91.5	90.9	86.6	84.2	97.3
鲜菜	95.8	89.6	89.1	84.4	81.8	96.0
鲜菌	103.5	114.8	109.9	112.5	106.1	111.0
干菜干菌及制品	102.5	103.6	103.4	103.0	102.8	102.5
(6)畜肉类	89.9	102.8	99.8	104.5	101.7	97.3
猪肉	83.1	106.3	101.0	111.1	104.6	94.9
牛肉	94.8	98.8	97.3	98.3	98.3	97.7
羊肉	94.8	94.8	94.3	96.0	96.1	97.3
其他畜肉及副产品	96.4	110.8	106.7	105.2	104.7	103.2
畜肉制品	99.6	101.4	101.3	101.8	101.6	101.4
(7)禽肉类	102.2	106.2	105.2	106.2	105.7	104.9
鸡	101.6	107.3	105.8	107.5	106.7	105.0
鸭	101.5	103.3	102.3	102.7	102.7	104.3
其他禽肉及制品	103.5	104.5	104.4	104.4	104.3	104.7
(8)水产品	98.3	100.2	97.2	98.3	96.4	97.2
淡水鱼	93.9	94.3	90.2	92.4	88.2	89.8
海水鱼	101.5	102.0	101.1	101.0	101.5	102.0
虾蟹类	96.0	102.7	97.8	97.3	98.5	99.8
其他水产品及制品	109.0	111.8	112.2	112.1	111.8	110.8
(9)蛋类	97.7	108.5	107.0	108.6	99.9	94.8
鸡蛋	97.0	108.5	106.8	108.7	99.2	93.7
其他蛋及制品	105.2	108.5	108.6	108.3	107.8	106.8
(10)奶类	99.1	99.0	99.3	99.4	99.2	99.3
鲜奶	97.2	97.7	97.5	97.0	96.5	96.8
酸奶	99.7	101.4	101.7	101.8	101.3	101.2
奶粉	100.8	98.4	99.3	100.3	100.7	100.7

分月同比指数(2023 年)

6 月	7 月	8 月	9 月	10 月	11 月	12 月
99.9	**99.2**	**99.6**	**99.6**	**99.1**	**98.9**	**99.5**
102.2	98.6	98.9	98.2	96.5	96.2	98.0
102.9	97.6	98.0	97.1	94.6	94.1	96.8
99.8	99.8	100.0	100.6	100.5	99.9	99.7
99.5	100.1	100.6	101.4	101.5	101.1	100.9
99.0	98.8	99.1	99.9	99.6	98.3	98.1
99.7	99.5	99.6	100.4	100.5	100.1	99.9
100.4	100.2	100.2	100.5	100.5	100.1	99.9
115.2	111.1	109.8	106.6	98.0	87.5	84.3
115.2	111.1	109.8	106.6	98.0	87.5	84.3
101.0	100.9	101.1	101.5	101.3	100.9	100.7
99.5	99.1	98.7	99.1	98.9	99.5	99.3
101.2	101.0	101.4	101.7	101.5	101.1	100.9
101.3	98.9	97.6	96.0	95.4	95.4	95.1
101.4	99.0	97.6	96.1	95.5	95.6	95.2
99.9	92.4	91.5	91.3	89.8	84.7	84.7
120.0	102.4	98.6	96.9	94.6	100.3	109.5
122.8	102.6	98.3	96.9	94.2	99.9	110.9
107.2	99.4	98.4	92.2	90.4	106.0	100.3
102.5	102.6	102.6	102.2	101.8	101.5	101.2
93.9	81.2	86.7	85.2	78.0	76.3	82.2
89.7	69.1	79.7	76.9	65.7	63.0	71.9
94.3	91.2	91.5	92.9	92.7	92.1	92.7
97.1	95.4	94.0	94.0	93.1	91.6	93.5
101.0	92.1	91.4	91.5	87.5	84.6	85.1
100.2	99.0	98.1	98.1	97.5	97.3	97.3
103.5	100.5	99.9	99.3	99.2	98.1	98.8
103.1	99.1	98.4	97.7	97.3	96.0	97.2
103.3	99.3	98.6	99.8	101.2	101.2	99.2
104.4	103.7	103.2	102.5	102.5	101.9	102.0
98.9	99.3	99.2	98.1	99.0	98.0	98.3
94.8	96.5	96.7	95.3	97.4	96.1	96.4
102.2	102.2	101.4	101.1	101.5	100.6	101.4
96.1	95.0	95.7	92.3	92.4	90.6	92.6
109.5	107.7	106.5	107.7	106.8	106.6	105.3
96.9	94.4	102.1	100.0	89.9	86.1	89.2
96.0	93.3	101.8	99.7	88.7	84.7	88.0
105.8	104.8	104.7	103.6	102.8	101.0	100.8
99.0	99.4	98.3	98.8	99.1	99.0	99.3
96.7	97.5	96.7	97.1	97.3	97.0	98.1
100.6	99.1	97.3	97.9	97.5	97.8	98.5
100.2	101.5	100.5	101.6	102.2	102.4	101.9

4-4 续表1

（上年同月=100）

类　别	年平均	1月	2月	3月	4月	5月
其他奶制品	101.4	102.8	103.0	102.2	102.8	102.7
(11)干鲜瓜果类	106.1	108.3	106.0	109.3	108.6	107.0
鲜果	106.6	109.4	106.6	110.5	109.4	107.4
坚果	105.1	103.5	103.6	104.3	105.7	106.3
瓜果制品	100.3	101.8	101.7	102.1	101.4	101.3
(12)糖果糕点类	102.4	103.8	104.1	103.9	103.9	103.6
食糖	104.8	101.1	100.4	100.8	101.0	102.1
糖果	100.7	101.1	101.0	100.6	100.7	100.9
糕点	102.7	105.2	105.7	105.5	105.5	104.7
其他糖果糕点	100.8	101.0	101.1	101.2	100.6	100.9
(13)调味品	99.9	103.5	102.2	102.0	100.9	100.2
食用盐	99.2	100.7	100.2	99.5	99.5	99.2
酱油	98.6	104.9	103.5	102.2	98.8	98.2
食醋	100.3	103.4	102.6	102.2	102.5	102.0
增味剂	102.7	104.9	104.1	104.7	104.3	103.6
其他调味品	100.0	102.5	100.6	101.2	100.9	100.1
(14)其他食品类	101.3	104.0	103.3	102.8	101.3	100.9
方便食品	101.0	104.1	103.0	102.1	100.2	100.2
淀粉及制品	101.2	102.6	102.3	102.9	101.7	101.2
其他食品	102.5	106.2	106.0	105.2	104.7	102.7
2.茶及饮料	100.0	101.5	101.3	100.5	99.9	99.9
茶叶	101.8	103.0	102.4	102.1	101.8	101.5
固体咖啡	102.8	103.4	104.0	103.6	104.0	104.3
其他固体饮料	99.5	101.7	101.2	100.5	100.3	99.8
饮用水	98.9	100.9	100.7	100.1	98.6	99.0
果汁饮料	101.7	103.3	101.9	102.1	101.7	100.9
其他液体饮料	98.8	100.5	100.6	99.3	98.6	98.9
3.烟酒	101.1	100.9	101.0	100.9	100.9	101.1
(1)卷烟	101.7	100.9	101.0	101.3	101.2	101.8
卷烟	101.7	100.9	101.0	101.3	101.2	101.8
(2)酒类	100.2	100.9	101.0	100.5	100.5	100.4
白酒	100.1	101.0	101.1	100.4	100.8	100.5
葡萄酒	98.8	100.2	99.3	99.8	98.3	98.6
啤酒	101.5	100.5	101.0	101.1	100.1	100.4
其他酒类	99.5	101.7	102.1	100.4	99.7	99.9
4.在外餐饮	101.0	102.0	101.3	101.8	101.1	100.9
餐馆餐饮	101.4	101.4	101.5	101.6	101.8	101.7
饮品店餐饮	100.4	99.9	100.2	100.5	100.0	100.4
外卖	99.9	103.7	100.2	102.4	99.4	98.8
其他在外餐饮	101.1	102.7	102.1	101.6	100.9	101.0
二、衣着	99.8	99.5	99.4	99.3	99.4	99.6
1.服装	100.0	99.6	99.6	99.4	99.6	99.7

6月	7月	8月	9月	10月	11月	12月
102.5	101.6	100.1	99.8	101.1	99.8	98.2
109.1	107.4	103.6	102.3	104.2	103.5	103.4
110.1	108.0	103.3	101.6	104.3	103.7	103.8
106.1	106.3	106.4	106.6	105.4	103.8	102.8
100.1	99.7	99.6	99.5	99.2	98.5	98.7
103.7	101.1	101.0	101.1	101.1	101.0	101.1
104.5	106.0	106.9	107.9	108.8	109.1	109.3
100.8	100.3	100.3	101.2	100.8	100.8	100.3
104.6	100.6	100.5	100.4	100.2	100.1	100.3
100.9	101.2	100.8	100.1	100.9	100.5	100.6
99.7	99.4	98.6	98.8	98.1	97.6	98.1
99.3	99.2	98.3	98.8	98.7	98.4	98.3
97.5	96.8	96.5	96.9	96.1	95.5	96.6
101.5	101.4	98.5	99.2	97.2	96.9	96.7
103.3	102.8	101.7	100.1	101.4	100.5	100.8
99.5	99.4	99.4	100.0	99.0	98.5	99.0
101.5	100.8	100.0	100.4	100.6	100.1	99.9
101.1	100.6	99.7	100.3	100.8	100.4	99.6
101.1	100.5	100.1	100.2	100.5	100.0	101.0
103.8	101.9	100.6	101.1	100.2	99.1	98.8
99.9	98.8	99.4	99.5	99.8	99.3	99.8
101.5	101.0	100.6	102.1	102.1	101.2	102.0
103.7	103.4	102.1	101.2	101.7	101.2	101.5
99.5	99.8	97.9	98.5	98.6	98.2	98.3
98.7	98.3	98.0	97.8	98.1	97.9	98.6
101.8	101.9	101.7	101.7	101.8	100.9	101.2
98.9	96.9	98.7	98.1	98.5	98.3	98.6
100.9	101.1	101.2	101.2	101.2	101.2	101.4
101.9	102.0	102.1	102.2	102.1	102.1	102.4
101.9	102.0	102.1	102.2	102.1	102.1	102.4
99.6	100.0	100.1	100.0	100.0	100.1	100.0
99.2	99.7	99.7	99.4	99.8	100.0	99.9
98.9	98.4	99.0	99.5	98.5	98.1	97.2
101.2	102.1	102.5	102.6	102.2	101.6	102.3
99.5	98.7	98.7	99.3	98.6	97.3	97.7
100.7	100.7	100.9	100.8	101.0	100.7	100.6
101.6	101.6	101.6	101.3	101.3	100.9	100.9
100.7	100.4	100.6	100.3	100.5	100.5	100.4
97.7	98.1	99.3	99.6	100.6	100.1	98.7
101.0	100.7	100.4	100.5	100.5	100.5	101.6
99.6	99.9	100.2	100.1	99.9	100.2	100.8
99.7	100.0	100.3	100.3	100.0	100.7	101.2

4-4 续表2

（上年同月=100）

类　　别	年平均	1月	2月	3月	4月	5月
（1）男式服装	100.4	100.3	100.1	100.0	100.2	100.2
男式外套	100.5	100.8	100.3	100.3	100.3	100.6
男式针织衫	101.0	100.6	100.9	101.4	101.5	101.3
男式衬衫T恤	100.5	99.7	99.8	99.6	99.8	99.8
男式裤子	100.4	100.0	100.0	99.7	100.1	99.7
男式内衣	98.8	99.2	98.9	98.6	98.7	98.6
（2）女式服装	99.7	99.1	99.2	98.9	98.9	99.2
女式外套	100.0	99.5	99.6	99.8	99.9	99.9
女式针织衫	99.9	99.2	100.0	99.6	100.7	100.3
女式衬衫T恤	99.8	99.1	99.4	97.9	97.3	98.0
女式裤子	100.5	98.8	98.9	99.0	98.5	99.5
女式裙子	98.7	97.3	97.2	96.6	96.0	97.1
女式内衣	99.0	99.6	99.2	98.5	98.5	98.6
（3）儿童服装	99.8	99.5	99.2	99.3	99.9	99.8
婴儿服装	100.7	101.3	100.5	100.3	100.4	100.9
儿童上衣	99.2	98.8	97.9	98.3	99.5	99.3
儿童裤子	99.8	99.2	99.7	100.4	100.2	99.9
儿童裙子	99.6	99.0	98.6	98.1	99.2	99.2
儿童内衣	100.3	98.9	100.1	100.4	100.6	100.6
（4）衣着材料及配件	100.1	100.4	100.6	100.4	100.5	100.2
袜子	99.9	100.1	100.4	99.7	100.8	100.3
帽子	100.8	102.2	102.4	102.7	100.6	100.4
其他衣着材料及配件	99.5	98.4	98.7	99.0	99.4	99.9
（5）衣着服务费	101.5	101.8	101.8	101.7	101.7	101.8
衣着洗涤保养	101.1	101.5	101.5	101.2	101.2	101.3
其他衣着服务	102.2	102.2	102.2	102.3	102.6	102.6
2. 鞋类	99.1	98.8	98.9	98.8	99.0	99.2
（1）鞋	99.1	98.8	98.8	98.7	98.9	99.2
男鞋	99.5	99.0	99.1	99.1	99.3	99.5
女鞋	98.7	98.7	98.7	98.4	98.7	98.9
童鞋	99.6	98.7	98.5	98.8	99.0	99.4
（2）鞋类服务	102.9	101.9	101.9	103.2	103.2	103.2
鞋类服务	102.9	101.9	101.9	103.2	103.2	103.2
三、居住	99.6	99.4	99.6	99.4	99.4	99.5
1. 租赁房房租	99.1	98.5	98.7	98.6	98.7	98.9
公房房租	100.1	100.0	100.0	100.0	100.0	100.0
私房房租	99.0	98.3	98.6	98.5	98.6	98.8
2. 住房保养维修及管理	99.9	100.2	100.0	99.8	99.6	99.6
（1）住房装潢材料	98.9	99.5	99.4	99.1	99.0	98.8
木地板	100.5	100.6	100.6	100.3	100.3	100.2
瓷砖	98.2	99.3	99.2	98.7	98.5	98.4
水泥	93.9	91.9	92.8	93.3	93.0	93.0

6月	7月	8月	9月	10月	11月	12月
100.1	100.3	100.6	100.4	100.2	100.8	101.4
100.5	100.5	100.6	100.2	99.8	100.7	101.0
101.1	101.0	100.9	100.4	100.1	101.2	102.2
99.8	100.5	101.5	101.4	101.3	101.5	101.9
99.7	100.1	100.3	100.9	100.6	101.0	102.3
98.4	98.5	98.5	98.6	98.9	99.1	99.2
99.3	99.8	100.2	100.2	100.0	100.8	101.3
99.9	99.9	99.9	100.1	99.8	100.6	101.0
100.1	100.0	100.2	99.4	99.2	100.1	100.7
99.1	100.2	101.2	100.7	100.7	101.5	102.3
99.8	100.2	101.7	102.1	102.0	102.7	103.1
97.1	99.2	100.5	100.2	100.1	101.0	101.9
98.8	98.8	98.9	99.0	98.9	99.4	99.6
99.4	99.8	99.9	100.1	99.7	100.2	101.2
100.6	100.5	100.5	100.8	100.3	100.9	101.3
99.1	98.8	99.1	100.1	99.4	98.9	101.6
99.8	100.0	99.9	99.1	98.9	100.3	100.4
98.1	99.9	100.4	100.3	100.3	100.8	101.2
100.6	100.5	100.0	100.0	99.9	100.5	101.2
99.8	99.7	99.5	100.3	99.9	99.9	99.8
99.5	99.3	99.6	100.1	99.7	99.9	99.5
100.5	100.6	99.4	100.7	100.2	100.0	99.7
99.4	99.4	99.4	100.0	99.8	100.0	100.6
101.5	101.5	101.4	101.4	101.5	101.0	101.4
100.9	100.9	101.0	100.9	100.9	100.7	100.7
102.3	102.3	102.0	102.1	102.2	101.5	102.4
99.4	99.5	99.6	99.5	99.6	98.3	99.1
99.3	99.5	99.6	99.5	99.6	98.3	99.0
99.7	99.8	99.8	99.6	99.8	99.6	100.1
99.0	99.1	99.3	99.1	99.3	96.9	97.8
99.6	99.9	100.2	100.4	100.0	99.9	100.6
103.0	103.0	103.1	103.1	103.2	103.0	103.0
103.0	103.0	103.1	103.1	103.2	103.0	103.0
99.4	99.5	99.6	99.7	99.8	99.8	99.9
98.9	99.1	99.4	99.5	99.6	99.8	99.8
100.0	100.1	100.1	100.1	100.1	100.1	100.1
98.8	99.0	99.3	99.5	99.6	99.8	99.8
99.9	99.7	99.9	100.0	100.1	100.1	100.2
98.8	98.7	98.8	98.8	98.8	98.9	98.9
100.3	100.3	100.7	100.8	100.5	100.5	100.5
98.3	97.7	97.8	97.9	97.7	97.8	97.6
93.9	94.8	95.4	95.0	94.3	94.4	94.8

4-4 续表3

（上年同月=100）

类　别	年平均	1月	2月	3月	4月	5月
涂料	99.0	100.6	99.8	99.1	99.5	99.1
板材	100.1	100.9	100.6	100.1	100.1	100.1
管材	100.5	102.2	102.2	101.1	101.2	100.2
厨卫设备	99.0	99.3	99.2	99.2	99.1	98.7
门窗	100.1	100.7	100.5	100.4	100.3	100.1
其他住房装潢材料	100.0	100.6	100.1	99.7	99.6	99.5
(2)住房维修管理费用	101.3	101.2	101.0	100.7	100.5	100.8
物业管理费	100.0	100.0	100.0	100.0	100.0	100.0
装潢维修费	102.3	102.0	101.7	101.2	100.8	101.4
其他住房费用	100.1	100.1	100.1	100.1	100.1	100.0
3.水电燃料	100.2	100.7	100.8	100.4	100.4	100.2
(1)水	100.5	100.2	100.2	100.2	100.7	100.7
水	100.5	100.2	100.2	100.2	100.7	100.7
(2)电	100.0	100.0	100.0	100.0	100.0	100.0
电	100.0	100.0	100.0	100.0	100.0	100.0
(3)燃气	100.6	102.9	103.0	101.3	101.1	100.2
管道燃气	100.3	100.3	100.3	100.3	100.3	100.3
液化石油气	100.8	105.1	105.3	102.1	101.8	100.2
(4)其他水电燃料类	100.1	100.1	100.3	100.4	100.4	100.3
其他水电燃料类	100.1	100.1	100.3	100.4	100.4	100.3
4.自有住房	99.3	98.9	99.1	99.1	99.1	99.3
自有住房	99.3	98.9	99.1	99.1	99.1	99.3
四、生活用品及服务	99.6	102.0	101.3	100.3	99.5	99.3
1.家具及室内装饰品	99.6	100.7	100.8	100.3	100.2	100.5
(1)家具	99.5	100.8	100.8	100.5	100.3	100.6
柜	100.6	101.0	101.8	101.8	101.6	102.3
床	100.1	101.7	101.6	100.8	100.5	100.6
桌	99.3	101.7	101.3	100.2	100.0	99.9
椅	99.4	101.0	100.8	100.1	100.6	100.7
沙发	98.0	99.5	99.0	99.1	98.7	98.7
其他家具	99.1	100.1	100.0	99.6	99.3	99.3
(2)室内装饰品	100.8	99.1	100.1	97.7	98.2	99.2
灯具	101.7	98.8	100.6	97.0	97.8	99.3
其他室内装饰品	98.9	99.7	99.1	99.3	99.2	99.0
2.家用器具	98.4	100.2	98.7	99.0	98.1	97.4
(1)大型家用器具	98.5	100.3	98.5	99.0	98.0	97.4
洗衣机	97.4	94.4	97.0	98.5	97.4	98.4
电冰箱(柜)	96.6	96.2	95.7	95.6	97.6	97.0
抽油烟机	97.4	99.9	99.9	97.9	98.0	97.8
空调器	99.3	103.3	98.4	100.1	98.5	97.0
热水器	98.1	99.9	97.0	97.6	96.3	97.5
炉具灶具	100.1	102.9	104.0	102.8	99.6	96.4

6月	7月	8月	9月	10月	11月	12月
99.1	98.3	98.4	98.4	98.4	99.0	98.8
100.0	99.6	99.9	99.9	100.2	100.2	100.1
100.0	99.7	100.0	100.0	100.0	99.8	99.8
98.8	98.9	98.9	98.7	99.1	99.3	99.3
100.1	100.0	99.6	99.5	99.9	99.9	100.2
99.7	99.7	100.0	100.3	100.4	100.5	100.7
101.4	101.3	101.6	101.7	101.9	101.9	102.1
100.0	100.0	100.0	100.0	100.0	100.0	100.0
102.4	102.2	102.7	102.9	103.2	103.2	103.4
100.0	100.0	100.2	100.2	100.2	100.1	100.6
99.9	99.9	100.0	100.1	100.1	100.0	100.0
100.7	100.7	100.7	100.5	100.5	100.5	100.5
100.7	100.7	100.7	100.5	100.5	100.5	100.5
100.0	100.0	100.0	100.0	100.0	100.0	100.0
100.0	100.0	100.0	100.0	100.0	100.0	100.0
99.4	99.5	99.9	100.2	100.2	99.7	99.8
100.3	100.3	100.3	100.4	100.4	100.4	100.3
98.7	98.9	99.6	100.0	100.0	99.1	99.5
100.0	99.9	99.9	99.9	99.9	100.0	99.8
100.0	99.9	99.9	99.9	99.9	100.0	99.8
99.2	99.3	99.5	99.5	99.6	99.7	99.7
99.2	99.3	99.5	99.5	99.6	99.7	99.7
99.0	99.2	98.8	98.9	98.7	99.0	99.3
100.4	99.1	99.2	98.5	98.3	98.8	98.6
100.3	99.1	99.1	98.2	98.1	98.4	98.3
102.2	100.3	100.4	98.8	99.0	99.1	99.1
100.4	99.4	99.5	99.0	99.0	99.4	99.1
99.8	98.4	98.5	98.4	97.8	97.9	97.8
100.4	98.3	98.4	98.0	98.1	98.2	98.0
98.3	97.7	97.8	96.7	96.4	96.9	96.7
99.0	98.7	97.9	98.6	98.4	98.9	98.7
100.9	100.3	101.2	103.5	101.4	105.8	103.0
101.6	101.1	102.6	106.3	102.8	108.9	104.8
99.4	98.4	98.1	97.7	98.3	99.1	99.2
97.4	97.6	97.5	97.9	99.0	99.4	98.9
97.5	97.9	97.8	98.2	99.4	99.4	98.8
96.4	96.3	96.9	98.3	98.1	98.5	98.8
94.8	95.9	96.4	97.1	97.9	97.5	97.2
97.0	95.8	94.7	94.4	96.2	96.4	100.5
97.9	99.1	98.7	98.9	101.0	100.7	98.3
97.2	97.3	97.5	97.4	99.9	99.8	99.9
100.3	98.4	98.1	98.6	98.2	100.5	101.9

4－4 续表4

（上年同月＝100）

类　别	年平均	1月	2月	3月	4月	5月
吸尘器	100.9	107.6	107.7	105.5	97.1	99.5
空气净化器	103.1	109.0	107.5	103.5	101.4	103.0
净水器	98.0	105.9	102.5	97.9	94.3	93.0
其他大型家用器具	98.6	98.3	98.2	98.4	98.5	98.3
（2）小家电	97.8	99.9	99.7	98.7	98.1	97.5
厨房小家电	98.0	99.4	99.3	98.5	98.2	97.4
生活小家电	97.6	100.9	100.5	99.0	97.9	97.6
3.家用纺织品	99.1	99.3	99.1	99.0	99.0	99.0
（1）床上用品	99.2	99.1	99.0	98.9	98.9	98.9
被子	99.6	99.5	99.1	99.1	99.3	99.6
床单被套	99.2	98.4	98.7	98.9	98.8	98.7
其他床上用品	98.1	99.9	99.2	98.6	98.4	97.9
（2）窗帘门帘	99.6	99.6	99.6	99.5	99.6	99.5
窗帘门帘	99.6	99.6	99.6	99.5	99.6	99.5
（3）其他家用纺织品	98.4	100.4	99.3	98.8	98.7	98.7
其他家用纺织品	98.4	100.4	99.3	98.8	98.7	98.7
4.家庭日用杂品	99.6	103.0	102.4	101.0	98.6	99.1
（1）洗涤卫生用品	99.6	103.8	103.6	100.4	98.3	99.4
清洗用品	97.8	99.2	99.5	96.8	93.9	94.7
清洁用具	98.0	101.9	99.3	94.4	96.2	97.8
清洁用纸	102.3	110.3	109.9	106.6	104.6	105.9
（2）厨具餐具茶具	99.7	103.1	101.4	102.5	99.2	98.7
厨具	99.9	102.1	99.2	102.6	98.3	98.2
餐具	100.0	106.6	107.3	103.8	100.0	99.3
茶具	98.4	98.0	95.8	98.8	100.3	99.1
（3）其他家庭日用杂品	99.0	99.2	99.7	100.4	98.2	99.2
配电附件	99.4	98.5	100.9	102.2	97.6	100.0
雨具	99.5	100.1	98.6	99.3	98.3	97.5
其他日用杂品	98.4	99.8	98.6	98.4	99.0	98.8
5.个人护理用品	100.8	106.0	105.2	101.2	101.3	100.6
（1）化妆品	100.7	107.3	106.1	100.6	102.1	100.9
清洁化妆品	102.9	109.0	106.3	105.1	105.0	100.2
护肤化妆品	99.7	108.5	107.4	97.8	101.7	101.0
彩妆化妆品	101.7	102.4	103.0	104.7	100.9	101.3
化妆器具	100.7	104.8	101.3	100.2	101.2	101.0
（2）其他护理用品类	100.8	104.4	104.0	102.0	100.1	100.2
清洁类护理用品	100.0	105.7	103.1	101.5	98.6	99.0
护发美发用品	100.3	99.4	101.6	100.8	100.2	99.4
护理器具	104.1	107.6	111.1	105.5	105.6	105.8
其他护理用品	99.1	99.0	100.4	98.7	97.6	98.1
6.家庭服务	101.5	101.2	101.2	101.6	101.6	101.5
家政服务	101.4	100.5	100.8	100.8	100.8	101.0

6月	7月	8月	9月	10月	11月	12月
101.0	98.8	98.0	99.2	97.1	99.9	100.9
106.1	104.9	101.6	101.6	101.8	101.0	96.0
95.1	94.4	95.9	97.4	98.1	98.8	103.9
98.7	98.5	98.8	98.9	99.1	98.8	99.2
96.9	96.1	95.7	96.0	96.9	99.2	99.5
96.5	96.8	96.9	96.9	98.2	99.0	98.3
97.5	94.7	93.4	94.1	94.4	99.6	101.8
99.1	99.3	98.9	99.4	99.1	99.3	99.4
99.1	99.3	99.1	99.5	99.2	99.4	99.5
99.9	100.2	99.6	100.0	99.7	99.8	99.9
98.9	99.1	99.6	100.1	99.6	99.6	100.0
98.0	98.0	97.1	97.4	97.3	98.0	97.7
99.7	99.7	99.6	99.8	99.5	99.5	99.4
99.7	99.7	99.6	99.8	99.5	99.5	99.4
98.5	98.1	95.6	97.9	98.2	98.2	98.2
98.5	98.1	95.6	97.9	98.2	98.2	98.2
97.9	98.7	98.3	99.2	97.6	99.0	100.5
98.6	99.2	98.2	98.7	96.1	97.2	102.4
95.2	96.7	95.3	97.1	96.3	101.5	108.0
95.6	95.7	95.2	99.3	97.7	100.2	103.5
104.0	103.3	102.9	100.6	95.5	91.4	95.4
96.2	98.0	98.0	100.0	99.7	102.4	98.0
95.6	99.2	99.4	101.4	101.0	103.4	98.6
95.5	95.4	95.9	98.9	99.8	101.9	97.0
100.3	100.1	98.2	97.6	94.7	99.9	98.3
98.8	98.0	99.3	99.7	98.8	98.8	98.0
99.8	98.2	101.2	100.7	98.8	98.2	96.7
96.1	97.6	97.2	97.7	99.3	103.2	109.9
98.3	97.8	97.5	99.1	98.6	98.2	96.5
100.2	101.3	100.0	99.4	98.7	97.7	98.4
100.1	101.6	99.9	99.0	98.5	96.3	97.6
102.3	103.0	101.6	100.8	100.1	101.6	100.6
99.2	101.1	98.9	97.2	97.4	93.3	95.2
101.0	101.5	101.6	102.1	100.7	99.7	102.1
99.4	101.6	99.9	102.7	98.7	99.4	99.0
100.3	100.9	100.0	99.9	98.9	99.7	99.5
99.1	100.3	99.0	99.1	98.5	98.0	99.3
101.7	100.9	100.8	99.5	98.8	100.0	101.0
102.5	103.1	102.5	103.0	100.0	105.5	98.2
98.6	99.6	98.5	100.7	99.6	99.2	99.5
101.4	101.2	101.0	101.5	101.5	101.8	102.1
101.0	101.3	101.2	102.1	102.1	102.6	102.7

4-4 续表5

（上年同月＝100）

类　别	年平均	1月	2月	3月	4月	5月
母婴护理服务	100.5	101.3	101.2	101.3	101.2	100.5
家庭维修服务	102.1	101.8	101.9	102.9	102.8	102.7
其他家庭服务	101.6	101.3	101.1	101.5	101.6	101.7
五、交通通信	97.9	101.6	100.1	98.2	97.0	96.5
1.交通	97.2	102.3	100.1	97.7	96.1	95.4
(1)交通工具	96.9	98.6	99.0	98.2	97.6	97.2
燃油小汽车	95.8	98.1	98.7	97.6	97.1	96.3
新能源小汽车	94.5	98.3	98.7	96.8	95.1	95.1
电动自行车	99.1	99.5	99.5	99.5	98.8	99.2
自行车	100.0	101.1	101.0	100.4	100.1	99.9
其他交通工具	99.9	100.1	100.2	100.1	99.8	99.8
(2)交通工具用燃料	94.5	105.6	100.5	93.4	89.5	88.7
汽油	94.4	105.6	100.4	93.3	89.4	88.6
柴油	94.0	106.1	100.5	93.0	88.7	87.8
其他车用能源	100.9	102.4	101.9	101.8	101.4	100.9
(3)交通工具使用和维修	101.3	102.0	101.6	101.4	101.6	101.5
停车费	100.2	100.0	100.0	100.0	100.1	100.1
车辆使用费	100.0	100.4	100.4	99.1	98.8	98.8
交通工具零配件	99.5	99.9	99.8	99.6	99.7	99.7
车辆修理与保养	102.1	102.9	102.3	102.5	102.9	102.8
(4)交通费	103.1	110.0	102.2	105.2	105.7	102.4
市内公共交通	100.3	101.2	100.2	100.2	100.2	100.2
出租汽车	103.4	106.8	104.7	103.1	102.8	103.0
飞机票	114.3	169.2	111.2	139.2	135.4	110.9
火车票	100.3	100.1	100.1	100.1	100.1	100.1
长途汽车	102.6	105.6	100.3	101.4	103.5	101.9
网约车	102.4	100.3	101.5	101.5	102.6	102.6
交通工具租赁费	100.8	99.9	98.9	99.7	100.1	100.0
其他交通费	100.6	99.4	101.2	101.0	101.0	100.8
2.通信	99.6	99.8	99.9	99.7	99.7	99.8
(1)通信工具	98.8	99.9	99.5	99.2	99.0	99.2
电话机	98.9	100.0	99.6	99.2	99.2	99.3
其他通信工具及零配件	97.3	97.2	98.3	98.1	96.3	97.4
(2)通信服务	100.1	99.8	100.1	100.1	100.1	100.2
电话费	100.0	99.9	99.9	99.9	100.0	100.1
家庭宽带服务	100.8	99.0	101.0	101.1	100.9	100.9
其他通信服务	100.5	100.0	100.0	100.0	99.9	100.6
(3)邮递服务	99.9	98.8	99.9	100.1	100.1	100.0
邮递服务	99.9	98.8	99.9	100.1	100.1	100.0
六、教育文化娱乐	101.4	101.4	100.7	101.1	101.6	101.6
1.教育	101.3	100.9	100.8	100.7	101.1	101.1
(1)教育用品	102.0	102.9	102.9	102.5	102.3	102.4

6月	7月	8月	9月	10月	11月	12月
100.4	100.2	100.0	100.0	99.7	99.9	99.9
102.5	101.6	101.4	101.4	101.8	101.9	102.8
101.6	101.3	101.2	102.0	102.0	102.2	102.1
94.4	95.7	98.0	98.6	99.0	97.6	97.9
92.5	94.4	97.5	98.3	99.0	97.0	97.3
96.8	96.4	96.5	96.1	95.6	95.3	94.7
95.9	95.3	95.6	94.8	94.1	93.7	92.7
93.9	93.3	92.9	93.3	92.6	92.4	91.8
98.9	98.7	98.8	98.9	99.2	98.8	98.9
99.8	99.7	99.8	99.4	99.6	99.7	99.6
99.7	100.0	99.9	99.7	99.8	99.7	100.0
82.1	86.5	95.3	98.9	101.8	97.0	98.4
81.9	86.4	95.3	98.8	101.8	96.9	98.4
80.8	85.5	95.1	98.7	102.0	96.7	98.3
100.7	100.6	100.5	100.4	100.3	99.9	100.2
101.8	101.8	101.4	100.8	101.1	100.7	100.4
100.1	100.1	100.3	100.3	100.3	100.3	100.3
100.4	100.4	100.4	100.4	100.4	100.4	100.4
99.4	99.1	99.0	99.3	99.4	99.3	99.5
102.7	102.7	102.1	101.1	101.6	101.0	100.6
98.8	103.4	103.9	103.5	101.8	99.7	101.3
100.2	100.2	100.2	100.2	100.2	100.2	100.2
104.1	102.7	102.9	102.6	102.6	102.6	102.6
87.4	114.0	117.4	110.8	106.7	92.5	102.8
100.1	100.1	100.2	100.7	100.4	100.4	100.4
102.4	102.4	103.3	106.7	101.0	101.0	101.5
102.5	102.6	102.2	103.5	102.9	102.8	103.7
102.0	100.7	100.9	100.6	101.8	102.7	102.1
100.8	100.6	100.5	100.6	100.6	100.5	100.0
100.1	99.6	99.6	99.4	99.1	99.3	99.7
99.9	98.7	98.5	98.0	97.3	97.7	98.9
99.9	98.9	98.6	98.0	97.2	97.7	99.0
98.9	96.3	97.0	96.8	98.9	97.0	95.7
100.2	100.2	100.2	100.2	100.2	100.2	100.2
100.1	100.1	100.1	100.1	100.1	100.1	100.1
100.9	100.9	100.9	100.9	100.9	100.9	100.9
100.6	100.8	100.9	100.8	100.8	100.8	100.8
99.9	99.9	100.0	100.0	100.0	100.0	100.0
99.9	99.9	100.0	100.0	100.0	100.0	100.0
101.3	101.6	101.5	101.8	101.6	101.4	101.4
101.2	101.3	101.4	102.0	101.7	101.7	101.8
102.4	102.2	102.3	101.1	101.1	100.9	101.0

4－4 续表6

（上年同月＝100）

类　别	年平均	1月	2月	3月	4月	5月
工具书	100.3	100.2	100.1	100.1	100.2	100.2
教材	101.2	101.3	101.8	101.3	101.3	101.3
参考资料	104.0	105.4	105.3	104.7	104.5	104.7
其他教育用品	96.7	99.2	98.9	98.7	97.0	96.8
（2）教育服务	101.3	100.8	100.7	100.7	101.0	101.0
幼儿早期教育	100.8	101.8	101.7	102.3	101.2	101.4
学前教育	101.5	101.2	101.3	101.3	101.3	101.3
小学初中教育	105.0	106.3	106.1	106.0	106.0	106.0
高中中职教育	103.3	101.1	101.1	101.1	101.1	101.1
高等教育	100.1	100.0	100.0	100.0	100.0	100.0
课外教育	101.5	101.3	101.1	101.1	101.2	101.2
专业技能培训	97.4	94.7	94.0	93.8	97.8	97.8
其他教育服务	100.1	99.8	99.8	99.5	99.8	100.1
2. 文化娱乐	101.7	102.7	100.6	101.8	102.8	102.7
（1）文娱耐用消费品	97.2	99.7	98.8	98.6	98.2	98.4
电视机	95.3	94.6	94.8	94.6	94.5	94.7
照相机	101.2	98.7	97.5	98.6	99.5	103.9
台式计算机	97.4	99.8	100.7	101.3	98.7	97.4
笔记本电脑	97.0	95.4	95.6	96.6	97.0	96.8
平板电脑	100.5	118.0	111.2	107.9	105.7	107.9
乐器	100.8	100.1	100.1	100.3	100.6	101.5
音响	98.4	99.7	99.0	98.7	98.1	97.5
可穿戴智能设备	99.3	98.0	97.7	97.8	99.2	100.8
其他文娱耐用消费品	93.9	97.4	96.0	95.9	97.4	95.4
（2）其他文娱用品	100.0	100.8	100.8	100.4	100.0	99.9
书报杂志及音像制品	100.9	100.9	100.9	100.8	100.8	100.8
纸张文具	100.4	100.5	100.6	100.7	101.0	100.5
体育户外用品	102.9	103.3	102.6	102.0	100.5	100.1
游戏用品和玩具	98.7	101.2	101.6	100.3	99.3	99.5
园艺花卉及用品	98.4	99.0	98.9	98.5	98.1	98.0
宠物及用品	99.7	100.3	100.0	100.3	99.9	99.7
其他文化娱乐用品	99.3	99.2	99.5	99.5	99.4	99.6
（3）文化娱乐服务	101.6	103.8	100.7	101.9	102.0	102.9
电影及演出票	104.5	117.9	97.6	103.1	104.0	105.5
景点门票	100.5	101.2	99.5	101.8	101.8	105.4
电视服务	100.0	100.3	100.3	100.3	99.9	99.9
健身活动	101.1	100.1	99.9	99.8	99.8	100.6
宠物服务	100.6	101.6	100.6	101.0	101.1	101.1
网络文娱服务	104.7	109.5	105.2	104.9	105.8	102.8
儿童娱乐项目	105.1	108.7	106.0	106.7	106.7	106.5
其他文娱服务	103.4	103.6	103.3	103.4	103.3	103.2
（4）旅游	109.6	107.6	102.7	108.0	113.1	111.3

6月	7月	8月	9月	10月	11月	12月
100.3	100.3	100.3	100.5	100.4	100.6	100.6
101.3	101.4	101.4	100.9	100.8	100.8	101.3
104.7	104.6	104.8	102.5	102.5	102.0	102.1
96.8	95.7	95.8	95.3	95.3	95.5	95.4
101.2	101.3	101.4	102.1	101.8	101.8	101.8
101.4	101.1	100.9	99.3	99.6	99.6	99.6
101.2	101.1	101.7	102.0	102.0	102.0	102.0
106.0	106.0	106.0	104.2	103.2	102.3	102.3
101.1	101.1	101.1	107.7	107.8	107.8	107.8
100.0	100.0	100.0	100.2	100.2	100.2	100.2
101.3	101.9	102.0	102.1	101.4	101.6	101.7
99.2	98.6	98.3	99.0	98.7	98.5	98.5
100.2	100.3	100.3	100.2	100.1	100.3	100.4
101.4	102.3	101.8	101.3	101.2	100.7	100.6
97.8	96.9	96.0	95.4	95.1	95.8	95.9
95.7	95.6	95.6	95.8	95.7	96.3	96.5
100.8	103.5	103.5	102.7	103.8	103.1	98.8
96.9	96.2	95.9	95.3	95.1	95.9	96.0
97.6	94.6	99.4	96.5	97.3	98.8	98.3
102.0	99.6	93.2	92.1	90.2	90.1	93.8
101.7	101.5	100.2	100.7	101.2	100.7	101.4
97.3	98.9	98.5	98.6	98.4	98.5	97.4
100.9	102.7	98.5	98.3	98.0	99.5	100.5
94.8	94.1	91.3	91.2	91.1	93.0	88.5
99.6	99.9	99.9	100.1	99.5	99.4	99.6
100.8	101.0	101.0	101.0	100.7	100.7	100.7
100.6	100.1	100.0	100.5	100.4	100.0	99.6
102.5	102.2	103.6	105.4	103.5	106.3	103.0
97.4	98.7	98.6	98.3	97.0	95.4	97.5
97.9	98.5	98.0	98.0	98.2	98.4	99.0
99.4	99.1	99.0	99.3	99.4	99.4	99.8
99.6	99.7	99.3	99.0	99.2	99.2	98.9
101.4	101.6	100.7	101.5	101.6	101.0	100.7
102.5	107.0	106.2	102.8	103.0	103.0	102.5
101.6	99.8	98.5	99.8	101.1	97.9	97.6
99.9	99.9	99.9	99.9	99.9	99.9	99.8
101.2	101.1	101.2	102.0	103.2	101.9	102.1
101.0	100.0	100.0	100.0	100.5	100.3	100.5
99.5	101.9	101.7	108.7	102.5	109.1	105.9
106.5	106.8	101.2	103.3	103.4	103.0	102.7
103.4	103.4	103.4	103.1	103.6	103.6	103.6
108.3	113.1	112.8	110.7	110.9	108.3	108.1

4-4 续表7

（上年同月＝100）

类　别	年平均	1月	2月	3月	4月	5月
旅行社收费	110.6	108.5	103.0	108.9	114.4	112.6
其他旅游	100.6	99.9	100.2	100.4	102.1	100.2
七、医疗保健	100.9	100.7	100.7	101.0	101.1	100.9
2. 药品及医疗器具	101.5	101.4	101.5	101.6	101.2	101.2
(1)中药	105.8	104.4	104.1	104.2	103.5	104.2
中药材	109.7	106.1	106.2	106.1	104.3	105.9
中成药	104.4	103.8	103.4	103.6	103.2	103.7
(2)西药	101.1	101.7	101.7	101.6	101.7	101.1
抗微生物药	103.7	106.3	106.2	105.0	104.3	104.4
消化系统用药	100.0	101.9	102.0	102.2	101.8	101.3
呼吸系统用药	102.6	101.2	102.3	101.8	102.7	101.9
解热镇痛药	102.9	103.2	103.3	103.3	102.1	101.9
抗肿瘤药	98.7	99.8	99.6	99.9	99.5	99.1
激素及影响内分泌药	107.1	107.3	107.3	107.3	108.5	107.8
心血管系统用药	99.9	98.5	98.1	98.0	99.5	99.3
血液系统用药	97.0	97.2	97.5	97.4	97.1	96.0
治疗精神障碍药	99.0	100.7	100.6	100.0	100.5	98.3
神经系统用药	101.6	104.1	103.7	103.3	102.6	101.3
泌尿系统用药	103.9	102.9	102.8	102.7	104.6	104.6
维生素、矿物质类药	100.7	101.0	101.5	102.8	101.2	99.2
调节水、电解质及酸碱平衡药	101.5	104.6	105.8	105.9	105.4	103.1
其他西药	100.5	99.7	100.2	100.6	101.3	101.1
(3)滋补保健品	98.7	100.3	100.2	100.5	99.0	99.1
滋补保健品	98.7	100.3	100.2	100.5	99.0	99.1
(4)医疗卫生器具	97.0	94.3	95.4	96.3	96.9	97.2
医疗卫生器具	97.0	94.3	95.4	96.3	96.9	97.2
(5)保健器具	100.0	101.0	101.1	101.0	100.1	99.8
保健器具	100.0	101.0	101.1	101.0	100.1	99.8
2. 医疗服务	100.7	100.4	100.4	100.7	101.0	100.7
(1)综合医疗类	101.1	100.0	100.0	99.9	101.4	101.4
一般医疗服务	99.8	99.6	99.6	99.1	99.8	99.7
一般治疗操作	101.6	100.1	100.1	100.6	101.6	102.2
护理	102.2	100.7	100.7	99.3	103.4	102.7
其他综合医疗服务	100.0	100.0	100.0	100.0	100.0	100.0
(2)诊断类	100.3	100.2	100.2	100.4	100.4	100.3
病理学诊断	100.1	100.6	100.6	100.0	100.4	99.9
实验室诊断	100.7	100.1	100.1	100.9	100.9	100.9
影像学诊断	100.1	100.1	100.1	100.2	100.1	100.2
临床诊断	99.4	100.9	100.9	99.7	99.8	99.0
(3)治疗类	100.5	100.9	100.9	100.9	101.0	100.1
临床手术治疗	100.6	101.5	101.5	101.5	101.6	100.1
临床非手术治疗	100.1	99.9	99.9	99.9	99.9	100.0

6月	7月	8月	9月	10月	11月	12月
109.2	114.5	114.2	111.9	112.0	109.1	108.9
100.1	100.4	100.5	100.6	100.8	100.9	101.0
100.9	101.0	100.9	100.9	100.9	101.1	101.2
101.3	101.6	101.4	101.4	101.3	101.6	102.0
105.2	105.8	106.4	107.0	107.1	108.1	108.8
106.8	108.7	111.3	113.7	113.8	115.5	117.5
104.7	104.9	104.7	104.7	104.9	105.6	105.9
100.9	101.1	100.9	100.6	100.2	100.6	100.6
102.6	103.9	102.9	101.9	101.7	102.6	102.4
99.8	98.9	99.2	98.6	98.0	98.4	98.5
103.0	103.1	102.9	102.7	102.8	103.6	103.5
102.0	102.6	102.3	103.5	103.6	103.9	103.3
98.6	98.9	98.1	98.3	97.2	97.6	97.2
107.9	107.6	107.7	107.6	104.8	105.7	105.5
100.3	100.9	100.9	100.5	100.6	101.1	101.3
97.4	97.0	97.0	96.9	97.0	96.0	97.1
97.9	97.9	98.3	98.3	98.5	98.6	98.4
101.1	101.3	100.9	100.7	100.6	100.1	99.7
104.9	104.9	104.3	103.9	103.6	104.2	103.4
99.5	99.7	100.5	100.7	100.9	100.7	101.2
100.3	99.8	99.4	99.5	98.2	98.4	98.7
101.4	100.9	100.1	100.0	99.9	100.6	100.6
99.2	98.7	97.8	97.5	97.7	96.7	97.7
99.2	98.7	97.8	97.5	97.7	96.7	97.7
97.0	97.9	97.2	97.4	97.9	98.3	98.5
97.0	97.9	97.2	97.4	97.9	98.3	98.5
99.9	100.0	99.3	99.3	99.3	99.3	99.4
99.9	100.0	99.3	99.3	99.3	99.3	99.4
100.7	100.7	100.7	100.7	100.7	100.9	100.9
101.5	101.5	101.6	101.6	101.6	101.4	101.4
100.0	100.0	100.1	100.1	100.1	100.1	100.1
102.2	102.2	102.2	102.2	102.2	101.8	101.8
102.7	102.7	102.7	102.7	102.7	102.7	102.7
100.0	100.0	100.0	100.0	100.0	100.0	100.0
100.3	100.3	100.3	100.3	100.3	100.3	100.3
99.9	99.9	99.9	99.9	99.9	100.0	100.0
100.8	100.8	100.8	100.9	100.9	100.9	100.9
100.2	100.2	100.1	100.1	100.1	100.1	100.1
99.0	99.0	98.9	98.9	98.9	99.1	99.1
100.1	100.1	100.0	100.1	100.1	100.7	100.7
100.1	100.1	100.1	100.1	100.1	100.5	100.5
100.0	100.0	99.9	100.0	100.0	101.0	101.1

4－4 续表8

（上年同月＝100）

类 别	年平均	1月	2月	3月	4月	5月
（4）康复类	100.4	101.9	101.9	101.5	101.3	99.8
康复医疗	100.4	101.9	101.9	101.5	101.3	99.8
（5）中医医疗服务类	103.3	100.0	99.9	103.4	104.0	104.3
中医治疗	103.3	100.0	99.9	103.4	104.0	104.3
（6）其他医疗保健服务	101.0	100.5	100.6	101.6	101.8	100.8
其他医疗保健服务	101.0	100.5	100.6	101.6	101.8	100.8
八、其他用品及服务	103.2	103.1	102.8	102.3	103.7	102.5
1.其他用品	104.7	105.6	104.3	103.0	104.1	103.1
（1）首饰手表	108.6	106.9	105.1	103.3	106.8	107.8
金饰品	112.2	109.1	107.4	104.9	108.7	110.4
银饰品	101.8	100.5	102.2	102.3	101.7	101.8
铂金饰品	102.9	108.7	101.2	100.0	107.9	107.7
手表	99.7	99.9	99.5	99.5	100.0	99.4
（2）母婴用品	100.1	109.2	108.9	106.9	100.8	95.9
母婴洗护喂养用品	100.3	109.0	111.5	110.6	102.2	96.7
其他母婴用品	99.7	109.8	103.1	99.0	97.6	94.0
（3）其他杂项用品	99.8	100.8	99.8	99.8	100.7	98.5
箱包	99.5	101.2	99.6	99.7	101.3	98.0
眼镜	100.5	100.1	100.1	99.9	99.6	99.6
2.其他服务	101.7	100.6	101.3	101.5	103.3	101.9
（1）在外住宿	104.3	101.4	100.8	101.9	118.9	105.6
宾馆住宿	104.8	100.0	100.5	102.2	117.8	104.7
其他住宿	103.4	104.6	101.5	101.2	121.2	107.6
（2）美容美发洗浴	101.7	99.2	101.5	101.7	101.8	101.9
美容	99.7	98.7	99.1	99.8	99.6	99.9
美发	102.0	98.4	101.8	101.8	102.1	102.1
洗浴	103.2	100.8	102.9	103.2	103.3	103.3
（3）养老服务	101.3	101.6	101.6	101.6	101.4	101.4
养老服务	101.3	101.6	101.6	101.6	101.4	101.4
（4）金融及保险服务	101.2	101.4	101.4	101.4	101.4	101.4
金融服务	100.0	100.0	100.0	100.0	100.0	100.0
车辆保险	99.7	100.1	100.1	100.1	100.1	100.1
旅行保险	101.1	101.0	101.0	101.0	101.0	101.0
其他保险	105.7	105.5	105.5	105.5	105.5	105.5
（5）中介法律及其他服务	100.0	100.2	100.0	100.0	100.0	100.0
中介服务	100.1	100.5	100.1	100.1	100.0	100.0
法律服务	100.0	100.0	100.0	100.0	100.0	100.0
其他杂项服务	100.0	100.0	100.0	100.0	100.0	100.0

6月	7月	8月	9月	10月	11月	12月
99.8	99.8	99.8	99.8	99.8	99.9	99.9
99.8	99.8	99.8	99.8	99.8	99.9	99.9
104.0	104.0	103.9	103.9	103.9	104.1	104.1
104.0	104.0	103.9	103.9	103.9	104.1	104.1
100.8	100.8	100.9	101.0	101.0	101.0	101.0
100.8	100.8	100.9	101.0	101.0	101.0	101.0
102.1	103.7	103.5	104.0	103.9	103.5	103.3
102.5	105.6	105.3	106.3	105.6	105.3	105.3
107.6	110.9	110.7	112.7	111.5	109.6	110.0
110.8	115.4	115.4	118.3	116.8	114.9	114.9
101.4	101.8	101.9	101.2	104.5	101.0	101.0
104.1	106.0	103.7	103.7	99.6	95.6	97.9
99.3	99.3	99.6	99.5	100.2	99.6	100.0
92.5	98.6	97.1	98.4	97.3	99.0	99.0
91.2	98.7	96.7	97.2	95.3	99.0	98.6
95.6	98.2	98.1	101.2	102.3	99.1	100.2
99.3	100.1	100.0	98.9	99.4	100.8	99.8
98.6	99.7	99.7	98.0	98.6	100.8	99.2
100.9	101.1	100.8	100.8	100.9	100.9	100.9
101.6	101.7	101.6	101.7	102.1	101.5	101.3
102.4	103.1	103.8	104.2	106.4	102.2	101.3
102.8	104.4	105.5	105.6	107.7	103.5	102.6
101.6	100.3	100.0	101.2	103.5	99.5	98.6
101.9	102.0	102.1	101.8	102.5	102.5	102.2
99.7	100.0	100.0	99.5	100.3	100.2	99.7
102.3	102.5	102.6	102.1	102.9	102.7	102.3
103.1	103.1	103.1	103.2	103.8	104.1	104.2
101.5	101.5	101.4	101.3	101.3	100.7	100.7
101.5	101.5	101.4	101.3	101.3	100.7	100.7
101.3	101.4	100.8	101.4	101.1	101.0	101.0
100.0	100.0	100.0	100.0	100.0	100.0	100.0
100.0	99.9	99.3	99.1	99.1	99.1	99.1
100.0	100.0	101.6	101.6	101.6	101.6	101.6
105.5	105.9	104.9	107.3	106.0	105.7	105.7
100.0	100.0	100.0	100.0	100.0	100.0	100.0
100.1	100.0	100.0	100.0	100.0	100.0	99.9
100.0	100.0	100.0	100.0	100.0	100.0	100.0
100.0	100.0	100.0	100.0	100.0	100.0	100.0

4－5 城市居民消费价格

（上年同月＝100）

类　别	年平均	1月	2月	3月	4月	5月
总指数	**99.6**	**101.0**	**100.4**	**100.2**	**99.8**	**99.7**
一、食品烟酒	99.4	102.2	101.2	101.6	100.4	100.5
1.食品	98.8	102.4	101.2	101.6	100.1	100.4
（1）粮食	101.1	105.0	104.8	103.3	101.5	100.1
大米	100.1	100.2	100.3	100.2	100.1	99.2
面粉	101.0	110.1	109.0	105.0	102.1	99.7
其他粮食	100.7	101.8	101.8	101.9	101.1	100.3
粮食制品	101.6	106.1	106.2	104.4	102.1	100.6
（2）薯类	106.1	118.0	114.4	115.0	109.3	108.6
薯类	106.1	118.0	114.4	115.0	109.3	108.6
（3）豆类	101.1	101.5	101.6	101.3	100.9	101.2
干豆	100.8	101.9	102.3	102.3	101.4	100.9
豆制品	101.2	101.5	101.5	101.1	100.8	101.2
（4）食用油	101.0	106.6	107.7	108.0	106.6	105.9
食用植物油	101.1	106.7	107.9	108.1	106.7	106.0
食用动物油	95.0	104.3	100.4	101.7	101.0	99.7
（5）菜及食用菌	97.2	92.6	91.3	87.3	86.9	98.3
鲜菜	96.4	91.0	89.6	85.2	84.8	97.1
鲜菌	103.4	112.3	108.6	110.5	106.1	111.5
干菜干菌及制品	102.1	103.5	103.2	102.8	102.5	102.1
（6）畜肉类	90.3	103.0	100.0	103.7	101.6	97.7
猪肉	83.3	107.4	101.3	109.5	104.8	95.7
牛肉	95.4	99.0	98.2	99.0	99.0	98.2
羊肉	94.9	95.1	94.9	96.5	96.6	97.6
其他畜肉及副产品	95.3	110.5	106.9	105.6	104.7	102.9
畜肉制品	99.3	101.1	101.4	101.4	100.8	100.5
（7）禽肉类	101.9	105.6	104.9	106.1	105.4	104.2
鸡	101.5	106.3	105.4	107.5	106.5	104.5
鸭	100.2	103.3	101.8	101.7	101.0	101.6
其他禽肉及制品	103.0	104.8	104.6	104.5	104.2	104.3
（8）水产品	97.6	99.2	95.9	97.3	95.5	96.5
淡水鱼	93.1	93.4	89.0	91.7	87.1	88.6
海水鱼	101.8	102.8	102.3	102.0	102.3	102.5
虾蟹类	95.6	101.3	96.0	95.4	97.3	99.5
其他水产品及制品	110.2	112.1	112.8	113.8	113.8	112.9
（9）蛋类	96.7	106.3	105.1	106.4	98.8	93.9
鸡蛋	95.9	106.2	104.8	106.4	98.0	92.7
其他蛋及制品	104.7	107.7	107.7	107.0	106.7	106.2
（10）奶类	98.5	97.9	98.5	98.8	98.7	99.0
鲜奶	95.7	95.9	96.1	95.7	95.0	95.5
酸奶	99.9	101.7	102.2	102.2	101.9	101.8
奶粉	100.7	97.1	98.6	100.2	100.8	101.1

分月同比指数(2023 年)

6月	7月	8月	9月	10月	11月	12月
99.7	**99.1**	**99.4**	**99.4**	**98.9**	**98.7**	**99.3**
102.0	98.4	98.6	98.0	96.4	96.1	97.9
102.9	97.4	97.6	96.8	94.3	94.0	96.7
99.9	99.5	99.8	100.2	100.1	99.6	99.3
99.6	99.6	100.2	100.6	100.6	100.6	100.5
99.3	98.4	98.2	98.8	98.8	97.4	96.9
99.9	99.6	100.2	100.9	101.0	100.5	100.1
100.2	99.9	100.1	100.5	100.3	99.8	99.5
114.8	108.8	106.5	105.3	98.8	87.4	85.9
114.8	108.8	106.5	105.3	98.8	87.4	85.9
100.9	100.7	101.0	101.1	101.1	101.1	101.2
100.3	99.8	99.3	99.8	99.9	100.9	100.5
101.0	100.8	101.2	101.2	101.2	101.1	101.3
101.9	98.5	97.0	95.8	95.3	95.5	94.8
102.0	98.6	97.1	95.8	95.4	95.6	94.9
99.5	91.5	91.1	90.7	89.6	86.7	87.1
120.6	101.7	98.5	97.1	93.8	99.7	109.3
123.7	101.9	98.1	97.1	93.5	99.2	110.4
106.1	98.9	99.5	93.1	90.8	106.2	103.1
102.1	102.1	102.3	101.9	101.4	101.0	100.7
94.6	82.3	87.2	85.5	78.9	77.2	82.3
90.7	69.5	80.0	76.4	65.7	63.2	71.2
94.9	92.1	92.7	93.5	93.1	92.4	92.8
97.6	95.6	93.8	94.0	93.0	91.4	93.1
100.5	90.9	89.0	89.7	85.6	82.2	83.7
100.0	99.1	97.8	98.0	97.7	97.5	97.2
102.5	100.6	100.0	99.6	99.4	97.6	98.0
101.9	99.2	98.7	98.5	98.3	95.8	96.6
100.5	99.7	99.2	99.3	99.1	98.4	97.6
103.9	103.2	102.5	101.6	101.4	100.7	100.5
98.6	99.0	99.2	97.5	98.5	97.0	97.2
94.4	96.3	96.6	94.8	96.6	95.0	94.9
102.2	101.8	101.7	101.3	101.6	100.4	100.9
96.6	95.2	96.4	92.1	92.7	90.9	93.2
111.2	109.2	107.8	109.3	108.1	107.0	105.3
95.5	93.5	101.2	99.1	89.2	85.9	89.1
94.5	92.4	100.8	98.7	87.9	84.5	88.0
105.4	104.5	104.4	103.8	102.5	100.7	100.6
98.5	99.1	97.4	98.2	98.6	98.4	98.8
95.1	96.2	94.9	95.8	96.0	95.4	97.1
101.0	99.3	97.4	97.9	97.3	97.7	98.6
100.3	102.2	100.4	101.6	102.6	102.8	101.9

4－5 续表1

（上年同月＝100）

类　别	年平均	1月	2月	3月	4月	5月
其他奶制品	101.3	102.8	102.9	101.5	102.6	103.0
（11）干鲜瓜果类	104.9	107.3	105.1	108.7	107.4	104.9
鲜果	105.5	108.5	105.9	110.2	108.5	105.4
坚果	103.0	102.0	101.7	102.0	103.0	103.6
瓜果制品	99.8	101.3	100.6	101.5	101.2	100.9
（12）糖果糕点类	103.5	105.9	106.5	106.5	106.3	105.5
食糖	104.9	99.3	100.9	100.8	100.9	101.8
糖果	100.9	102.1	102.0	101.5	101.2	101.2
糕点	104.3	107.9	108.7	108.9	108.7	107.3
其他糖果糕点	100.8	101.5	101.5	101.4	100.8	101.6
（13）调味品	98.6	102.8	101.6	101.5	99.5	98.7
食用盐	98.4	100.0	99.9	98.9	98.9	98.6
酱油	96.6	104.3	103.2	101.8	96.6	96.1
食醋	99.0	103.0	101.8	101.4	101.7	100.9
增味剂	101.9	104.3	103.9	103.8	103.3	102.6
其他调味品	99.2	101.4	99.7	101.1	100.3	99.0
（14）其他食品类	100.9	103.8	102.9	102.7	100.9	100.3
方便食品	100.4	103.1	101.6	101.1	99.1	99.2
淀粉及制品	101.5	103.3	103.3	104.1	102.4	101.5
其他食品	102.0	107.1	106.8	105.7	105.3	102.5
2. 茶及饮料	99.8	101.6	101.4	100.5	99.7	99.6
茶叶	101.9	103.4	102.7	102.5	102.3	101.7
固体咖啡	102.5	103.2	103.4	103.2	103.7	104.0
其他固体饮料	98.3	101.3	100.6	99.8	99.5	98.7
饮用水	99.3	101.3	101.0	100.3	98.8	99.1
果汁饮料	102.6	104.2	102.5	102.8	102.5	101.5
其他液体饮料	97.5	99.5	100.0	98.2	96.8	97.4
3. 烟酒	100.8	101.3	101.3	101.0	100.8	100.6
（1）卷烟	101.7	101.3	101.2	101.4	101.2	101.4
卷烟	101.7	101.3	101.2	101.4	101.2	101.4
（2）酒类	99.9	101.3	101.4	100.6	100.4	99.8
白酒	99.9	100.9	101.2	100.2	100.6	99.7
葡萄酒	98.6	100.2	99.2	99.7	98.1	98.5
啤酒	101.0	103.0	102.8	103.2	101.0	100.9
其他酒类	99.1	102.3	102.3	99.8	98.9	99.8
4. 在外餐饮	100.9	102.1	101.3	101.7	100.9	100.7
餐馆餐饮	101.3	101.2	101.4	101.4	101.6	101.4
饮品店餐饮	100.7	100.8	101.1	101.0	100.0	100.5
外卖	99.7	104.1	100.2	102.5	99.1	98.6
其他在外餐饮	101.5	102.8	102.4	101.9	101.1	101.2
二、衣着	99.8	99.5	99.4	99.2	99.3	99.6
1. 服装	100.0	99.8	99.7	99.4	99.4	99.7

6月	7月	8月	9月	10月	11月	12月
103.5	101.8	99.8	99.4	101.4	100.2	97.2
107.2	105.8	102.2	101.1	102.6	102.6	103.1
108.2	106.5	102.0	100.6	102.6	103.0	103.6
103.9	104.1	104.3	104.6	103.4	102.2	101.7
99.3	98.9	98.5	99.1	99.0	98.1	98.8
105.5	101.0	101.2	101.3	101.3	101.2	101.1
104.4	106.4	107.8	108.8	109.1	109.8	109.1
101.0	100.3	100.2	101.1	100.5	100.5	99.5
107.2	100.6	100.9	100.9	101.0	100.8	100.9
101.3	101.3	100.4	99.9	100.0	100.0	100.2
98.0	97.6	97.1	97.7	96.3	95.7	96.5
98.7	98.6	97.6	98.1	97.7	97.3	97.2
95.2	94.1	93.8	94.5	93.4	92.6	94.1
99.9	100.2	97.0	98.1	94.9	94.8	94.8
102.3	101.9	100.8	100.0	100.2	99.9	100.2
98.3	98.2	98.9	99.8	98.1	97.4	98.0
101.8	100.8	99.4	99.9	100.3	99.5	99.2
101.3	100.7	99.2	99.9	100.5	100.2	99.1
101.6	100.5	100.1	100.2	100.8	99.4	100.5
104.0	101.6	99.0	99.7	98.9	97.2	97.2
99.8	98.8	99.2	99.3	99.6	98.7	99.4
101.8	101.3	100.7	102.4	102.1	100.6	101.4
103.2	102.9	101.8	100.8	101.5	100.9	101.2
98.4	99.1	95.8	96.5	96.8	96.2	96.5
98.5	97.8	98.6	98.7	99.1	98.9	99.5
102.8	103.1	102.8	102.8	103.0	101.1	101.6
97.7	95.8	97.5	96.3	97.0	96.5	97.4
100.3	100.5	100.6	100.6	100.8	100.7	101.0
101.7	101.8	101.8	102.0	101.9	101.8	102.5
101.7	101.8	101.8	102.0	101.9	101.8	102.5
98.9	99.3	99.4	99.2	99.6	99.6	99.5
98.5	99.3	99.3	98.9	99.7	100.2	99.9
98.8	98.1	98.8	99.3	98.1	97.7	96.8
100.4	100.3	100.5	100.7	100.0	99.2	100.2
99.2	98.0	98.5	99.3	98.4	96.3	96.7
100.3	100.5	100.8	100.7	101.1	100.7	100.6
101.4	101.4	101.5	101.2	101.4	101.0	100.9
100.8	100.6	100.9	100.5	100.7	100.7	100.7
97.0	97.8	98.9	99.2	100.4	99.9	98.4
101.2	101.1	100.9	101.1	101.1	101.1	102.4
99.6	99.8	100.3	100.2	99.8	99.9	100.6
99.7	100.0	100.4	100.4	99.9	100.5	101.2

4－5 续表2

（上年同月＝100）

类　别	年平均	1月	2月	3月	4月	5月
（1）男式服装	100.3	100.3	100.0	99.8	99.9	100.0
男式外套	100.2	100.5	99.8	99.9	99.9	100.3
男式针织衫	100.6	100.1	100.1	100.2	100.4	100.7
男式衬衫T恤	101.0	100.9	101.0	100.4	100.2	100.1
男式裤子	100.1	99.9	100.0	99.7	100.0	99.7
男式内衣	98.4	98.7	98.3	98.0	98.1	98.1
（2）女式服装	99.9	99.5	99.6	99.2	99.0	99.4
女式外套	99.8	99.4	99.3	99.4	99.6	99.6
女式针织衫	100.3	99.6	100.0	99.6	101.3	101.0
女式衬衫T恤	99.9	100.3	100.8	99.3	97.5	98.7
女式裤子	100.5	98.9	99.0	99.2	97.9	99.2
女式裙子	100.2	99.5	99.6	98.7	97.6	98.9
女式内衣	98.8	99.4	99.1	98.1	98.0	98.3
（3）儿童服装	99.8	99.3	98.8	99.0	99.5	99.9
婴儿服装	100.9	101.4	100.3	100.3	100.5	101.2
儿童上衣	98.9	98.5	97.6	98.2	99.3	99.4
儿童裤子	99.4	98.8	99.3	99.9	99.4	99.6
儿童裙子	99.7	98.5	97.8	97.2	98.6	99.1
儿童内衣	100.7	99.2	100.9	101.2	101.2	101.3
（4）衣着材料及配件	99.8	100.5	101.0	100.6	99.8	99.7
袜子	99.1	99.8	100.3	99.4	99.6	98.9
帽子	101.5	103.3	104.0	104.1	101.2	101.2
其他衣着材料及配件	99.0	98.1	98.5	98.5	98.4	99.2
（5）衣着服务费	100.5	100.8	100.9	100.6	100.6	100.7
衣着洗涤保养	100.4	100.8	100.8	100.5	100.4	100.6
其他衣着服务	100.8	100.9	101.0	101.0	101.0	100.9
2.鞋类	98.8	98.3	98.4	98.4	98.6	99.1
（1）鞋	98.8	98.3	98.3	98.4	98.6	99.0
男鞋	99.3	98.5	98.8	98.7	99.0	99.5
女鞋	98.0	97.8	97.8	97.8	98.0	98.4
童鞋	100.1	99.1	99.0	99.5	99.5	99.9
（2）鞋类服务	102.6	100.7	100.7	103.0	103.0	103.0
鞋类服务	102.6	100.7	100.7	103.0	103.0	103.0
三、居住	99.3	99.1	99.3	99.2	99.1	99.3
1.租赁房房租	99.0	98.2	98.6	98.4	98.5	98.8
公房房租	100.0	100.0	100.0	100.0	100.0	100.0
私房房租	98.9	98.0	98.4	98.3	98.4	98.6
2.住房保养维修及管理	99.6	100.2	99.9	99.7	99.5	99.4
（1）住房装潢材料	98.6	99.3	99.1	98.8	98.7	98.4
木地板	100.8	100.9	100.9	100.5	100.5	100.4
瓷砖	98.1	98.8	98.5	98.4	98.2	98.3
水泥	91.5	89.9	90.7	91.4	90.6	90.3

6月	7月	8月	9月	10月	11月	12月
100.0	100.2	100.7	100.3	99.9	100.6	101.2
100.3	100.2	100.4	99.9	99.6	100.5	101.0
100.7	100.7	100.8	100.4	99.7	101.0	102.1
100.0	100.9	102.5	101.9	101.3	101.3	101.5
99.6	100.1	100.1	100.2	100.0	100.4	101.9
97.8	98.1	98.3	98.6	98.8	99.0	99.2
99.6	99.9	100.5	100.4	100.0	100.6	101.2
99.6	99.6	99.7	100.1	99.7	100.4	100.9
100.7	100.5	100.9	100.1	99.6	100.1	100.6
100.3	100.8	100.8	100.2	99.6	99.4	100.5
99.8	100.1	101.8	102.2	101.9	102.7	103.1
98.5	100.6	102.4	101.5	101.2	101.6	102.6
98.5	98.5	98.7	99.0	98.8	99.4	99.8
99.3	99.8	100.2	100.5	99.7	100.1	101.3
101.0	100.8	101.0	101.0	100.4	101.1	102.1
99.1	98.7	98.7	99.8	98.5	98.0	101.4
99.2	99.8	100.1	99.4	98.7	99.9	99.4
97.4	99.7	101.3	101.8	101.6	101.9	102.1
101.3	101.0	100.4	100.2	99.9	100.5	101.0
99.2	99.2	98.8	100.0	99.5	99.6	99.4
98.1	98.0	98.3	99.4	99.0	99.3	98.8
101.4	101.4	99.6	101.3	100.4	100.2	99.7
98.6	98.8	98.7	99.5	99.2	99.5	100.6
100.2	100.2	100.3	100.2	100.3	100.3	101.0
100.1	100.1	100.2	100.1	100.2	100.3	100.5
100.5	100.5	100.5	100.5	100.5	100.2	102.2
99.2	99.3	99.6	99.5	99.4	97.6	98.5
99.2	99.2	99.5	99.4	99.3	97.5	98.5
99.8	99.8	99.8	99.6	99.3	99.1	99.5
98.5	98.5	98.9	98.8	99.0	95.6	97.0
100.1	100.4	100.9	101.1	100.7	100.4	100.9
102.7	102.7	103.1	103.1	103.2	102.9	102.9
102.7	102.7	103.1	103.1	103.2	102.9	102.9
99.1	99.3	99.4	99.5	99.5	99.6	99.7
98.7	99.0	99.2	99.4	99.5	99.7	99.8
100.0	100.0	100.0	100.0	100.0	100.0	100.0
98.6	98.9	99.1	99.3	99.4	99.7	99.8
99.4	99.4	99.7	99.6	99.6	99.7	99.6
98.3	98.4	98.5	98.4	98.2	98.5	98.4
100.6	100.7	101.0	101.3	100.9	101.0	101.1
98.1	98.2	98.1	98.1	97.6	97.7	97.3
90.0	92.3	93.3	92.7	92.0	92.6	93.3

4－5 续表3

（上年同月＝100）

类 别	年平均	1月	2月	3月	4月	5月
涂料	99.1	100.7	99.9	99.1	99.6	99.2
板材	99.9	100.8	100.3	99.9	99.6	99.8
管材	100.7	103.0	103.2	101.5	101.7	100.4
厨卫设备	98.4	99.2	99.1	99.1	98.8	97.9
门窗	99.5	101.2	100.9	100.7	100.2	99.6
其他住房装潢材料	99.6	100.3	99.7	99.1	99.1	99.2
（2）住房维修管理费用	101.1	101.4	101.1	101.1	100.7	100.9
物业管理费	100.0	100.0	100.0	100.0	100.0	100.0
装潢维修费	101.8	102.3	101.8	101.6	100.8	101.3
其他住房费用	100.9	100.9	100.9	100.9	100.9	100.8
3. 水电燃料	99.9	100.5	100.5	100.1	100.0	99.9
（1）水	100.2	100.3	100.3	100.3	100.3	100.3
水	100.2	100.3	100.3	100.3	100.3	100.3
（2）电	100.0	100.0	100.0	100.0	100.0	100.0
电	100.0	100.0	100.0	100.0	100.0	100.0
（3）燃气	99.8	102.1	102.2	100.4	99.9	99.4
管道燃气	100.3	100.3	100.3	100.2	100.2	100.2
液化石油气	98.8	105.8	106.2	100.6	99.3	97.7
（4）其他水电燃料类	99.7	99.8	99.8	99.9	99.9	99.8
其他水电燃料类	99.7	99.8	99.8	99.9	99.9	99.8
4. 自有住房	99.1	98.5	98.9	98.8	98.9	99.2
自有住房	99.1	98.5	98.9	98.8	98.9	99.2
四、生活用品及服务	99.7	102.1	101.4	100.4	99.8	99.6
1. 家具及室内装饰品	99.9	101.6	101.8	101.2	101.2	101.3
（1）家具	99.9	101.7	101.9	101.4	101.3	101.5
柜	101.7	102.6	103.8	103.6	103.8	104.3
床	100.5	102.9	102.7	101.6	101.3	101.4
桌	99.0	102.2	101.8	100.3	100.2	99.9
椅	99.7	102.4	102.1	101.0	102.0	102.0
沙发	97.6	99.7	99.3	99.3	99.0	98.8
其他家具	99.3	100.4	100.2	100.1	99.8	99.8
（2）室内装饰品	100.6	99.3	100.2	98.1	98.5	99.3
灯具	101.5	98.8	100.5	97.4	98.1	99.4
其他室内装饰品	98.6	100.2	99.4	99.5	99.4	99.1
2. 家用器具	98.4	99.8	98.3	98.6	97.9	97.3
（1）大型家用器具	98.4	99.7	98.0	98.5	97.8	97.3
洗衣机	97.6	94.5	97.1	98.3	97.3	98.2
电冰箱（柜）	97.0	95.9	95.5	96.0	97.8	97.2
抽油烟机	97.5	99.9	99.9	98.1	98.2	98.0
空调器	98.9	101.8	97.0	98.6	97.8	96.5
热水器	98.1	100.6	97.3	97.9	96.5	97.5
炉具灶具	99.9	102.1	103.0	102.4	99.3	96.0

6月	7月	8月	9月	10月	11月	12月
99.2	98.3	98.4	98.3	98.3	99.0	98.8
99.9	99.5	100.0	99.8	99.9	99.7	99.5
100.0	99.5	100.0	100.0	99.8	99.7	99.6
98.0	98.2	98.1	97.8	98.0	98.5	98.4
99.3	99.3	98.5	98.4	98.5	98.6	98.4
99.4	99.3	99.7	99.9	99.7	99.8	100.1
100.9	100.7	101.3	101.4	101.4	101.4	101.4
100.0	100.0	100.0	100.0	100.0	100.0	100.0
101.4	101.1	102.0	102.2	102.3	102.2	102.3
100.8	100.8	101.0	101.0	101.0	101.0	101.0
99.6	99.6	99.8	99.9	99.9	99.8	99.8
100.3	100.3	100.3	100.0	100.0	100.0	100.0
100.3	100.3	100.3	100.0	100.0	100.0	100.0
100.0	100.0	100.0	100.0	100.0	100.0	100.0
100.0	100.0	100.0	100.0	100.0	100.0	100.0
98.1	98.3	99.1	99.8	99.8	99.4	99.4
100.2	100.2	100.2	100.3	100.3	100.3	100.2
93.7	94.2	96.9	98.5	98.6	97.4	97.8
99.7	99.7	99.6	99.6	99.6	99.7	99.7
99.7	99.7	99.6	99.6	99.6	99.7	99.7
99.0	99.2	99.2	99.3	99.4	99.5	99.6
99.0	99.2	99.2	99.3	99.4	99.5	99.6
99.2	99.3	98.8	98.9	98.6	98.9	99.0
101.1	99.4	99.4	98.3	98.0	98.2	97.9
101.1	99.3	99.3	98.0	97.9	97.8	97.6
104.1	101.3	101.2	99.0	99.4	99.1	98.9
101.1	99.7	100.0	99.1	98.8	99.0	98.6
99.9	97.8	97.9	97.6	97.2	97.0	96.8
101.6	98.2	98.4	97.6	97.4	97.2	96.7
98.2	97.5	97.4	96.0	95.4	95.7	95.5
99.4	99.1	98.0	99.0	98.6	98.9	98.6
100.7	100.2	100.6	102.6	100.8	104.6	102.2
101.3	101.1	102.1	105.4	102.5	107.6	103.9
99.4	98.0	97.2	96.7	97.3	98.3	98.3
97.4	97.7	97.7	98.1	99.2	99.6	99.1
97.4	98.0	98.0	98.4	99.6	99.7	99.0
96.6	96.5	97.3	98.7	98.8	99.3	99.4
95.3	96.4	97.1	97.9	98.5	98.4	97.8
97.1	95.9	94.8	94.4	96.5	96.4	100.5
97.3	99.0	98.8	99.0	101.1	101.0	98.5
97.0	97.4	97.6	97.2	99.7	99.5	99.3
99.7	98.5	98.3	98.8	98.4	100.5	102.0

4－5　续表4

（上年同月＝100）

类　别	年平均	1月	2月	3月	4月	5月
吸尘器	100.6	106.6	106.6	104.5	96.9	99.1
空气净化器	102.4	108.1	106.8	103.3	101.5	102.9
净水器	98.2	105.9	102.6	98.2	94.7	93.4
其他大型家用器具	98.6	98.0	97.8	98.1	98.3	98.3
(2)小家电	97.9	100.1	99.9	99.0	98.3	97.7
厨房小家电	97.8	99.3	99.1	98.4	98.2	97.5
生活小家电	98.0	101.5	101.3	100.1	98.5	98.0
3.家用纺织品	99.1	99.5	99.2	99.1	99.1	99.0
(1)床上用品	99.2	99.5	99.2	99.2	99.2	99.1
被子	99.4	99.6	99.0	98.9	99.3	99.6
床单被套	99.0	98.4	98.9	99.2	99.0	98.6
其他床上用品	99.3	101.5	100.5	99.8	99.5	98.9
(2)窗帘门帘	99.4	99.4	99.3	99.3	99.4	99.5
窗帘门帘	99.4	99.4	99.3	99.3	99.4	99.5
(3)其他家用纺织品	97.6	100.2	98.8	98.3	98.1	98.1
其他家用纺织品	97.6	100.2	98.8	98.3	98.1	98.1
4.家庭日用杂品	99.5	103.1	102.4	101.1	99.1	99.7
(1)洗涤卫生用品	100.0	104.5	104.0	101.0	99.2	100.4
清洗用品	98.8	100.5	100.4	98.1	95.9	97.1
清洁用具	98.5	101.6	99.4	95.2	96.7	98.1
清洁用纸	102.0	110.2	109.7	106.1	104.1	105.3
(2)厨具餐具茶具	99.1	102.4	101.1	101.8	99.3	98.7
厨具	99.4	102.0	99.8	102.2	98.6	98.7
餐具	99.2	104.9	105.5	102.6	99.8	98.8
茶具	98.1	98.0	96.1	98.8	100.0	98.9
(3)其他家庭日用杂品	98.7	99.5	99.8	100.2	98.2	99.1
配电附件	99.5	99.1	101.4	102.5	98.2	100.5
雨具	99.3	100.8	98.9	99.3	98.4	97.8
其他日用杂品	97.6	99.7	98.1	97.6	98.0	97.7
5.个人护理用品	100.8	105.9	105.1	101.1	101.4	100.7
(1)化妆品	100.8	107.1	106.0	100.6	102.2	101.0
清洁化妆品	103.0	108.0	105.8	104.9	105.0	100.3
护肤化妆品	99.9	108.5	107.3	98.1	101.7	101.1
彩妆化妆品	101.8	102.4	103.1	104.6	101.0	101.3
化妆器具	100.6	104.2	100.9	99.9	100.9	100.7
(2)其他护理用品类	100.7	104.2	103.8	101.9	100.2	100.3
清洁类护理用品	100.1	105.6	103.2	101.6	98.9	99.3
护发美发用品	100.4	99.6	101.4	100.9	100.3	99.5
护理器具	103.5	106.8	109.6	104.6	104.9	105.0
其他护理用品	97.9	99.0	100.7	98.1	96.2	96.7
6.家庭服务	101.4	100.9	101.0	101.5	101.4	101.4
家政服务	101.4	100.4	100.7	100.8	100.7	101.0

6月	7月	8月	9月	10月	11月	12月
100.7	98.6	98.1	99.2	97.5	100.2	101.0
105.3	103.6	100.7	100.6	100.9	100.4	96.0
95.4	94.6	96.1	97.7	98.3	99.0	103.5
98.8	98.7	98.9	98.8	99.4	98.7	98.9
96.9	96.1	95.7	96.0	96.9	99.0	99.3
96.4	96.6	96.6	96.7	98.0	98.8	98.2
97.8	95.2	94.1	94.7	94.8	99.4	101.3
99.3	99.5	98.3	99.0	98.9	99.0	99.1
99.4	99.6	98.7	99.2	99.1	99.2	99.3
99.9	100.3	98.7	99.2	99.3	99.4	99.5
99.0	99.2	98.8	99.3	99.0	99.1	99.4
99.0	98.9	98.3	98.6	98.5	98.9	98.6
99.7	99.7	99.5	99.7	99.0	99.4	99.3
99.7	99.7	99.5	99.7	99.0	99.4	99.3
97.8	97.3	93.7	97.0	97.4	97.2	97.1
97.8	97.3	93.7	97.0	97.4	97.2	97.1
98.3	98.5	98.1	99.0	97.3	98.6	99.4
99.5	99.3	98.5	98.9	96.5	97.2	101.6
96.7	97.3	96.2	97.9	97.1	101.5	106.7
96.8	96.5	96.0	99.5	98.4	100.4	103.0
103.7	102.5	102.0	100.1	95.4	91.6	95.1
96.4	97.7	97.2	98.9	98.2	101.0	96.9
95.9	99.1	98.6	100.0	99.0	101.4	97.2
95.4	94.8	95.2	98.3	98.8	101.1	96.2
99.9	99.9	97.6	96.9	94.4	99.3	97.9
98.6	97.8	98.8	99.5	98.0	98.0	96.8
100.1	98.4	100.9	100.4	98.3	97.8	96.0
95.7	97.8	97.2	97.3	98.4	102.3	108.2
97.5	97.1	96.6	98.9	97.6	97.2	94.6
100.3	101.4	100.0	99.3	98.7	97.7	98.3
100.3	101.8	100.1	99.0	98.6	96.5	97.7
102.9	103.6	102.0	101.0	100.3	101.8	100.7
99.4	101.4	99.1	97.2	97.4	93.7	95.4
100.9	101.4	101.6	102.1	100.8	99.9	102.0
99.3	101.4	100.1	102.4	98.8	99.4	99.2
100.2	100.8	99.8	99.8	98.8	99.5	99.2
99.2	100.2	98.7	99.0	98.5	97.9	99.0
101.8	101.1	100.8	99.6	99.0	100.0	100.9
102.0	102.6	102.3	102.6	99.9	104.8	98.2
97.4	98.6	96.6	99.1	97.6	97.2	96.9
101.3	101.2	101.0	101.6	101.6	101.9	102.1
100.9	101.3	101.2	102.1	102.1	102.7	102.8

4－5 续表 5

（上年同月＝100）

类 别	年平均	1 月	2 月	3 月	4 月	5 月
母婴护理服务	99.8	100.6	100.4	100.5	100.4	99.6
家庭维修服务	103.2	102.5	102.6	104.4	104.2	104.0
其他家庭服务	101.2	100.8	100.6	101.1	101.1	101.2
五、交通通信	97.6	101.6	99.9	97.9	96.7	96.1
1. 交通	97.0	102.2	99.9	97.4	95.8	95.0
（1）交通工具	96.4	98.2	98.7	97.8	97.1	96.7
燃油小汽车	95.9	97.9	98.5	97.5	96.9	96.1
新能源小汽车	94.6	98.4	98.7	96.7	94.9	95.0
电动自行车	98.0	99.0	99.0	98.9	98.1	98.1
自行车	100.1	100.6	100.5	100.2	100.1	99.9
其他交通工具	98.6	98.7	98.8	98.5	98.1	98.3
（2）交通工具用燃料	94.5	105.6	100.4	93.4	89.5	88.7
汽油	94.4	105.6	100.4	93.3	89.4	88.6
柴油	94.0	106.1	100.5	93.0	88.7	87.8
其他车用能源	100.3	101.6	101.3	100.9	100.6	99.9
（3）交通工具使用和维修	100.7	101.9	101.0	100.5	100.5	100.6
停车费	100.2	100.0	100.0	100.0	100.2	100.2
车辆使用费	99.5	100.0	100.0	98.2	98.2	98.2
交通工具零配件	99.5	100.0	100.0	99.7	99.7	99.5
车辆修理与保养	101.3	103.0	101.5	101.5	101.6	101.7
（4）交通费	103.3	110.9	102.5	105.7	106.4	102.7
市内公共交通	100.0	100.0	100.0	100.0	100.0	100.0
出租汽车	102.0	104.9	104.9	102.7	102.3	102.6
飞机票	114.3	168.7	111.1	138.9	135.2	110.9
火车票	100.3	100.1	100.1	100.1	100.1	100.1
长途汽车	104.2	110.5	102.2	102.5	106.6	103.5
网约车	103.2	100.6	102.2	102.2	103.7	103.3
交通工具租赁费	100.8	99.6	98.3	99.4	100.0	99.9
其他交通费	100.5	99.8	101.1	100.8	100.8	100.8
2. 通信	99.6	99.6	99.8	99.7	99.7	99.8
（1）通信工具	98.4	99.6	99.3	98.9	98.7	98.9
电话机	98.5	99.8	99.3	98.9	98.9	99.0
其他通信工具及零配件	96.9	96.9	98.0	97.8	95.9	97.0
（2）通信服务	100.2	99.7	100.1	100.1	100.2	100.3
电话费	100.0	99.9	99.9	99.9	100.0	100.1
家庭宽带服务	101.0	98.5	101.4	101.5	101.2	101.2
其他通信服务	100.4	99.9	99.9	99.9	99.8	100.3
（3）邮递服务	100.2	98.5	100.1	100.5	100.4	100.3
邮递服务	100.2	98.5	100.1	100.5	100.4	100.3
六、教育文化娱乐	101.2	101.6	100.6	101.1	101.6	101.5
1. 教育	101.0	100.8	100.6	100.7	100.8	100.8
（1）教育用品	101.9	102.9	102.9	102.4	102.2	102.3

6月	7月	8月	9月	10月	11月	12月
99.7	99.5	99.2	99.2	99.2	99.4	99.4
103.7	103.0	102.6	102.7	102.7	102.6	103.6
101.2	100.8	100.7	101.7	101.7	101.9	101.7
93.8	95.3	97.8	98.4	98.8	97.4	97.7
91.9	94.0	97.2	98.2	98.7	96.8	97.1
96.2	95.9	96.1	95.7	95.2	95.2	94.5
95.8	95.4	95.6	95.1	94.3	94.1	93.1
94.1	93.5	93.1	93.5	92.7	92.8	92.1
97.5	97.2	97.4	97.6	97.8	97.8	98.0
99.8	99.9	99.9	99.9	99.9	100.1	100.1
98.1	98.6	98.5	98.2	98.4	99.0	99.6
82.1	86.5	95.3	98.8	101.8	97.0	98.4
81.9	86.4	95.3	98.8	101.8	96.9	98.4
80.8	85.5	95.1	98.7	102.0	96.7	98.3
99.8	99.8	99.8	99.9	99.9	100.0	100.0
100.9	100.9	100.9	100.5	100.6	100.2	99.9
100.2	100.2	100.3	100.3	100.3	100.3	100.3
100.0	100.0	100.0	100.0	100.0	100.0	100.0
99.3	99.2	99.3	99.4	99.6	99.3	99.5
101.5	101.5	101.5	100.8	101.0	100.4	99.8
98.6	103.5	104.0	103.9	101.7	99.5	101.3
100.0	100.0	100.0	100.0	100.0	100.0	100.0
102.6	100.7	101.0	100.7	100.7	100.7	100.7
87.6	114.0	117.1	110.8	106.5	92.7	103.0
100.1	100.1	100.2	100.7	100.4	100.4	100.4
103.6	103.6	104.0	111.0	100.7	100.7	101.8
103.0	103.5	103.1	104.7	103.7	103.6	104.6
102.4	100.8	101.0	100.7	102.3	103.3	102.5
100.8	100.5	100.4	100.6	100.6	100.5	99.7
100.0	99.6	99.5	99.3	99.0	99.2	99.6
99.5	98.4	98.2	97.5	96.8	97.1	98.3
99.6	98.6	98.3	97.6	96.7	97.2	98.5
98.5	95.7	96.4	96.2	98.2	96.4	95.3
100.2	100.3	100.3	100.3	100.3	100.3	100.3
100.1	100.1	100.1	100.1	100.1	100.1	100.1
101.2	101.2	101.2	101.2	101.2	101.2	101.3
100.3	100.7	100.8	100.8	100.8	100.8	100.8
100.3	100.3	100.4	100.4	100.4	100.4	100.3
100.3	100.3	100.4	100.4	100.4	100.4	100.3
101.1	101.5	101.3	101.4	101.2	101.0	101.0
100.9	101.0	101.0	101.4	101.1	101.2	101.2
102.4	102.1	102.2	100.7	100.7	100.8	101.0

4－5 续表6

（上年同月＝100）

类　别	年平均	1月	2月	3月	4月	5月
工具书	100.3	100.3	100.2	100.2	100.2	100.2
教材	101.1	101.4	102.1	101.3	101.3	101.3
参考资料	103.9	105.2	105.1	104.4	104.4	104.6
其他教育用品	96.1	99.4	99.2	98.9	96.7	96.5
（2）教育服务	100.9	100.7	100.5	100.6	100.7	100.7
幼儿早期教育	100.6	100.4	100.2	101.2	101.1	101.4
学前教育	101.3	101.4	101.5	101.4	101.4	101.4
小学初中教育	102.1	102.5	102.3	102.2	102.2	102.2
高中中职教育	103.8	100.5	100.5	100.5	100.5	100.5
高等教育	100.1	100.0	100.0	100.0	100.0	100.0
课外教育	101.2	101.3	101.0	101.0	101.0	101.0
专业技能培训	97.1	97.3	95.8	96.3	97.5	97.4
其他教育服务	100.6	100.1	100.1	99.9	100.3	100.7
2.文化娱乐	101.8	103.0	100.6	102.1	103.2	102.9
（1）文娱耐用消费品	97.3	99.5	98.7	98.5	98.2	98.4
电视机	95.4	94.0	94.4	94.6	94.3	94.2
照相机	101.2	98.7	97.4	98.5	99.5	103.9
台式计算机	97.6	100.0	100.9	101.5	99.0	97.6
笔记本电脑	97.0	95.4	95.6	96.6	97.0	96.8
平板电脑	100.4	117.1	110.6	107.6	105.4	107.4
乐器	100.8	100.1	100.1	100.3	100.6	101.6
音响	97.9	99.3	98.5	98.0	97.4	96.9
可穿戴智能设备	99.5	97.9	97.8	97.6	99.0	101.0
其他文娱耐用消费品	93.7	97.3	95.9	95.8	97.2	95.2
（2）其他文娱用品	99.7	100.6	100.6	100.2	99.7	99.6
书报杂志及音像制品	100.8	100.9	100.9	100.8	100.8	100.8
纸张文具	99.5	99.9	100.1	100.3	100.4	99.6
体育户外用品	102.8	103.3	102.5	102.0	100.4	100.2
游戏用品和玩具	98.5	100.9	101.3	100.0	99.2	99.5
园艺花卉及用品	97.7	98.6	98.3	97.7	97.1	97.3
宠物及用品	99.6	100.4	100.0	100.4	99.9	99.7
其他文化娱乐用品	99.1	98.6	99.3	99.3	99.0	99.4
（3）文化娱乐服务	101.7	104.1	100.8	101.9	102.0	103.1
电影及演出票	104.8	117.3	98.1	103.5	104.7	106.0
景点门票	100.0	100.3	99.2	100.8	100.8	105.7
电视服务	100.0	100.4	100.4	100.4	99.9	99.9
健身活动	101.2	100.2	99.9	99.8	99.8	100.7
宠物服务	100.7	101.5	101.0	101.0	101.1	101.1
网络文娱服务	105.0	109.8	105.5	105.1	106.2	103.1
儿童娱乐项目	104.1	109.5	106.2	107.1	107.1	106.8
其他文娱服务	103.9	104.3	104.0	104.1	104.0	103.8
（4）旅游	109.4	108.5	102.7	108.7	113.8	111.4

6月	7月	8月	9月	10月	11月	12月
100.3	100.3	100.3	100.5	100.4	100.6	100.7
101.5	101.5	101.5	100.2	100.0	100.1	100.8
104.7	104.6	104.8	102.2	102.2	102.2	102.4
96.3	94.4	94.5	94.2	94.2	94.7	94.4
100.9	100.9	101.0	101.4	101.1	101.2	101.2
102.2	101.4	100.9	99.6	99.8	99.8	99.8
101.3	101.3	102.0	100.9	100.9	100.9	100.9
102.2	102.2	102.2	101.8	101.8	101.8	101.8
100.5	100.5	100.5	110.2	110.2	110.2	110.2
100.0	100.0	100.0	100.3	100.3	100.3	100.3
101.2	101.7	101.7	101.6	100.9	101.2	101.2
97.8	96.8	96.2	97.9	97.4	97.2	97.1
100.9	100.9	100.9	100.8	100.6	100.8	100.8
101.5	102.7	101.9	101.4	101.3	100.6	100.5
97.9	97.1	96.3	95.7	95.5	96.0	95.9
95.6	95.8	96.3	96.6	96.3	96.5	96.5
100.8	103.6	103.5	102.7	103.8	103.2	98.9
97.1	96.4	96.0	95.4	95.1	95.9	96.1
97.6	94.6	99.4	96.4	97.2	98.8	98.3
101.8	99.6	93.4	92.4	90.6	90.5	93.8
101.8	101.5	100.1	100.7	101.2	100.6	101.4
96.5	98.4	98.0	98.3	98.2	98.4	97.1
101.4	103.2	99.0	98.7	98.3	100.0	100.9
94.7	94.0	91.2	91.0	91.0	92.9	88.4
99.3	99.7	99.6	99.8	99.2	99.1	99.2
100.8	101.0	101.0	101.0	100.6	100.6	100.6
99.4	99.3	99.1	99.4	99.2	99.0	98.3
102.5	102.1	103.4	105.1	103.2	105.9	102.7
97.4	98.7	98.3	98.1	96.7	95.4	97.2
97.1	97.9	97.3	97.5	97.6	97.9	98.5
99.3	98.9	98.9	99.1	99.3	99.2	99.6
99.5	99.8	99.2	98.9	99.1	99.2	98.6
101.2	101.7	100.7	101.5	101.6	101.0	100.7
102.8	107.6	106.8	103.0	103.1	102.9	102.5
100.1	99.2	97.9	99.6	101.7	97.6	97.7
99.9	99.9	99.8	99.8	99.8	99.8	99.7
101.3	101.3	101.3	102.2	103.4	102.0	102.1
101.1	100.0	100.0	100.0	100.4	100.3	100.5
99.6	102.2	101.9	109.1	102.7	109.3	105.9
106.8	106.5	99.6	100.3	100.5	100.5	100.0
103.8	103.8	103.8	103.4	104.0	104.0	104.0
108.1	113.0	112.1	109.7	110.2	107.4	106.9

4－5 续表7

（上年同月＝100）

类　别	年平均	1月	2月	3月	4月	5月
旅行社收费	110.5	109.6	103.1	109.8	115.3	112.8
其他旅游	100.6	99.8	100.2	100.4	102.3	100.2
七、医疗保健	100.8	100.7	100.6	100.9	100.8	100.8
1.药品及医疗器具	101.1	101.7	101.6	101.6	101.0	101.0
（1）中药	105.8	105.0	104.5	104.1	103.1	104.4
中药材	110.2	105.0	106.1	104.7	103.8	106.1
中成药	104.4	104.9	103.9	103.9	102.9	103.9
（2）西药	100.7	102.0	102.0	101.6	101.4	100.8
抗微生物药	102.8	107.8	107.0	105.3	104.4	104.6
消化系统用药	99.8	100.4	100.5	100.5	99.9	99.3
呼吸系统用药	101.2	101.7	102.9	101.6	100.8	100.8
解热镇痛药	101.5	103.1	102.5	102.2	102.8	102.3
抗肿瘤药	98.8	99.5	99.2	99.7	98.8	99.1
激素及影响内分泌药	108.6	110.6	110.1	110.0	111.2	109.9
心血管系统用药	100.1	100.3	99.8	99.4	100.0	100.0
血液系统用药	96.0	96.9	97.3	96.9	96.7	95.0
治疗精神障碍药	100.1	102.0	101.7	100.9	100.9	99.8
神经系统用药	99.4	101.5	100.9	100.4	100.4	99.3
泌尿系统用药	104.5	100.8	101.6	101.3	104.1	104.3
维生素、矿物质类药	100.1	100.9	101.0	102.6	100.9	98.1
调节水、电解质及酸碱平衡药	102.6	107.3	109.3	109.1	107.5	103.9
其他西药	101.0	99.9	100.4	100.9	101.9	101.7
（3）滋补保健品	97.8	100.5	100.3	100.4	98.4	98.5
滋补保健品	97.8	100.5	100.3	100.4	98.4	98.5
（4）医疗卫生器具	97.3	94.7	95.3	97.1	98.1	98.0
医疗卫生器具	97.3	94.7	95.3	97.1	98.1	98.0
（5）保健器具	100.4	101.5	101.7	101.5	100.2	99.8
保健器具	100.4	101.5	101.7	101.5	100.2	99.8
2.医疗服务	100.6	100.1	100.1	100.5	100.7	100.7
（1）综合医疗类	101.0	100.0	100.0	100.4	100.9	101.1
一般医疗服务	100.5	99.9	99.9	100.1	100.3	100.3
一般治疗操作	102.6	100.0	100.0	101.9	103.0	103.3
护理	98.0	100.0	100.0	97.4	97.5	97.6
其他综合医疗服务	100.0	100.0	100.0	100.0	100.0	100.0
（2）诊断类	100.4	100.1	100.1	100.5	100.5	100.5
病理学诊断	100.5	100.0	100.0	100.0	100.7	100.7
实验室诊断	100.6	100.3	100.3	100.9	100.8	100.8
影像学诊断	100.1	100.0	100.0	100.2	100.1	100.1
临床诊断	100.2	100.0	100.0	100.1	100.3	100.3
（3）治疗类	100.3	100.1	100.1	100.2	100.4	100.3
临床手术治疗	100.4	100.0	100.0	100.2	100.5	100.5
临床非手术治疗	100.1	100.1	100.1	100.1	100.1	100.1

6月	7月	8月	9月	10月	11月	12月
109.1	114.6	113.5	110.8	111.3	108.2	107.6
100.0	100.3	100.4	100.5	100.8	100.9	100.9
100.8	100.8	100.7	100.7	100.7	100.8	100.9
101.0	101.2	100.8	100.8	100.7	100.9	101.2
105.3	106.1	106.4	107.1	107.1	108.0	108.2
107.3	109.4	112.3	115.8	115.7	117.9	117.5
104.7	105.0	104.5	104.3	104.3	104.8	105.2
100.3	100.5	100.2	99.9	99.7	99.9	100.1
101.9	102.8	101.3	99.8	99.7	99.6	99.5
99.2	99.5	99.5	99.2	99.6	99.7	99.9
100.5	101.1	101.3	100.7	100.9	101.1	101.3
100.4	101.1	100.7	100.6	100.6	100.9	100.3
98.2	98.6	98.3	98.5	98.5	98.9	98.4
109.9	109.0	109.0	109.0	104.7	105.1	105.2
100.3	100.3	100.1	99.8	99.8	100.3	100.5
95.7	95.4	95.4	95.3	95.4	95.2	96.8
99.8	99.5	99.5	99.4	99.3	99.4	99.2
98.4	98.6	98.4	98.5	98.6	99.2	98.9
104.8	106.5	106.2	106.1	106.1	106.8	105.9
98.4	98.5	100.0	100.1	100.2	99.9	100.9
101.1	100.4	99.7	99.8	97.9	98.2	98.7
102.1	101.6	100.4	100.3	99.9	101.3	101.1
98.7	98.0	96.2	95.8	96.0	94.6	96.0
98.7	98.0	96.2	95.8	96.0	94.6	96.0
97.7	98.1	97.1	97.4	97.9	98.2	98.0
97.7	98.1	97.1	97.4	97.9	98.2	98.0
100.0	100.2	100.1	100.0	100.0	100.1	100.2
100.0	100.2	100.1	100.0	100.0	100.1	100.2
100.7	100.7	100.7	100.7	100.7	100.7	100.7
101.3	101.3	101.3	101.3	101.3	101.3	101.3
100.8	100.8	100.9	100.9	100.9	100.9	100.9
103.3	103.3	103.3	103.3	103.3	103.3	103.3
97.6	97.6	97.6	97.6	97.6	97.6	97.6
100.0	100.0	100.0	100.0	100.0	100.0	100.0
100.4	100.4	100.4	100.4	100.4	100.4	100.4
100.7	100.7	100.7	100.7	100.7	100.7	100.7
100.7	100.7	100.7	100.7	100.7	100.7	100.7
100.1	100.2	100.2	100.2	100.2	100.2	100.2
100.3	100.3	100.3	100.3	100.3	100.3	100.3
100.3	100.3	100.3	100.3	100.3	100.3	100.3
100.4	100.4	100.4	100.4	100.4	100.4	100.4
100.1	100.1	100.0	100.0	100.0	100.0	100.0

4－5 续表8

（上年同月＝100）

类　别	年平均	1月	2月	3月	4月	5月
（4）康复类	100.4	100.4	100.4	100.5	100.2	100.4
康复医疗	100.4	100.4	100.4	100.5	100.2	100.4
（5）中医医疗服务类	101.8	100.8	100.7	102.2	102.3	102.4
中医治疗	101.8	100.8	100.7	102.2	102.3	102.4
（6）其他医疗保健服务	100.9	99.8	99.9	101.1	101.1	101.1
其他医疗保健服务	100.9	99.8	99.9	101.1	101.1	101.1
八、其他用品及服务	103.1	103.0	102.6	102.1	104.0	102.6
1.其他用品	104.9	105.9	104.3	103.1	104.5	103.5
（1）首饰手表	109.1	107.8	105.4	103.8	107.7	108.5
金饰品	112.8	110.2	107.9	105.5	109.5	110.9
银饰品	102.6	98.3	101.6	102.2	102.3	102.5
铂金饰品	104.2	111.0	100.7	99.9	111.7	111.3
手表	99.8	100.1	99.6	99.7	100.3	99.5
（2）母婴用品	99.8	108.2	107.9	105.9	100.5	96.0
母婴洗护喂养用品	99.9	108.0	110.2	108.9	101.6	96.5
其他母婴用品	99.6	108.7	102.7	99.2	98.0	94.8
（3）其他杂项用品	100.2	100.7	99.7	99.9	100.9	99.0
箱包	99.9	100.9	99.5	99.8	101.4	98.8
眼镜	100.7	100.2	100.3	100.0	99.8	99.6
2.其他服务	101.3	100.2	100.9	101.1	103.5	101.7
（1）在外住宿	104.4	101.2	100.6	101.8	120.5	105.9
宾馆住宿	104.8	99.6	100.2	102.1	119.2	104.8
其他住宿	103.7	104.9	101.5	101.2	123.4	108.3
（2）美容美发洗浴	100.5	98.0	100.2	100.5	100.5	100.7
美容	99.5	98.4	98.8	99.7	99.4	99.7
美发	101.2	98.0	101.4	101.2	101.4	101.4
洗浴	100.4	97.6	99.8	100.1	100.4	100.5
（3）养老服务	100.9	101.3	101.2	101.1	101.0	101.0
养老服务	100.9	101.3	101.2	101.1	101.0	101.0
（4）金融及保险服务	101.4	101.7	101.7	101.7	101.7	101.7
金融服务	100.0	100.0	100.0	100.0	100.0	100.0
车辆保险	99.5	100.1	100.1	100.1	100.2	100.2
旅行保险	101.5	101.4	101.4	101.4	101.4	101.4
其他保险	106.5	106.5	106.5	106.5	106.5	106.5
（5）中介法律及其他服务	100.0	100.3	100.0	100.0	100.0	100.0
中介服务	100.1	100.8	100.1	100.1	99.9	100.0
法律服务	100.0	100.0	100.0	100.0	100.0	100.0
其他杂项服务	100.0	100.0	100.0	100.0	100.0	100.0

6月	7月	8月	9月	10月	11月	12月
100.4	100.4	100.4	100.4	100.4	100.4	100.4
100.4	100.4	100.4	100.4	100.4	100.4	100.4
102.0	102.0	101.9	101.9	101.9	101.9	101.9
102.0	102.0	101.9	101.9	101.9	101.9	101.9
101.1	101.1	101.1	101.1	101.1	101.2	101.2
101.1	101.1	101.1	101.1	101.1	101.2	101.2
102.1	103.9	103.4	103.9	103.6	103.1	103.0
103.0	106.5	105.6	106.6	105.6	105.1	105.2
108.3	112.4	111.4	113.4	111.7	109.5	110.0
111.4	117.2	116.0	119.0	116.7	114.7	114.9
103.1	103.7	103.9	102.2	108.3	101.8	101.4
106.0	108.8	105.2	105.4	99.8	94.6	97.6
99.3	99.3	99.7	99.7	100.6	99.8	100.3
92.9	98.4	97.0	98.2	97.2	98.6	98.4
91.5	98.3	96.6	97.2	95.6	98.6	97.9
96.3	98.6	98.0	100.4	101.2	98.5	99.6
100.0	100.8	100.5	99.5	99.7	101.0	100.2
99.3	100.4	100.2	98.8	99.2	101.0	99.9
101.5	101.7	101.2	100.9	100.8	101.0	101.0
101.2	101.3	101.2	101.3	101.7	101.1	100.8
102.3	103.0	103.8	104.3	106.6	102.1	101.1
102.7	104.3	105.5	105.6	107.8	103.2	102.3
101.6	100.2	100.0	101.3	103.8	99.5	98.5
100.6	100.8	100.9	100.6	101.2	101.3	100.9
99.5	99.8	99.9	99.3	100.1	99.9	99.4
101.5	101.8	101.9	101.4	101.8	101.9	101.3
100.3	100.2	100.2	100.5	101.3	101.7	101.7
101.0	101.0	100.9	100.8	100.8	100.5	100.5
101.0	101.0	100.9	100.8	100.8	100.5	100.5
101.6	101.6	100.9	101.3	101.0	101.0	100.9
100.0	100.0	100.0	100.0	100.0	100.0	100.0
100.0	99.9	98.9	98.8	98.8	98.8	98.7
100.0	100.0	102.2	102.2	102.2	102.2	102.3
106.5	107.0	105.6	107.8	106.3	106.2	106.2
100.0	100.0	100.0	100.0	100.0	100.0	100.0
100.0	100.0	100.0	100.0	99.9	99.9	99.9
100.0	100.0	100.0	100.0	100.0	100.0	100.0
100.0	100.0	100.0	100.0	100.0	100.0	100.0

4－6　农村居民消费价格

（上年同月＝100）

类　　别	年平均	1月	2月	3月	4月	5月
总指数	**100.2**	**101.4**	**101.0**	**100.7**	**100.2**	**100.2**
一、食品烟酒	100.0	102.8	102.1	102.2	100.3	101.2
1.食品	99.4	103.5	102.6	102.7	100.0	100.9
(1)粮食	101.4	105.1	104.9	102.3	101.0	99.6
大米	100.8	100.6	99.7	99.9	99.5	98.8
面粉	100.6	105.9	105.8	100.9	98.8	96.2
其他粮食	99.1	99.3	99.2	98.9	98.8	98.6
粮食制品	102.6	108.3	108.5	105.0	103.4	102.0
(2)薯类	109.3	122.5	128.1	122.3	109.1	110.5
薯类	109.3	122.5	128.1	122.3	109.1	110.5
(3)豆类	102.3	105.9	105.5	103.8	102.5	101.5
干豆	97.3	100.9	100.3	98.8	97.9	96.6
豆制品	102.6	106.3	105.8	104.1	102.9	101.9
(4)食用油	100.4	107.2	106.3	104.4	104.0	102.3
食用植物油	100.4	107.3	106.4	104.5	104.0	102.3
食用动物油	94.2	104.7	99.9	98.0	100.9	101.4
(5)菜及食用菌	95.5	88.6	89.8	84.9	78.0	94.6
鲜菜	94.4	86.2	87.8	82.4	75.1	93.1
鲜菌	103.7	122.9	114.1	119.3	105.9	109.0
干菜干菌及制品	103.1	103.7	103.6	103.5	103.5	103.2
(6)畜肉类	89.0	102.3	99.3	106.3	101.9	96.6
猪肉	82.8	104.2	100.5	113.9	104.3	93.7
牛肉	93.2	98.3	95.0	96.4	96.4	96.3
羊肉	94.2	93.7	92.3	94.2	94.4	96.4
其他畜肉及副产品	99.3	111.4	106.2	104.1	104.7	103.8
畜肉制品	100.0	102.1	101.2	102.6	103.1	103.0
(7)禽肉类	102.8	107.4	105.7	106.5	106.4	106.1
鸡	101.9	109.2	106.6	107.6	106.9	105.9
鸭	103.9	103.2	103.5	104.6	106.5	110.2
其他禽肉及制品	105.1	103.6	103.8	104.2	104.8	105.8
(8)水产品	100.3	103.0	100.9	101.0	99.0	99.2
淡水鱼	96.3	96.9	93.7	94.4	91.6	93.2
海水鱼	100.2	98.6	95.9	96.5	97.9	99.9
虾蟹类	98.4	111.8	109.6	109.7	105.8	101.4
其他水产品及制品	107.3	111.3	111.3	109.7	109.0	107.8
(9)蛋类	99.7	112.6	110.5	112.8	102.1	96.6
鸡蛋	99.0	112.8	110.5	113.1	101.3	95.5
其他蛋及制品	106.2	110.2	110.4	110.7	109.9	107.9
(10)奶类	100.1	101.1	100.6	100.4	100.2	99.8
鲜奶	99.7	101.1	100.0	99.4	99.4	99.1
酸奶	99.1	100.9	100.7	101.1	100.0	99.9
奶粉	100.9	100.7	100.5	100.5	100.6	99.9

分月同比指数(2023 年)

6 月	7 月	8 月	9 月	10 月	11 月	12 月
100.4	**99.7**	**100.1**	**100.1**	**99.5**	**99.3**	**100.0**
102.6	99.1	99.5	98.8	96.8	96.3	98.2
102.9	98.1	98.7	97.8	95.1	94.4	97.0
99.7	100.3	100.5	101.3	101.3	100.6	100.6
99.3	101.0	101.4	102.9	103.1	102.1	101.6
98.6	99.5	100.5	101.6	100.8	99.7	100.1
99.3	99.1	98.4	99.2	99.4	99.1	99.4
100.6	100.7	100.4	100.6	100.9	100.6	100.6
115.8	115.2	115.7	109.0	96.5	87.7	81.6
115.8	115.2	115.7	109.0	96.5	87.7	81.6
101.3	101.2	101.4	102.2	101.6	100.6	99.9
96.9	96.7	96.6	96.8	95.9	95.2	95.3
101.6	101.5	101.7	102.5	102.0	101.0	100.2
100.4	99.6	98.5	96.5	95.5	95.3	95.5
100.4	99.7	98.5	96.5	95.6	95.5	95.7
100.6	94.3	92.3	92.5	90.3	81.0	80.3
118.6	104.0	98.8	96.5	96.5	101.9	110.2
120.8	104.2	98.6	96.3	96.3	101.7	112.2
111.0	101.6	94.6	89.1	89.1	105.2	91.9
103.3	103.5	103.2	102.9	102.7	102.5	102.1
92.5	79.1	85.6	84.7	76.4	74.5	82.0
88.1	68.3	79.2	77.6	65.6	62.5	73.1
92.5	88.6	88.2	91.1	91.7	91.3	92.2
95.6	94.6	95.0	94.1	93.4	92.1	95.1
102.4	95.4	98.2	96.4	92.6	91.2	88.7
100.7	98.8	98.7	98.3	97.2	97.0	97.4
105.6	100.4	99.7	98.7	98.7	99.2	100.5
105.2	98.9	98.0	96.3	95.6	96.3	98.2
108.9	98.4	97.5	100.7	105.5	107.2	102.7
105.8	105.2	105.1	105.1	105.7	105.3	106.4
99.7	100.1	99.2	99.6	100.6	100.7	101.3
95.8	97.1	96.9	96.9	99.4	99.1	100.7
102.4	104.5	100.1	100.1	101.0	101.6	103.7
93.1	93.5	91.8	93.5	91.1	89.1	89.1
107.1	105.7	104.6	105.4	105.1	106.0	105.3
99.5	96.1	103.8	101.7	91.2	86.4	89.2
98.8	95.1	103.7	101.6	90.0	85.0	88.0
106.6	105.5	105.2	103.4	103.4	101.6	101.3
99.9	99.9	99.7	100.0	99.9	100.1	100.2
99.5	99.7	99.9	99.5	99.4	99.9	99.8
99.7	98.7	97.0	98.0	97.8	97.9	98.1
100.1	100.5	100.8	101.6	101.6	101.7	101.9

4－6 续表1

（上年同月＝100）

类　　别	年平均	1月	2月	3月	4月	5月
其他奶制品	101.5	102.8	103.3	103.4	103.1	102.3
(11)干鲜瓜果类	109.1	110.6	108.3	110.8	111.4	112.4
鲜果	109.3	111.4	108.3	111.1	111.5	112.6
坚果	110.5	107.6	108.9	110.7	113.3	113.5
瓜果制品	101.8	103.3	104.8	104.0	102.2	102.6
(12)糖果糕点类	100.7	100.7	100.5	100.0	100.2	100.7
食糖	104.8	102.6	99.8	100.7	101.0	102.4
糖果	100.5	99.8	99.5	99.4	99.9	100.6
糕点	99.9	100.6	100.9	99.9	100.2	100.5
其他糖果糕点	100.8	100.0	100.4	100.7	100.4	99.6
(13)调味品	102.3	104.8	103.2	102.9	103.3	102.8
食用盐	100.2	101.8	100.8	100.4	100.4	100.1
酱油	103.0	106.1	104.3	103.2	103.7	102.8
食醋	102.3	104.1	103.9	103.3	103.7	103.6
增味剂	103.6	105.7	104.3	105.7	105.6	104.8
其他调味品	101.6	104.6	102.1	101.5	102.2	102.1
(14)其他食品类	101.8	104.4	103.9	103.1	102.0	101.8
方便食品	102.0	105.9	105.5	103.8	102.2	101.9
淀粉及制品	100.7	101.5	100.8	101.1	100.7	100.7
其他食品	103.4	104.6	104.7	104.3	103.8	103.2
2.茶及饮料	100.3	101.4	101.2	100.5	100.3	100.4
茶叶	101.2	101.3	101.3	100.6	100.0	100.5
固体咖啡	104.1	104.2	105.8	105.0	105.1	105.4
其他固体饮料	101.3	102.3	102.1	101.5	101.5	101.4
饮用水	98.2	100.3	100.3	99.8	98.2	98.8
果汁饮料	100.1	101.4	100.8	100.5	100.1	99.6
其他液体饮料	100.3	101.6	101.2	100.5	100.5	100.6
3.烟酒	101.5	100.3	100.6	100.8	101.0	102.0
(1)卷烟	101.9	100.4	100.8	101.1	101.1	102.2
卷烟	101.9	100.4	100.8	101.1	101.1	102.2
(2)酒类	100.9	100.1	100.3	100.2	100.7	101.5
白酒	100.6	101.1	100.9	100.8	101.2	102.1
葡萄酒	100.8	100.4	100.4	100.7	100.1	99.3
啤酒	102.2	96.6	98.0	97.7	98.6	99.8
其他酒类	100.6	100.1	101.7	102.2	102.1	100.5
4.在外餐饮	101.3	101.8	101.2	101.8	101.7	101.8
餐馆餐饮	101.8	102.0	101.6	102.3	102.3	102.6
饮品店餐饮	99.2	97.0	97.0	98.4	99.9	100.0
外卖	101.4	101.2	100.3	102.1	101.4	100.2
其他在外餐饮	100.1	102.4	101.3	100.8	100.4	100.4
二、衣着	100.0	99.4	99.4	99.5	99.9	99.6
1.服装	100.0	99.2	99.3	99.4	99.9	99.7

6月	7月	8月	9月	10月	11月	12月
101.0	101.2	100.6	100.4	100.7	99.3	99.7
114.1	111.5	107.2	105.1	108.3	105.6	104.3
115.1	111.8	106.5	104.2	108.3	105.5	104.4
111.9	112.2	112.1	111.9	110.8	107.9	105.5
102.3	102.2	102.7	100.4	99.8	99.6	98.6
100.8	101.2	100.7	100.7	100.7	100.7	101.0
104.6	105.7	106.2	107.2	108.6	108.5	109.5
100.6	100.3	100.4	101.3	101.3	101.2	101.4
100.3	100.6	99.7	99.4	98.9	99.0	99.3
100.1	101.0	101.5	100.5	102.6	101.5	101.2
102.7	102.4	101.3	100.8	101.2	100.9	101.0
100.1	99.9	99.3	99.9	100.1	100.0	100.0
102.7	102.5	102.3	102.1	101.9	102.0	102.0
103.8	103.3	100.8	100.9	100.6	99.9	99.7
104.5	104.0	102.8	100.3	102.9	101.2	101.5
101.9	101.7	100.5	100.3	100.5	100.6	100.8
101.0	100.8	100.9	101.2	101.2	101.0	101.1
100.6	100.6	100.5	101.0	101.3	100.7	100.4
100.4	100.4	100.2	100.2	100.2	100.9	101.8
103.7	102.5	103.5	103.6	102.5	102.4	101.8
100.2	98.9	99.7	99.9	100.2	100.4	100.5
100.2	99.9	100.4	101.0	102.1	103.3	104.4
105.5	105.2	103.2	102.6	102.6	102.3	102.6
101.0	100.7	100.9	101.2	101.0	101.1	100.8
99.0	99.0	97.1	96.4	96.4	96.4	97.2
99.8	99.5	99.6	99.6	99.5	100.4	100.4
100.3	98.2	99.9	100.1	100.3	100.3	100.1
101.8	102.0	102.1	102.1	101.8	101.8	101.9
102.2	102.4	102.5	102.5	102.3	102.3	102.4
102.2	102.4	102.5	102.5	102.3	102.3	102.4
101.0	101.3	101.5	101.4	101.0	101.0	101.1
100.6	100.3	100.5	100.4	99.8	99.7	99.9
100.1	100.7	101.0	101.6	101.6	101.6	101.5
102.4	105.0	105.6	105.6	105.6	105.7	105.9
100.5	100.8	99.4	99.2	99.3	100.4	100.6
102.0	101.4	101.3	101.1	100.7	100.5	100.6
102.5	102.3	102.0	101.7	101.1	100.8	100.9
100.0	99.8	99.6	99.6	99.6	99.5	99.5
102.5	100.7	101.9	101.9	101.8	101.7	100.9
100.4	99.5	99.0	99.0	99.0	99.0	99.6
99.7	100.0	99.9	99.9	100.2	100.9	101.2
99.6	100.0	100.0	100.0	100.3	101.2	101.5

4－6 续表2

（上年同月＝100）

类　别	年平均	1月	2月	3月	4月	5月
（1）男式服装	100.8	100.4	100.3	100.5	100.9	100.7
男式外套	101.3	101.9	101.5	101.5	101.5	101.3
男式针织衫	102.3	102.0	103.0	104.8	104.3	103.1
男式衬衫T恤	99.2	96.3	96.5	97.2	98.5	99.2
男式裤子	101.0	100.5	100.0	99.7	100.5	99.9
男式内衣	99.7	100.4	100.4	100.4	100.4	99.8
（2）女式服装	99.4	98.0	98.3	98.4	98.8	98.7
女式外套	100.5	99.7	100.2	100.9	100.7	100.7
女式针织衫	99.2	98.4	99.9	99.7	99.6	98.9
女式衬衫T恤	99.6	96.2	96.3	94.7	96.7	96.3
女式裤子	100.6	98.5	98.8	98.6	100.2	100.4
女式裙子	94.9	92.1	91.5	91.4	92.4	92.8
女式内衣	99.4	100.0	99.4	99.3	99.6	99.4
（3）儿童服装	100.0	100.1	100.0	100.1	100.6	99.7
婴儿服装	100.1	101.1	100.9	100.2	100.2	100.0
儿童上衣	99.8	99.3	98.5	98.5	100.0	99.0
儿童裤子	100.7	100.2	100.7	101.6	102.0	100.7
儿童裙子	99.2	100.4	100.6	100.6	100.7	99.4
儿童内衣	99.2	98.2	98.1	98.3	99.2	98.7
（4）衣着材料及配件	100.7	100.0	99.9	100.2	101.7	101.3
袜子	101.6	100.6	100.6	100.5	103.3	103.0
帽子	99.3	99.8	99.2	99.8	99.3	98.6
其他衣着材料及配件	100.6	98.9	99.2	100.0	101.4	101.3
（5）衣着服务费	104.9	104.9	104.9	105.1	105.5	105.5
衣着洗涤保养	106.1	106.8	106.8	106.8	106.8	106.8
其他衣着服务	104.3	104.1	104.1	104.4	105.0	105.0
2. 鞋类	99.8	100.0	99.9	99.6	99.7	99.5
（1）鞋	99.8	99.9	99.8	99.5	99.7	99.5
男鞋	100.0	99.9	99.7	100.0	99.9	99.4
女鞋	100.0	100.5	100.6	99.8	100.1	99.9
童鞋	98.2	97.8	97.2	97.1	97.6	98.0
（2）鞋类服务	103.4	103.6	103.6	103.6	103.6	103.6
鞋类服务	103.4	103.6	103.6	103.6	103.6	103.6
三、居住	100.1	100.1	100.1	100.0	100.0	100.0
1. 租赁房房租	99.8	99.5	99.5	99.5	99.5	99.5
公房房租	100.9	100.0	100.0	100.0	100.0	100.5
私房房租	99.7	99.5	99.5	99.5	99.5	99.5
2. 住房保养维修及管理	100.5	100.1	100.2	99.8	99.8	100.0
（1）住房装潢材料	99.6	99.7	99.9	99.6	99.5	99.5
木地板	99.1	99.5	99.7	99.7	99.5	99.4
瓷砖	98.5	99.9	100.3	99.3	98.9	98.5
水泥	98.0	95.7	96.6	96.8	97.5	98.0

6月	7月	8月	9月	10月	11月	12月
100.6	100.6	100.5	100.8	100.9	101.5	101.8
101.3	101.3	101.3	100.9	100.6	101.1	101.1
102.0	101.7	101.0	100.3	101.3	101.7	102.2
99.1	99.1	98.8	99.8	101.1	102.2	103.1
99.9	100.1	100.8	102.7	102.2	102.7	103.4
99.8	99.8	98.9	98.7	99.2	99.4	99.2
98.8	99.4	99.7	99.6	99.9	101.3	101.5
100.7	100.7	100.3	100.0	99.9	101.3	101.0
98.9	98.9	98.7	97.9	98.5	100.0	100.7
96.4	98.7	101.9	102.0	103.3	106.4	106.8
99.7	100.4	101.6	101.7	102.1	102.7	102.9
93.7	95.8	95.9	97.0	97.5	99.4	100.2
99.4	99.4	99.3	99.2	99.2	99.3	99.3
99.8	99.8	99.3	99.2	99.6	100.3	100.9
99.5	99.6	99.4	100.2	100.1	100.6	99.3
99.0	99.0	99.9	100.9	101.3	100.9	101.9
101.1	100.6	99.5	98.4	99.4	101.2	102.8
99.9	100.4	98.0	96.7	97.0	98.0	99.1
99.0	99.1	99.2	99.3	100.0	100.6	101.5
101.0	100.8	100.9	100.9	100.8	100.7	100.5
102.3	101.9	102.0	101.6	101.2	101.2	100.9
98.8	99.0	98.9	99.6	100.0	99.7	99.6
101.1	100.8	100.9	101.0	101.1	101.0	100.7
105.5	105.5	105.0	105.2	105.4	103.4	102.5
106.8	106.8	106.8	106.8	106.8	103.4	101.9
105.0	105.0	104.2	104.5	104.7	103.5	102.7
99.7	100.0	99.8	99.7	100.1	99.9	100.2
99.7	99.9	99.7	99.6	100.0	99.8	100.2
99.5	99.7	99.7	99.8	100.8	100.7	101.2
100.2	100.5	100.1	99.7	99.9	99.5	99.5
98.2	98.4	98.4	98.6	98.3	98.7	99.9
103.6	103.6	103.1	103.1	103.1	103.1	103.1
103.6	103.6	103.1	103.1	103.1	103.1	103.1
100.1	100.0	100.2	100.2	100.3	100.2	100.3
99.6	99.6	100.1	100.1	100.1	100.1	100.1
100.5	101.6	101.6	101.6	101.6	101.6	101.6
99.5	99.5	100.1	100.1	100.1	100.1	100.1
100.8	100.4	100.5	100.6	101.0	101.0	101.3
99.8	99.2	99.3	99.4	99.8	99.6	99.8
99.0	98.7	99.2	99.1	99.0	98.4	98.5
98.6	97.1	97.5	97.5	98.0	98.0	98.0
101.1	99.4	99.1	99.1	98.3	97.5	97.3

4-6 续表3

（上年同月=100）

类　别	年平均	1月	2月	3月	4月	5月
涂料	98.7	99.2	99.2	99.2	98.3	98.5
板材	100.7	101.1	101.2	100.7	101.1	100.8
管材	100.2	100.5	100.2	100.2	100.2	99.9
厨卫设备	100.0	99.4	99.4	99.4	99.4	100.0
门窗	100.7	100.2	100.2	100.2	100.3	100.6
其他住房装潢材料	101.2	101.3	101.1	101.3	100.9	100.5
(2)住房维修管理费用	101.7	100.7	100.7	100.1	100.1	100.7
物业管理费	100.0	100.0	100.0	100.0	100.0	100.0
装潢维修费	102.9	101.5	101.5	100.6	100.7	101.5
其他住房费用	98.7	98.6	98.6	98.6	98.6	98.6
3.水电燃料	100.7	101.3	101.4	100.9	101.1	100.7
(1)水	101.6	100.0	100.0	100.0	102.2	102.2
水	101.6	100.0	100.0	100.0	102.2	102.2
(2)电	100.0	100.0	100.0	100.0	100.0	100.0
电	100.0	100.0	100.0	100.0	100.0	100.0
(3)燃气	101.8	104.2	104.3	102.6	102.9	101.4
管道燃气	100.8	100.3	100.8	100.8	100.8	100.8
液化石油气	101.9	104.8	104.8	102.9	103.2	101.5
(4)其他水电燃料类	100.8	100.7	101.5	101.6	101.5	101.5
其他水电燃料类	100.8	100.7	101.5	101.6	101.5	101.5
4.自有住房	99.8	99.7	99.7	99.7	99.7	99.7
自有住房	99.8	99.7	99.7	99.7	99.7	99.7
四、生活用品及服务	99.4	101.7	100.9	100.0	98.7	98.6
1.家具及室内装饰品	98.9	98.8	98.6	98.5	98.0	98.6
(1)家具	98.8	98.8	98.5	98.6	98.0	98.6
柜	98.3	97.8	97.7	98.0	97.0	98.3
床	99.0	98.7	98.7	98.6	98.6	98.7
桌	99.8	100.7	100.3	99.9	99.8	99.9
椅	98.8	98.7	98.7	98.6	98.1	98.6
沙发	98.8	99.1	98.4	98.6	98.2	98.4
其他家具	98.4	99.6	99.6	98.4	98.0	98.1
(2)室内装饰品	101.4	98.7	100.0	97.0	97.7	99.0
灯具	102.3	98.8	100.7	96.2	97.1	99.0
其他室内装饰品	99.5	98.5	98.4	98.8	99.0	99.0
2.家用器具	98.5	101.2	99.5	99.7	98.4	97.7
(1)大型家用器具	98.7	101.5	99.5	100.0	98.5	97.8
洗衣机	96.9	94.1	96.7	99.1	97.7	98.8
电冰箱(柜)	95.9	96.6	96.1	94.8	97.1	96.6
抽油烟机	97.0	99.7	99.5	97.3	97.2	97.2
空调器	100.2	106.4	101.1	103.0	100.0	97.9
热水器	98.1	99.0	96.5	97.3	96.1	97.7
炉具灶具	100.6	104.7	106.3	103.8	100.4	97.3

6月	7月	8月	9月	10月	11月	12月
98.5	98.4	98.4	98.7	98.7	98.4	98.5
100.2	99.9	99.6	100.1	100.8	101.1	101.5
100.1	100.1	100.1	100.1	100.4	100.0	100.2
99.9	100.0	100.2	100.2	100.8	100.5	100.7
100.7	100.6	100.6	100.6	101.1	101.1	101.8
100.4	100.6	100.7	101.3	102.3	102.2	102.3
102.3	102.2	102.1	102.3	102.7	102.8	103.4
100.0	100.0	100.0	100.0	100.0	100.0	100.0
103.8	103.7	103.5	103.8	104.4	104.6	104.9
98.6	98.6	98.6	98.6	98.6	98.6	100.0
100.6	100.5	100.5	100.4	100.4	100.3	100.3
102.2	102.2	102.2	102.2	102.2	102.2	102.2
102.2	102.2	102.2	102.2	102.2	102.2	102.2
100.0	100.0	100.0	100.0	100.0	100.0	100.0
100.0	100.0	100.0	100.0	100.0	100.0	100.0
101.4	101.3	101.0	100.7	100.8	100.2	100.5
100.8	100.8	100.8	100.8	101.3	101.3	101.1
101.5	101.4	101.1	100.7	100.7	100.0	100.4
100.8	100.4	100.4	100.4	100.4	100.8	100.0
100.8	100.4	100.4	100.4	100.4	100.8	100.0
99.7	99.7	100.0	100.0	100.0	100.0	100.0
99.7	99.7	100.0	100.0	100.0	100.0	100.0
98.3	98.8	98.6	99.0	98.8	99.4	100.2
98.7	98.6	98.9	99.1	99.0	100.2	100.1
98.5	98.5	98.6	98.7	98.7	99.7	99.8
98.2	98.3	98.5	98.4	98.3	99.2	99.6
98.6	98.5	98.4	98.8	99.3	100.5	100.4
99.8	99.7	99.8	99.8	99.1	99.6	99.6
98.3	98.4	98.4	98.7	99.2	100.0	100.3
98.4	98.4	98.6	98.6	98.8	99.9	99.8
98.0	97.7	97.6	97.7	97.8	99.1	99.1
101.2	100.6	102.4	105.4	102.5	108.1	104.7
102.1	101.2	103.5	108.1	103.5	111.6	106.4
99.3	99.3	100.0	99.6	100.4	100.7	101.0
97.6	97.4	97.1	97.5	98.7	98.9	98.6
97.7	97.7	97.3	97.7	99.0	98.8	98.4
96.0	95.9	95.9	97.4	96.6	97.0	97.7
93.9	95.0	95.3	95.8	97.0	96.0	96.2
96.7	95.4	94.4	94.1	95.3	96.5	100.5
99.0	99.4	98.3	98.5	100.9	100.1	97.8
97.6	97.2	97.4	97.6	100.3	100.2	100.8
101.8	98.1	97.8	98.0	97.8	100.4	101.7

4-6 续表4

(上年同月=100)

类　别	年平均	1月	2月	3月	4月	5月
吸尘器	101.7	111.0	111.4	108.9	97.7	100.8
空气净化器	105.4	112.7	110.2	104.6	101.3	103.5
净水器	97.3	105.9	101.9	96.8	92.9	91.4
其他大型家用器具	98.8	98.9	99.4	99.1	99.0	98.6
(2)小家电	97.7	99.6	99.3	98.0	97.7	97.2
厨房小家电	98.3	99.6	99.7	98.8	98.2	97.2
生活小家电	96.7	99.6	98.8	96.8	96.8	97.0
3. 家用纺织品	99.3	98.8	98.7	98.6	98.6	98.9
(1)床上用品	99.0	98.4	98.4	98.3	98.2	98.6
被子	100.3	99.5	99.5	99.6	99.4	99.7
床单被套	99.5	98.4	98.4	98.4	98.4	99.0
其他床上用品	95.8	96.6	96.5	96.0	96.1	95.9
(2)窗帘门帘	99.9	100.0	100.0	100.0	100.0	99.6
窗帘门帘	99.9	100.0	100.0	100.0	100.0	99.6
(3)其他家用纺织品	100.8	101.0	100.8	100.5	100.4	100.5
其他家用纺织品	100.8	101.0	100.8	100.5	100.4	100.5
4. 家庭日用杂品	99.7	102.8	102.3	100.9	97.6	98.2
(1)洗涤卫生用品	99.0	102.8	102.9	99.5	96.9	97.7
清洗用品	96.4	97.3	98.2	94.8	90.9	91.2
清洁用具	97.4	102.4	99.0	93.2	95.3	97.3
清洁用纸	102.9	110.3	110.3	107.5	105.6	106.8
(2)厨具餐具茶具	101.2	104.7	102.0	104.2	98.9	98.6
厨具	100.9	102.3	98.3	103.5	97.7	97.3
餐具	102.1	111.2	112.0	107.1	100.4	100.7
茶具	99.6	98.1	94.4	98.9	101.4	100.1
(3)其他家庭日用杂品	99.7	98.4	99.6	100.8	98.3	99.6
配电附件	99.2	97.0	99.8	101.5	96.0	99.0
雨具	100.0	98.7	97.9	99.3	98.1	96.8
其他日用杂品	100.3	100.1	99.9	100.3	101.3	101.3
5. 个人护理用品	100.8	106.5	105.5	101.3	101.0	100.4
(1)化妆品	100.4	108.3	106.6	100.3	102.0	100.5
清洁化妆品	102.5	113.2	108.1	105.7	105.0	99.9
护肤化妆品	99.1	108.7	107.6	96.7	101.4	100.4
彩妆化妆品	101.6	102.5	102.8	105.2	100.1	101.0
化妆器具	101.4	107.4	103.0	101.4	102.5	102.8
(2)其他护理用品类	101.1	104.8	104.6	102.2	100.1	100.2
清洁类护理用品	100.0	105.9	102.8	101.2	97.9	98.2
护发美发用品	100.1	98.9	102.0	100.5	99.8	99.1
护理器具	105.8	109.9	115.6	108.0	107.7	108.1
其他护理用品	102.4	99.1	99.4	100.3	101.2	101.6
6. 家庭服务	101.7	102.0	102.0	102.0	102.0	102.0
家政服务	101.4	101.4	101.1	101.1	101.3	101.1

6月	7月	8月	9月	10月	11月	12月
101.8	99.4	97.7	99.3	96.1	99.0	100.4
109.3	110.3	105.3	105.4	105.1	103.5	95.7
93.9	93.4	95.1	96.4	97.5	98.1	105.6
98.4	97.9	98.8	99.1	98.0	99.0	100.0
96.8	95.9	95.5	95.8	96.9	99.7	100.0
96.7	97.1	97.7	97.4	98.9	99.6	98.5
97.1	93.9	92.0	93.1	93.7	99.9	102.7
98.8	98.9	100.1	100.3	99.7	99.8	100.0
98.5	98.6	100.0	100.3	99.5	99.8	100.0
99.7	99.8	102.2	102.2	100.6	100.8	101.1
98.8	98.9	100.8	101.3	100.7	100.6	100.9
95.9	96.1	94.6	94.8	94.8	96.1	95.7
99.7	99.7	99.9	99.9	100.4	99.7	99.7
99.7	99.7	99.9	99.9	100.4	99.7	99.7
100.5	100.4	101.3	100.8	100.6	101.2	101.2
100.5	100.4	101.3	100.8	100.6	101.2	101.2
97.1	98.9	98.7	99.6	98.1	99.7	102.4
97.4	99.0	97.9	98.2	95.5	97.0	103.6
93.0	95.7	93.8	95.8	95.1	101.5	110.1
93.8	94.6	94.1	99.1	96.7	99.8	104.2
104.3	104.6	104.2	101.2	95.7	91.0	95.7
95.7	98.8	99.9	102.7	103.2	105.7	100.3
94.9	99.5	100.9	104.1	104.8	107.2	101.2
95.8	96.9	97.7	100.7	102.5	103.8	98.9
101.8	101.2	101.0	100.5	95.9	102.1	100.1
99.3	98.4	100.4	100.1	100.5	100.4	100.8
99.3	97.9	102.0	101.1	99.9	99.3	98.1
96.9	97.1	97.4	98.3	101.2	105.1	113.7
100.0	99.4	99.4	99.4	101.0	100.5	100.5
99.8	100.8	99.9	99.5	98.6	97.8	98.6
99.2	100.4	99.1	98.8	98.1	95.2	97.0
100.0	100.5	99.9	100.3	99.3	100.6	100.2
98.4	99.9	98.1	96.8	97.1	91.8	94.0
101.1	101.7	101.7	102.1	100.0	99.1	102.2
99.5	102.5	98.7	104.0	98.3	99.1	98.2
100.3	101.2	100.6	100.2	99.1	100.3	100.2
98.7	100.5	99.6	99.2	98.7	98.1	100.1
101.7	100.3	100.8	99.0	98.3	99.9	101.1
104.0	104.4	102.9	104.2	100.3	107.5	98.4
101.6	102.1	103.4	104.7	104.7	104.4	106.1
102.0	101.2	101.1	101.1	101.3	101.6	102.2
101.7	101.5	101.4	101.3	101.3	101.5	101.5

4－6 续表5

（上年同月＝100）

类　别	年平均	1月	2月	3月	4月	5月
母婴护理服务	105.5	106.8	106.8	106.8	106.8	106.4
家庭维修服务	100.8	101.1	101.1	101.1	101.1	101.1
其他家庭服务	104.5	104.5	104.5	104.5	104.8	105.0
五、交通通信	98.4	101.7	100.4	98.8	97.8	97.4
1.交通	97.9	102.4	100.6	98.4	97.0	96.3
（1）交通工具	97.8	99.5	99.9	99.2	98.8	98.5
燃油小汽车	95.8	98.6	99.1	98.1	97.6	96.8
新能源小汽车	94.1	97.9	98.6	97.0	95.4	95.6
电动自行车	101.1	100.6	100.5	100.6	100.4	101.5
自行车	99.8	102.1	102.1	100.8	100.0	99.7
其他交通工具	101.2	101.5	101.6	101.6	101.5	101.2
（2）交通工具用燃料	94.5	105.6	100.5	93.4	89.5	88.7
汽油	94.4	105.6	100.4	93.3	89.4	88.6
柴油	94.0	106.1	100.5	93.0	88.7	87.8
其他车用能源	102.3	104.1	103.2	103.8	103.3	103.3
（3）交通工具使用和维修	102.7	102.1	102.9	103.3	103.9	103.5
停车费	100.0	100.0	100.0	100.0	100.0	100.0
车辆使用费	101.0	101.1	101.1	101.1	100.0	100.0
交通工具零配件	99.3	99.8	99.2	99.5	99.8	100.1
车辆修理与保养	103.8	102.7	104.0	104.6	105.9	105.2
（4）交通费	102.5	107.8	101.2	104.0	104.0	101.7
市内公共交通	101.0	104.0	100.7	100.7	100.7	100.7
出租汽车	107.6	112.5	104.4	104.4	104.4	104.4
飞机票	114.6	171.1	111.8	140.5	136.2	110.8
火车票	100.3	100.1	100.1	100.1	100.1	100.1
长途汽车	100.8	100.4	98.3	100.2	100.2	100.2
网约车	99.6	99.3	99.1	99.0	98.8	100.1
交通工具租赁费	100.6	101.2	101.3	100.9	100.5	100.5
其他交通费	100.7	97.8	101.5	101.5	101.5	100.8
2.通信	99.8	100.1	100.0	99.9	99.8	99.9
（1）通信工具	99.5	100.3	100.0	99.7	99.5	99.7
电话机	99.5	100.4	100.1	99.7	99.7	99.8
其他通信工具及零配件	98.2	97.7	98.9	98.6	97.1	98.1
（2）通信服务	100.0	100.0	100.0	100.0	100.0	100.0
电话费	100.0	100.0	100.0	100.0	100.0	100.0
家庭宽带服务	100.1	100.1	100.1	100.1	100.1	100.1
其他通信服务	100.7	100.2	100.2	100.2	100.2	101.1
（3）邮递服务	99.3	99.5	99.5	99.5	99.5	99.5
邮递服务	99.3	99.5	99.5	99.5	99.5	99.5
六、教育文化娱乐	101.8	101.2	100.9	100.9	101.6	101.7
1.教育	102.0	101.0	101.0	100.9	101.6	101.7
（1）教育用品	102.3	102.9	102.9	102.8	102.4	102.5

6月	7月	8月	9月	10月	11月	12月
105.7	105.6	105.6	105.6	102.9	103.4	103.4
101.1	100.0	100.0	100.0	100.7	101.1	101.8
105.0	105.0	104.3	103.7	103.7	104.3	104.3
95.6	96.6	98.6	98.9	99.4	97.9	98.3
93.7	95.3	98.1	98.6	99.5	97.3	97.6
98.3	97.6	97.6	96.8	96.6	95.6	95.1
96.4	95.3	95.5	94.1	93.5	92.5	91.6
93.5	92.5	92.4	92.7	92.1	91.5	90.7
101.8	101.8	101.6	101.4	101.9	100.6	100.6
99.6	99.3	99.4	98.4	99.0	99.0	98.8
101.2	101.3	101.2	101.1	101.1	100.4	100.4
82.1	86.5	95.4	98.9	101.8	97.0	98.4
81.9	86.4	95.3	98.8	101.8	96.9	98.4
80.8	85.5	95.1	98.7	102.0	96.7	98.3
102.7	102.4	101.9	101.4	101.3	99.6	100.7
103.8	103.6	102.4	101.6	102.2	101.7	101.7
100.0	100.0	100.0	100.0	100.0	100.0	100.0
101.2	101.2	101.2	101.2	101.2	101.2	101.2
99.7	99.0	98.2	99.2	99.0	99.1	99.3
105.2	105.1	103.3	102.0	102.9	102.2	102.2
99.2	102.9	103.7	102.6	102.0	100.2	101.4
100.7	100.7	100.7	100.7	100.7	100.7	100.7
108.7	108.7	108.7	108.7	108.7	108.7	108.7
86.8	114.2	118.3	110.9	107.4	91.8	101.9
100.1	100.1	100.1	100.7	100.4	100.4	100.4
101.2	101.2	102.5	101.9	101.2	101.2	101.2
100.7	99.3	99.3	99.5	100.1	100.0	100.4
100.5	100.5	100.4	100.0	100.1	100.3	100.5
100.8	100.8	100.8	100.8	100.8	100.8	100.8
100.2	99.7	99.7	99.5	99.3	99.5	99.9
100.5	99.3	99.1	98.8	98.1	98.7	99.8
100.5	99.4	99.2	98.9	98.0	98.7	99.9
99.8	97.3	98.1	97.9	100.2	98.2	96.5
100.0	100.0	100.0	100.0	100.1	100.1	100.1
100.0	100.0	100.0	100.0	100.1	100.1	100.1
100.1	100.1	100.1	100.0	100.0	100.0	100.0
101.1	101.1	101.1	100.9	100.9	100.9	100.9
99.2	99.2	99.2	99.2	99.2	99.2	99.2
99.2	99.2	99.2	99.2	99.2	99.2	99.2
101.7	101.9	101.9	102.8	102.4	102.3	102.4
101.8	102.0	102.1	103.3	102.9	102.7	102.7
102.4	102.5	102.5	102.0	102.0	101.1	101.2

4－6 续表6

（上年同月＝100）

类 别	年平均	1月	2月	3月	4月	5月
工具书	100.3	99.8	99.8	100.0	100.2	100.2
教材	101.5	101.1	101.1	101.1	101.1	101.1
参考资料	104.2	105.7	105.7	105.5	104.8	104.9
其他教育用品	98.0	98.7	98.2	98.2	97.6	97.4
（2）教育服务	102.0	101.0	101.0	100.8	101.6	101.6
幼儿早期教育	101.2	105.5	105.5	105.5	101.4	101.2
学前教育	102.3	100.8	100.8	100.8	100.8	100.8
小学初中教育	109.9	113.0	112.6	112.6	112.6	112.6
高中中职教育	103.1	101.4	101.4	101.4	101.4	101.4
高等教育	100.0	100.0	100.0	100.0	100.0	100.0
课外教育	102.5	101.6	101.6	101.6	101.8	102.1
专业技能培训	97.7	91.7	91.9	90.8	98.2	98.2
其他教育服务	99.1	99.2	99.2	98.9	98.9	98.9
2. 文化娱乐	101.2	101.6	100.5	101.0	101.6	101.9
（1）文娱耐用消费品	96.9	100.3	99.3	98.7	98.2	98.5
电视机	95.2	96.0	95.8	94.8	94.8	95.7
照相机	101.1	98.6	97.7	99.2	99.4	103.9
台式计算机	97.3	99.6	100.4	101.1	98.5	97.2
笔记本电脑	97.0	95.4	95.7	96.7	97.0	96.8
平板电脑	100.8	121.5	113.1	109.2	107.1	109.7
乐器	101.0	100.0	100.1	100.2	100.2	101.3
音响	101.3	102.0	102.7	102.7	102.7	101.5
可穿戴智能设备	98.3	98.6	97.6	98.3	99.8	100.0
其他文娱耐用消费品	94.4	98.0	96.5	96.4	97.9	95.9
（2）其他文娱用品	100.9	101.3	101.4	101.1	101.0	100.8
书报杂志及音像制品	101.0	100.9	100.9	100.9	100.9	100.9
纸张文具	101.7	101.3	101.3	101.2	101.7	101.9
体育户外用品	104.2	103.8	103.5	102.6	100.7	99.9
游戏用品和玩具	99.3	101.9	102.3	101.1	99.8	99.5
园艺花卉及用品	101.4	100.8	101.7	102.4	102.5	101.2
宠物及用品	100.9	99.4	99.5	99.6	100.3	100.5
其他文化娱乐用品	99.8	100.5	99.8	100.0	100.4	100.2
（3）文化娱乐服务	101.4	102.8	100.2	101.9	101.8	101.8
电影及演出票	100.9	127.5	92.2	97.7	94.3	98.2
景点门票	101.7	103.5	100.2	104.5	104.5	104.5
电视服务	100.0	100.0	100.0	100.0	100.0	100.0
健身活动	100.0	99.6	99.4	99.5	99.7	99.7
宠物服务	99.8	104.3	90.4	99.8	99.6	100.3
网络文娱服务	103.4	107.8	103.7	103.4	103.7	101.1
儿童娱乐项目	109.2	105.5	105.5	105.1	105.1	105.5
其他文娱服务	100.8	99.9	99.9	99.9	99.9	99.9
（4）旅游	110.5	103.3	102.3	104.5	109.7	110.7

6月	7月	8月	9月	10月	11月	12月
100.2	100.2	100.2	100.6	100.5	100.6	100.6
101.1	101.1	101.1	102.4	102.4	102.4	102.4
104.6	104.6	104.6	103.3	103.3	101.6	101.6
97.9	98.7	98.9	97.7	97.9	97.1	97.8
101.8	102.0	102.1	103.3	102.9	102.7	102.8
99.6	100.2	100.7	98.7	99.0	99.0	99.0
100.8	100.8	100.8	105.3	105.3	105.3	105.3
112.6	112.6	112.6	108.1	105.5	103.2	103.2
101.4	101.4	101.4	106.3	106.5	106.5	106.5
100.0	100.0	100.0	100.0	100.0	100.0	100.0
101.7	102.7	103.1	104.1	103.1	103.1	103.3
100.8	100.8	100.9	100.4	100.2	100.2	100.2
98.9	99.2	99.2	99.2	99.2	99.2	99.6
101.3	101.3	101.3	101.3	100.7	100.8	101.2
97.5	96.3	94.9	94.4	94.1	95.3	95.7
95.9	95.0	93.8	94.1	94.2	96.0	96.4
100.8	103.3	103.2	102.7	103.6	102.9	98.3
96.7	95.9	95.8	95.2	95.0	95.8	96.0
97.6	94.6	99.5	96.5	97.3	98.9	98.4
102.8	99.6	92.4	91.0	88.4	88.8	93.5
101.1	101.1	101.3	101.3	101.3	101.5	101.9
102.0	101.6	101.8	100.4	99.4	99.4	99.3
99.0	100.9	96.4	96.6	96.6	97.7	98.6
95.4	94.6	91.8	91.7	91.6	93.6	89.0
100.7	100.5	100.8	101.1	100.7	100.1	100.8
100.9	100.9	100.9	101.2	101.2	101.2	101.2
102.6	101.2	101.4	102.2	102.1	101.5	101.7
103.0	102.8	104.6	108.2	105.7	110.2	105.2
97.6	98.8	99.5	99.1	97.7	95.4	98.8
101.6	101.2	101.2	100.6	101.0	101.1	101.2
100.8	101.8	101.4	101.5	101.4	102.0	102.4
99.8	99.6	99.6	99.2	99.4	99.3	99.5
102.2	101.0	100.7	101.7	101.3	101.3	100.8
98.4	99.1	98.4	99.6	101.8	104.4	102.3
105.8	101.5	100.2	100.2	99.4	98.7	97.5
100.0	100.0	100.0	100.0	100.0	100.0	100.0
99.7	98.8	99.8	100.1	101.1	101.2	101.2
99.9	100.5	100.8	100.5	100.8	100.8	100.8
98.9	100.4	100.4	106.7	101.5	107.9	106.2
105.5	107.7	108.2	116.9	116.9	114.4	114.9
101.3	101.3	101.4	101.4	101.6	101.6	101.6
109.0	113.3	116.2	116.0	114.4	112.9	114.1

4－6 续表7

（上年同月＝100）

类　别	年平均	1月	2月	3月	4月	5月
旅行社收费	111.2	103.6	102.5	104.8	110.3	111.4
其他旅游	100.7	100.4	100.0	100.0	100.0	100.0
七、医疗保健	101.3	100.8	100.9	101.1	101.7	101.0
1.药品及医疗器具	102.1	100.8	101.2	101.6	101.7	101.5
(1)中药	105.7	103.3	103.5	104.5	104.1	103.9
中药材	108.9	108.0	106.5	108.6	105.2	105.5
中成药	104.5	101.6	102.4	103.1	103.7	103.3
(2)西药	101.7	101.1	101.4	101.7	102.2	101.6
抗微生物药	105.3	103.7	104.6	104.5	104.0	104.1
消化系统用药	100.6	104.8	105.0	105.4	105.3	104.8
呼吸系统用药	105.1	100.3	101.2	102.1	106.1	103.9
解热镇痛药	104.6	103.4	104.2	104.5	101.2	101.4
抗肿瘤药	98.4	100.3	100.3	100.4	100.7	99.3
激素及影响内分泌药	104.0	101.0	101.8	102.1	103.1	103.7
心血管系统用药	99.7	95.5	95.3	95.5	98.5	98.0
血液系统用药	98.8	97.7	97.8	98.3	97.8	97.7
治疗精神障碍药	96.8	98.1	98.4	98.2	99.6	95.3
神经系统用药	107.1	110.7	111.1	110.9	108.1	106.1
泌尿系统用药	102.7	106.9	105.2	105.5	105.5	105.2
维生素、矿物质类药	101.9	101.2	102.4	103.2	101.9	101.3
调节水、电解质及酸碱平衡药	99.3	99.2	99.2	99.7	101.4	101.6
其他西药	99.8	99.2	100.0	100.1	100.2	100.0
(3)滋补保健品	100.7	100.0	100.1	100.6	100.4	100.5
滋补保健品	100.7	100.0	100.1	100.6	100.4	100.5
(4)医疗卫生器具	96.4	93.5	95.6	94.6	94.5	95.5
医疗卫生器具	96.4	93.5	95.6	94.6	94.5	95.5
(5)保健器具	98.7	99.8	99.6	99.6	99.8	99.6
保健器具	98.7	99.8	99.6	99.6	99.8	99.6
2.医疗服务	100.9	100.8	100.8	100.9	101.6	100.8
(1)综合医疗类	101.3	100.1	100.1	99.1	102.0	102.0
一般医疗服务	98.7	99.0	99.0	97.5	99.0	98.7
一般治疗操作	99.9	100.2	100.2	98.7	99.5	100.4
护理	109.0	101.9	101.9	102.6	113.2	111.0
其他综合医疗服务	100.0	100.0	100.0	100.0	100.0	100.0
(2)诊断类	100.2	100.3	100.3	100.4	100.4	100.1
病理学诊断	99.3	101.6	101.6	100.0	100.0	98.5
实验室诊断	100.9	99.7	99.7	101.0	101.0	101.0
影像学诊断	100.1	100.2	100.2	100.2	100.2	100.2
临床诊断	98.1	102.5	102.6	98.9	98.9	96.7
(3)治疗类	100.8	102.3	102.3	102.1	102.1	99.7
临床手术治疗	101.1	103.7	103.7	103.4	103.4	99.6
临床非手术治疗	100.2	99.6	99.6	99.6	99.6	99.8

6月	7月	8月	9月	10月	11月	12月
109.6	114.2	117.2	117.1	115.4	113.7	115.0
100.8	100.8	101.2	101.2	101.2	101.2	101.2
101.1	101.2	101.3	101.4	101.3	101.7	101.9
102.0	102.3	102.6	102.6	102.4	103.0	103.4
105.1	105.4	106.4	106.7	107.3	108.2	110.0
105.9	107.5	109.8	110.4	110.7	111.3	117.5
104.8	104.7	105.1	105.4	106.0	107.1	107.3
102.1	102.2	102.1	101.9	101.3	101.8	101.6
104.0	105.8	105.8	105.6	105.4	108.2	107.8
100.8	97.9	98.6	97.6	95.3	96.0	96.1
107.5	106.9	105.7	106.2	106.2	108.0	107.6
103.8	104.2	104.1	106.7	107.1	107.3	106.8
99.4	99.3	97.8	97.9	94.9	95.3	95.1
104.0	104.7	105.1	104.9	104.9	106.8	106.4
100.4	102.0	102.5	101.9	101.9	102.6	102.7
100.7	100.1	100.1	100.0	100.0	97.7	97.6
94.2	94.7	96.1	96.1	96.9	97.1	96.8
108.1	108.4	107.1	106.2	105.5	102.1	101.6
105.0	101.8	100.8	99.7	99.0	99.4	98.8
101.4	101.9	101.3	101.8	102.1	102.1	101.8
98.7	98.7	98.7	98.7	98.7	98.7	98.7
100.0	99.8	99.6	99.5	99.7	99.4	99.7
100.4	100.4	101.3	101.2	101.2	101.2	101.3
100.4	100.4	101.3	101.2	101.2	101.2	101.3
95.4	97.6	97.4	97.6	97.9	98.4	99.5
95.4	97.6	97.4	97.6	97.9	98.4	99.5
99.6	99.6	97.2	97.4	97.4	97.4	97.4
99.6	99.6	97.2	97.4	97.4	97.4	97.4
100.8	100.8	100.7	100.8	100.8	101.2	101.2
102.0	102.0	102.0	102.0	102.0	101.5	101.5
98.7	98.7	98.7	98.7	98.7	98.7	98.7
100.4	100.4	100.4	100.4	100.4	99.3	99.3
111.0	111.0	111.0	111.0	111.0	111.1	111.1
100.0	100.0	100.0	100.0	100.0	100.0	100.0
100.1	100.1	100.0	100.1	100.1	100.2	100.2
98.5	98.5	98.5	98.5	98.5	98.9	98.9
101.0	101.0	101.0	101.3	101.3	101.3	101.3
100.2	100.2	100.1	100.1	100.1	100.0	100.0
96.7	96.7	96.6	96.6	96.6	97.1	97.1
99.7	99.7	99.7	99.8	99.8	101.3	101.4
99.6	99.6	99.6	99.7	99.7	100.7	100.7
99.8	99.8	99.8	100.0	100.0	102.6	102.8

4-6 续表8

（上年同月＝100）

类　　别	年平均	1月	2月	3月	4月	5月
(4)康复类	100.5	105.1	105.1	103.7	103.7	98.7
康复医疗	100.5	105.1	105.1	103.7	103.7	98.7
(5)中医医疗服务类	105.9	98.5	98.5	105.5	107.1	107.7
中医治疗	105.9	98.5	98.5	105.5	107.1	107.7
(6)其他医疗保健服务	101.1	101.8	101.8	102.7	103.0	100.3
其他医疗保健服务	101.1	101.8	101.8	102.7	103.0	100.3
八、其他用品及服务	103.5	103.5	103.5	102.7	102.9	102.3
1.其他用品	104.1	104.9	104.3	102.7	103.0	102.0
(1)首饰手表	107.3	104.9	104.5	102.3	104.7	106.1
金饰品	110.9	106.6	106.3	103.4	107.0	109.2
银饰品	100.8	103.2	103.0	102.3	101.0	100.9
铂金饰品	100.3	103.9	102.6	100.3	100.0	100.0
手表	99.2	99.5	99.2	99.1	99.2	99.2
(2)母婴用品	101.1	112.4	111.9	110.0	101.7	95.5
母婴洗护喂养用品	101.5	112.1	115.4	115.5	103.9	97.3
其他母婴用品	100.2	113.2	104.2	98.5	96.7	91.7
(3)其他杂项用品	99.0	101.1	99.8	99.5	100.3	97.3
箱包	98.5	101.7	99.8	99.5	100.8	96.1
眼镜	100.0	99.8	99.8	99.6	99.4	99.7
2.其他服务	102.7	101.8	102.6	102.7	102.7	102.7
(1)在外住宿	103.5	103.0	102.8	103.0	103.2	102.8
宾馆住宿	104.6	103.3	103.1	103.8	104.1	103.5
其他住宿	100.9	102.1	102.1	101.3	101.2	101.4
(2)美容美发洗浴	105.8	103.1	105.6	105.8	106.1	105.9
美容	100.6	100.2	100.4	100.4	100.6	100.6
美发	104.0	99.4	103.1	103.4	104.3	104.3
洗浴	112.5	111.2	113.6	113.6	113.0	112.3
(3)养老服务	102.7	102.6	103.0	103.3	102.8	102.8
养老服务	102.7	102.6	103.0	103.3	102.8	102.8
(4)金融及保险服务	100.9	100.7	100.7	100.7	100.7	100.7
金融服务	100.0	100.0	100.0	100.0	100.0	100.0
车辆保险	100.0	100.0	100.0	100.0	100.0	100.0
旅行保险	100.0	100.0	100.0	100.0	100.0	100.0
其他保险	103.8	103.2	103.2	103.2	103.2	103.2
(5)中介法律及其他服务	100.0	100.0	100.0	100.0	100.0	100.0
中介服务	100.1	100.1	100.1	100.1	100.1	100.1
法律服务	100.0	100.0	100.0	100.0	100.0	100.0
其他杂项服务	100.0	100.0	100.0	100.0	100.0	100.0

6月	7月	8月	9月	10月	11月	12月
98.7	98.7	98.7	98.7	98.7	98.9	98.9
98.7	98.7	98.7	98.7	98.7	98.9	98.9
107.7	107.7	107.5	107.5	107.5	108.1	108.1
107.7	107.7	107.5	107.5	107.5	108.1	108.1
100.3	100.3	100.6	100.6	100.6	100.8	100.8
100.3	100.3	100.6	100.6	100.6	100.8	100.8
102.0	103.3	103.8	104.4	104.5	104.5	104.3
101.4	103.7	104.6	105.4	105.5	105.9	105.5
106.2	107.4	109.3	111.0	111.2	110.0	109.9
109.4	111.3	114.0	116.7	117.1	115.4	115.0
99.5	99.4	99.4	100.1	100.2	100.0	100.5
100.0	100.2	100.6	100.2	99.2	98.1	98.7
99.3	99.3	99.2	99.1	99.2	98.9	99.1
91.3	99.2	97.5	99.0	97.6	100.2	100.9
90.3	100.0	97.1	97.1	94.4	100.0	100.6
93.7	97.3	98.5	103.4	105.4	100.8	101.8
97.7	98.5	99.0	97.5	98.6	100.3	98.7
96.8	97.9	98.5	96.0	97.3	100.2	97.7
99.5	99.7	100.1	100.5	101.2	100.7	100.7
102.8	102.8	102.8	103.1	103.2	102.7	102.8
103.5	104.0	103.5	103.9	104.4	103.9	103.6
104.2	105.3	105.0	105.5	106.5	105.8	105.4
101.7	101.1	100.1	100.3	99.8	99.7	99.6
106.1	106.1	106.1	105.8	106.7	106.2	106.3
100.6	100.6	100.6	100.3	101.1	101.1	101.1
104.6	104.6	104.6	104.4	106.1	104.9	104.9
112.6	112.7	112.7	112.4	111.9	111.9	112.4
103.3	103.3	103.3	103.3	102.9	101.2	101.2
103.3	103.3	103.3	103.3	102.9	101.2	101.2
100.7	100.7	100.7	101.5	101.2	101.1	101.1
100.0	100.0	100.0	100.0	100.0	100.0	100.0
100.0	100.0	100.0	100.0	100.0	100.0	100.0
100.0	100.0	100.0	100.0	100.0	100.0	100.0
103.2	103.2	103.2	106.2	105.2	104.6	104.6
100.0	100.0	100.0	100.0	100.0	100.0	100.0
100.1	100.1	100.1	100.1	100.1	100.1	100.0
100.0	100.0	100.0	100.0	100.0	100.0	100.0
100.0	100.0	100.0	100.0	100.0	100.0	100.0

4－7 居民消费价格

（上月＝100）

类　别	1月	2月	3月	4月	5月
总指数	**100.5**	**99.7**	**99.9**	**99.7**	**99.7**
一、食品烟酒	101.8	99.0	99.7	98.9	99.2
1. 食品	102.5	98.5	99.5	98.5	98.9
（1）粮食	100.1	100.0	99.8	99.5	99.4
大米	99.9	100.0	100.1	99.6	99.4
面粉	100.1	99.8	99.4	98.5	98.5
其他粮食	100.3	100.0	100.0	99.7	99.8
粮食制品	100.2	100.1	99.9	99.8	99.8
（2）薯类	109.5	103.8	99.9	102.3	103.7
薯类	109.5	103.8	99.9	102.3	103.7
（3）豆类	101.0	100.3	99.5	99.7	100.3
干豆	100.5	100.2	100.1	99.9	99.5
豆制品	101.1	100.3	99.5	99.7	100.3
（4）食用油	99.9	100.6	100.0	99.6	100.0
食用植物油	100.0	100.7	100.1	99.6	100.0
食用动物油	95.4	95.6	97.1	98.0	98.9
（5）菜及食用菌	122.5	97.6	95.8	91.1	96.2
鲜菜	124.6	97.4	95.7	90.0	95.4
鲜菌	119.3	98.0	92.7	98.4	104.5
干菜干菌及制品	100.8	100.2	100.0	100.0	99.9
（6）畜肉类	91.1	94.3	99.2	97.9	99.2
猪肉	83.5	88.9	98.7	96.1	98.9
牛肉	100.5	99.0	99.7	99.7	99.2
羊肉	100.1	99.7	99.7	99.5	99.5
其他畜肉及副产品	95.3	96.6	97.7	98.1	98.9
畜肉制品	99.6	99.9	99.7	99.7	100.0
（7）禽肉类	100.7	100.0	99.9	99.9	100.1
鸡	101.1	100.0	99.8	99.8	99.6
鸭	100.7	99.0	99.5	99.9	102.7
其他禽肉及制品	99.9	100.2	100.0	100.2	100.7
（8）水产品	102.5	99.5	99.6	99.4	100.0
淡水鱼	100.7	97.9	98.6	98.1	102.4
海水鱼	101.1	99.3	99.6	100.5	100.2
虾蟹类	110.1	101.0	100.1	100.9	95.3
其他水产品及制品	100.9	101.8	101.1	100.3	99.5
（9）蛋类	97.7	93.0	100.7	99.9	97.6
鸡蛋	97.4	92.2	100.8	99.8	97.3
其他蛋及制品	100.1	100.2	99.9	100.1	100.2
（10）奶类	100.4	99.9	99.7	99.9	99.8
鲜奶	99.6	99.6	99.3	99.3	99.7
酸奶	100.1	100.1	99.9	100.0	99.9
奶粉	101.7	100.1	100.2	100.6	99.7

分月环比指数(2023年)

6月	7月	8月	9月	10月	11月	12月
99.8	**99.9**	**100.3**	**100.3**	**99.8**	**99.5**	**100.4**
99.6	99.1	100.7	100.4	99.2	98.9	101.6
99.4	98.6	101.1	100.6	98.7	98.5	102.2
100.2	99.9	100.2	100.6	100.1	99.9	100.0
100.4	100.3	100.5	100.7	100.2	99.8	100.1
100.7	99.7	100.5	101.0	100.1	99.8	100.1
99.8	99.8	99.8	100.5	100.2	100.0	100.1
99.9	99.8	100.0	100.3	100.0	100.0	100.0
95.5	97.9	99.8	92.7	90.0	90.3	99.5
95.5	97.9	99.8	92.7	90.0	90.3	99.5
99.9	99.8	100.3	100.3	100.0	99.7	99.9
99.5	99.3	99.4	100.4	100.0	100.6	99.9
100.0	99.8	100.4	100.3	100.0	99.6	99.9
98.4	98.7	99.4	98.7	99.8	100.2	99.7
98.4	98.7	99.4	98.6	99.8	100.2	99.7
99.7	98.1	101.1	100.8	100.8	98.6	99.6
106.1	97.8	100.7	103.7	95.6	93.2	113.0
106.9	97.4	100.1	104.8	96.1	92.4	114.7
101.4	100.8	110.6	94.4	83.4	96.1	105.1
100.1	100.1	100.2	100.1	100.0	99.9	100.0
98.4	99.0	106.0	100.5	98.0	97.1	100.5
99.0	99.9	113.3	100.4	96.4	94.3	100.8
96.1	96.6	100.3	101.5	100.0	99.6	100.4
98.2	98.1	99.6	99.9	98.8	98.9	101.3
98.9	99.4	101.4	100.9	99.4	99.2	98.5
99.4	99.7	99.7	100.0	99.7	100.0	100.0
99.5	99.3	100.3	100.3	99.6	99.4	100.0
99.0	99.0	100.3	100.2	99.1	99.1	100.0
100.6	97.7	100.8	101.4	99.8	98.6	98.7
100.1	100.2	100.1	100.1	100.4	100.0	100.2
99.4	99.4	100.3	100.3	99.6	98.3	99.9
103.3	100.2	99.6	99.6	100.0	97.4	98.7
99.3	99.9	100.3	100.4	100.4	99.9	100.5
89.3	95.9	103.2	100.5	97.2	97.0	103.4
100.1	99.8	99.7	101.6	100.4	100.3	99.8
96.0	99.1	111.7	104.0	93.4	96.9	100.1
95.6	99.0	113.0	104.4	92.7	96.7	100.1
99.7	99.9	100.6	100.6	100.3	99.2	100.0
99.9	99.9	99.4	100.1	100.0	99.7	100.6
99.9	100.3	99.5	100.2	99.8	99.8	101.0
99.7	99.6	98.2	100.5	99.6	100.1	100.6
100.0	99.7	100.0	99.8	100.2	99.5	100.3

4－7 续表1

（上月＝100）

类　别	1月	2月	3月	4月	5月
其他奶制品	100.3	100.2	99.3	100.1	100.2
(11)干鲜瓜果类	109.0	101.7	101.5	100.8	97.4
鲜果	110.9	102.0	101.7	100.8	96.8
坚果	100.8	100.5	100.5	101.3	100.6
瓜果制品	100.5	99.5	100.1	99.7	99.9
(12)糖果糕点类	100.1	99.8	100.1	100.3	100.2
食糖	99.9	99.4	100.7	100.7	101.3
糖果	99.5	99.5	100.2	100.3	100.6
糕点	100.3	99.8	100.1	100.3	100.0
其他糖果糕点	100.2	100.0	100.0	99.9	100.0
(13)调味品	100.1	99.5	100.2	99.4	99.9
食用盐	99.9	99.8	99.6	100.1	99.7
酱油	99.6	99.6	99.8	98.3	100.3
食醋	100.8	99.8	100.0	100.2	99.3
增味剂	100.1	100.1	101.0	99.9	99.7
其他调味品	100.4	98.9	100.4	99.7	100.0
(14)其他食品类	100.4	99.6	100.2	99.3	99.6
方便食品	100.1	99.3	100.3	99.1	99.8
淀粉及制品	101.0	100.3	100.3	99.4	99.8
其他食品	100.4	99.5	99.9	100.0	98.5
2.茶及饮料	100.4	99.9	99.7	99.8	100.0
茶叶	101.7	99.3	100.2	100.4	99.8
固体咖啡	99.6	100.7	99.8	100.3	101.1
其他固体饮料	100.2	99.5	99.7	100.0	99.7
饮用水	99.6	100.1	100.0	98.6	100.4
果汁饮料	101.1	100.0	100.3	99.6	99.1
其他液体饮料	99.8	100.2	99.1	99.7	100.1
3.烟酒	100.0	100.2	100.2	99.7	100.5
(1)卷烟	100.4	100.2	100.2	100.1	100.6
卷烟	100.4	100.2	100.2	100.1	100.6
(2)酒类	99.4	100.2	100.1	99.3	100.3
白酒	99.6	100.2	100.1	99.5	100.3
葡萄酒	99.7	99.1	100.6	98.7	100.3
啤酒	99.3	100.9	100.5	98.9	100.2
其他酒类	98.3	100.3	99.8	99.6	100.2
4.在外餐饮	100.3	99.8	100.3	100.1	99.8
餐馆餐饮	100.1	100.3	100.3	100.2	100.0
饮品店餐饮	99.9	100.2	100.0	99.9	100.0
外卖	101.4	98.3	100.3	99.7	98.9
其他在外餐饮	100.1	99.8	100.2	100.0	100.2
二、衣着	99.8	99.7	100.1	100.0	100.2
1.服装	99.8	99.7	100.1	100.0	100.2

6月	7月	8月	9月	10月	11月	12月
100.1	99.5	99.0	99.5	100.8	98.8	100.3
95.9	94.7	95.5	98.6	102.7	102.9	103.5
95.0	93.5	94.5	98.2	103.5	103.8	104.5
100.3	100.3	99.9	100.3	99.9	99.0	99.3
99.7	100.0	100.2	100.2	99.6	99.2	100.3
100.1	100.0	100.1	100.2	99.8	100.2	100.2
101.3	102.0	101.1	101.0	101.3	100.1	100.2
100.2	100.0	100.2	100.1	99.9	99.7	100.0
100.0	99.6	99.9	100.1	99.5	100.4	100.3
99.8	100.4	99.8	99.7	100.5	100.0	100.2
99.7	99.7	99.6	99.8	99.8	99.9	100.4
100.0	99.8	99.2	100.7	99.9	99.6	100.0
99.7	98.9	100.0	100.0	99.8	99.6	100.8
99.4	100.1	98.5	99.9	99.2	99.8	99.6
100.1	99.8	99.2	99.1	101.2	100.2	100.4
99.7	100.3	99.9	99.7	99.4	100.1	100.5
100.9	99.9	99.4	100.5	100.1	99.5	100.4
101.4	100.1	99.2	100.6	100.1	99.6	100.1
99.8	99.5	99.8	100.1	100.6	99.6	101.0
100.7	99.9	99.6	100.8	99.5	99.3	100.6
100.1	99.1	100.2	100.0	100.2	99.7	100.7
100.2	99.5	99.3	101.3	100.1	99.7	100.7
100.7	100.4	99.0	99.3	100.6	99.5	100.6
99.3	100.5	98.5	100.7	100.0	100.0	100.2
99.8	100.0	99.3	100.0	99.9	99.7	101.2
100.9	100.3	100.0	99.7	99.9	99.5	100.9
100.2	98.3	101.3	99.3	100.3	99.7	100.6
100.1	100.2	99.9	100.0	100.3	100.0	100.3
100.2	100.1	100.0	100.1	100.1	100.0	100.4
100.2	100.1	100.0	100.1	100.1	100.0	100.4
100.0	100.4	99.7	99.8	100.5	100.0	100.2
99.8	100.5	99.7	99.8	100.5	100.1	100.0
99.8	99.3	99.4	99.9	100.9	99.7	99.8
100.8	100.9	100.1	99.8	100.5	99.8	100.7
100.2	99.6	100.2	100.0	99.6	98.8	101.0
99.9	100.2	99.9	100.2	100.2	99.7	100.2
100.0	100.1	100.0	100.0	100.1	99.7	100.0
100.1	100.1	100.1	99.9	100.1	99.8	100.2
99.4	100.4	99.3	101.3	100.7	99.3	99.9
100.0	100.1	100.0	100.0	100.0	100.0	101.2
100.1	99.9	99.9	100.3	100.0	100.0	100.6
100.1	99.9	100.0	100.4	100.0	100.4	100.7

4－7 续表 2

（上月＝100）

类　　别	1 月	2 月	3 月	4 月	5 月
(1)男式服装	99.9	99.6	100.2	100.2	100.1
男式外套	99.7	99.4	100.3	100.1	100.0
男式针织衫	99.9	99.8	100.3	100.0	99.9
男式衬衫 T 恤	100.1	100.1	100.1	100.5	100.5
男式裤子	100.3	99.5	99.9	100.4	100.0
男式内衣	98.8	99.6	99.9	100.0	99.9
(2)女式服装	99.7	99.7	100.0	99.7	100.4
女式外套	99.5	99.4	100.2	99.8	99.9
女式针织衫	99.5	100.0	100.0	99.8	99.7
女式衬衫 T 恤	100.1	100.1	99.7	99.2	101.2
女式裤子	100.1	100.0	100.3	99.1	100.9
女式裙子	100.1	100.0	99.5	99.6	101.8
女式内衣	100.0	99.4	99.3	99.8	99.9
(3)儿童服装	99.8	99.6	100.2	100.2	100.1
婴儿服装	99.8	99.8	99.8	100.2	100.4
儿童上衣	99.7	99.1	100.5	100.4	99.7
儿童裤子	99.9	99.9	100.6	99.6	99.6
儿童裙子	100.0	99.5	99.6	100.9	101.0
儿童内衣	100.3	100.2	100.2	100.1	99.8
(4)衣着材料及配件	100.2	99.9	99.9	100.3	100.0
袜子	100.6	100.0	99.6	101.2	99.8
帽子	99.9	99.9	100.5	98.9	100.0
其他衣着材料及配件	99.9	99.8	99.9	100.1	100.4
(5)衣着服务费	100.5	100.0	99.8	100.2	100.1
衣着洗涤保养	100.4	100.0	99.7	100.1	100.1
其他衣着服务	100.6	100.0	100.1	100.2	100.0
2. 鞋类	99.7	99.9	100.5	100.1	100.2
(1)鞋	99.7	99.9	100.5	100.1	100.2
男鞋	99.5	100.0	100.4	100.1	100.0
女鞋	99.8	99.9	100.5	100.0	100.3
童鞋	100.0	99.6	100.5	100.2	100.3
(2)鞋类服务	101.3	100.0	101.4	100.0	100.0
鞋类服务	101.3	100.0	101.4	100.0	100.0
三、居住	100.0	100.1	100.0	100.0	99.9
1. 租赁房房租	99.9	100.1	99.9	99.9	100.0
公房房租	100.0	100.0	100.0	100.0	100.0
私房房租	99.9	100.2	99.9	99.9	100.0
2. 住房保养维修及管理	100.0	100.0	99.9	100.0	100.0
(1)住房装潢材料	100.0	100.0	99.9	99.9	99.8
木地板	100.0	100.0	99.8	100.2	100.1
瓷砖	99.9	100.0	99.9	99.6	99.9
水泥	100.1	100.2	99.6	99.3	99.3

6月	7月	8月	9月	10月	11月	12月
100.1	100.0	100.0	100.3	100.0	100.4	100.6
99.9	99.9	100.1	100.2	99.9	100.8	100.6
99.7	99.9	100.0	100.4	100.3	101.0	100.9
100.7	100.0	100.1	100.0	99.7	99.7	100.2
100.0	100.0	99.8	101.0	100.2	100.2	101.2
99.7	100.1	99.8	100.5	100.5	100.1	100.2
100.3	100.0	100.1	100.5	100.0	100.5	100.6
100.0	100.0	100.1	100.7	99.7	100.9	100.7
99.9	99.7	99.9	100.5	100.4	100.7	100.5
101.1	100.1	100.1	100.1	99.8	99.9	100.8
100.2	100.0	101.3	100.7	100.0	100.0	100.3
100.8	99.8	99.2	100.1	100.2	100.1	100.7
100.3	100.1	99.9	100.4	100.1	100.4	100.0
99.9	99.9	99.8	100.4	100.0	100.2	101.1
99.6	99.7	100.0	100.5	100.1	100.4	101.2
99.9	99.7	99.8	101.5	99.2	99.4	102.5
100.1	100.1	99.8	99.9	100.4	100.6	100.0
99.8	99.9	99.7	99.6	100.4	100.5	100.2
100.0	99.8	99.4	100.3	100.1	100.3	100.7
99.5	99.9	99.3	100.8	99.9	99.9	100.2
99.0	99.9	99.3	100.4	99.8	100.0	99.9
100.3	99.9	98.6	101.7	100.1	99.9	100.1
99.5	99.8	100.0	100.7	99.9	99.8	100.8
100.0	100.0	100.1	100.0	100.0	100.1	100.6
100.0	100.0	100.1	99.9	99.9	100.2	100.2
100.0	100.0	100.0	100.1	100.1	100.0	101.2
100.1	99.8	99.7	100.0	100.0	98.6	100.6
100.1	99.8	99.7	100.0	100.0	98.6	100.6
100.0	100.0	99.6	100.0	100.3	99.8	100.4
100.2	99.7	99.7	99.9	99.8	97.3	100.8
100.1	99.7	100.0	100.3	99.8	99.9	100.3
100.0	100.0	100.2	100.0	100.1	100.0	100.0
100.0	100.0	100.2	100.0	100.1	100.0	100.0
100.0	100.0	100.0	100.0	100.0	100.0	100.0
100.0	100.1	100.0	100.0	99.9	100.0	99.9
100.0	100.1	100.0	100.0	100.0	100.0	100.0
100.1	100.1	100.1	100.0	99.9	100.0	99.9
100.3	99.8	100.1	100.0	100.1	100.1	100.0
100.1	99.6	99.8	99.9	100.0	100.1	100.0
100.4	100.1	100.2	100.1	99.7	100.1	99.9
100.0	99.3	99.6	99.8	99.7	99.9	99.8
100.1	98.1	99.3	99.7	99.0	100.2	99.9

4－7 续表3

（上月＝100）

类　　别	1月	2月	3月	4月	5月
涂料	100.0	99.3	100.0	100.6	99.7
板材	100.0	100.2	99.9	100.1	100.0
管材	100.0	100.2	99.4	100.4	99.4
厨卫设备	100.0	99.9	100.0	99.7	99.7
门窗	100.0	100.0	100.0	99.9	99.9
其他住房装潢材料	100.0	100.0	99.9	100.3	100.1
（2）住房维修管理费用	100.1	100.1	100.0	100.1	100.3
物业管理费	100.0	100.0	100.0	100.0	100.0
装潢维修费	100.0	100.1	100.0	100.1	100.5
其他住房费用	100.4	100.0	100.0	100.0	100.1
3. 水电燃料	100.0	100.0	100.0	100.0	99.9
（1）水	100.0	100.0	100.0	100.5	100.0
水	100.0	100.0	100.0	100.5	100.0
（2）电	100.0	100.0	100.0	100.0	100.0
电	100.0	100.0	100.0	100.0	100.0
（3）燃气	100.0	99.9	100.0	99.9	99.5
管道燃气	100.0	100.1	100.0	100.0	100.0
液化石油气	99.9	99.9	100.1	99.8	99.1
（4）其他水电燃料类	100.0	99.9	100.0	100.0	99.9
其他水电燃料类	100.0	99.9	100.0	100.0	99.9
4. 自有住房	99.9	100.1	100.0	100.0	99.9
自有住房	99.9	100.1	100.0	100.0	99.9
四、生活用品及服务	99.8	100.0	99.3	99.9	100.1
1. 家具及室内装饰品	99.8	100.2	99.9	100.0	100.3
（1）家具	100.0	100.2	99.9	99.9	100.3
柜	99.9	100.9	99.9	100.0	100.6
床	100.0	99.9	99.9	99.8	100.2
桌	100.0	99.9	99.8	99.9	99.9
椅	100.0	99.8	100.0	100.6	100.2
沙发	100.0	99.7	100.0	99.7	100.0
其他家具	99.9	100.0	99.9	99.7	100.1
（2）室内装饰品	97.6	101.0	99.9	101.0	101.0
灯具	96.6	101.4	99.8	101.6	101.6
其他室内装饰品	99.8	100.1	100.2	99.7	99.7
2. 家用器具	100.3	99.9	100.5	99.2	99.3
（1）大型家用器具	100.4	100.0	100.6	99.1	99.2
洗衣机	100.7	101.7	99.7	99.4	100.5
电冰箱（柜）	100.1	100.4	99.0	100.5	99.1
抽油烟机	99.9	100.0	98.3	100.1	100.1
空调器	101.1	98.9	102.3	98.3	98.8
热水器	99.3	98.6	100.6	99.5	99.6
炉具灶具	100.0	101.6	100.6	98.1	96.7

6月	7月	8月	9月	10月	11月	12月
100.0	99.2	99.9	99.7	100.0	100.6	99.9
100.0	99.7	99.8	100.2	100.1	100.0	99.9
100.0	100.0	100.1	100.0	100.1	100.0	100.0
100.1	100.1	99.7	99.7	100.4	100.3	99.9
100.0	100.0	99.8	99.9	100.4	100.0	100.3
100.0	99.6	100.0	100.1	100.2	100.0	100.3
100.6	100.1	100.4	100.1	100.2	100.1	100.1
100.0	100.0	100.0	100.0	100.0	100.0	100.0
101.0	100.1	100.6	100.2	100.3	100.1	100.2
100.0	100.0	100.2	100.0	100.0	100.0	100.0
99.9	100.0	100.1	100.1	100.0	100.0	100.0
100.3	100.0	100.0	99.7	100.0	100.0	100.0
100.3	100.0	100.0	99.7	100.0	100.0	100.0
100.0	100.0	100.0	100.0	100.0	100.0	100.0
100.0	100.0	100.0	100.0	100.0	100.0	100.0
99.4	100.0	100.5	100.4	100.1	100.0	100.1
100.0	100.0	100.0	100.2	100.1	100.0	100.0
99.0	99.9	101.0	100.6	100.1	100.1	100.1
99.8	100.0	100.0	100.0	100.0	100.1	100.0
99.8	100.0	100.0	100.0	100.0	100.1	100.0
99.9	100.0	100.0	100.0	99.9	100.0	100.0
99.9	100.0	100.0	100.0	99.9	100.0	100.0
99.3	100.5	99.5	100.1	100.1	99.9	100.7
99.7	99.7	99.9	98.9	100.0	100.3	99.9
99.7	99.6	100.0	98.8	100.0	100.1	99.8
99.8	99.5	99.9	98.3	100.2	100.0	99.9
99.6	100.3	100.1	99.4	100.0	100.2	99.7
99.9	99.2	100.0	99.4	99.9	100.0	99.9
99.7	98.8	100.0	99.2	100.2	99.9	99.8
99.7	99.5	99.9	98.5	99.7	100.1	99.9
99.8	99.7	99.7	99.9	99.9	100.3	99.8
99.0	101.4	98.9	100.5	99.5	103.3	100.0
98.6	102.4	98.7	100.9	98.9	104.4	100.0
100.0	99.0	99.6	99.6	100.7	100.8	100.1
99.0	101.0	99.3	100.1	101.4	98.8	100.2
98.9	101.2	99.3	100.1	101.5	98.6	99.9
97.0	102.0	98.8	100.9	100.5	97.4	100.4
98.0	102.2	98.7	100.1	102.5	97.2	99.5
99.1	99.1	99.1	99.6	101.8	99.4	104.2
98.8	101.6	99.6	100.1	102.2	98.5	98.1
99.8	100.3	99.1	99.5	102.0	100.3	101.4
102.2	100.1	99.6	100.1	100.0	101.1	101.9

4-7 续表4

（上月=100）

类　　别	1月	2月	3月	4月	5月
吸尘器	96.6	105.2	100.1	98.7	100.4
空气净化器	99.8	101.9	98.2	99.0	100.8
净水器	100.7	99.5	98.9	98.4	99.1
其他大型家用器具	100.2	99.8	99.9	99.8	99.8
(2)小家电	99.9	99.6	99.8	99.6	99.7
厨房小家电	100.1	99.7	99.5	99.9	99.1
生活小家电	99.6	99.2	100.5	99.1	100.8
3.家用纺织品	100.1	99.9	99.8	99.9	100.0
(1)床上用品	100.1	100.0	99.8	99.9	100.0
被子	100.1	99.9	99.7	100.2	100.4
床单被套	100.0	100.1	99.9	99.7	99.9
其他床上用品	100.0	99.8	99.5	99.8	99.6
(2)窗帘门帘	100.0	100.0	99.9	100.0	99.9
窗帘门帘	100.0	100.0	99.9	100.0	99.9
(3)其他家用纺织品	100.1	99.3	99.4	99.9	100.0
其他家用纺织品	100.1	99.3	99.4	99.9	100.0
4.家庭日用杂品	99.8	99.8	98.9	98.6	100.6
(1)洗涤卫生用品	100.0	99.4	98.1	98.7	100.8
清洗用品	99.2	99.6	99.4	98.4	100.3
清洁用具	100.3	98.8	95.2	101.4	101.5
清洁用纸	100.9	99.4	97.2	98.6	101.2
(2)厨具餐具茶具	99.4	100.0	100.1	98.7	100.4
厨具	99.4	100.2	100.4	97.3	100.8
餐具	100.7	99.3	99.5	99.5	99.9
茶具	95.8	101.2	100.6	101.4	100.6
(3)其他家庭日用杂品	99.6	100.7	99.9	97.9	100.0
配电附件	98.7	101.9	99.9	95.6	100.7
雨具	99.5	102.4	99.6	99.0	98.2
其他日用杂品	100.8	98.8	99.9	100.5	99.7
5.个人护理用品	99.0	100.3	97.1	102.4	100.5
(1)化妆品	97.9	100.4	95.3	103.9	101.0
清洁化妆品	98.3	99.8	100.7	101.9	98.8
护肤化妆品	97.0	100.8	91.7	106.2	102.1
彩妆化妆品	99.8	100.1	100.3	100.3	100.0
化妆器具	100.2	100.0	99.4	100.7	99.6
(2)其他护理用品类	100.4	100.2	99.4	100.3	99.9
清洁类护理用品	100.4	98.9	98.5	101.2	99.6
护发美发用品	99.5	103.0	99.9	98.8	100.0
护理器具	101.6	101.0	102.0	99.8	100.7
其他护理用品	100.3	100.1	98.6	98.7	100.0
6.家庭服务	100.4	100.0	100.5	100.0	99.9
家政服务	100.4	100.0	100.1	100.0	100.2

6月	7月	8月	9月	10月	11月	12月
100.2	100.8	98.2	98.3	102.0	97.8	102.9
97.8	101.9	98.8	102.1	99.1	98.0	98.7
99.5	101.5	99.9	100.1	99.4	100.5	106.5
99.9	99.9	100.0	99.8	99.9	99.3	100.8
99.3	99.8	99.4	100.4	100.3	100.2	101.5
99.5	99.9	99.7	100.9	100.1	99.4	100.6
98.9	99.6	98.8	99.6	100.9	101.8	103.2
100.0	100.0	99.1	100.4	100.1	100.0	100.1
100.0	100.1	99.1	100.3	100.1	100.1	100.1
100.0	100.2	98.8	100.2	100.2	100.1	100.1
100.0	100.0	99.5	100.5	100.0	100.1	100.3
100.0	100.1	98.8	100.3	100.0	100.1	99.8
100.1	99.9	99.8	100.0	100.0	99.8	99.9
100.1	99.9	99.8	100.0	100.0	99.8	99.9
99.6	99.5	98.1	102.0	100.4	99.9	100.1
99.6	99.5	98.1	102.0	100.4	99.9	100.1
99.0	100.7	99.7	100.6	99.0	101.4	102.4
99.0	100.8	99.2	100.8	98.4	102.0	105.3
100.5	100.7	98.5	101.6	99.9	103.7	106.3
98.5	101.1	100.4	101.6	99.1	100.2	105.8
97.4	100.8	99.8	99.7	96.5	100.2	103.7
98.5	101.0	100.6	99.9	99.8	101.1	98.5
99.7	101.6	101.5	99.1	99.6	101.5	97.4
96.5	100.4	100.1	101.3	100.6	100.3	99.0
99.0	100.4	98.7	99.4	98.5	101.3	101.5
100.5	99.8	99.7	101.0	99.5	99.9	99.4
102.0	99.2	100.5	101.2	98.6	100.0	98.4
97.6	103.3	99.2	99.9	102.4	101.2	107.4
99.6	99.7	98.7	101.2	99.9	99.4	98.4
99.2	100.8	99.3	100.6	99.7	98.9	100.7
98.8	100.9	99.6	100.8	99.7	98.5	100.9
100.5	100.7	99.2	99.9	100.6	98.8	101.4
97.9	100.8	99.7	101.0	99.8	98.0	100.7
99.5	101.4	99.9	100.8	98.9	99.6	101.6
99.9	101.1	98.6	102.6	97.3	100.0	99.8
99.7	100.7	98.9	100.3	99.8	99.5	100.4
99.8	100.7	99.2	100.5	99.8	99.2	101.3
100.5	99.8	99.3	99.8	100.1	99.2	101.1
98.1	101.7	97.3	99.8	99.1	100.6	96.8
99.7	100.0	99.9	102.5	99.9	99.2	100.8
100.0	100.0	100.0	100.5	100.1	100.4	100.3
100.0	100.0	100.0	100.9	100.0	100.8	100.1

4－7 续表5

（上月＝100）

类　别	1月	2月	3月	4月	5月
母婴护理服务	100.4	100.0	100.1	99.9	99.2
家庭维修服务	100.2	100.1	101.3	99.9	100.0
其他家庭服务	100.8	99.9	100.0	100.0	100.0
五、交通通信	100.0	99.8	99.7	99.4	99.6
1. 交通	100.1	99.8	99.4	99.3	99.5
（1）交通工具	100.0	100.0	99.1	99.0	99.5
燃油小汽车	100.1	100.0	98.8	98.7	99.1
新能源小汽车	98.5	100.0	98.0	98.1	100.3
电动自行车	99.9	100.0	99.8	99.6	100.4
自行车	100.1	100.0	100.0	99.8	100.0
其他交通工具	100.1	100.1	100.0	99.8	100.0
（2）交通工具用燃料	97.6	100.9	99.8	98.4	99.7
汽油	97.6	100.9	99.8	98.4	99.7
柴油	97.5	101.1	99.7	98.2	99.7
其他车用能源	100.2	100.1	100.0	99.7	100.0
（3）交通工具使用和维修	100.7	99.6	99.9	100.2	99.8
停车费	100.0	100.0	100.0	100.1	100.0
车辆使用费	100.0	100.0	98.8	100.0	100.0
交通工具零配件	100.1	99.8	99.9	100.0	99.9
车辆修理与保养	101.1	99.4	100.2	100.3	99.7
（4）交通费	107.8	95.3	99.5	102.1	98.4
市内公共交通	101.2	99.1	100.0	100.0	100.0
出租汽车	103.0	98.1	100.0	100.0	100.3
飞机票	143.0	81.7	96.6	110.4	92.6
火车票	100.1	100.0	100.0	100.0	100.0
长途汽车	105.4	94.8	100.1	102.1	98.4
网约车	103.2	99.1	100.2	101.3	99.2
交通工具租赁费	102.1	98.8	100.1	100.1	99.4
其他交通费	101.3	99.3	99.8	100.0	99.8
2. 通信	99.8	99.9	100.3	99.8	99.8
（1）通信工具	99.3	99.6	100.8	99.6	99.5
电话机	99.3	99.5	100.9	99.6	99.5
其他通信工具及零配件	99.4	102.0	98.9	99.1	99.4
（2）通信服务	100.1	100.0	100.0	100.0	100.1
电话费	100.0	100.0	100.0	100.0	100.1
家庭宽带服务	100.9	100.0	100.0	100.0	100.0
其他通信服务	100.0	100.0	100.0	99.9	100.7
（3）邮递服务	100.1	100.0	100.0	100.0	99.9
邮递服务	100.1	100.0	100.0	100.0	99.9
六、教育文化娱乐	100.4	99.7	99.9	100.3	99.9
1. 教育	99.9	100.0	100.0	100.0	100.0
（1）教育用品	100.0	100.1	100.0	100.0	100.0

6月	7月	8月	9月	10月	11月	12月
100.1	99.9	99.8	100.1	100.1	100.2	100.0
100.0	100.0	100.0	100.0	100.3	100.1	100.9
100.0	100.2	100.0	101.0	100.0	100.2	99.9
99.6	100.6	101.0	100.1	100.3	99.0	98.9
99.5	100.8	101.4	100.2	100.4	98.7	98.2
99.5	99.5	99.9	99.2	100.0	99.7	99.2
99.4	99.3	99.9	98.8	99.9	99.6	98.8
98.7	99.4	99.7	100.2	99.3	99.9	99.2
99.7	99.8	100.0	99.9	100.3	99.7	99.8
99.9	100.1	100.1	99.5	100.2	100.1	99.9
99.9	100.1	99.8	99.9	100.2	99.9	100.2
98.7	101.9	104.9	102.4	101.8	97.2	95.4
98.7	101.9	104.9	102.4	101.8	97.2	95.3
98.6	102.1	105.3	102.6	101.9	96.9	95.0
100.0	100.0	99.8	100.0	100.1	100.1	100.3
100.4	100.0	99.9	99.9	100.2	99.9	100.1
100.0	100.0	100.1	100.0	100.0	100.0	100.0
101.7	100.0	100.0	100.0	100.0	100.0	100.0
99.7	99.8	99.8	100.4	100.0	99.7	100.3
100.0	100.0	99.8	99.8	100.3	99.8	100.2
100.5	104.5	99.1	97.8	98.3	98.0	100.8
100.0	100.0	100.0	100.0	100.0	100.0	100.0
101.0	100.0	100.3	100.0	100.0	100.0	100.0
101.6	128.5	94.7	81.3	97.0	87.4	104.5
100.0	100.0	100.0	100.6	99.7	100.0	100.0
100.4	100.0	100.6	105.1	94.6	100.0	100.6
99.9	100.4	99.9	101.7	98.4	99.9	100.5
101.8	99.0	100.0	100.8	100.2	99.5	100.4
100.0	99.8	99.9	99.9	100.0	100.0	100.0
100.1	100.0	99.9	99.9	99.8	99.6	100.8
100.2	100.0	99.6	99.8	99.4	98.9	102.2
100.2	100.1	99.6	99.9	99.3	98.9	102.3
100.4	98.6	99.3	99.0	101.0	99.6	98.9
100.0	100.0	100.0	100.0	100.0	100.0	100.0
100.0	100.0	100.0	100.0	100.0	100.0	100.0
100.0	100.0	100.0	100.0	100.0	100.0	100.0
100.0	100.2	100.0	100.0	100.0	100.0	100.0
99.9	100.0	100.1	100.0	100.0	100.0	100.0
99.9	100.0	100.1	100.0	100.0	100.0	100.0
99.8	100.4	100.1	101.1	100.1	99.7	100.1
100.0	100.1	100.1	101.6	100.0	100.0	100.0
100.0	100.0	100.1	100.7	100.0	100.1	100.1

4－7 续表6

（上月＝100）

类　　别	1月	2月	3月	4月	5月
工具书	100.0	100.0	100.0	100.1	100.0
教材	100.0	100.0	100.0	100.0	100.0
参考资料	100.2	100.3	100.0	100.2	100.1
其他教育用品	99.2	99.7	99.8	98.7	99.9
（2）教育服务	99.9	100.0	100.0	100.0	100.0
幼儿早期教育	100.0	99.9	100.0	99.9	100.3
学前教育	100.0	100.0	100.0	100.0	100.0
小学初中教育	100.1	99.9	100.0	100.0	100.0
高中中职教育	100.0	100.0	100.0	100.0	100.0
高等教育	100.0	100.0	100.0	100.0	100.0
课外教育	99.8	100.0	99.9	100.1	100.1
专业技能培训	99.7	99.5	100.1	100.1	100.0
其他教育服务	100.0	100.0	99.9	100.3	100.3
2. 文化娱乐	101.5	99.0	99.8	100.9	99.7
（1）文娱耐用消费品	99.5	99.9	99.7	99.3	99.5
电视机	99.7	99.8	99.6	99.3	99.9
照相机	100.0	99.7	99.8	102.7	103.3
台式计算机	99.7	100.2	100.0	97.4	98.9
笔记本电脑	98.0	99.1	99.7	99.1	99.7
平板电脑	98.5	100.7	100.2	98.8	99.0
乐器	100.1	99.9	100.2	99.9	100.8
音响	99.3	99.6	99.6	99.6	99.3
可穿戴智能设备	99.1	100.3	100.4	98.8	101.7
其他文娱耐用消费品	101.8	99.4	98.8	100.5	96.6
（2）其他文娱用品	100.3	100.2	99.8	100.0	99.9
书报杂志及音像制品	100.5	100.0	100.0	100.0	100.0
纸张文具	100.0	99.8	99.8	100.2	99.5
体育户外用品	99.4	101.7	99.9	99.9	102.0
游戏用品和玩具	100.5	100.2	99.6	100.1	99.5
园艺花卉及用品	100.8	100.3	100.0	99.5	99.5
宠物及用品	100.0	100.1	100.0	100.0	100.0
其他文化娱乐用品	99.9	99.9	99.9	100.1	99.9
（3）文化娱乐服务	101.7	99.3	99.3	100.1	99.6
电影及演出票	113.5	94.9	94.8	96.5	100.3
景点门票	99.6	100.1	99.7	101.4	98.6
电视服务	100.0	100.0	100.0	99.9	100.0
健身活动	100.0	100.1	99.8	100.1	100.9
宠物服务	100.8	99.4	100.0	100.1	100.0
网络文娱服务	102.5	98.5	99.6	101.2	98.2
儿童娱乐项目	101.3	99.8	99.9	100.0	100.1
其他文娱服务	102.8	100.0	100.0	100.0	100.0
（4）旅游	105.3	96.6	100.2	104.7	99.9

6月	7月	8月	9月	10月	11月	12月
100.0	100.0	100.0	100.3	99.9	100.2	100.0
100.0	100.0	100.0	100.7	100.0	100.0	100.5
100.0	100.1	100.1	101.0	100.0	100.0	100.1
99.5	99.0	100.2	99.6	100.1	100.0	99.8
100.0	100.1	100.1	101.7	100.0	100.0	100.0
99.8	99.9	100.1	99.5	100.2	100.0	100.0
99.9	100.0	100.5	101.5	100.0	100.0	100.0
100.0	100.0	100.0	102.4	100.0	100.0	100.0
100.0	100.0	100.0	107.7	100.1	100.0	100.0
100.0	100.0	100.0	100.2	100.0	100.0	100.0
100.1	100.7	100.1	100.9	100.0	100.0	100.0
99.6	99.4	99.5	100.9	99.9	99.9	99.9
100.0	100.0	100.0	99.9	100.0	100.0	100.0
99.3	101.1	100.3	99.7	100.2	98.9	100.2
98.6	99.6	100.1	99.7	99.9	99.8	100.3
99.4	99.9	99.4	99.9	99.8	99.6	100.2
97.1	100.3	99.5	98.2	101.5	97.9	98.9
99.2	98.5	102.8	99.4	100.0	100.0	100.0
100.0	98.4	104.2	99.5	100.7	100.4	99.4
95.8	98.9	99.2	99.7	98.6	100.0	104.4
100.0	100.5	99.2	100.6	100.2	99.3	100.8
99.8	101.5	99.8	99.9	99.9	100.0	98.9
98.1	102.3	101.0	100.1	99.1	98.9	100.8
98.4	100.4	96.1	99.5	100.5	100.0	96.0
99.8	100.3	99.6	100.2	99.8	99.3	100.4
100.0	100.1	100.0	100.1	100.0	100.0	100.0
100.4	99.9	99.7	100.6	99.9	99.9	99.9
101.0	100.6	99.9	100.9	100.7	98.7	98.4
98.8	101.0	99.3	99.8	98.9	97.7	102.2
99.2	99.4	99.2	99.8	100.4	100.2	100.7
99.8	99.6	99.8	100.2	100.0	99.8	100.6
100.0	100.1	99.6	99.9	100.2	99.7	99.7
99.8	100.7	99.9	100.6	100.5	98.9	100.3
97.7	106.3	101.7	99.9	100.4	98.2	99.7
100.3	99.3	99.4	100.5	102.5	96.8	99.5
100.0	100.0	100.0	100.0	100.0	100.0	100.0
100.2	100.0	100.1	100.8	100.3	99.2	100.6
100.0	100.2	100.0	100.0	100.0	99.7	100.3
99.1	103.2	98.6	102.4	97.5	101.1	104.2
99.9	100.4	100.1	101.9	100.1	99.6	99.7
100.2	99.9	100.0	100.0	100.5	100.0	100.0
99.1	104.0	101.3	98.7	100.6	97.7	100.0

4-7 续表7

（上月=100）

类　　别	1月	2月	3月	4月	5月
旅行社收费	105.9	96.3	100.2	105.0	100.1
其他旅游	100.3	100.1	99.8	101.7	98.2
七、医疗保健	100.1	100.1	100.3	100.2	100.0
1. 药品及医疗器具	100.4	100.2	100.2	99.9	100.1
(1)中药	100.7	100.3	100.7	100.1	100.9
中药材	100.8	100.1	101.1	100.3	101.3
中成药	100.7	100.4	100.6	100.1	100.8
(2)西药	100.4	100.3	100.2	100.0	99.6
抗微生物药	100.8	100.6	100.1	99.9	100.3
消化系统用药	100.4	100.1	100.3	99.4	99.3
呼吸系统用药	100.6	100.8	100.5	100.9	100.0
解热镇痛药	101.1	100.3	99.9	98.9	99.5
抗肿瘤药	100.1	100.0	100.0	99.7	99.7
激素及影响内分泌药	101.4	100.7	100.2	101.1	100.8
心血管系统用药	100.3	99.9	99.9	100.6	100.0
血液系统用药	99.8	100.3	99.9	99.4	98.7
治疗精神障碍药	100.0	100.1	100.0	100.4	97.8
神经系统用药	100.2	100.1	100.1	99.9	99.5
泌尿系统用药	100.3	99.8	100.3	101.7	100.0
维生素、矿物质类药	99.9	100.9	101.2	99.5	98.0
调节水、电解质及酸碱平衡药	100.4	100.6	100.3	99.6	98.5
其他西药	100.2	100.0	100.5	100.4	99.8
(3)滋补保健品	100.1	99.8	100.1	99.3	100.1
滋补保健品	100.1	99.8	100.1	99.3	100.1
(4)医疗卫生器具	100.3	100.1	99.7	99.6	100.1
医疗卫生器具	100.3	100.1	99.7	99.6	100.1
(5)保健器具	100.0	100.1	99.9	100.0	99.9
保健器具	100.0	100.1	99.9	100.0	99.9
2. 医疗服务	100.0	100.0	100.3	100.3	100.0
(1)综合医疗类	100.0	100.0	99.7	101.4	100.1
一般医疗服务	100.0	100.0	99.1	100.6	100.0
一般治疗操作	100.0	100.0	100.6	101.0	100.2
护理	100.0	100.0	98.6	104.1	100.0
其他综合医疗服务	100.0	100.0	100.0	100.0	100.0
(2)诊断类	100.0	100.0	100.3	100.0	100.0
病理学诊断	100.0	100.0	99.4	100.4	100.0
实验室诊断	100.0	100.0	100.9	100.0	100.0
影像学诊断	100.0	100.0	100.1	100.0	100.0
临床诊断	100.0	100.1	98.7	100.2	100.0
(3)治疗类	100.0	100.0	100.0	100.1	100.0
临床手术治疗	100.0	100.0	100.0	100.1	100.0
临床非手术治疗	100.0	100.0	100.0	100.0	100.0

6月	7月	8月	9月	10月	11月	12月
99.1	104.4	101.4	98.5	100.6	97.4	100.0
99.9	100.4	100.2	100.1	100.2	100.1	100.1
100.1	100.0	100.0	100.1	100.0	100.2	100.1
100.3	100.0	99.9	100.2	100.1	100.3	100.4
101.2	100.6	100.7	100.9	100.5	101.1	100.7
101.1	101.8	102.8	102.6	100.4	101.9	102.0
101.3	100.2	100.0	100.3	100.5	100.8	100.2
100.0	99.9	100.1	100.0	99.8	100.2	100.0
100.1	99.7	99.8	99.9	100.1	101.1	99.9
99.2	99.7	100.5	99.8	99.5	100.2	100.1
100.0	100.3	99.8	99.8	100.1	100.9	99.8
101.4	100.6	99.8	101.4	100.0	100.4	99.9
99.8	99.9	99.8	100.0	98.9	99.6	99.7
99.9	100.2	100.3	100.1	100.2	100.5	100.1
100.1	99.9	100.0	100.0	100.0	100.4	100.2
100.6	99.7	99.8	99.9	100.0	99.0	100.0
99.6	100.1	100.6	99.9	99.9	100.1	99.8
99.8	100.2	101.0	100.2	99.9	99.2	99.7
100.4	100.8	99.7	100.0	100.1	100.4	99.8
100.3	100.1	100.5	100.2	100.1	99.8	100.7
99.0	99.6	100.0	100.1	99.9	100.5	100.3
100.6	99.4	99.5	99.9	99.9	100.2	100.0
100.1	99.5	98.8	99.6	100.1	99.2	101.0
100.1	99.5	98.8	99.6	100.1	99.2	101.0
99.5	99.8	98.9	99.9	100.2	100.0	100.3
99.5	99.8	98.9	99.9	100.2	100.0	100.3
100.0	100.0	99.4	100.0	100.0	100.0	100.1
100.0	100.0	99.4	100.0	100.0	100.0	100.1
100.0	100.0	100.0	100.0	100.0	100.2	100.0
100.1	100.0	100.0	100.0	100.0	100.0	100.0
100.3	100.0	100.1	100.0	100.0	100.0	100.0
100.0	100.0	100.0	100.0	100.0	100.0	100.0
100.0	100.0	100.0	100.0	100.0	100.0	100.0
100.0	100.0	100.0	100.0	100.0	100.0	100.0
100.0	100.0	100.0	100.0	100.0	100.0	100.0
100.0	100.0	100.0	100.0	100.0	100.2	100.0
100.0	100.0	100.0	100.0	100.0	100.0	100.0
100.0	100.0	100.0	100.0	100.0	100.0	100.0
100.0	100.0	100.0	100.0	100.0	100.2	100.0
100.0	100.0	100.0	100.0	100.0	100.6	100.0
100.0	100.0	100.0	100.0	100.0	100.4	100.0
100.0	100.0	100.0	100.0	100.0	101.0	100.1

4-7 续表8

（上月=100）

类　别	1月	2月	3月	4月	5月
（4）康复类	100.0	100.0	99.6	100.0	100.2
康复医疗	100.0	100.0	99.6	100.0	100.2
（5）中医医疗服务类	100.0	100.0	103.5	100.3	100.0
中医治疗	100.0	100.0	103.5	100.3	100.0
（6）其他医疗保健服务	100.0	100.0	101.1	100.0	100.0
其他医疗保健服务	100.0	100.0	101.1	100.0	100.0
八、其他用品及服务	101.0	99.8	100.6	101.4	99.5
1. 其他用品	101.0	100.1	101.1	101.1	100.3
（1）首饰手表	101.7	99.7	101.7	102.8	101.0
金饰品	102.1	100.1	102.4	103.6	101.5
银饰品	99.1	101.0	100.5	100.0	100.0
铂金饰品	102.7	95.9	100.6	103.5	100.7
手表	100.1	99.9	100.0	100.1	99.6
（2）母婴用品	99.9	101.7	100.0	97.7	99.8
母婴洗护喂养用品	99.6	101.9	99.8	96.9	99.8
其他母婴用品	100.5	101.2	100.3	99.5	99.8
（3）其他杂项用品	100.2	99.9	100.5	99.8	98.8
箱包	100.3	99.9	100.7	99.8	98.2
眼镜	100.0	100.0	100.1	99.8	100.3
2. 其他服务	101.1	99.6	100.1	101.8	98.7
（1）在外住宿	101.3	99.6	101.1	117.1	88.5
宾馆住宿	100.9	100.1	101.6	115.8	88.4
其他住宿	102.2	98.5	100.0	120.0	88.7
（2）美容美发洗浴	102.9	98.7	100.1	100.1	100.1
美容	100.7	99.5	99.9	99.8	100.2
美发	102.5	98.9	100.3	100.3	100.1
洗浴	105.4	97.8	99.8	100.1	100.0
（3）养老服务	100.0	100.2	99.9	99.7	100.0
养老服务	100.0	100.2	99.9	99.7	100.0
（4）金融及保险服务	100.0	100.0	100.0	100.0	100.0
金融服务	100.0	100.0	100.0	100.0	100.0
车辆保险	100.0	100.0	100.0	100.0	100.0
旅行保险	100.0	100.0	100.0	100.0	100.0
其他保险	100.1	100.0	100.0	100.0	100.0
（5）中介法律及其他服务	100.0	100.0	100.0	100.0	100.0
中介服务	100.0	100.0	100.0	99.9	100.1
法律服务	100.0	100.0	100.0	100.0	100.0
其他杂项服务	100.0	100.0	100.0	100.0	100.0

6月	7月	8月	9月	10月	11月	12月
100.0	100.0	100.0	100.0	100.0	100.1	100.0
100.0	100.0	100.0	100.0	100.0	100.1	100.0
100.0	100.0	100.0	100.0	100.0	100.2	100.0
100.0	100.0	100.0	100.0	100.0	100.2	100.0
100.0	100.0	100.0	100.0	100.0	100.1	100.0
100.0	100.0	100.0	100.0	100.0	100.1	100.0
99.6	100.6	99.9	100.5	100.2	99.7	100.4
99.6	101.0	99.8	100.7	99.9	99.9	100.8
99.5	100.4	100.8	101.2	99.7	100.3	100.9
99.7	100.7	101.2	101.7	99.7	100.6	100.9
100.2	100.3	100.1	99.2	100.5	100.0	100.2
97.4	98.8	99.2	100.1	98.1	99.5	101.7
99.9	100.0	100.1	99.9	100.3	99.5	100.6
98.2	103.0	98.2	100.8	98.9	99.6	101.5
97.7	104.4	97.6	100.1	98.1	100.8	102.0
99.3	100.0	99.6	102.3	100.7	96.8	100.3
100.7	101.1	98.6	99.6	101.0	99.5	100.0
100.6	101.8	98.0	99.2	101.4	99.3	100.0
101.1	99.6	99.8	100.3	100.1	99.8	100.0
99.7	100.2	100.0	100.3	100.6	99.5	99.9
96.8	100.7	100.7	100.5	103.4	94.6	99.3
98.1	101.1	101.1	100.8	102.9	94.4	99.4
93.9	99.9	100.0	99.9	104.4	95.0	99.1
99.9	100.0	100.1	99.7	100.7	100.0	99.8
100.0	100.1	100.0	99.2	100.6	100.0	99.7
100.0	100.2	100.1	99.6	100.7	99.7	99.7
99.7	99.8	100.0	100.3	100.8	100.4	100.1
100.6	100.0	100.0	99.5	100.1	100.4	100.3
100.6	100.0	100.0	99.5	100.1	100.4	100.3
99.9	100.3	99.7	101.1	100.0	100.0	100.0
100.0	100.0	100.0	100.0	100.0	100.0	100.0
99.8	100.0	99.3	100.0	100.0	100.0	100.0
100.0	100.0	101.6	100.0	100.0	100.0	100.1
100.0	101.2	100.0	104.4	100.0	100.0	100.0
100.0	100.0	100.0	100.0	100.0	100.0	100.0
100.0	100.0	100.0	100.0	100.0	100.0	100.0
100.0	100.0	100.0	100.0	100.0	100.0	100.0
100.0	100.0	100.0	100.0	100.0	100.0	100.0

4-8 城市居民消费价格

（上月=100）

类　别	1月	2月	3月	4月	5月
总指数	**100.6**	**99.6**	**99.8**	**99.7**	**99.7**
一、食品烟酒	102.0	98.8	99.7	99.0	99.1
1.食品	102.8	98.3	99.5	98.5	98.7
(1)粮食	99.9	100.0	99.8	99.5	99.5
大米	99.6	100.0	100.0	99.8	99.4
面粉	99.9	99.8	99.1	98.7	99.0
其他粮食	100.4	100.2	100.0	99.5	99.7
粮食制品	100.0	100.0	99.9	99.7	99.6
(2)薯类	108.6	102.8	100.7	104.5	102.9
薯类	108.6	102.8	100.7	104.5	102.9
(3)豆类	100.5	100.4	100.0	99.9	100.3
干豆	100.6	100.3	100.2	100.2	99.8
豆制品	100.5	100.4	100.0	99.9	100.4
(4)食用油	99.8	100.9	100.1	99.5	100.0
食用植物油	99.9	101.0	100.1	99.5	100.0
食用动物油	96.4	95.6	99.0	98.8	98.6
(5)菜及食用菌	122.3	96.3	95.5	92.1	96.3
鲜菜	124.2	95.9	95.3	90.9	95.4
鲜菌	119.4	98.3	94.2	100.3	105.5
干菜干菌及制品	100.6	100.2	100.0	99.9	99.9
(6)畜肉类	91.9	94.2	99.0	98.4	99.2
猪肉	84.5	88.2	98.2	97.0	98.9
牛肉	100.2	99.4	99.8	99.8	99.1
羊肉	99.9	99.9	99.9	99.5	99.3
其他畜肉及副产品	94.1	97.1	98.6	97.6	98.7
畜肉制品	99.3	99.7	99.5	99.5	100.0
(7)禽肉类	100.5	100.0	100.0	99.7	99.8
鸡	100.8	100.1	100.1	99.5	99.4
鸭	100.8	99.2	99.3	99.5	100.2
其他禽肉及制品	99.8	100.1	99.9	100.1	100.5
(8)水产品	102.6	99.1	100.0	99.3	99.9
淡水鱼	100.1	97.2	99.2	97.7	102.4
海水鱼	101.3	99.5	99.6	100.2	100.0
虾蟹类	110.5	100.7	100.1	100.8	95.3
其他水产品及制品	101.2	101.9	102.1	100.5	99.4
(9)蛋类	97.1	93.4	101.0	99.8	97.5
鸡蛋	96.9	92.7	101.1	99.8	97.2
其他蛋及制品	100.1	100.3	100.0	99.9	100.3
(10)奶类	100.4	100.0	99.5	99.9	99.8
鲜奶	99.3	99.6	99.0	99.1	99.7
酸奶	100.1	100.1	99.7	100.0	99.9
奶粉	102.5	100.5	100.1	101.0	99.8

分月环比指数(2023 年)

6 月	7 月	8 月	9 月	10 月	11 月	12 月
99.7	**99.9**	**100.2**	**100.3**	**99.8**	**99.5**	**100.4**
99.6	99.0	100.5	100.3	99.2	99.0	101.7
99.4	98.4	100.8	100.4	98.7	98.6	102.4
100.1	99.7	100.2	100.5	100.1	100.0	100.1
100.4	100.0	100.6	100.4	100.1	100.1	100.2
100.0	99.2	100.1	100.9	100.3	99.8	100.1
99.7	99.7	100.1	100.6	100.1	100.2	99.9
100.0	99.8	100.1	100.4	100.0	100.0	100.0
95.5	96.6	98.5	93.7	92.3	90.0	100.4
95.5	96.6	98.5	93.7	92.3	90.0	100.4
99.8	99.6	100.2	100.1	100.0	100.2	99.9
99.5	99.6	99.3	100.4	99.9	100.9	99.9
99.9	99.6	100.3	100.1	100.0	100.1	100.0
98.0	98.5	99.1	98.8	100.0	100.5	99.4
98.0	98.5	99.1	98.7	100.0	100.5	99.4
99.5	98.1	102.1	100.0	100.4	98.6	99.4
105.6	97.1	101.0	103.5	95.6	93.8	114.0
106.4	96.6	100.3	104.7	96.3	93.2	115.8
100.7	101.0	111.4	92.9	82.8	95.9	105.3
100.1	100.1	100.2	100.0	99.8	99.9	100.0
98.6	98.9	105.1	100.0	98.2	97.4	100.2
99.2	99.4	112.1	99.7	96.7	94.9	100.2
96.5	97.2	100.6	100.7	99.8	99.4	100.3
98.3	98.2	99.5	99.7	98.7	98.9	101.1
98.7	99.5	101.0	100.8	99.1	98.9	98.4
99.9	100.0	99.7	100.0	99.8	100.0	99.9
99.2	99.6	100.2	100.2	99.5	99.5	99.9
98.7	99.2	100.3	100.2	99.2	99.3	99.9
99.3	99.7	99.7	100.4	100.3	99.6	99.5
100.1	100.1	100.1	100.0	100.0	99.9	99.9
99.3	99.1	100.4	100.2	99.3	98.1	100.2
103.7	100.1	99.4	99.4	99.6	97.4	98.7
99.1	99.7	100.3	100.3	100.3	99.9	100.7
89.8	95.9	103.7	100.3	97.2	96.7	103.7
99.7	99.5	99.5	101.8	100.0	99.9	99.7
95.9	99.5	110.6	104.0	93.4	97.5	100.1
95.4	99.5	111.8	104.4	92.7	97.3	100.1
99.8	99.9	100.6	100.5	100.0	99.1	100.2
99.9	99.8	99.1	100.1	100.0	99.4	100.9
99.9	100.4	98.9	100.5	99.8	99.5	101.5
99.7	99.8	98.3	100.6	99.4	100.1	100.8
99.8	99.2	100.1	99.4	100.2	99.1	100.4

4－8 续表 1

（上月＝100）

类 别	1 月	2 月	3 月	4 月	5 月
其他奶制品	99.0	100.5	99.1	100.1	100.4
(11)干鲜瓜果类	109.2	101.8	101.9	100.1	97.3
鲜果	111.2	102.2	102.2	99.9	96.7
坚果	100.4	100.2	100.3	101.0	100.3
瓜果制品	100.7	99.2	100.5	99.9	99.6
(12)糖果糕点类	100.1	99.9	100.3	100.3	100.1
食糖	99.8	101.4	100.4	101.1	100.8
糖果	99.8	99.8	100.3	100.1	100.5
糕点	100.2	99.8	100.4	100.3	99.9
其他糖果糕点	100.0	99.9	99.9	100.0	100.5
(13)调味品	99.8	99.2	100.2	99.0	99.8
食用盐	99.8	99.7	99.4	100.2	99.7
酱油	99.1	99.2	99.7	97.3	100.2
食醋	100.7	99.5	99.8	100.2	98.8
增味剂	100.0	100.0	100.4	100.1	100.0
其他调味品	100.0	98.6	100.9	99.4	99.9
(14)其他食品类	100.4	99.4	100.3	99.0	99.3
方便食品	100.0	99.1	100.5	98.5	99.5
淀粉及制品	101.2	100.1	100.1	99.3	99.6
其他食品	100.4	99.2	99.8	100.1	97.8
2. 茶及饮料	100.6	99.7	99.5	99.7	100.0
茶叶	102.1	99.1	100.2	100.2	99.6
固体咖啡	99.3	100.2	99.7	100.4	101.2
其他固体饮料	100.2	99.1	99.6	99.7	99.6
饮用水	99.3	100.2	99.9	98.7	100.5
果汁饮料	101.6	99.9	100.5	99.6	98.9
其他液体饮料	99.6	100.1	98.5	99.4	100.3
3. 烟酒	100.2	100.1	100.2	99.5	100.1
(1)卷烟	100.7	100.1	100.2	100.0	100.2
卷烟	100.7	100.1	100.2	100.0	100.2
(2)酒类	99.7	100.2	100.2	98.9	100.0
白酒	99.6	100.3	100.1	99.2	100.0
葡萄酒	99.7	99.0	100.7	98.5	100.4
啤酒	100.9	100.3	100.7	97.7	99.6
其他酒类	98.1	99.7	99.7	99.6	100.3
4. 在外餐饮	100.3	99.8	100.3	100.1	99.8
餐馆餐饮	100.0	100.3	100.2	100.3	100.0
饮品店餐饮	99.8	100.3	100.0	99.9	100.0
外卖	101.4	98.2	100.3	99.7	98.9
其他在外餐饮	100.1	100.1	100.3	100.0	100.2
二、衣着	99.7	99.7	100.1	99.9	100.3
1. 服装	99.7	99.6	100.0	99.8	100.3

6月	7月	8月	9月	10月	11月	12月
100.4	99.1	98.7	99.7	101.4	98.8	100.0
96.1	95.5	95.3	98.2	102.4	103.0	103.2
95.2	94.5	94.3	97.7	103.1	103.9	104.0
100.3	100.4	99.8	100.5	99.6	99.3	99.6
99.7	99.7	100.0	100.5	99.4	99.1	100.5
100.2	99.6	100.3	100.3	99.8	100.2	100.2
101.4	101.4	101.3	100.6	101.2	100.1	99.3
100.4	99.8	99.9	99.9	99.7	99.6	99.8
100.2	99.3	100.4	100.3	99.6	100.4	100.3
99.4	100.3	99.6	100.1	100.2	100.0	100.3
99.5	99.7	99.8	99.9	99.4	99.6	100.6
100.0	99.7	98.8	100.7	99.7	99.4	100.0
99.5	98.6	100.2	100.1	99.8	99.1	101.3
98.7	100.3	99.0	99.5	98.8	99.9	99.5
100.0	99.7	99.3	100.4	100.0	99.8	100.5
99.6	100.5	100.1	99.5	99.1	99.8	100.7
101.4	99.7	99.1	100.4	100.1	99.4	100.7
102.4	100.0	98.9	100.3	100.0	99.6	100.3
99.8	99.1	99.5	100.2	100.9	99.3	101.4
100.7	99.8	99.0	101.1	99.2	98.9	101.1
100.3	99.3	99.9	100.0	100.1	99.4	101.1
100.3	99.4	99.1	101.6	99.8	99.3	100.7
100.9	100.3	99.0	99.2	100.7	99.5	100.7
99.2	100.5	97.3	100.8	100.0	99.9	100.5
99.5	100.1	100.1	100.5	99.9	99.5	101.4
101.2	100.4	100.0	99.5	99.9	98.9	101.3
100.5	98.5	100.8	98.4	100.4	99.5	101.4
100.0	100.3	99.8	100.0	100.4	100.0	100.4
100.3	100.1	100.0	100.2	100.0	99.9	100.6
100.3	100.1	100.0	100.2	100.0	99.9	100.6
99.7	100.4	99.6	99.8	100.8	100.0	100.2
99.7	100.7	99.4	99.7	100.9	100.3	99.9
99.7	99.2	99.3	99.8	100.9	99.7	99.8
99.7	99.8	100.3	99.7	100.8	99.6	101.1
100.2	99.4	100.5	100.1	99.5	98.1	101.3
99.8	100.2	99.9	100.3	100.3	99.6	100.2
100.0	100.1	100.1	100.0	100.2	99.7	100.0
100.1	100.2	100.2	99.9	100.2	99.8	100.2
99.2	100.5	99.2	101.4	100.7	99.3	99.8
100.0	100.1	100.0	100.0	100.0	100.0	101.4
100.1	99.9	100.0	100.4	99.9	99.9	100.8
100.1	99.9	100.1	100.5	99.9	100.4	100.8

4-8 续表2

（上月=100）

类别	1月	2月	3月	4月	5月
(1)男式服装	99.7	99.5	100.1	100.2	100.1
男式外套	99.6	99.3	100.3	100.2	100.0
男式针织衫	99.6	99.5	100.2	100.0	100.1
男式衬衫T恤	100.0	99.9	99.8	100.3	100.3
男式裤子	100.3	99.5	99.7	100.2	100.1
男式内衣	98.4	99.4	99.9	100.0	99.9
(2)女式服装	99.7	99.7	99.9	99.4	100.5
女式外套	99.4	99.4	100.2	99.9	99.8
女式针织衫	99.5	100.0	100.1	99.9	99.8
女式衬衫T恤	100.0	100.1	99.5	98.3	101.6
女式裤子	100.2	100.0	100.3	98.6	101.3
女式裙子	100.1	100.1	99.3	98.8	102.4
女式内衣	100.0	99.5	99.1	99.6	99.8
(3)儿童服装	99.7	99.4	100.3	100.2	100.3
婴儿服装	99.7	99.8	100.1	100.2	100.6
儿童上衣	99.4	98.8	101.0	100.1	99.8
儿童裤子	99.6	99.7	100.6	99.2	99.4
儿童裙子	100.0	99.3	99.5	101.3	101.7
儿童内衣	100.4	100.3	100.2	99.8	100.0
(4)衣着材料及配件	100.3	100.0	99.7	99.8	100.1
袜子	100.8	100.0	99.2	100.3	99.8
帽子	99.9	100.1	100.5	98.8	100.2
其他衣着材料及配件	99.7	99.8	99.8	99.7	100.6
(5)衣着服务费	100.2	100.0	99.7	100.1	100.1
衣着洗涤保养	100.2	100.0	99.6	100.2	100.2
其他衣着服务	100.1	100.0	100.0	100.0	100.0
2.鞋类	99.6	99.9	100.5	100.1	100.3
(1)鞋	99.6	99.9	100.5	100.1	100.3
男鞋	99.3	100.2	100.2	100.2	100.2
女鞋	99.7	99.8	100.7	100.0	100.5
童鞋	100.2	99.5	100.7	100.2	100.2
(2)鞋类服务	100.0	100.0	102.3	100.0	100.0
鞋类服务	100.0	100.0	102.3	100.0	100.0
三、居住	99.9	100.1	99.9	99.9	99.9
1.租赁房房租	99.9	100.2	99.9	99.9	100.0
公房房租	100.0	100.0	100.0	100.0	100.0
私房房租	99.9	100.2	99.9	99.9	100.0
2.住房保养维修及管理	100.1	100.0	99.9	100.0	99.9
(1)住房装潢材料	100.0	99.9	99.8	99.9	99.8
木地板	100.0	100.0	99.8	100.3	100.2
瓷砖	100.0	99.8	99.9	99.6	100.1
水泥	100.1	99.8	99.2	99.2	99.1

6月	7月	8月	9月	10月	11月	12月
100.1	100.0	100.2	100.2	99.9	100.5	100.7
99.9	99.9	100.1	100.2	99.8	100.9	100.7
100.0	100.0	100.0	100.6	99.9	101.4	100.8
100.9	100.2	100.7	100.0	99.6	99.7	100.1
99.9	100.1	99.7	100.4	100.2	100.3	101.5
99.6	100.2	100.1	100.8	100.5	100.2	100.2
100.3	100.0	100.2	100.6	99.9	100.3	100.8
100.0	100.0	100.2	100.9	99.7	100.7	100.8
99.8	99.6	99.8	100.4	100.3	100.6	100.7
101.3	100.1	99.6	100.0	99.7	99.3	101.2
100.3	100.1	101.6	100.6	99.8	99.9	100.4
100.4	99.9	100.1	100.4	100.2	99.9	101.0
100.4	100.1	99.9	100.7	100.2	100.5	100.0
99.8	99.7	99.8	100.6	99.9	100.3	101.3
99.6	99.6	100.0	100.5	100.1	100.5	101.4
99.8	99.6	99.6	101.9	98.8	99.3	103.4
100.3	100.4	99.7	99.9	100.4	100.8	99.5
99.6	99.6	100.2	99.6	100.5	100.7	100.3
99.9	99.7	99.1	100.4	100.0	100.4	100.8
99.4	100.0	99.0	101.3	99.9	99.9	100.1
98.8	100.1	99.2	100.8	99.9	100.0	99.9
100.3	99.9	98.1	102.2	100.0	99.8	99.9
99.3	100.0	100.1	101.0	99.8	99.7	101.1
100.0	100.0	100.1	99.9	100.0	100.1	100.8
100.0	100.0	100.2	99.9	99.9	100.2	100.3
100.0	100.0	100.0	100.0	100.1	100.0	102.0
100.1	99.6	99.8	100.0	99.8	98.0	100.8
100.1	99.6	99.8	100.0	99.8	98.0	100.8
99.9	99.8	99.5	100.0	99.9	99.9	100.5
100.2	99.4	99.9	99.9	99.6	96.2	101.2
100.0	99.5	100.1	100.4	99.9	99.8	100.3
100.0	100.0	100.4	100.0	100.1	100.0	100.0
100.0	100.0	100.4	100.0	100.1	100.0	100.0
99.9	100.0	100.0	100.0	99.9	100.0	100.0
100.1	100.1	100.1	100.0	99.9	100.0	99.9
100.0	100.0	100.0	100.0	100.0	100.0	100.0
100.1	100.1	100.1	100.0	99.9	99.9	99.9
100.0	99.8	100.1	99.9	99.9	100.1	99.9
100.0	99.7	99.8	99.8	99.7	100.2	99.8
100.6	100.3	100.2	100.1	99.6	100.1	99.9
100.0	99.8	99.6	99.7	99.3	100.0	99.7
99.2	98.2	99.3	99.6	98.9	100.6	99.9

4－8 续表3

（上月＝100）

类　　别	1月	2月	3月	4月	5月
涂料	100.0	99.2	100.0	100.8	99.7
板材	100.0	100.3	99.9	100.0	100.1
管材	100.0	100.5	99.1	100.7	99.1
厨卫设备	100.0	99.9	100.0	99.4	99.4
门窗	100.0	99.9	99.9	99.8	99.5
其他住房装潢材料	100.0	99.9	99.8	100.4	100.2
（2）住房维修管理费用	100.2	100.1	100.0	100.1	100.2
物业管理费	100.0	100.0	100.0	100.0	100.0
装潢维修费	100.0	100.2	100.0	100.1	100.3
其他住房费用	100.6	100.0	100.0	100.0	100.1
3.水电燃料	100.0	100.0	100.0	99.9	99.8
（1）水	100.0	100.0	100.0	100.0	100.0
水	100.0	100.0	100.0	100.0	100.0
（2）电	100.0	100.0	100.0	100.0	100.0
电	100.0	100.0	100.0	100.0	100.0
（3）燃气	99.9	99.9	99.8	99.6	99.4
管道燃气	100.0	100.0	100.0	100.0	100.0
液化石油气	99.8	99.6	99.5	98.9	98.1
（4）其他水电燃料类	100.0	99.9	99.9	100.0	99.9
其他水电燃料类	100.0	99.9	99.9	100.0	99.9
4.自有住房	99.9	100.2	99.9	99.9	99.9
自有住房	99.9	100.2	99.9	99.9	99.9
四、生活用品及服务	99.8	100.0	99.3	100.1	100.1
1.家具及室内装饰品	99.8	100.3	99.9	100.1	100.1
（1）家具	100.0	100.3	99.9	100.1	100.1
柜	99.9	101.3	100.0	100.5	100.3
床	99.9	99.9	99.9	99.7	100.2
桌	100.0	99.9	99.8	99.9	99.8
椅	100.0	99.7	100.0	101.2	100.0
沙发	100.0	99.6	100.0	99.7	99.9
其他家具	99.9	100.0	99.9	99.8	100.1
（2）室内装饰品	97.9	100.9	99.9	100.8	100.9
灯具	97.1	101.2	99.8	101.4	101.4
其他室内装饰品	99.7	100.2	100.0	99.6	99.8
2.家用器具	100.3	99.9	100.4	99.3	99.3
（1）大型家用器具	100.3	100.0	100.5	99.2	99.3
洗衣机	100.8	101.6	99.6	99.5	100.5
电冰箱（柜）	100.0	100.3	99.6	100.5	99.2
抽油烟机	99.9	100.0	98.4	100.1	100.1
空调器	101.0	99.0	102.0	98.5	98.8
热水器	99.6	98.3	100.6	99.4	99.6
炉具灶具	99.6	101.4	100.8	98.1	96.7

6月	7月	8月	9月	10月	11月	12月
100.0	99.1	99.9	99.7	100.0	100.6	99.8
100.2	99.7	99.9	100.0	99.8	99.8	99.8
99.9	100.1	100.2	100.1	100.0	100.0	100.0
100.2	100.1	99.6	99.5	100.2	100.4	99.7
99.8	100.0	99.7	99.8	100.2	100.1	99.9
99.9	99.4	100.0	100.0	99.9	100.1	100.4
100.0	100.0	100.6	100.1	100.1	100.0	100.1
100.0	100.0	100.0	100.0	100.0	100.0	100.0
100.0	100.0	101.1	100.2	100.1	100.1	100.1
100.0	100.0	100.2	100.0	100.0	100.0	100.0
99.8	100.0	100.2	100.1	100.0	100.0	100.0
100.3	100.0	100.0	99.7	100.0	100.0	100.0
100.3	100.0	100.0	99.7	100.0	100.0	100.0
100.0	100.0	100.0	100.0	100.0	100.0	100.0
100.0	100.0	100.0	100.0	100.0	100.0	100.0
99.0	99.9	100.9	100.7	100.1	100.1	100.1
100.0	100.0	100.0	100.2	100.0	100.0	100.0
97.0	99.8	102.8	101.7	100.2	100.2	100.3
99.9	100.0	99.9	100.0	100.0	100.1	100.0
99.9	100.0	99.9	100.0	100.0	100.1	100.0
99.9	100.0	100.0	100.0	99.9	100.0	99.9
99.9	100.0	100.0	100.0	99.9	100.0	99.9
99.3	100.4	99.5	100.1	100.1	99.8	100.5
99.6	99.5	99.9	98.5	99.9	100.3	99.8
99.7	99.4	99.9	98.3	99.9	100.1	99.8
99.8	99.4	99.9	97.6	100.4	100.0	99.9
99.5	100.5	100.1	99.1	99.8	100.3	99.6
99.8	98.8	99.9	99.2	99.7	100.0	99.8
99.6	98.1	100.0	98.7	99.9	100.0	99.5
99.6	99.3	99.9	97.9	99.5	100.2	99.9
99.8	99.7	99.6	99.8	99.8	100.4	99.7
99.1	101.2	98.8	100.4	99.7	102.9	99.9
98.7	102.3	98.5	100.8	99.2	103.7	99.8
100.0	98.6	99.3	99.5	100.6	101.1	100.0
99.0	101.0	99.4	100.1	101.3	98.9	100.1
99.0	101.3	99.4	100.1	101.4	98.7	99.9
97.3	101.9	99.2	100.8	100.5	97.6	100.2
98.1	102.1	99.0	100.2	102.2	97.4	99.3
99.0	99.2	99.2	99.5	102.0	99.0	104.2
98.8	101.6	99.8	100.0	102.2	98.6	98.1
99.4	100.6	99.2	99.6	101.7	100.1	101.2
102.0	100.7	99.6	100.3	100.0	101.0	101.9

4－8 续表4

（上月＝100）

类　别	1月	2月	3月	4月	5月
吸尘器	96.9	104.7	100.2	98.7	100.4
空气净化器	99.8	101.6	98.4	99.2	100.7
净水器	100.7	99.5	98.9	98.5	99.2
其他大型家用器具	100.0	99.9	99.9	99.7	99.9
（2）小家电	100.0	99.6	99.8	99.6	99.6
厨房小家电	100.1	99.7	99.4	100.0	99.0
生活小家电	99.7	99.4	100.4	98.9	100.8
3.家用纺织品	100.1	99.9	99.7	100.0	99.9
（1）床上用品	100.1	100.0	99.7	100.0	99.8
被子	100.1	99.8	99.6	100.3	100.4
床单被套	100.1	100.2	99.9	99.7	99.4
其他床上用品	100.2	99.7	99.6	99.8	99.4
（2）窗帘门帘	100.0	99.9	99.9	100.1	99.9
窗帘门帘	100.0	99.9	99.9	100.1	99.9
（3）其他家用纺织品	100.0	99.1	99.2	99.9	99.9
其他家用纺织品	100.0	99.1	99.2	99.9	99.9
4.家庭日用杂品	99.8	99.6	99.0	98.8	100.5
（1）洗涤卫生用品	100.2	99.2	98.2	98.8	100.9
清洗用品	99.6	99.4	99.4	98.8	100.4
清洁用具	99.9	99.2	96.0	101.3	101.2
清洁用纸	101.0	98.9	97.2	98.2	101.4
（2）厨具餐具茶具	99.2	100.0	100.0	99.2	100.2
厨具	99.5	100.1	100.1	97.8	100.8
餐具	100.3	99.4	99.5	100.2	99.4
茶具	96.1	101.2	100.4	101.1	100.5
（3）其他家庭日用杂品	99.9	100.4	99.8	98.1	100.0
配电附件	98.9	101.7	99.8	96.0	100.7
雨具	99.6	102.2	99.5	99.2	98.5
其他日用杂品	101.2	98.2	99.9	100.4	99.6
5.个人护理用品	98.9	100.3	97.0	102.3	100.5
（1）化妆品	97.9	100.4	95.4	103.8	100.9
清洁化妆品	98.4	99.9	100.9	101.9	98.6
护肤化妆品	97.0	100.7	91.9	105.9	102.1
彩妆化妆品	99.8	100.1	100.2	100.3	100.0
化妆器具	100.2	100.0	99.4	100.7	99.5
（2）其他护理用品类	100.5	100.1	99.5	100.2	99.9
清洁类护理用品	100.5	99.0	98.6	101.1	99.7
护发美发用品	99.6	102.5	100.2	98.8	100.0
护理器具	101.4	100.8	101.8	99.9	100.5
其他护理用品	100.4	100.0	97.8	97.9	100.1
6.家庭服务	100.4	100.0	100.6	99.9	99.9
家政服务	100.4	100.0	100.2	100.0	100.3

6月	7月	8月	9月	10月	11月	12月
100.1	100.8	98.5	98.4	101.9	98.1	102.6
97.9	101.0	99.0	101.8	99.4	98.4	98.9
99.3	101.4	100.0	100.2	99.4	100.5	106.1
100.0	100.0	99.6	99.7	100.1	99.3	100.7
99.2	99.8	99.3	100.5	100.2	100.2	101.5
99.4	99.9	99.5	100.9	99.9	99.4	100.8
98.9	99.5	98.9	99.6	100.7	101.7	102.7
100.0	100.0	98.9	100.6	100.0	100.1	100.0
100.0	100.1	99.0	100.5	100.0	100.1	100.1
100.0	100.2	98.5	100.3	100.2	100.1	100.0
100.1	99.9	99.3	100.7	99.9	100.1	100.2
100.1	100.0	99.5	100.4	100.0	100.1	99.8
100.2	99.9	99.8	100.0	99.7	100.1	99.8
100.2	99.9	99.8	100.0	99.7	100.1	99.8
99.4	99.2	97.3	102.9	100.4	99.7	100.1
99.4	99.2	97.3	102.9	100.4	99.7	100.1
98.9	100.4	99.5	100.7	98.9	101.4	101.8
99.0	100.3	99.3	101.1	98.6	101.8	104.6
100.1	100.3	98.6	101.6	99.9	103.1	105.5
99.2	100.6	100.3	101.4	99.4	100.1	104.8
97.6	100.3	99.8	100.3	96.9	100.5	103.4
98.3	100.8	100.0	99.9	99.4	101.3	98.7
99.2	101.5	100.7	99.0	99.0	101.7	97.8
96.6	100.0	99.8	101.4	100.2	100.7	98.6
99.1	100.3	98.3	99.4	98.8	101.4	101.4
100.4	99.9	99.2	101.3	99.0	99.9	99.0
101.7	99.3	100.1	101.2	98.3	100.0	98.3
97.0	103.6	99.1	99.8	101.8	101.4	106.7
99.8	99.7	98.1	101.8	99.1	99.3	97.6
99.2	100.8	99.2	100.6	99.8	98.9	100.7
98.9	101.0	99.5	100.8	99.8	98.6	100.9
100.6	100.7	99.1	99.9	100.8	98.9	101.2
98.0	100.9	99.6	101.0	99.9	98.2	100.6
99.5	101.4	99.8	100.8	99.0	99.6	101.5
100.1	100.9	99.1	102.0	97.6	100.0	99.8
99.7	100.6	98.8	100.4	99.8	99.4	100.3
99.8	100.5	99.1	100.7	99.9	99.2	101.1
100.6	99.9	99.1	99.8	100.1	99.2	101.1
98.3	101.7	97.8	99.6	99.2	100.4	97.0
99.5	99.7	99.2	103.2	99.8	99.0	100.5
100.0	100.0	100.0	100.6	100.0	100.4	100.2
100.0	100.0	100.0	100.9	100.0	100.8	100.1

4－8 续表5

（上月＝100）

类　　别	1月	2月	3月	4月	5月
母婴护理服务	100.1	100.0	100.1	99.9	99.1
家庭维修服务	100.4	100.1	102.3	99.8	100.0
其他家庭服务	100.4	99.9	100.0	100.0	99.9
五、交通通信	100.0	99.7	99.6	99.4	99.6
1.交通	100.1	99.7	99.4	99.2	99.5
(1)交通工具	100.0	100.0	99.0	98.8	99.5
燃油小汽车	100.1	100.0	98.8	98.6	99.2
新能源小汽车	98.7	99.9	98.0	98.1	100.2
电动自行车	99.9	100.0	99.6	99.4	100.4
自行车	100.1	99.9	100.1	100.0	99.9
其他交通工具	100.3	100.1	99.9	99.5	100.1
(2)交通工具用燃料	97.6	100.9	99.8	98.5	99.7
汽油	97.6	100.9	99.8	98.4	99.7
柴油	97.5	101.1	99.7	98.2	99.7
其他车用能源	100.1	100.1	99.9	99.7	100.0
(3)交通工具使用和维修	100.8	99.1	99.6	100.1	99.9
停车费	100.0	100.0	100.0	100.2	100.0
车辆使用费	100.0	100.0	98.2	100.0	100.0
交通工具零配件	100.1	100.0	99.6	100.0	99.7
车辆修理与保养	101.3	98.6	100.0	100.1	99.9
(4)交通费	107.9	95.3	99.4	102.4	98.2
市内公共交通	100.0	100.0	100.0	100.0	100.0
出租汽车	100.0	100.0	100.0	100.0	100.3
飞机票	142.9	81.8	96.5	110.4	92.8
火车票	100.1	100.0	100.0	100.0	100.0
长途汽车	106.4	93.7	100.3	104.0	96.9
网约车	104.0	98.9	100.4	101.7	98.9
交通工具租赁费	102.5	98.5	100.1	100.1	99.3
其他交通费	101.3	99.1	99.7	100.0	100.0
2.通信	99.9	99.8	100.3	99.8	99.9
(1)通信工具	99.3	99.5	100.8	99.6	99.5
电话机	99.3	99.4	100.9	99.6	99.5
其他通信工具及零配件	99.3	102.0	99.0	99.0	99.4
(2)通信服务	100.2	100.0	100.0	100.0	100.1
电话费	100.0	100.0	100.0	100.0	100.1
家庭宽带服务	101.2	100.0	100.1	100.0	100.0
其他通信服务	100.0	100.0	100.0	99.9	100.5
(3)邮递服务	100.4	100.0	100.0	100.0	99.9
邮递服务	100.4	100.0	100.0	100.0	99.9
六、教育文化娱乐	100.5	99.5	99.9	100.4	99.9
1.教育	99.9	99.9	100.0	100.0	100.0
(1)教育用品	99.9	100.2	100.0	99.9	100.0

6月	7月	8月	9月	10月	11月	12月
100.1	99.9	99.8	100.1	100.2	100.2	100.0
100.0	100.0	100.0	100.0	100.0	99.9	101.0
100.0	100.3	100.1	101.2	100.0	100.1	99.9
99.6	100.7	101.0	100.2	100.2	99.0	98.8
99.4	100.9	101.4	100.3	100.3	98.8	98.1
99.4	99.6	99.9	99.3	99.9	99.9	99.1
99.3	99.5	99.9	99.0	99.9	99.9	98.7
99.0	99.6	99.6	100.2	99.3	99.9	99.3
99.4	99.7	100.1	100.0	99.9	99.9	99.7
99.9	100.1	99.9	99.9	100.0	100.2	99.9
99.8	100.0	99.5	99.6	100.2	100.0	100.5
98.7	101.9	104.9	102.4	101.8	97.2	95.4
98.7	101.9	104.9	102.4	101.8	97.2	95.3
98.6	102.1	105.3	102.6	101.9	96.9	95.0
100.0	100.0	100.0	100.1	100.0	100.1	100.0
100.4	100.0	100.0	100.0	100.0	99.8	100.2
100.0	100.0	100.1	100.0	100.0	100.0	100.0
101.9	100.0	100.0	100.0	100.0	100.0	100.0
99.8	100.0	100.0	100.2	100.1	99.7	100.3
100.0	100.0	100.0	100.0	100.0	99.7	100.3
100.3	104.8	98.9	97.9	97.9	97.9	100.9
100.0	100.0	100.0	100.0	100.0	100.0	100.0
100.0	100.0	100.3	100.0	100.0	100.0	100.0
101.5	128.2	94.8	81.4	97.1	87.5	104.5
100.0	100.0	100.0	100.6	99.7	99.9	100.0
99.9	100.0	100.1	110.2	90.7	100.0	101.1
99.8	100.5	100.0	102.1	97.9	99.9	100.6
102.2	98.8	100.0	100.9	100.2	99.3	100.5
100.0	99.8	99.9	99.9	100.0	100.0	100.0
100.0	100.0	99.9	99.9	99.7	99.6	100.8
100.0	100.0	99.6	99.7	99.2	98.8	102.3
100.0	100.1	99.6	99.8	99.1	98.8	102.4
100.3	98.4	99.3	99.1	100.9	99.7	98.9
100.0	100.0	100.0	100.0	100.0	100.0	100.0
100.0	100.0	100.0	100.0	100.0	100.0	100.0
100.0	100.0	100.0	100.0	100.0	100.0	100.0
100.0	100.3	100.0	100.0	100.0	100.0	100.0
100.0	100.0	100.1	100.0	100.0	100.0	100.0
100.0	100.0	100.1	100.0	100.0	100.0	100.0
99.7	100.5	100.1	100.7	100.1	99.6	100.1
100.0	100.1	100.1	101.3	100.0	100.0	100.0
100.1	99.9	100.1	100.6	100.0	100.1	100.2

4－8 续表6

（上月＝100）

类　　别	1月	2月	3月	4月	5月
工具书	100.0	100.0	100.0	100.0	100.0
教材	100.0	100.0	100.0	100.0	100.0
参考资料	100.0	100.4	100.1	100.1	100.0
其他教育用品	98.8	99.8	99.6	98.4	99.9
(2)教育服务	99.9	99.9	100.0	100.0	100.0
幼儿早期教育	100.0	99.8	100.0	99.9	100.2
学前教育	100.0	100.1	99.9	100.0	100.0
小学初中教育	100.1	99.8	100.0	100.0	100.0
高中中职教育	100.0	100.0	100.0	100.0	100.0
高等教育	100.0	100.0	100.0	100.0	100.0
课外教育	99.7	100.0	99.9	100.0	100.0
专业技能培训	99.5	99.0	100.2	100.0	99.9
其他教育服务	100.0	100.0	100.0	100.5	100.4
2. 文化娱乐	101.6	98.8	99.7	101.0	99.6
(1)文娱耐用消费品	99.4	99.9	99.8	99.3	99.5
电视机	99.6	99.8	99.6	99.3	99.8
照相机	100.0	99.7	99.8	102.8	103.3
台式计算机	99.8	100.3	99.9	97.4	98.9
笔记本电脑	98.0	99.1	99.7	99.1	99.7
平板电脑	98.5	100.7	100.2	98.8	99.0
乐器	100.1	99.9	100.2	99.9	100.8
音响	99.2	99.4	99.6	99.6	99.2
可穿戴智能设备	99.1	100.3	100.4	98.9	102.1
其他文娱耐用消费品	101.6	99.4	98.8	100.5	96.7
(2)其他文娱用品	100.2	100.2	99.8	99.9	99.9
书报杂志及音像制品	100.4	100.0	100.0	100.0	100.0
纸张文具	100.0	99.7	99.8	100.2	99.1
体育户外用品	99.4	101.6	99.9	99.9	101.9
游戏用品和玩具	100.5	100.1	99.5	100.1	99.6
园艺花卉及用品	100.7	100.2	99.9	99.4	99.6
宠物及用品	100.0	100.0	100.0	99.9	100.0
其他文化娱乐用品	100.0	99.9	100.0	99.9	100.0
(3)文化娱乐服务	101.8	99.2	99.2	100.1	99.5
电影及演出票	112.6	95.3	94.9	96.7	100.2
景点门票	99.5	100.0	99.6	102.0	98.1
电视服务	100.0	100.0	100.0	99.8	100.0
健身活动	100.0	100.1	99.8	100.0	100.9
宠物服务	100.5	99.6	100.0	100.1	100.0
网络文娱服务	102.5	98.5	99.5	101.3	98.2
儿童娱乐项目	100.0	99.8	100.0	100.0	100.0
其他文娱服务	103.4	100.0	100.0	100.0	100.0
(4)旅游	105.2	96.1	100.0	104.7	99.7

6月	7月	8月	9月	10月	11月	12月
100.1	100.1	100.0	100.2	99.9	100.2	100.1
100.0	100.0	100.0	100.0	100.0	100.0	100.7
100.1	100.2	100.2	101.2	100.0	100.0	100.1
99.7	98.1	100.2	99.7	100.0	100.3	99.6
100.0	100.1	100.1	101.3	100.0	100.0	100.0
100.0	99.8	100.1	99.8	100.2	100.0	100.0
99.9	100.0	100.7	100.3	100.0	100.0	100.0
100.0	100.0	100.0	101.8	100.0	100.0	100.0
100.0	100.0	100.0	110.2	100.0	100.0	100.0
100.0	100.0	100.0	100.3	100.0	100.0	100.0
100.2	100.5	99.9	100.9	100.0	100.1	100.0
98.7	98.9	99.1	102.1	99.9	99.8	99.8
100.0	100.0	100.0	99.9	100.0	100.0	100.0
99.2	101.3	100.2	99.7	100.4	98.8	100.2
98.6	99.8	100.2	99.7	99.9	99.6	100.3
99.2	100.5	99.9	99.7	99.7	99.2	100.2
97.1	100.4	99.5	98.2	101.6	97.9	98.9
99.1	98.5	102.7	99.4	100.0	100.0	100.0
100.0	98.4	104.2	99.5	100.7	100.4	99.4
95.9	98.9	99.3	99.8	98.8	99.8	104.2
100.0	100.5	99.1	100.6	100.2	99.2	100.8
99.7	101.8	99.8	100.2	99.9	100.0	98.7
98.1	102.2	101.1	100.0	99.1	99.1	100.8
98.4	100.4	96.1	99.5	100.5	100.0	96.0
99.7	100.3	99.5	100.2	99.8	99.3	100.3
100.0	100.2	100.0	100.0	100.0	100.0	100.0
100.3	99.9	99.5	100.4	99.9	99.8	99.8
101.0	100.6	99.9	100.8	100.7	98.7	98.5
98.8	101.1	99.0	100.0	98.7	98.0	101.8
99.1	99.4	99.1	99.8	100.4	100.2	100.7
99.8	99.5	99.8	100.2	100.0	99.7	100.6
100.0	100.3	99.4	99.8	100.3	99.6	99.5
99.7	100.8	100.0	100.5	100.7	98.8	100.4
97.8	106.7	101.6	99.8	100.4	98.1	99.8
100.0	99.0	99.7	100.7	103.7	95.9	99.7
100.0	100.0	99.9	100.0	100.0	100.0	100.0
100.2	100.0	100.0	100.8	100.3	99.2	100.7
100.0	100.1	100.0	100.0	100.0	99.7	100.3
99.0	103.3	98.5	102.4	97.4	101.0	104.3
99.8	99.9	100.1	100.7	100.1	100.0	99.5
100.0	99.9	100.1	100.0	100.6	100.0	100.0
99.1	104.3	100.9	98.7	101.0	97.5	99.9

4-8 续表7

（上月=100）

类　别	1月	2月	3月	4月	5月
旅行社收费	105.8	95.7	100.0	105.0	100.0
其他旅游	100.3	100.1	99.8	101.9	98.0
七、医疗保健	100.1	100.1	100.4	100.0	100.1
1. 药品及医疗器具	100.3	100.2	100.2	99.7	100.1
(1)中药	100.5	100.3	100.5	99.7	101.3
中药材	100.6	100.5	100.6	99.4	102.0
中成药	100.5	100.3	100.5	99.7	101.1
(2)西药	100.3	100.3	100.2	99.9	99.6
抗微生物药	100.6	100.4	100.3	99.7	100.4
消化系统用药	100.4	100.0	100.2	99.2	99.2
呼吸系统用药	100.5	101.1	100.3	99.2	100.1
解热镇痛药	100.5	100.0	99.6	100.6	98.9
抗肿瘤药	100.2	100.0	99.9	99.5	100.3
激素及影响内分泌药	101.6	100.3	100.3	101.1	100.8
心血管系统用药	100.3	99.9	99.9	100.3	100.1
血液系统用药	99.6	100.4	99.6	99.7	98.3
治疗精神障碍药	100.0	100.0	99.9	100.6	98.7
神经系统用药	100.0	100.0	100.1	100.2	99.0
泌尿系统用药	100.1	100.5	100.2	102.5	100.2
维生素、矿物质类药	99.8	100.8	101.9	100.0	97.1
调节水、电解质及酸碱平衡药	100.4	100.9	100.5	98.9	97.6
其他西药	100.1	100.2	100.8	100.8	99.8
(3)滋补保健品	100.0	99.7	100.0	99.0	100.2
滋补保健品	100.0	99.7	100.0	99.0	100.2
(4)医疗卫生器具	100.3	100.3	100.0	99.9	99.7
医疗卫生器具	100.3	100.3	100.0	99.9	99.7
(5)保健器具	100.0	100.2	99.9	100.0	100.0
保健器具	100.0	100.2	99.9	100.0	100.0
2. 医疗服务	100.0	100.0	100.4	100.2	100.0
(1)综合医疗类	100.0	100.0	100.4	100.6	100.1
一般医疗服务	100.0	100.0	100.2	100.1	100.0
一般治疗操作	100.0	100.0	101.9	101.1	100.3
护理	100.0	100.0	97.4	100.2	100.1
其他综合医疗服务	100.0	100.0	100.0	100.0	100.0
(2)诊断类	100.0	100.0	100.4	100.0	100.0
病理学诊断	100.0	100.0	100.0	100.7	100.0
实验室诊断	100.0	100.0	100.7	100.0	100.0
影像学诊断	100.0	100.0	100.2	99.9	100.0
临床诊断	100.0	100.0	100.1	100.2	100.0
(3)治疗类	100.0	100.0	100.1	100.2	100.0
临床手术治疗	100.0	100.0	100.2	100.2	100.0
临床非手术治疗	100.0	100.0	100.0	100.0	100.0

6月	7月	8月	9月	10月	11月	12月
99.0	104.7	100.9	98.6	101.1	97.2	99.9
99.8	100.4	100.2	100.1	100.3	100.1	100.1
100.1	100.0	99.9	100.0	100.1	100.0	100.1
100.3	100.0	99.7	100.1	100.2	100.1	100.3
101.2	100.8	100.7	101.0	100.4	101.2	100.4
101.4	102.0	102.8	103.3	100.5	102.6	100.5
101.1	100.4	100.0	100.2	100.4	100.6	100.4
100.0	99.8	100.0	100.0	100.0	100.1	100.0
100.0	98.4	99.8	99.9	100.0	100.0	100.1
99.9	100.1	100.3	99.9	100.4	100.1	100.1
99.9	100.5	100.1	99.5	100.1	100.4	99.7
100.5	100.8	99.7	99.8	100.0	100.3	99.6
99.6	99.8	99.7	100.0	100.0	99.7	99.5
99.8	100.0	100.5	100.1	99.9	100.5	100.2
100.1	99.8	100.0	99.9	100.0	100.1	100.1
100.0	99.8	99.7	99.9	100.0	99.8	100.0
100.0	100.0	100.5	99.9	99.9	100.0	99.8
99.5	100.1	100.2	100.3	99.8	99.8	99.8
100.5	101.8	99.5	100.1	100.3	100.4	99.7
100.5	99.8	100.1	100.3	99.8	99.7	101.1
99.9	99.4	99.9	100.1	99.8	100.7	100.5
100.7	99.2	99.3	100.0	99.9	100.4	99.9
100.1	99.3	97.8	99.5	100.2	98.8	101.5
100.1	99.3	97.8	99.5	100.2	98.8	101.5
99.7	99.7	98.6	100.0	100.1	99.9	99.9
99.7	99.7	98.6	100.0	100.1	99.9	99.9
100.0	99.9	100.0	100.0	100.0	100.0	100.1
100.0	99.9	100.0	100.0	100.0	100.0	100.1
100.0	100.0	100.0	100.0	100.0	100.0	100.0
100.2	100.0	100.0	100.0	100.0	100.0	100.0
100.4	100.0	100.2	100.0	100.0	100.0	100.0
100.1	100.0	100.0	100.0	100.0	100.0	100.0
100.0	100.0	100.0	100.0	100.0	100.0	100.0
100.0	100.0	100.0	100.0	100.0	100.0	100.0
100.0	100.0	100.0	100.0	100.0	100.0	100.0
100.0	100.0	100.0	100.0	100.0	100.0	100.0
100.0	100.0	100.0	100.0	100.0	100.0	100.0
100.0	100.0	100.0	100.0	100.0	100.0	100.0
100.0	100.0	100.0	100.0	100.0	100.0	100.0
100.0	100.0	100.0	100.0	100.0	100.0	100.0
100.0	100.0	100.0	100.0	100.0	100.0	100.0
100.0	100.0	100.0	100.0	100.0	100.0	100.0

4－8 续表8

（上月＝100）

类　别	1月	2月	3月	4月	5月
（4）康复类	100.0	100.0	100.1	100.0	100.2
康复医疗	100.0	100.0	100.1	100.0	100.2
（5）中医医疗服务类	100.0	100.0	101.7	100.1	100.1
中医治疗	100.0	100.0	101.7	100.1	100.1
（6）其他医疗保健服务	100.0	100.0	101.2	100.0	100.0
其他医疗保健服务	100.0	100.0	101.2	100.0	100.0
八、其他用品及服务	100.8	99.8	100.6	101.7	99.2
1.其他用品	101.0	99.9	101.2	101.2	100.3
（1）首饰手表	101.8	99.5	102.1	102.9	101.0
金饰品	102.2	100.0	102.8	103.4	101.5
银饰品	98.3	102.1	100.9	100.2	100.0
铂金饰品	103.4	94.6	100.9	105.1	100.9
手表	100.2	100.0	100.0	100.1	99.5
（2）母婴用品	99.9	101.4	99.8	98.0	99.7
母婴洗护喂养用品	99.6	101.5	99.5	97.3	99.7
其他母婴用品	100.4	101.1	100.3	99.5	99.8
（3）其他杂项用品	100.2	99.8	100.5	100.0	99.1
箱包	100.3	99.7	100.7	100.1	98.6
眼镜	100.0	100.0	100.0	99.8	100.1
2.其他服务	100.6	99.7	100.1	102.3	98.2
（1）在外住宿	101.1	99.6	101.3	118.9	87.5
宾馆住宿	100.5	100.2	101.8	117.4	87.4
其他住宿	102.3	98.3	100.2	122.2	87.7
（2）美容美发洗浴	101.3	99.3	99.9	100.1	100.1
美容	100.7	99.5	99.9	99.7	100.2
美发	101.1	99.9	100.0	100.2	100.1
洗浴	102.2	98.1	99.9	100.3	100.0
（3）养老服务	100.0	100.1	99.7	99.6	100.0
养老服务	100.0	100.1	99.7	99.6	100.0
（4）金融及保险服务	100.0	100.0	100.0	100.0	100.0
金融服务	100.0	100.0	100.0	100.0	100.0
车辆保险	100.0	100.0	100.0	100.0	100.0
旅行保险	100.0	100.0	100.0	100.0	100.0
其他保险	100.0	100.0	100.0	100.0	100.0
（5）中介法律及其他服务	100.0	100.0	100.0	99.9	100.1
中介服务	100.0	100.0	100.0	99.8	100.1
法律服务	100.0	100.0	100.0	100.0	100.0
其他杂项服务	100.0	100.0	100.0	100.0	100.0

6月	7月	8月	9月	10月	11月	12月
100.0	100.0	100.0	100.0	100.0	100.0	100.0
100.0	100.0	100.0	100.0	100.0	100.0	100.0
100.0	100.0	100.0	100.0	100.0	100.0	100.0
100.0	100.0	100.0	100.0	100.0	100.0	100.0
100.0	100.0	100.0	100.0	100.0	100.0	100.0
100.0	100.0	100.0	100.0	100.0	100.0	100.0
99.5	100.7	99.8	100.4	100.2	99.7	100.4
99.5	101.1	99.6	100.6	99.7	100.0	100.9
99.3	100.6	100.5	101.0	99.4	100.4	101.2
99.6	101.0	100.9	101.5	99.3	100.7	101.2
100.9	100.6	100.1	98.2	100.3	99.9	100.0
96.2	98.2	98.7	100.3	97.7	99.8	102.2
99.8	100.0	100.1	99.9	100.5	99.4	100.8
98.3	102.7	98.3	100.7	99.0	99.4	101.3
97.8	103.9	97.9	100.2	98.4	100.4	101.7
99.4	99.9	99.3	101.9	100.4	97.1	100.4
100.9	101.1	98.5	99.7	100.7	99.6	100.2
100.5	101.8	98.0	99.3	101.1	99.4	100.3
101.8	99.5	99.7	100.4	99.8	99.9	100.0
99.5	100.3	100.0	100.2	100.7	99.4	99.9
96.4	100.7	100.9	100.5	103.7	94.1	99.3
97.9	101.1	101.2	100.7	103.1	94.0	99.4
93.3	99.8	100.0	99.8	104.9	94.5	99.1
99.9	100.1	100.1	99.7	100.6	100.2	99.8
99.9	100.1	100.0	99.1	100.6	100.0	99.7
100.0	100.3	100.2	99.6	100.4	100.0	99.6
99.7	99.8	100.0	100.5	100.8	100.6	100.0
100.6	100.0	100.0	99.4	100.1	100.6	100.4
100.6	100.0	100.0	99.4	100.1	100.6	100.4
99.9	100.4	99.5	101.1	100.0	100.0	100.0
100.0	100.0	100.0	100.0	100.0	100.0	100.0
99.7	100.0	99.0	100.0	100.0	100.0	100.0
100.0	100.0	102.2	100.0	100.0	100.0	100.1
100.0	101.7	100.0	104.4	100.0	100.0	100.0
100.0	100.0	100.0	100.0	100.0	100.0	100.0
100.0	100.0	100.0	100.0	100.0	100.0	99.9
100.0	100.0	100.0	100.0	100.0	100.0	100.0
100.0	100.0	100.0	100.0	100.0	100.0	100.0

4－9　农村居民消费价格

（上月＝100）

类　别	1 月	2 月	3 月	4 月	5 月
总指数	**100.4**	**99.8**	**99.9**	**99.7**	**99.8**
一、食品烟酒	101.3	99.3	99.7	98.9	99.5
1. 食品	101.8	99.0	99.5	98.5	99.2
(1)粮食	100.5	100.0	100.0	99.5	99.4
大米	100.7	99.8	100.3	99.2	99.4
面粉	100.5	99.8	99.9	98.3	97.5
其他粮食	100.0	99.7	99.9	100.0	99.8
粮食制品	100.6	100.3	100.0	100.2	100.3
(2)薯类	110.9	105.4	98.5	98.7	105.2
薯类	110.9	105.4	98.5	98.7	105.2
(3)豆类	101.9	100.0	98.6	99.4	100.1
干豆	100.1	100.0	99.8	99.1	98.7
豆制品	102.1	100.0	98.5	99.4	100.2
(4)食用油	100.0	100.2	100.0	99.7	99.9
食用植物油	100.1	100.3	100.1	99.7	99.9
食用动物油	93.6	95.5	93.6	96.4	99.7
(5)菜及食用菌	123.1	101.1	96.5	88.7	96.0
鲜菜	125.7	101.4	96.7	87.5	95.3
鲜菌	118.9	97.2	88.1	92.0	101.0
干菜干菌及制品	101.1	100.3	100.1	100.1	99.7
(6)畜肉类	89.5	94.3	99.5	97.0	99.3
猪肉	81.8	90.3	99.7	94.5	98.9
牛肉	101.4	98.1	99.5	99.4	99.4
羊肉	100.9	99.1	99.0	99.8	100.3
其他畜肉及副产品	98.7	95.5	95.3	99.4	99.4
畜肉制品	99.9	100.3	100.0	99.9	100.0
(7)禽肉类	101.3	100.0	99.5	100.4	100.7
鸡	101.7	100.0	99.3	100.3	100.0
鸭	100.6	98.6	99.8	100.8	107.7
其他禽肉及制品	100.3	100.4	100.1	100.6	101.1
(8)水产品	102.2	100.8	98.5	99.9	100.6
淡水鱼	102.7	100.1	97.1	99.3	102.4
海水鱼	100.2	98.5	99.8	101.5	101.4
虾蟹类	107.6	102.8	100.1	101.6	95.2
其他水产品及制品	100.5	101.7	99.8	99.9	99.7
(9)蛋类	98.6	92.2	100.3	100.0	97.8
鸡蛋	98.5	91.4	100.3	100.0	97.5
其他蛋及制品	100.1	100.1	99.8	100.3	100.2
(10)奶类	100.5	99.7	100.0	99.9	99.7
鲜奶	100.3	99.6	99.7	99.7	99.7
酸奶	100.0	100.2	100.2	99.9	99.9
奶粉	100.5	99.5	100.4	100.1	99.6

分月环比指数（2023 年）

6 月	7 月	8 月	9 月	10 月	11 月	12 月
99.9	**99.9**	**100.4**	**100.4**	**99.8**	**99.5**	**100.4**
99.6	99.1	101.2	100.6	99.0	98.6	101.3
99.5	98.8	101.7	100.8	98.6	98.1	101.7
100.3	100.2	100.2	100.7	100.1	99.6	100.0
100.3	101.1	100.4	101.3	100.3	99.1	99.8
101.7	100.5	101.0	101.3	99.8	99.8	100.2
100.3	99.8	99.2	100.3	100.4	99.5	100.5
99.7	99.8	99.9	100.1	100.0	99.9	99.9
95.5	100.2	102.1	91.2	86.3	90.7	97.9
95.5	100.2	102.1	91.2	86.3	90.7	97.9
100.1	100.0	100.4	100.7	100.0	98.8	99.9
99.5	98.1	99.8	100.3	100.4	99.3	100.1
100.2	100.2	100.4	100.7	100.0	98.7	99.9
99.0	99.1	99.7	98.5	99.4	99.7	100.2
99.0	99.1	99.7	98.5	99.4	99.7	100.2
99.9	98.2	99.1	102.6	101.7	98.6	99.8
107.3	99.6	100.0	104.4	95.5	91.6	110.6
108.3	99.5	99.6	105.1	95.6	90.5	112.0
104.3	100.4	107.6	99.8	85.7	96.6	104.4
100.1	100.3	100.1	100.2	100.2	99.8	100.1
98.1	99.3	107.8	101.4	97.7	96.3	101.2
98.6	100.8	115.3	101.6	95.9	93.3	101.8
95.1	94.9	99.7	103.6	100.5	99.9	100.9
98.1	97.8	99.8	100.7	98.8	98.7	102.1
99.2	98.9	102.4	101.0	100.0	99.9	98.7
98.5	99.3	99.8	100.0	99.6	99.9	100.2
100.1	98.8	100.4	100.5	99.6	99.1	100.1
99.7	98.7	100.3	100.3	99.0	98.9	100.0
103.2	94.0	102.9	103.2	98.8	96.7	97.1
100.4	100.3	100.3	100.3	101.3	100.1	101.0
99.8	100.0	100.1	100.7	100.6	98.8	99.3
102.3	100.4	100.0	100.1	100.9	97.2	98.5
99.9	100.9	100.3	101.1	100.7	99.9	99.6
86.5	96.4	100.7	101.5	97.6	98.6	101.6
100.7	100.2	99.9	101.3	100.8	100.9	99.8
96.2	98.3	113.5	104.0	93.4	95.9	100.0
95.8	98.1	115.0	104.3	92.7	95.5	100.0
99.6	100.0	100.5	100.8	101.0	99.3	99.6
100.0	100.2	99.8	100.0	100.0	100.1	100.2
99.9	100.2	100.6	99.7	99.9	100.4	100.1
99.8	99.2	98.0	100.5	100.0	100.2	100.2
100.3	100.7	99.9	100.4	100.1	100.1	100.2

4-9 续表1

（上月=100）

类　别	1月	2月	3月	4月	5月
其他奶制品	102.5	99.9	99.6	100.0	100.0
(11)干鲜瓜果类	108.6	101.7	100.7	102.6	97.7
鲜果	110.1	101.8	100.7	102.8	97.0
坚果	101.7	101.2	101.0	102.1	101.5
瓜果制品	100.0	100.1	99.2	99.2	100.7
(12)糖果糕点类	100.2	99.6	99.8	100.3	100.4
食糖	100.1	97.7	101.0	100.4	101.7
糖果	99.3	99.2	100.0	100.6	100.7
糕点	100.5	99.9	99.4	100.3	100.3
其他糖果糕点	100.4	100.1	100.2	99.7	99.2
(13)调味品	100.7	100.0	100.2	100.1	100.0
食用盐	100.0	100.0	100.0	99.9	99.8
酱油	100.7	100.2	100.2	100.3	100.5
食醋	100.9	100.3	100.4	100.2	99.9
增味剂	100.3	100.2	101.7	99.6	99.3
其他调味品	101.1	99.6	99.5	100.3	100.2
(14)其他食品类	100.4	100.0	100.2	99.8	100.1
方便食品	100.3	99.7	99.9	100.0	100.3
淀粉及制品	100.6	100.5	100.7	99.6	100.0
其他食品	100.4	100.1	100.0	99.6	99.8
2.茶及饮料	100.1	100.2	99.9	100.1	100.0
茶叶	100.0	100.0	100.2	101.4	100.5
固体咖啡	100.4	102.4	99.9	100.1	100.6
其他固体饮料	100.3	100.1	99.9	100.3	99.9
饮用水	100.1	100.0	100.0	98.5	100.2
果汁饮料	100.1	100.1	100.0	99.7	99.4
其他液体饮料	100.1	100.2	99.9	100.1	99.9
3.烟酒	99.6	100.4	100.2	100.1	101.0
(1)卷烟	100.0	100.4	100.3	100.1	101.1
卷烟	100.0	100.4	100.3	100.1	101.1
(2)酒类	98.8	100.4	100.0	100.2	100.8
白酒	99.4	99.9	100.0	100.0	100.7
葡萄酒	100.0	100.0	100.3	100.0	100.0
啤酒	96.6	101.8	100.0	101.0	101.3
其他酒类	99.0	101.8	100.0	99.4	99.8
4.在外餐饮	100.3	99.8	100.4	99.9	100.1
餐馆餐饮	100.2	100.2	100.5	100.0	100.3
饮品店餐饮	100.0	100.0	100.0	100.0	100.0
外卖	101.7	99.1	100.3	99.6	99.0
其他在外餐饮	100.2	98.8	100.0	100.0	100.0
二、衣着	100.0	99.9	100.2	100.3	99.9
1.服装	100.1	99.9	100.2	100.4	99.9

6月	7月	8月	9月	10月	11月	12月
99.7	100.2	99.4	99.2	100.0	98.8	100.7
95.4	92.7	95.9	99.6	103.7	102.6	104.2
94.5	91.1	94.9	99.6	104.4	103.5	105.4
100.5	99.9	100.1	99.7	100.7	98.5	98.6
99.8	100.9	100.7	99.3	99.9	99.4	99.6
100.0	100.6	99.7	100.0	99.9	100.2	100.3
101.2	102.5	101.0	101.4	101.3	100.0	100.9
100.0	100.3	100.7	100.4	100.1	99.9	100.2
99.8	100.3	99.1	99.7	99.3	100.3	100.2
100.6	100.6	100.3	99.1	101.2	99.9	100.0
100.1	99.8	99.3	99.7	100.4	100.5	100.1
100.0	99.8	99.8	100.6	100.1	99.9	100.0
100.1	99.7	99.7	99.9	99.9	100.7	100.0
100.4	99.8	98.0	100.4	99.8	99.8	99.8
100.3	99.9	99.1	97.6	102.6	100.8	100.4
100.0	99.8	99.5	100.1	99.9	100.7	100.2
99.9	100.2	100.0	100.6	100.1	99.7	100.0
99.7	100.4	99.8	101.0	100.2	99.5	99.8
99.9	100.0	100.2	99.9	100.1	99.9	100.5
100.8	100.2	100.7	100.3	100.1	100.1	99.7
99.8	98.8	100.9	100.1	100.3	100.2	100.1
99.7	99.7	100.0	100.0	101.1	101.0	100.9
100.1	100.7	98.9	99.7	100.1	99.7	100.0
99.6	100.5	100.1	100.5	100.0	100.0	99.8
100.2	100.0	98.1	99.2	100.1	99.9	100.8
100.2	100.1	99.8	100.0	100.0	100.9	100.1
99.8	98.0	101.9	100.3	100.2	100.0	99.8
100.2	100.2	100.1	100.0	100.1	100.0	100.0
100.0	100.1	100.1	100.0	100.2	100.0	100.0
100.0	100.1	100.1	100.0	100.2	100.0	100.0
100.5	100.5	100.1	100.0	99.9	99.9	100.0
100.0	99.9	100.2	100.0	99.9	99.8	100.0
100.4	100.0	100.1	100.4	100.2	100.0	100.0
102.7	102.6	99.7	100.0	100.0	100.1	100.2
100.1	100.3	99.3	100.0	100.0	100.8	100.1
100.1	100.0	100.0	100.0	99.9	99.8	100.3
100.0	100.0	100.0	99.9	99.8	99.8	100.2
100.0	99.8	99.8	100.0	100.0	99.9	100.0
100.7	99.7	100.0	100.6	100.2	99.3	100.6
100.0	100.0	100.0	100.0	100.0	100.0	100.6
100.1	100.0	99.7	100.2	100.2	100.3	100.2
100.1	99.9	99.7	100.3	100.2	100.5	100.3

4-9 续表2

（上月＝100）

类　　别	1月	2月	3月	4月	5月
（1）男式服装	100.2	100.0	100.4	100.4	100.0
男式外套	100.0	99.7	100.2	100.0	99.9
男式针织衫	100.7	100.6	100.8	99.9	99.1
男式衬衫T恤	100.5	100.7	101.0	101.1	101.0
男式裤子	100.4	99.6	100.5	100.9	99.6
男式内衣	99.9	100.0	100.0	100.0	99.7
（2）女式服装	99.9	99.8	100.1	100.3	100.0
女式外套	99.7	99.5	100.3	99.8	100.0
女式针织衫	99.6	100.2	99.9	99.7	99.4
女式衬衫T恤	100.3	100.3	100.4	101.5	100.4
女式裤子	100.1	100.1	100.1	100.6	100.0
女式裙子	100.0	100.0	100.0	101.5	100.3
女式内衣	100.0	99.3	99.8	100.3	100.0
（3）儿童服装	100.2	100.1	99.8	100.5	99.7
婴儿服装	100.0	99.8	99.1	100.0	99.8
儿童上衣	100.2	99.8	99.5	101.1	99.5
儿童裤子	100.5	100.5	100.4	100.3	100.2
儿童裙子	100.2	100.2	100.0	100.1	99.3
儿童内衣	100.0	99.9	100.2	100.9	99.5
（4）衣着材料及配件	100.0	99.8	100.3	101.3	99.9
袜子	100.0	100.0	100.4	102.8	100.0
帽子	99.9	99.4	100.4	99.0	99.7
其他衣着材料及配件	100.3	99.8	99.9	100.9	99.9
（5）衣着服务费	101.6	100.0	100.2	100.4	100.0
衣着洗涤保养	101.9	100.0	100.0	100.0	100.0
其他衣着服务	101.4	100.0	100.3	100.5	100.0
2.鞋类	100.0	99.9	100.4	99.9	99.8
（1）鞋	99.9	99.9	100.4	99.9	99.8
男鞋	100.0	99.7	100.7	99.8	99.6
女鞋	100.0	100.1	100.2	99.9	99.8
童鞋	99.5	99.9	100.2	100.0	100.4
（2）鞋类服务	103.1	100.0	100.0	100.0	100.0
鞋类服务	103.1	100.0	100.0	100.0	100.0
三、居住	100.0	100.0	100.0	100.0	100.0
1.租赁房房租	100.1	100.0	100.0	100.0	100.0
公房房租	100.0	100.0	100.0	100.0	100.5
私房房租	100.1	100.0	100.0	100.0	100.0
2.住房保养维修及管理	100.0	100.1	100.0	99.9	100.1
（1）住房装潢材料	99.9	100.2	100.0	99.9	99.8
木地板	99.9	100.1	100.0	99.9	99.6
瓷砖	99.8	100.4	100.0	99.6	99.5
水泥	100.0	101.0	100.2	99.6	99.6

6月	7月	8月	9月	10月	11月	12月
100.0	99.9	99.6	100.6	100.2	100.1	100.4
100.0	100.0	100.0	100.4	100.2	100.4	100.3
98.9	99.7	100.0	100.0	101.3	100.0	101.2
100.3	99.6	98.4	100.2	100.0	99.9	100.4
100.0	99.9	100.1	102.5	100.0	99.8	100.2
100.0	100.0	99.2	99.8	100.5	100.0	100.1
100.3	100.0	99.8	100.2	100.1	101.0	100.1
100.0	100.0	100.1	100.1	99.9	101.4	100.3
100.0	100.0	100.0	100.7	100.5	100.7	100.1
100.7	100.1	101.4	100.2	100.1	101.3	100.0
99.9	99.8	100.5	101.0	100.4	100.4	99.9
101.6	99.8	97.0	99.4	100.1	100.7	99.9
100.0	100.0	99.9	99.7	100.0	100.1	100.1
99.9	100.1	99.7	100.1	100.2	100.1	100.7
99.5	100.2	99.8	100.3	99.9	100.3	100.5
100.0	100.0	100.4	100.7	100.2	99.7	100.8
99.7	99.7	99.8	99.7	100.4	100.3	101.3
100.3	100.6	98.7	99.5	100.2	100.0	100.0
100.3	100.0	99.9	100.1	100.3	100.1	100.2
99.7	99.7	99.7	100.0	100.0	100.0	100.2
99.3	99.6	99.6	99.6	99.6	100.0	100.0
100.2	99.9	99.7	100.6	100.4	100.0	100.5
99.8	99.6	99.9	100.1	100.2	100.1	100.3
100.0	100.0	100.0	100.2	100.2	100.0	100.0
100.0	100.0	100.0	100.0	100.0	100.0	100.0
100.0	100.0	100.0	100.3	100.3	100.0	100.0
100.2	100.2	99.5	100.0	100.4	99.7	100.1
100.2	100.2	99.5	100.0	100.4	99.7	100.1
100.1	100.2	99.8	100.1	101.1	99.7	100.4
100.3	100.3	99.3	99.9	100.1	99.6	100.0
100.2	100.2	99.7	100.2	99.7	100.0	100.0
100.0	100.0	100.0	100.0	100.0	100.0	100.0
100.0	100.0	100.0	100.0	100.0	100.0	100.0
100.1	100.0	100.0	100.0	100.1	100.0	100.0
100.0	100.0	100.0	100.0	100.0	100.0	100.0
100.0	101.1	100.0	100.0	100.0	100.0	100.0
100.0	100.0	100.0	100.0	100.0	100.0	100.0
100.7	99.7	99.9	100.1	100.4	100.0	100.2
100.2	99.4	99.8	100.1	100.4	99.9	100.2
99.6	99.7	100.0	99.8	99.9	99.8	100.2
100.1	98.5	99.7	100.0	100.5	99.7	100.0
101.5	97.8	99.3	100.0	99.0	99.6	99.8

4－9 续表3

（上月＝100）

类别	1月	2月	3月	4月	5月
涂料	99.8	100.0	100.1	99.0	99.4
板材	100.0	100.2	100.1	100.3	99.7
管材	99.9	99.7	100.0	100.0	100.0
厨卫设备	100.0	99.9	100.0	100.0	100.0
门窗	100.0	100.0	100.0	100.1	100.3
其他住房装潢材料	100.1	100.3	100.2	100.1	99.9
(2)住房维修管理费用	100.0	100.0	100.0	100.0	100.6
物业管理费	100.0	100.0	100.0	100.0	100.0
装潢维修费	100.0	100.0	100.1	100.1	100.8
其他住房费用	100.0	100.0	100.0	100.0	100.0
3. 水电燃料	100.0	100.0	100.1	100.2	99.9
(1)水	100.0	100.0	100.0	102.2	100.0
水	100.0	100.0	100.0	102.2	100.0
(2)电	100.0	100.0	100.0	100.0	100.0
电	100.0	100.0	100.0	100.0	100.0
(3)燃气	100.0	100.1	100.3	100.3	99.7
管道燃气	100.0	100.5	100.0	100.0	100.0
液化石油气	100.0	100.0	100.4	100.3	99.6
(4)其他水电燃料类	100.0	99.9	100.1	100.0	100.0
其他水电燃料类	100.0	99.9	100.1	100.0	100.0
4. 自有住房	100.0	100.0	100.0	100.0	100.0
自有住房	100.0	100.0	100.0	100.0	100.0
四、生活用品及服务	99.9	100.0	99.4	99.5	100.2
1. 家具及室内装饰品	99.8	100.0	99.9	99.6	100.6
(1)家具	100.0	100.0	99.9	99.5	100.6
柜	100.0	99.9	99.8	98.9	101.3
床	100.0	100.0	99.9	100.0	100.1
桌	100.0	100.0	99.9	99.8	100.2
椅	100.0	99.9	99.9	99.5	100.5
沙发	100.0	100.0	100.0	99.6	100.3
其他家具	100.0	100.0	99.9	99.6	99.9
(2)室内装饰品	96.9	101.2	99.9	101.3	101.2
灯具	95.6	101.9	99.6	102.0	102.0
其他室内装饰品	99.9	99.8	100.4	99.9	99.6
2. 家用器具	100.4	99.8	100.5	99.1	99.2
(1)大型家用器具	100.5	99.9	100.6	99.0	99.1
洗衣机	100.7	101.9	99.8	99.2	100.4
电冰箱(柜)	100.3	100.5	98.0	100.6	99.0
抽油烟机	99.6	100.0	98.0	99.9	100.3
空调器	101.2	98.6	102.8	98.0	98.7
热水器	99.0	98.9	100.5	99.5	99.7
炉具灶具	100.9	102.1	100.0	97.9	96.5

6月	7月	8月	9月	10月	11月	12月
100.1	100.0	100.0	100.0	100.0	100.0	100.1
99.7	99.7	99.7	100.8	100.7	100.4	100.2
100.2	99.9	100.0	100.0	100.4	100.0	100.1
100.0	100.1	99.9	100.0	100.6	100.0	100.2
100.2	100.0	100.0	100.0	100.5	100.0	100.6
100.3	100.2	100.0	100.3	100.9	99.9	100.1
101.5	100.2	100.0	100.2	100.4	100.1	100.2
100.0	100.0	100.0	100.0	100.0	100.0	100.0
102.2	100.3	100.0	100.3	100.6	100.1	100.3
100.0	100.0	100.0	100.0	100.0	100.0	100.0
99.9	100.0	100.0	100.0	100.0	100.0	100.0
100.0	100.0	100.0	100.0	100.0	100.0	100.0
100.0	100.0	100.0	100.0	100.0	100.0	100.0
100.0	100.0	100.0	100.0	100.0	100.0	100.0
100.0	100.0	100.0	100.0	100.0	100.0	100.0
100.0	100.0	100.1	100.0	100.1	100.0	100.0
100.0	100.0	100.0	100.0	100.5	100.0	100.0
100.0	100.0	100.1	100.0	100.0	100.0	100.0
99.6	100.2	100.1	100.0	100.0	100.1	100.1
99.6	100.2	100.1	100.0	100.0	100.1	100.1
100.0	100.0	100.0	100.0	100.0	100.0	100.0
100.0	100.0	100.0	100.0	100.0	100.0	100.0
99.3	100.8	99.6	100.2	100.2	99.9	101.1
99.8	100.0	99.9	100.0	100.1	100.2	100.0
99.9	99.9	100.0	100.0	100.2	99.9	100.0
99.9	99.9	100.0	99.9	99.9	99.9	100.0
99.9	99.8	100.0	100.2	100.7	100.0	99.9
99.9	100.0	100.0	99.8	100.2	99.9	100.0
99.8	100.1	100.0	100.0	100.5	99.8	100.3
99.9	100.0	100.0	100.1	100.1	100.0	99.9
99.9	99.6	100.0	100.0	100.1	100.0	100.0
99.0	101.8	99.3	100.6	99.1	104.2	100.4
98.4	102.6	98.9	100.9	98.3	105.9	100.4
100.1	99.9	100.1	99.9	100.8	100.2	100.2
98.9	101.0	99.1	100.2	101.6	98.6	100.3
98.8	101.1	99.1	100.1	101.7	98.4	100.1
96.4	102.2	98.0	100.9	100.6	97.0	100.8
97.8	102.2	98.3	99.9	103.0	96.7	99.9
99.5	98.7	98.9	99.7	101.0	100.7	104.3
98.7	101.4	99.3	100.3	102.2	98.2	98.3
100.4	99.8	98.9	99.5	102.4	100.6	101.8
102.7	98.7	99.8	99.8	100.0	101.4	102.0

4－9 续表 4

（上月＝100）

类　别	1 月	2 月	3 月	4 月	5 月
吸尘器	95.8	106.8	99.9	98.7	100.5
空气净化器	99.7	103.1	97.3	98.5	101.3
净水器	100.9	99.4	98.8	98.2	98.8
其他大型家用器具	101.0	99.6	99.8	99.9	99.7
（2）小家电	99.7	99.5	99.9	99.6	99.7
厨房小家电	100.0	99.8	99.5	99.7	99.2
生活小家电	99.3	98.9	100.6	99.4	100.7
3. 家用纺织品	100.0	99.9	99.9	99.8	100.4
（1）床上用品	100.0	99.9	99.9	99.7	100.5
被子	100.2	100.0	100.1	99.8	100.4
床单被套	100.0	99.9	100.0	99.7	100.7
其他床上用品	99.7	99.8	99.5	99.7	100.1
（2）窗帘门帘	100.0	100.0	100.0	100.0	99.9
窗帘门帘	100.0	100.0	100.0	100.0	99.9
（3）其他家用纺织品	100.5	99.8	100.0	99.9	100.0
其他家用纺织品	100.5	99.8	100.0	99.9	100.0
4. 家庭日用杂品	99.6	100.1	98.9	98.2	100.7
（1）洗涤卫生用品	99.7	99.9	98.0	98.7	100.7
清洗用品	98.6	100.0	99.4	97.6	100.1
清洁用具	101.0	98.1	94.0	101.7	101.9
清洁用纸	100.7	100.2	97.2	99.3	101.0
（2）厨具餐具茶具	99.7	100.0	100.5	97.5	100.9
厨具	99.2	100.4	101.0	96.5	100.7
餐具	101.9	98.8	99.5	98.0	101.2
茶具	94.4	101.5	101.1	102.5	101.0
（3）其他家庭日用杂品	99.1	101.5	100.0	97.5	100.1
配电附件	98.4	102.4	100.1	94.6	100.8
雨具	99.4	102.8	100.0	98.7	97.7
其他日用杂品	100.0	100.0	99.9	100.7	100.0
5. 个人护理用品	99.1	100.4	97.1	102.5	100.5
（1）化妆品	97.8	100.4	94.7	104.6	101.1
清洁化妆品	98.1	99.2	100.2	102.1	99.5
护肤化妆品	96.9	101.1	90.5	107.6	102.2
彩妆化妆品	99.7	99.9	100.7	100.0	100.1
化妆器具	100.3	100.3	99.3	100.8	99.9
（2）其他护理用品类	100.4	100.3	99.3	100.5	99.9
清洁类护理用品	100.3	98.5	98.3	101.6	99.6
护发美发用品	99.4	104.5	99.1	98.6	99.9
护理器具	102.1	101.8	102.3	99.5	101.1
其他护理用品	100.0	100.3	100.6	100.6	100.0
6. 家庭服务	100.6	100.0	100.0	100.0	100.0
家政服务	100.5	100.0	100.0	100.1	100.0

6月	7月	8月	9月	10月	11月	12月
100.2	101.0	97.0	97.8	102.5	96.9	103.9
97.2	105.2	98.1	103.1	98.2	96.6	97.9
100.1	101.9	99.9	99.8	99.5	100.5	108.2
99.5	99.5	101.3	99.9	99.4	99.4	101.0
99.4	99.9	99.5	100.3	100.7	100.2	101.7
99.6	99.9	100.1	100.8	100.4	99.2	100.2
98.9	99.8	98.5	99.5	101.2	101.9	104.2
99.8	100.1	99.6	100.0	100.3	99.9	100.2
99.8	100.1	99.4	100.1	100.3	99.9	100.2
99.8	100.1	100.0	100.1	100.5	99.9	100.3
99.8	100.1	100.0	100.1	100.3	100.0	100.3
99.8	100.2	97.2	100.0	100.1	99.9	99.7
99.9	100.0	100.0	100.0	100.6	99.3	100.0
99.9	100.0	100.0	100.0	100.6	99.3	100.0
100.0	100.2	100.6	99.4	100.3	100.5	100.0
100.0	100.2	100.6	99.4	100.3	100.5	100.0
99.3	101.3	100.1	100.3	99.1	101.5	103.4
99.1	101.5	99.2	100.5	98.2	102.3	106.3
101.1	101.3	98.3	101.5	99.9	104.6	107.7
97.5	101.8	100.4	101.9	98.8	100.3	107.3
97.1	101.6	99.9	98.9	95.9	99.8	104.2
99.0	101.6	102.1	99.9	100.6	100.5	98.1
100.7	102.0	103.0	99.3	100.7	101.1	96.7
96.2	101.2	100.7	101.0	101.5	99.2	99.8
98.9	100.6	100.7	99.4	97.4	101.1	101.9
100.9	99.7	100.6	100.5	100.7	99.9	100.3
102.7	99.0	101.4	101.0	99.3	100.0	98.5
99.0	102.5	99.3	100.4	103.8	100.9	109.0
99.2	99.7	100.0	100.0	101.5	99.5	100.0
99.1	100.9	99.4	100.6	99.4	98.9	100.9
98.5	100.8	99.8	101.0	99.1	98.0	101.3
100.0	100.7	99.7	100.0	99.9	98.4	102.3
97.7	100.5	100.0	101.1	99.4	97.2	100.8
99.5	101.7	100.0	100.9	98.3	99.5	102.1
98.7	101.6	96.5	105.6	96.0	100.0	99.4
99.6	101.0	99.0	100.1	99.7	99.7	100.6
100.0	101.2	99.5	100.2	99.8	99.4	101.8
100.4	99.6	99.7	99.6	100.2	99.4	100.9
97.6	101.9	95.9	100.3	98.9	101.1	96.0
100.0	100.5	101.6	101.1	100.0	99.7	101.6
100.1	100.0	100.0	100.0	100.5	100.4	100.5
100.6	99.8	100.0	100.0	100.1	100.4	100.0

4-9 续表5

（上月=100）

类　别	1月	2月	3月	4月	5月
母婴护理服务	102.9	100.0	100.0	100.0	100.0
家庭维修服务	100.0	100.0	100.0	100.0	100.0
其他家庭服务	103.2	100.0	100.0	100.3	100.2
五、交通通信	99.9	99.9	99.9	99.6	99.6
1.交通	100.0	100.0	99.7	99.5	99.6
（1）交通工具	99.9	100.0	99.3	99.5	99.6
燃油小汽车	100.0	100.1	98.9	99.2	99.1
新能源小汽车	97.9	100.2	98.3	98.3	100.5
电动自行车	99.9	99.8	100.2	100.0	100.3
自行车	100.0	100.0	100.0	99.5	100.0
其他交通工具	100.0	100.1	100.0	100.1	100.0
（2）交通工具用燃料	97.6	100.9	99.8	98.4	99.7
汽油	97.6	100.9	99.8	98.4	99.7
柴油	97.5	101.1	99.7	98.2	99.7
其他车用能源	100.5	100.1	100.1	99.6	100.0
（3）交通工具使用和维修	100.6	100.8	100.5	100.5	99.6
停车费	100.0	100.0	100.0	100.0	100.0
车辆使用费	100.0	100.0	100.0	100.0	100.0
交通工具零配件	100.0	99.5	100.4	99.9	100.4
车辆修理与保养	100.8	101.2	100.7	100.7	99.3
（4）交通费	107.4	95.3	99.6	101.2	98.9
市内公共交通	104.0	96.8	100.0	100.0	100.0
出租汽车	112.5	92.8	100.0	100.0	100.0
飞机票	143.7	81.4	96.9	110.3	92.0
火车票	100.1	100.0	100.0	100.0	100.0
长途汽车	104.2	96.1	100.0	100.0	100.0
网约车	100.7	99.8	99.7	100.0	100.1
交通工具租赁费	100.1	100.2	100.0	100.0	100.0
其他交通费	101.5	100.0	100.0	100.0	99.3
2.通信	99.7	99.9	100.4	99.9	99.8
（1）通信工具	99.1	99.7	101.0	99.6	99.5
电话机	99.1	99.6	101.1	99.6	99.5
其他通信工具及零配件	99.5	102.1	98.9	99.5	99.2
（2）通信服务	100.0	100.0	100.0	100.0	100.0
电话费	100.0	100.0	100.0	100.0	100.0
家庭宽带服务	100.0	100.0	100.0	100.0	100.0
其他通信服务	100.0	100.0	100.0	100.0	100.9
（3）邮递服务	99.5	100.0	100.0	100.0	100.0
邮递服务	99.5	100.0	100.0	100.0	100.0
六、教育文化娱乐	100.3	100.0	100.0	100.2	100.0
1.教育	100.0	100.0	100.0	100.1	100.1
（1）教育用品	100.4	99.9	100.0	100.2	100.0

6月	7月	8月	9月	10月	11月	12月
100.0	100.0	100.0	100.0	100.1	100.4	100.0
100.0	100.0	100.0	100.0	100.7	100.4	100.7
100.0	100.0	100.0	100.0	100.0	100.6	100.0
99.8	100.4	100.8	100.0	100.4	98.9	99.0
99.6	100.5	101.3	100.0	100.7	98.6	98.3
99.7	99.3	99.8	99.1	100.2	99.2	99.4
99.5	98.8	99.7	98.4	99.9	98.9	98.9
97.8	99.0	99.9	100.3	99.3	99.8	99.0
100.3	100.0	100.0	99.7	101.1	99.3	100.0
100.0	99.9	100.3	98.7	100.6	100.0	99.8
99.9	100.1	100.0	100.2	100.2	99.8	100.0
98.7	101.9	104.9	102.4	101.8	97.2	95.4
98.7	101.9	104.9	102.4	101.8	97.2	95.3
98.6	102.1	105.3	102.6	101.9	96.9	95.0
100.0	100.0	99.5	99.7	100.1	99.9	101.0
100.3	99.9	99.5	99.6	100.6	100.0	100.0
100.0	100.0	100.0	100.0	100.0	100.0	100.0
101.2	100.0	100.0	100.0	100.0	100.0	100.0
99.6	99.5	99.5	100.8	99.8	99.8	100.2
100.0	99.9	99.3	99.3	100.9	100.0	100.0
100.8	103.6	99.5	97.3	99.3	98.5	100.4
100.0	100.0	100.0	100.0	100.0	100.0	100.0
104.2	100.0	100.0	100.0	100.0	100.0	100.0
101.8	129.5	94.3	81.1	96.8	87.1	104.4
100.0	100.0	100.0	100.6	99.7	100.0	100.0
101.0	100.0	101.3	99.4	99.4	100.0	100.0
100.1	99.9	99.6	100.4	100.2	100.0	100.0
100.0	99.6	100.0	100.3	100.1	100.2	100.0
100.0	100.0	100.0	100.0	100.0	100.0	100.0
100.1	100.0	99.9	100.0	99.9	99.7	100.7
100.4	100.0	99.6	100.0	99.6	99.1	102.0
100.4	100.1	99.6	100.0	99.6	99.1	102.2
100.5	98.9	99.4	99.0	101.2	99.5	98.7
100.0	100.0	100.0	100.0	100.1	100.0	100.0
100.0	100.0	100.0	100.0	100.1	100.0	100.0
100.0	100.0	100.0	100.0	100.0	100.0	100.0
100.0	100.0	100.0	100.0	100.0	100.0	100.0
99.7	100.0	100.0	100.0	100.0	100.0	100.0
99.7	100.0	100.0	100.0	100.0	100.0	100.0
99.9	100.2	100.2	101.7	99.9	99.9	100.1
100.0	100.2	100.1	102.2	100.0	100.0	100.0
99.8	100.1	100.0	100.8	100.0	99.9	100.0

4－9 续表6

（上月＝100）

类　　别	1月	2月	3月	4月	5月
工具书	100.0	100.0	100.0	100.2	100.0
教材	100.1	100.0	100.0	100.0	100.0
参考资料	100.7	100.0	100.0	100.4	100.1
其他教育用品	100.2	99.4	100.0	99.5	99.8
(2)教育服务	100.0	100.0	100.0	100.1	100.1
幼儿早期教育	100.0	100.0	100.0	99.9	100.6
学前教育	100.0	100.0	100.0	100.0	100.0
小学初中教育	100.0	100.0	100.0	100.0	100.0
高中中职教育	100.0	100.0	100.0	100.0	100.0
高等教育	100.0	100.0	100.0	100.0	100.0
课外教育	100.0	100.0	100.0	100.3	100.3
专业技能培训	100.0	100.1	100.0	100.2	100.0
其他教育服务	100.0	100.0	99.6	100.0	100.0
2.文化娱乐	101.3	99.8	100.0	100.6	100.0
(1)文娱耐用消费品	99.6	100.0	99.7	99.1	99.5
电视机	99.8	99.8	99.5	99.5	100.3
照相机	99.7	100.0	99.9	102.4	103.2
台式计算机	99.7	100.2	100.0	97.4	98.9
笔记本电脑	98.1	99.1	99.7	99.1	99.6
平板电脑	98.4	100.9	99.9	99.0	99.2
乐器	100.0	100.1	100.0	100.0	101.1
音响	100.2	100.7	100.0	100.0	100.0
可穿戴智能设备	98.9	100.7	100.4	98.4	100.0
其他文娱耐用消费品	102.5	99.4	98.7	100.6	96.6
(2)其他文娱用品	100.4	100.3	99.8	100.2	99.9
书报杂志及音像制品	100.9	100.0	100.0	100.0	100.0
纸张文具	100.0	100.0	99.7	100.2	100.2
体育户外用品	99.2	102.6	99.8	100.0	102.8
游戏用品和玩具	100.7	100.5	99.7	100.3	99.1
园艺花卉及用品	101.3	100.9	100.6	100.2	98.7
宠物及用品	100.0	100.1	100.1	100.2	100.0
其他文化娱乐用品	99.8	100.0	99.6	100.4	99.8
(3)文化娱乐服务	101.5	99.6	99.7	99.9	100.0
电影及演出票	127.8	90.7	93.0	94.2	101.9
景点门票	100.0	100.2	100.0	100.0	100.0
电视服务	100.0	100.0	100.0	100.0	100.0
健身活动	99.7	100.1	99.9	100.2	100.0
宠物服务	107.0	93.5	99.8	99.8	100.7
网络文娱服务	102.4	98.6	99.8	100.7	98.6
儿童娱乐项目	107.3	100.0	99.7	100.0	100.3
其他文娱服务	100.0	100.0	100.0	100.0	100.0
(4)旅游	105.9	99.2	101.3	104.9	100.9

6月	7月	8月	9月	10月	11月	12月
100.0	100.0	100.0	100.4	99.9	100.1	100.0
100.0	100.0	100.0	102.3	100.0	100.0	100.0
99.8	100.0	100.0	100.7	99.9	100.0	100.0
98.9	100.8	100.2	99.5	100.2	99.2	100.0
100.0	100.2	100.1	102.3	100.0	100.0	100.0
99.2	100.2	100.1	98.7	100.3	100.0	100.0
100.0	100.0	100.0	105.3	100.0	100.0	100.0
100.0	100.0	100.0	103.2	100.0	100.0	100.0
100.0	100.0	100.0	106.3	100.2	100.0	100.0
100.0	100.0	100.0	100.0	100.0	100.0	100.0
99.6	101.3	100.7	101.0	100.0	100.0	100.2
100.6	100.0	100.0	99.4	99.8	100.0	100.0
100.0	100.0	100.0	100.0	100.0	100.0	100.0
99.5	100.2	100.6	99.8	99.5	99.6	100.4
98.8	98.9	99.8	99.8	99.8	100.3	100.4
99.8	98.6	98.2	100.3	99.9	100.7	100.1
97.0	100.2	99.5	98.2	101.4	97.9	99.1
99.2	98.5	102.8	99.4	100.0	100.0	100.0
100.0	98.4	104.3	99.5	100.7	100.5	99.5
95.3	98.9	98.6	99.3	98.1	100.6	105.4
99.9	100.3	100.2	100.0	100.0	100.0	100.2
100.5	99.5	100.2	98.2	100.0	100.0	100.0
97.6	102.5	101.0	100.7	99.4	98.2	100.8
98.4	100.3	96.0	99.6	100.5	100.0	96.0
100.0	100.2	100.0	100.2	99.9	99.2	100.8
100.0	100.0	100.0	100.3	100.0	100.0	100.0
100.7	100.0	100.1	100.8	99.8	100.0	100.2
101.5	100.8	99.8	101.4	101.3	98.8	97.4
98.8	100.9	100.2	99.3	99.4	96.6	103.4
99.7	99.4	99.6	99.4	100.4	100.3	100.7
100.1	100.9	99.8	99.8	100.4	100.7	100.3
100.0	99.8	100.0	100.3	100.1	99.8	100.0
100.3	100.3	99.6	100.7	99.7	99.6	99.8
96.7	99.4	102.3	100.9	100.9	100.1	98.6
101.3	100.0	98.7	100.0	99.3	99.2	98.8
100.0	100.0	100.0	100.0	100.0	100.0	100.0
100.4	100.1	100.4	100.0	100.6	99.7	100.0
99.6	100.7	100.2	99.8	100.2	100.0	100.0
99.5	102.7	99.0	102.2	97.8	101.3	103.8
100.0	102.1	100.0	106.6	100.0	97.9	100.5
101.4	100.0	100.0	100.0	100.2	100.0	100.0
99.3	102.7	103.5	98.4	98.5	98.6	100.4

4－9 续表7

（上月＝100）

类　别	1月	2月	3月	4月	5月
旅行社收费	106.3	99.2	101.4	105.3	101.0
其他旅游	100.2	99.8	100.0	100.0	100.0
七、医疗保健	100.2	100.1	100.2	100.5	100.0
1.药品及医疗器具	100.6	100.2	100.3	100.3	100.0
（1）中药	101.0	100.3	101.2	101.0	100.2
中药材	101.0	99.4	102.0	101.7	100.3
中成药	101.0	100.6	100.9	100.8	100.2
（2）西药	100.6	100.3	100.1	100.2	99.7
抗微生物药	101.2	100.9	99.9	100.2	100.1
消化系统用药	100.3	100.2	100.4	99.8	99.4
呼吸系统用药	100.8	100.4	101.0	104.0	99.8
解热镇痛药	101.7	100.8	100.3	97.0	100.1
抗肿瘤药	100.1	100.0	100.0	100.0	98.6
激素及影响内分泌药	100.9	101.5	99.9	101.1	100.8
心血管系统用药	100.3	99.9	99.9	101.0	99.8
血液系统用药	100.1	100.1	100.2	98.8	99.5
治疗精神障碍药	100.1	100.3	100.3	100.0	96.0
神经系统用药	100.8	100.2	100.0	99.2	100.6
泌尿系统用药	100.5	98.6	100.4	100.4	99.7
维生素、矿物质类药	100.1	101.1	99.9	98.7	99.6
调节水、电解质及酸碱平衡药	100.3	99.9	100.0	101.1	100.1
其他西药	100.4	99.8	100.0	99.8	99.8
（3）滋补保健品	100.1	100.1	100.3	99.9	100.1
滋补保健品	100.1	100.1	100.3	99.9	100.1
（4）医疗卫生器具	100.3	99.8	98.8	99.1	101.1
医疗卫生器具	100.3	99.8	98.8	99.1	101.1
（5）保健器具	100.2	99.8	99.9	100.1	99.7
保健器具	100.2	99.8	99.9	100.1	99.7
2.医疗服务	100.0	100.0	100.1	100.6	100.0
（1）综合医疗类	100.0	100.0	98.6	102.9	100.0
一般医疗服务	100.0	100.0	97.4	101.3	100.0
一般治疗操作	100.0	100.0	98.5	100.8	100.0
护理	100.0	100.0	100.6	110.4	100.0
其他综合医疗服务	100.0	100.0	100.0	100.0	100.0
（2）诊断类	100.0	100.0	100.1	100.0	100.0
病理学诊断	100.0	100.0	98.5	100.0	100.0
实验室诊断	100.0	100.0	101.3	100.0	100.0
影像学诊断	100.0	100.0	100.0	100.0	100.0
临床诊断	100.0	100.2	96.4	100.0	100.0
（3）治疗类	100.0	100.0	99.8	100.0	100.0
临床手术治疗	100.0	100.0	99.7	100.0	100.0
临床非手术治疗	100.0	100.0	100.0	100.0	100.0

6月	7月	8月	9月	10月	11月	12月
99.2	102.8	103.7	98.3	98.4	98.6	100.4
100.8	100.0	100.3	100.0	100.0	100.0	100.0
100.1	100.1	100.1	100.1	100.0	100.5	100.1
100.3	100.2	100.4	100.3	99.9	100.5	100.4
101.3	100.3	100.7	100.9	100.5	101.0	101.2
100.6	101.5	102.7	101.5	100.3	100.6	104.7
101.6	99.8	100.0	100.6	100.6	101.2	99.8
100.0	100.2	100.3	100.2	99.5	100.5	100.0
100.3	102.0	100.0	100.0	100.2	103.1	99.7
98.0	99.0	100.8	99.7	98.0	100.4	100.0
100.3	99.9	99.3	100.5	99.9	101.8	99.8
102.5	100.4	99.9	103.2	100.0	100.5	100.3
100.2	100.2	100.0	99.9	96.8	99.3	100.0
100.2	100.6	100.0	100.0	100.8	100.5	99.9
100.0	100.1	100.1	100.1	100.0	101.0	100.3
101.8	99.6	100.0	99.8	100.0	97.6	99.9
98.9	100.5	101.0	100.0	100.0	100.1	99.7
100.4	100.2	103.0	99.8	100.0	97.9	99.6
100.3	98.9	100.0	100.0	99.6	100.4	100.0
99.9	100.5	101.1	100.2	100.6	100.0	100.0
97.2	100.0	100.0	100.0	100.0	100.0	100.0
100.3	99.8	100.0	99.8	100.0	99.8	100.3
99.9	100.0	100.9	99.9	100.0	100.0	100.0
99.9	100.0	100.9	99.9	100.0	100.0	100.0
99.1	100.0	99.7	99.7	100.4	100.2	101.4
99.1	100.0	99.7	99.7	100.4	100.2	101.4
100.0	100.0	97.6	100.0	100.0	100.0	100.0
100.0	100.0	97.6	100.0	100.0	100.0	100.0
100.0	100.0	100.0	100.0	100.0	100.5	100.0
100.0	100.0	100.0	100.0	100.0	100.0	100.0
100.0	100.0	100.0	100.0	100.0	100.0	100.0
100.0	100.0	100.0	100.0	100.0	100.0	100.0
100.0	100.0	100.0	100.0	100.0	100.0	100.0
100.0	100.0	100.0	100.0	100.0	100.0	100.0
100.0	100.0	100.0	100.0	100.0	100.1	100.0
100.0	100.0	100.0	100.0	100.0	100.5	100.0
100.0	100.0	100.0	100.0	100.0	100.0	100.0
100.0	100.0	100.0	100.0	100.0	100.0	100.0
100.0	100.0	100.0	100.0	100.0	100.5	100.0
100.0	100.0	100.0	100.0	100.0	101.5	100.1
100.0	100.0	100.0	100.0	100.0	101.0	100.0
100.0	100.0	100.0	100.0	100.0	102.6	100.2

4-9 续表8

（上月=100）

类　　别	1月	2月	3月	4月	5月
(4)康复类	100.0	100.0	98.7	100.0	100.0
康复医疗	100.0	100.0	98.7	100.0	100.0
(5)中医医疗服务类	100.0	100.0	106.9	100.6	100.0
中医治疗	100.0	100.0	106.9	100.6	100.0
(6)其他医疗保健服务	100.0	100.0	100.8	100.0	100.0
其他医疗保健服务	100.0	100.0	100.8	100.0	100.0
八、其他用品及服务	101.6	99.9	100.5	100.5	100.1
1.其他用品	100.8	100.6	100.8	100.9	100.2
(1)首饰手表	101.3	100.1	100.9	102.7	101.1
金饰品	101.8	100.5	101.3	104.0	101.7
银饰品	100.0	99.8	100.0	99.7	99.9
铂金饰品	101.2	98.8	100.0	100.0	100.0
手表	100.0	99.7	100.0	100.1	100.0
(2)母婴用品	99.9	102.6	100.6	96.9	100.0
母婴洗护喂养用品	99.6	103.0	100.7	95.9	100.2
其他母婴用品	100.6	101.8	100.3	99.4	99.7
(3)其他杂项用品	100.2	100.2	100.6	99.3	98.3
箱包	100.3	100.3	100.8	98.9	97.2
眼镜	100.0	100.0	100.1	100.0	100.6
2.其他服务	102.7	99.1	100.2	100.1	100.0
(1)在外住宿	103.1	99.7	99.5	100.6	99.4
宾馆住宿	103.9	99.4	99.7	101.1	99.3
其他住宿	101.4	100.2	99.0	99.5	99.7
(2)美容美发洗浴	108.1	97.1	100.6	100.3	100.0
美容	100.7	99.7	100.0	100.1	100.0
美发	106.4	96.0	101.5	100.9	100.0
洗浴	116.3	96.9	99.8	99.5	100.0
(3)养老服务	100.0	100.4	100.3	100.0	100.0
养老服务	100.0	100.4	100.3	100.0	100.0
(4)金融及保险服务	100.1	100.0	100.0	100.0	100.0
金融服务	100.0	100.0	100.0	100.0	100.0
车辆保险	100.0	100.0	100.0	100.0	100.0
旅行保险	100.0	100.0	100.0	100.0	100.0
其他保险	100.3	100.0	100.0	100.0	100.0
(5)中介法律及其他服务	100.0	100.0	100.0	100.0	100.0
中介服务	100.0	100.0	100.0	100.0	100.0
法律服务	100.0	100.0	100.0	100.0	100.0
其他杂项服务	100.0	100.0	100.0	100.0	100.0

6月	7月	8月	9月	10月	11月	12月
100.0	100.0	100.0	100.0	100.0	100.3	100.0
100.0	100.0	100.0	100.0	100.0	100.3	100.0
100.0	100.0	100.0	100.0	100.0	100.5	100.0
100.0	100.0	100.0	100.0	100.0	100.5	100.0
100.0	100.0	99.9	99.9	100.0	100.2	100.0
100.0	100.0	99.9	99.9	100.0	100.2	100.0
99.9	100.5	100.0	100.6	100.4	99.8	100.3
99.7	100.9	100.1	100.8	100.4	99.8	100.4
99.9	100.0	101.3	101.4	100.3	100.0	100.4
99.9	100.0	101.8	102.0	100.5	100.3	100.5
99.3	100.0	100.0	100.5	100.7	100.2	100.5
100.0	100.2	100.4	99.6	99.1	98.8	100.6
100.0	99.9	99.9	100.0	100.0	99.6	100.0
97.9	104.0	97.9	100.8	98.6	100.0	101.9
97.4	105.6	96.8	99.7	97.5	102.0	102.8
99.1	100.2	100.7	103.4	101.3	95.6	99.9
100.4	101.2	98.7	99.4	101.7	99.2	99.6
100.8	101.8	98.0	99.0	102.2	99.0	99.4
99.8	100.0	100.0	100.0	100.7	99.5	100.0
100.1	100.0	100.0	100.4	100.4	99.8	100.0
100.3	100.8	99.7	100.7	100.8	99.2	99.7
100.4	101.0	99.8	100.8	101.1	99.0	99.6
100.2	100.3	99.3	100.4	100.0	99.8	99.8
100.0	99.9	100.0	99.8	101.2	99.5	100.1
100.0	100.0	100.0	99.8	100.7	100.0	100.0
100.0	100.0	100.0	99.8	101.6	98.9	100.0
100.0	99.5	100.0	99.7	100.9	100.0	100.5
100.5	100.0	100.0	100.0	100.0	100.0	100.0
100.5	100.0	100.0	100.0	100.0	100.0	100.0
100.0	100.0	100.0	101.0	100.0	100.0	100.0
100.0	100.0	100.0	100.0	100.0	100.0	100.0
100.0	100.0	100.0	100.0	100.0	100.0	100.0
100.0	100.0	100.0	100.0	100.0	100.0	100.0
100.0	100.0	100.0	104.2	100.0	100.0	100.0
100.0	100.0	100.0	100.0	100.0	100.0	100.0
100.1	99.9	100.0	100.0	100.0	100.0	100.0
100.0	100.0	100.0	100.0	100.0	100.0	100.0
100.0	100.0	100.0	100.0	100.0	100.0	100.0

4－10 27个调查市县居民

（上年＝100）

市县	居民消费价格总指数	食品烟酒	粮食	鲜菜	畜肉类	蛋类	衣着
全省平均	**99.8**	**99.6**	**101.2**	**95.8**	**89.9**	**97.7**	**99.8**
城市平均	**99.6**	**99.4**	**101.1**	**96.4**	**90.3**	**96.7**	**99.8**
郑州市	99.4	99.6	102.2	95.8	90.7	92.2	99.8
开封市	99.9	99.4	100.4	96.4	89.5	97.4	100.3
洛阳市	99.8	99.5	99.6	97.6	88.8	97.5	98.7
平顶山市	99.8	100.0	101.4	95.8	92.4	101.3	99.6
安阳市	99.6	100.1	101.4	102.4	91.6	99.4	100.2
鹤壁市	99.6	98.9	102.0	96.0	91.4	98.2	99.4
新乡市	99.5	98.7	100.4	94.2	89.9	99.3	98.8
焦作市	100.0	97.4	100.6	90.8	89.5	95.8	101.4
濮阳市	99.4	99.5	99.2	97.3	90.5	99.1	99.3
许昌市	99.8	99.2	100.7	97.4	88.8	100.9	99.2
漯河市	99.7	99.7	98.2	96.9	89.5	96.9	98.5
三门峡市	99.5	98.9	101.8	93.7	88.5	97.5	99.7
南阳市	99.7	99.1	100.8	98.0	92.2	100.6	100.9
商丘市	99.6	99.7	99.5	94.8	89.7	98.6	99.6
信阳市	100.0	101.3	104.4	101.3	91.4	98.1	100.6
周口市	100.0	98.7	102.3	92.5	92.9	94.0	101.9
驻马店市	99.8	99.5	101.1	96.4	89.2	106.5	100.4
济源市	99.5	99.4	101.3	97.7	89.8	91.5	98.2
农村平均	**100.2**	**100.0**	**101.4**	**94.4**	**89.0**	**99.7**	**100.0**
滑县	100.4	99.6	100.5	96.7	87.5	98.2	98.9
辉县市	100.0	100.4	99.9	100.4	86.9	95.9	99.8
襄城县	99.6	100.2	103.1	90.0	92.7	97.6	99.0
灵宝市	100.3	100.5	104.0	95.0	89.6	98.7	101.7
镇平县	100.4	99.9	99.9	94.5	90.4	97.9	102.4
永城市	100.4	100.7	101.1	93.0	88.2	106.9	99.3
固始县	100.1	99.5	102.6	96.3	88.3	98.7	101.4
淮阳县	100.2	99.5	101.8	92.4	90.3	98.1	101.4
汝南县	100.1	98.9	99.0	90.7	88.6	101.9	94.3

消费价格指数(2023 年)

居住	水、电、燃料	生活用品及服务	交通和通讯	教育文化和娱乐	医疗保健	其他用品和服务
99.6	**100.2**	**99.6**	**97.9**	**101.4**	**100.9**	**103.2**
99.3	**99.9**	**99.7**	**97.6**	**101.2**	**100.8**	**103.1**
98.7	100.1	100.1	97.3	100.7	100.3	103.3
99.9	100.1	100.0	97.7	100.5	102.1	103.6
99.5	99.4	98.2	97.8	103.8	99.9	104.1
99.3	100.1	100.2	97.3	101.2	100.7	104.1
99.6	100.0	100.2	97.2	99.1	100.7	103.0
99.9	101.3	99.6	97.2	102.0	101.1	102.4
100.0	99.6	99.2	97.6	102.7	99.4	103.9
99.9	100.0	99.9	98.2	103.7	104.8	100.9
99.9	99.6	99.8	96.4	100.4	99.9	102.0
100.2	100.4	99.2	98.4	101.0	101.7	103.3
99.1	98.8	100.0	98.8	101.1	100.7	102.2
99.5	100.0	100.4	97.8	100.2	100.6	102.7
100.2	99.8	99.1	97.4	100.5	101.2	102.4
99.0	99.8	99.4	97.7	100.5	101.0	103.1
99.0	99.7	99.8	98.4	99.0	100.4	102.5
100.0	100.9	99.7	98.7	102.7	100.0	103.0
99.2	100.3	100.2	97.4	101.7	101.3	102.3
99.5	99.4	98.4	97.3	101.1	102.1	102.6
100.1	**100.7**	**99.4**	**98.4**	**101.8**	**101.3**	**103.5**
99.8	99.9	98.9	99.6	105.4	101.2	101.3
100.1	100.6	99.1	98.0	100.6	100.7	102.3
100.1	102.0	99.1	98.3	100.0	98.8	103.2
99.7	100.0	99.6	97.9	100.6	101.9	103.0
100.7	103.2	100.5	98.7	100.0	101.2	103.1
99.2	100.2	99.6	97.5	103.0	101.9	107.4
100.5	101.1	99.3	97.9	100.2	102.6	103.6
100.5	100.7	99.2	99.4	100.7	100.9	103.2
101.7	99.7	100.0	98.4	104.1	101.0	100.6

主要统计指标解释

居民消费价格指数 是反映一定时期内城乡居民购买并用于日常生活消费的商品和服务项目价格水平变动趋势和程度的相对数。居民消费价格水平的变动率在一定程度上反映了通货膨胀(或紧缩)的程度。编制居民消费价格指数(CPI)的目的,是为了了解市场价格变动的基本情况,分析研究价格变动对社会经济和居民生活支出的影响,满足各级政府制定政策和计划、进行宏观调控的需要;同时居民消费价格指数也是国民经济核算和社会担保实际支付调整的重要指标。

城市居民消费价格指数 是反映城市居民家庭所购买用于日常生活消费的商品和服务项目价格变动趋势和程度的相对数。城市居民消费价格指数可以用以观察分析消费商品和服务项目价格变动对职工货币工资的影响,作为研究职工生活和确定工资政策以及相关社会保障政策的依据。

农村居民消费价格指数 是反映农村居民家庭所购买用于日常生活消费的商品和服务项目价格变动趋势和程度的相对数。农村居民消费价格指数可以用以观察分析农村消费商品和服务项目价格变动对农村居民生活消费支出的影响,直接反映农民生活水平的实际变化情况,为分析和研究农村居民生活问题和制定相关惠农政策提供依据。

五 生产价格

资料整理：尹万姣　王　帅　赵芷曼

5－1 历年工业生产者出厂及购进价格指数

（上年＝100）

年　份	工业生产者出厂价格总指数	按轻、重工业分		按部类分		工业生产者购进价格总指数
		轻工业	重工业	生产资料	生活资料	
1989	119.7	116.6	122.6	121.4	117.5	130.0
1990	105.5	105.3	105.5	105.4	105.4	105.5
1991	104.3	102.0	106.2	105.7	102.1	104.4
1992	106.2	104.1	108.0	107.3	104.6	110.0
1993	118.1	108.8	125.9	124.4	108.4	133.0
1994	124.1	129.5	119.4	119.4	131.1	122.0
1995	115.0	119.9	110.9	114.3	116.2	114.1
1996	104.1	102.8	105.1	104.8	103.0	106.0
1997	100.6	98.5	102.1	101.2	99.5	100.6
1998	95.3	94.2	96.0	95.8	94.2	94.8
1999	95.4	93.9	96.5	96.0	94.4	94.3
2000	104.0	99.6	106.5	106.0	98.0	105.1
2001	100.5	98.7	101.5	101.1	98.6	101.9
2002	98.6	96.8	99.7	98.8	98.2	97.6
2003	105.0	103.2	106.9	105.7	102.7	107.8
2004	110.2	106.4	113.9	111.4	106.4	115.7
2005	106.1	102.6	109.2	107.3	101.9	108.3
2006	104.3	101.3	106.7	105.3	100.7	105.3
2007	105.2	105.7	104.9	104.5	107.7	106.4
2008	112.1	107.9	115.4	113.3	108.1	111.9
2009	94.9	98.4	92.2	93.3	101.1	97.1
2010	107.8	104.3	110.7	108.8	103.9	110.2
2011	107.2	106.9	107.3	107.7	105.5	110.1
2012	99.4	100.1	99.2	98.6	102.5	99.2
2013	98.5	101.8	97.3	97.5	102.2	99.3
2014	98.1	100.9	96.9	97.2	100.9	98.4
2015	95.4	99.8	93.6	93.9	100.4	95.4
2016	99.0	99.1	99.0	99.2	98.6	99.2
2017	106.8	101.9	108.9	109.7	99.6	107.3
2018	103.6	101.3	104.5	104.9	99.9	104.0
2019	100.2	101.0	99.8	100.0	100.5	101.2
2020	99.2	101.3	98.2	98.4	101.2	99.4
2021	107.8	101.6	110.4	111.7	97.8	109.5
2022	105.0	104.2	105.2	105.4	103.4	105.7
2023	97.4	99.4	96.6	96.2	100.8	95.3

5－2 主要年份分类工业生产者出厂价格指数

（上年＝100）

项目名称	1990年	1995年	2000年	2005年	2010年	2015年	2017年	2018年	2019年	2020年	2021年	2022年	2023年
总指数	**105.5**	**115.0**	**104.0**	**106.1**	**107.8**	**95.4**	**106.8**	**103.6**	**100.2**	**99.2**	**107.8**	**105.0**	**97.4**
核心指数						96.4	106.5	103.5	99.8	98.6	108.0	103.6	97.4
高技术						101.2	97.5	99.5	95.6	95.7	98.1	104.8	101.2
能源						87.4	120.0	107.9	98.1	93.5	116.3	114.5	96.1
按轻重工业分													
轻工业	105.3	119.9	99.6	102.6	104.3	99.8	101.9	101.3	101.0	101.3	101.6	104.2	99.4
以农产品为原料	106.5	120.8	99.6	101.1	106.0	99.6	101.8	101.7	101.5	102.4	101.2	103.8	98.1
以非农产品为原料	101.8	116.0	99.5	104.4	102.4	100.5	102.3	99.9	99.0	97.5	102.4	105.0	102.0
重工业	105.5	110.9	106.5	109.2	110.7	93.6	108.9	104.5	99.8	98.2	110.4	105.2	96.6
采掘	108.5	108.8	116.3	125.6	116.7	82.1	116.0	106.7	103.1	98.8	131.5	119.7	94.5
原料	107.1	106.5	108.8	107.1	112.9	93.4	115.7	105.2	98.7	98.3	116.5	108.5	97.9
加工	102.8	117.2	99.6	104.2	105.0	96.9	105.5	103.9	99.8	98.1	106.2	102.4	96.3
按两大部类分													
生产资料	105.4	114.3	106.0	107.3	108.8	93.9	109.7	104.9	100.0	98.4	111.7	105.4	96.2
采掘	108.5	108.8	115.3	123.6	116.8	82.1	116.0	106.7	103.1	98.8	131.5	119.7	94.5
原料	106.8	112.0	108.2	106.3	112.0	94.1	116.1	105.1	98.3	98.0	115.8	108.2	98.1
加工	103.1	119.2	100.2	103.3	104.6	96.7	106.5	104.6	100.2	98.5	108.3	102.7	95.4
生活资料	105.4	116.2	98.0	101.9	103.9	100.4	99.6	99.9	100.5	101.2	97.8	103.4	100.8
食品	102.7	115.4	94.3	102.1	103.7	100.4	99.9	100.6	103.8	105.8	98.7	103.9	99.7
衣着	112.1	118.0	104.0	102.8	105.6	100.8	100.3	99.7	99.8	99.3	100.0	102.9	99.8
一般日用品	100.0	116.8	101.0	101.7	103.7	100.1	101.4	100.5	99.4	97.9	98.2	104.9	104.2
耐用消费品	96.2	107.1	97.9	99.7	103.9	100.0	96.5	97.8	93.6	93.4	95.5	102.2	101.1
按初级中间最终产品分													
初级产品						82.1	116.0	106.7	103.1	98.8	131.7	118.7	93.6
矿产品						82.1	116.0	106.7	103.1	98.8	131.5	119.7	94.5
中间产品						96.3	107.9	104.1	100.3	99.4	108.9	104.8	96.9
最终产品						98.9	101.7	102.2	100.2	99.7	102.0	104.9	99.2
最终投资品						98.3	102.6	103.3	99.3	97.9	103.3	104.5	98.2
最终消费品						99.6	100.5	100.5	101.5	102.3	100.1	105.5	100.5
按工业部门分													
冶金工业	116.4	103.9	109.6	104.8	116.4	90.5	117.3	105.0	101.0	102.2	121.3	100.5	95.9
电力工业	102.3	105.9	105.4	105.0	103.6	96.9	101.1	101.4	98.4	100.1	101.2	108.9	101.7
煤炭及炼焦工业	103.5	108.9	96.9	124.5	113.1	83.1	140.9	112.0	98.1	90.3	139.5	113.9	84.5
石油工业	114.8	104.3	146.8	125.8	127.9	77.6	113.4	113.1	96.5	83.8	120.2	129.4	100.1
化学工业	106.8	124.8	100.6	106.4	107.3	96.8	107.4	104.7	97.7	97.0	116.1	110.7	95.8
机械工业	100.8	112.2	99.0	101.5	101.4	99.0	100.1	100.7	98.9	98.2	100.7	103.1	99.3
建筑材料工业	96.8	110.8	100.4	108.4	101.1	98.9	105.4	104.7	104.2	99.1	100.4	99.6	94.3
森林工业	95.7	108.9	101.4	99.5	99.9	100.7	101.0	101.7	100.5	100.2	100.0	99.3	103.1
食品工业	102.4	115.4	94.3	101.9	103.7	99.9	99.8	100.5	103.8	105.9	99.5	103.8	99.0
纺织工业	109.1	119.3	107.7	95.4	116.4	95.9	105.4	104.2	99.2	94.3	108.9	103.8	92.4
缝纫工业	130.9	129.1	105.7	103.3	105.3	99.5	101.0	99.9	99.0	99.4	100.9	100.4	100.1
皮革工业	99.9	126.8	100.9	104.0	102.7	109.3	102.1	101.5	101.1	99.4	99.4	104.5	99.2
造纸工业	98.4	140.5	101.2	102.3	103.4	98.8	111.7	107.2	93.5	96.5	103.5	100.7	98.3
文教艺术用品工业	97.7	100.4	97.6	101.7	101.8	98.6	100.0	102.5	100.2	93.7	88.6	100.1	97.9
其它工业	100.9	144.7	100.5	101.9	103.5	99.6	106.4	107.6	96.9	93.0	105.6	110.5	98.4

5－3　主要年份分类工业生产者购进价格指数

（上年＝100）

项目名称	1990年	1995年	2000年	2005年	2010年	2015年	2017年	2018年	2019年	2020年	2021年	2022年	2023年
总 指 数	**105.5**	**114.1**	**105.1**	**108.3**	**110.2**	**95.4**	**107.3**	**104.0**	**101.2**	**99.4**	**109.5**	**105.7**	**95.3**
按初级中间最终产品分													
初级产品						91.7	109.1	104.3	102.4	99.5	116.7	107.0	95.4
农产品						97.0	99.4	100.1	102.9	104.4	103.8	104.0	98.4
矿产品						86.1	119.4	107.8	101.7	94.1	125.8	109.7	93.9
废料						90.7	104.5	110.3	103.9	103.4	123.0	99.4	88.8
中间产品						97.0	106.5	103.9	100.7	99.4	107.5	105.4	95.3
九大类原材料购进价格指数													
燃料、动力类	105.1	109.2	107.9	115.2	108.9	91.0	113.1	106.1	98.2	93.0	125.8	120.1	94.3
黑色金属材料类	107.7	95.0	102.2	106.0	108.4	85.4	117.4	107.1	105.0	100.7	121.9	96.7	93.4
钢材		95.7	104.2	106.7	105.9	91.9	113.1	106.1	98.9	99.6	120.1	99.2	91.8
其他		94.2	99.3	105.1	113.1	71.8	122.9	108.3	112.9	102.3	124.9	92.9	96.2
有色金属材料及电线类	98.6	126.7	111.6	115.4	123.2	95.4	118.3	104.9	98.1	97.6	116.5	104.3	101.1
化工原料类	89.9	123.8	111.2	107.5	116.8	92.7	107.2	103.9	96.6	93.3	112.0	104.8	91.5
木材及纸浆类	111.5	108.3	100.6	103.1	104.7	98.2	105.4	106.5	98.4	97.6	105.5	100.9	96.1
建筑材料及非金属类	104.3		99.6	114.9	103.9	98.7	106.6	107.7	111.1	104.7	104.6	108.7	87.1
建筑材料类		100.4											
非金属矿类		109.3											
其他工业原材料及半成品类			99.9	112.5	107.4	100.5	101.4	101.9	101.1	101.8	101.8	102.1	97.6
农副产品类	106.2	135.1	98.2	102.5	108.3	97.0	99.4	100.0	102.9	104.4	97.9	101.4	98.5
纺织原料类	123.6	116.3	107.4	100.6	118.1	93.4	103.9	99.9	98.3	97.4	110.6	111.8	90.9

5－4 各月分类工业生产者

（上年同期＝100）

项目名称	全年	1月	2月	3月	4月	5月
总指数	**97.4**	**100.6**	**100.2**	**98.7**	**97.2**	**95.7**
核心指数	97.4	99.7	99.4	97.9	96.7	95.6
高技术	101.2	111.8	111.2	108.5	105.5	102.1
能源	96.1	103.4	102.1	99.4	95.7	92.2
按轻重工业分						
轻工业	99.4	101.7	101.6	101.4	100.2	98.9
以农产品为原料	98.1	100.9	101.0	100.6	99.7	98.0
以非农产品为原料	102.0	103.3	102.6	103.1	101.2	100.8
重工业	96.6	100.1	99.7	97.6	96.0	94.3
采掘	94.5	104.8	103.7	100.9	93.5	87.9
原材料	97.9	99.7	99.6	96.8	96.0	94.4
加工	96.3	99.9	99.4	97.6	96.2	94.9
按生产生活资料分						
生产资料	96.2	98.6	98.3	96.3	94.9	93.6
采掘	94.5	104.8	103.7	100.9	93.5	87.9
原材料	98.1	99.8	99.7	97.2	96.5	94.7
加工	95.4	97.5	97.2	95.4	94.3	93.6
生活资料	100.8	105.9	105.5	105.3	103.4	101.3
食品	99.7	103.0	103.5	104.3	102.8	100.5
衣着	99.8	101.9	101.8	102.0	101.8	99.5
一般日用品	104.2	107.2	105.1	103.9	102.9	103.5
耐用消费品	101.1	110.6	109.8	108.6	105.2	102.0
按初级中间最终产品分						
初级产品	93.6	102.6	101.5	99.0	92.2	87.0
矿产品	94.5	104.8	103.7	100.9	93.5	87.9
中间产品	96.9	99.4	99.1	97.3	96.1	95.0
最终产品	99.2	102.8	102.4	101.6	100.3	99.0
最终投资品	98.2	102.7	102.2	100.8	99.3	97.7
最终消费品	100.5	102.8	102.6	102.8	101.9	101.0
按工业部门分						
冶金工业	95.9	93.6	94.0	91.7	90.4	90.2
电力工业	101.7	103.7	101.9	102.3	102.4	102.7
煤炭及炼焦工业	84.5	97.7	97.3	92.8	84.8	74.4
石油工业	100.1	112.6	111.3	103.0	96.9	97.1
化学工业	95.8	101.8	100.4	98.7	96.3	93.0
机械工业	99.3	104.3	104.1	102.2	100.8	99.4
建筑材料工业	94.3	95.1	95.5	94.9	94.6	95.1
森林工业	103.1	97.7	97.5	99.6	109.6	109.7
食品工业	99.0	103.3	103.7	103.2	101.7	99.9
纺织工业	92.4	89.1	88.3	88.0	88.6	88.8
缝纫工业	100.1	100.9	100.8	100.9	100.6	99.8
皮革工业	99.2	102.2	102.4	102.6	102.5	99.3
造纸工业	98.3	100.6	102.2	99.7	98.4	96.6
文教艺术用品工业	97.9	100.2	100.2	100.1	99.8	97.7
其他工业	98.4	102.3	100.0	99.9	97.4	95.7

出厂价格同比指数（2023 年）

6 月	7 月	8 月	9 月	10 月	11 月	12 月
94.9	**95.6**	**97.2**	**97.9**	**97.2**	**97.3**	**97.0**
95.0	96.4	97.3	98.4	97.8	97.8	97.2
100.3	101.6	99.3	98.6	93.2	93.7	90.7
90.1	90.3	96.4	96.4	96.1	96.0	96.1
98.8	97.5	98.4	98.3	98.3	98.5	99.4
97.3	95.6	96.8	97.0	96.3	96.8	97.9
101.8	101.6	101.6	101.1	102.7	102.1	102.6
93.3	94.7	96.7	97.7	96.8	96.7	96.0
84.4	86.4	94.7	97.3	95.3	94.0	92.4
93.4	95.2	99.3	100.3	100.1	100.3	100.6
94.0	95.2	95.8	96.7	95.5	95.5	94.5
93.0	94.2	96.2	97.2	97.4	97.3	97.1
84.4	86.4	94.7	97.3	95.3	94.0	92.4
93.9	95.6	99.3	100.2	100.1	100.3	100.5
93.3	94.3	94.9	95.8	96.4	96.3	96.0
100.0	99.0	99.8	99.7	96.8	97.1	96.9
99.8	96.2	98.3	97.9	96.6	96.3	98.1
98.2	98.4	98.0	98.3	98.7	99.2	99.5
104.9	104.4	103.8	102.0	104.6	104.0	104.8
98.6	100.5	100.8	101.6	92.7	94.3	90.6
83.8	85.6	94.5	96.7	95.0	93.8	92.9
84.4	86.4	94.7	97.3	95.3	94.0	92.4
94.5	95.0	96.6	97.2	97.6	97.6	97.7
97.7	97.3	98.1	98.3	97.5	97.6	97.4
96.1	96.6	96.9	97.8	96.5	96.6	95.7
100.1	98.4	99.7	99.1	98.9	99.0	100.0
92.1	97.0	99.4	101.3	101.4	101.7	100.7
101.4	101.1	101.8	101.9	100.3	100.7	100.6
69.9	70.8	85.5	85.5	86.1	85.3	86.1
94.4	93.0	97.5	97.6	100.6	100.1	100.0
90.6	91.3	93.9	95.0	96.7	96.1	96.0
98.3	98.6	98.2	98.8	96.0	96.3	94.9
94.3	93.9	94.2	93.5	94.2	92.9	93.6
101.1	102.3	103.4	104.5	103.6	104.2	104.9
99.0	95.6	97.6	97.0	95.7	95.4	97.0
89.5	91.7	93.3	96.4	97.4	100.1	100.5
99.3	99.8	100.0	100.0	99.9	99.6	100.1
97.4	97.4	96.8	96.7	97.5	98.7	97.8
96.1	96.7	96.7	97.4	98.6	98.2	98.7
98.1	97.6	96.5	96.2	95.9	96.2	96.6
95.3	95.2	95.4	98.6	100.6	99.7	100.6

5－5 各月分类工业生产者

（上月＝100）

项目名称	全年	1月	2月	3月	4月	5月
总指数	**97.0**	**99.6**	**100.2**	**99.8**	**99.3**	**98.7**
核心指数	97.2	99.8	100.4	99.8	99.3	98.7
高技术	90.7	100.0	99.9	100.8	97.5	97.4
能源	96.1	100.5	99.7	99.2	99.4	97.8
按轻重工业分						
轻工业	99.4	99.1	100.0	100.3	99.3	99.7
以农产品为原料	97.9	98.5	99.7	99.9	99.4	99.4
以非农产品为原料	102.6	100.2	100.7	101.2	99.0	100.3
重工业	96.0	99.9	100.3	99.6	99.3	98.2
采掘	92.4	99.5	100.7	98.9	96.0	96.6
原材料	100.6	100.5	100.5	99.6	100.8	98.4
加工	94.5	99.7	100.1	99.6	99.0	98.3
按生产生活资料分						
生产资料	97.1	99.8	100.5	99.6	99.5	98.7
采掘	92.4	99.5	100.7	98.9	96.0	96.6
原材料	100.5	100.4	100.4	99.7	100.7	98.4
加工	96.0	99.6	100.5	99.6	99.3	99.0
生活资料	96.9	99.3	99.5	100.4	98.7	98.6
食品	98.1	97.9	99.5	101.1	99.4	99.5
衣着	99.5	99.8	99.6	100.5	99.6	98.3
一般日用品	104.8	101.1	100.1	99.2	100.2	101.1
耐用消费品	90.6	100.0	99.3	100.0	96.9	96.4
按初级中间最终产品分						
初级产品	92.9	99.6	100.6	99.0	96.3	96.8
矿产品	92.4	99.5	100.7	98.9	96.0	96.6
中间产品	97.7	99.6	100.3	99.7	99.7	98.9
最终产品	97.4	99.7	99.9	99.9	99.4	99.2
最终投资品	95.7	99.8	99.9	99.6	99.0	98.7
最终消费品	100.0	99.6	99.9	100.3	99.8	99.8
按工业部门分						
冶金工业	100.7	100.2	102.0	99.9	99.6	98.1
电力工业	100.6	101.1	99.2	100.1	101.6	99.9
煤炭及炼焦工业	86.1	99.1	99.1	98.1	96.2	92.6
石油工业	100.0	101.2	102.4	98.6	98.2	99.8
化学工业	96.0	99.3	100.2	100.4	98.9	98.0
机械工业	94.9	99.7	99.9	99.7	98.8	98.7
建筑材料工业	93.6	99.7	99.6	99.5	99.4	99.6
森林工业	104.9	100.1	99.6	101.6	108.6	99.6
食品工业	97.0	97.9	99.5	100.0	99.4	99.5
纺织工业	100.5	99.6	100.1	99.4	99.7	100.2
缝纫工业	100.1	99.8	99.8	100.7	99.6	99.7
皮革工业	97.8	99.9	99.6	100.1	99.7	97.3
造纸工业	98.7	100.6	101.2	98.2	99.3	98.7
文教艺术用品工业	96.6	99.9	99.5	100.2	99.8	97.8
其他工业	100.6	100.0	99.4	99.5	98.5	99.5

出厂价格环比指数(2023 年)

6月	7月	8月	9月	10月	11月	12月
98.6	**99.7**	**100.3**	**100.6**	**100.5**	**99.8**	**99.9**
98.8	99.7	99.9	100.6	100.5	99.8	99.7
98.1	100.6	97.6	99.8	100.6	98.9	99.2
95.8	99.0	102.1	101.0	101.3	99.5	100.8
100.0	99.8	100.4	100.4	100.5	99.8	100.2
99.8	100.0	100.6	100.6	99.9	100.0	100.1
100.4	99.5	99.9	100.0	101.7	99.4	100.2
98.1	99.6	100.2	100.7	100.5	99.8	99.8
92.9	99.2	103.9	103.0	102.4	100.0	99.6
97.9	99.6	101.4	101.4	100.4	99.7	100.6
98.5	99.7	99.5	100.2	100.4	99.8	99.6
98.5	99.3	100.3	100.7	100.6	99.9	99.9
92.9	99.2	103.9	103.0	102.4	100.0	99.6
98.1	99.5	101.4	101.2	100.5	99.8	100.5
99.1	99.3	99.5	100.2	100.4	99.9	99.6
99.0	100.6	100.3	100.4	100.3	99.6	100.1
99.8	99.9	101.2	100.4	99.5	99.3	100.6
100.1	100.3	100.0	100.2	100.5	100.7	100.0
100.7	100.4	98.8	100.0	102.7	100.0	100.3
96.7	101.7	100.0	100.7	100.0	99.3	99.3
93.3	99.3	103.6	102.8	102.2	100.0	99.6
92.9	99.2	103.9	103.0	102.4	100.0	99.6
99.0	99.5	100.2	100.6	100.6	99.8	100.0
99.0	100.0	100.1	100.2	100.4	99.8	100.0
98.6	100.1	99.7	100.3	100.5	99.8	99.6
99.4	99.9	100.7	100.1	100.2	99.8	100.5
99.7	100.0	100.4	101.4	100.0	100.2	99.2
99.5	99.8	100.3	100.4	98.9	99.9	100.0
86.8	97.4	106.5	102.1	106.3	99.5	103.1
98.0	98.8	102.0	101.3	101.7	98.5	99.6
97.8	99.0	100.3	100.7	101.9	99.5	100.0
98.7	100.1	99.6	100.2	100.0	99.8	99.6
97.7	98.9	99.0	98.6	101.3	99.6	100.5
92.6	101.1	101.1	101.0	99.2	100.5	100.5
99.9	99.9	101.1	100.4	99.6	99.3	100.5
100.0	99.6	99.5	102.6	100.4	100.5	99.1
100.0	100.0	100.1	100.1	100.0	100.1	100.1
100.0	100.5	100.1	99.4	100.7	101.2	99.3
98.3	100.7	100.0	101.4	100.9	100.3	99.3
100.6	99.3	99.6	99.9	99.9	100.2	100.1
101.1	98.9	99.6	102.0	102.1	99.4	100.7

5-6 各月分类工业生产者

（2020年=100）

项目名称	全年	1月	2月	3月	4月	5月
总指数	**110.3**	**112.5**	**112.7**	**112.4**	**111.7**	**110.2**
核心指数	109.0	110.9	111.3	111.2	110.4	108.9
高技术	104.0	109.3	109.2	110.1	107.4	104.6
能源	128.0	133.6	133.2	132.2	131.4	128.5
按轻重工业分						
轻工业	105.1	105.3	105.4	105.7	104.9	104.6
以农产品为原料	103.0	104.0	103.7	103.5	102.9	102.3
以非农产品为原料	109.8	108.2	109.0	110.3	109.3	109.6
重工业	112.3	115.4	115.7	115.2	114.4	112.4
采掘	148.7	159.7	160.7	158.9	152.6	147.4
原材料	123.7	124.6	125.1	124.6	125.7	123.7
加工	104.7	108.1	108.3	107.9	106.8	105.0
按生产生活资料分						
生产资料	113.2	115.4	116.0	115.5	114.9	113.4
采掘	148.7	159.7	160.7	158.9	152.6	147.4
原材料	123.0	123.8	124.3	123.9	124.8	122.8
加工	106.1	108.4	108.8	108.4	107.6	106.5
生活资料	102.0	104.0	103.5	103.9	102.6	101.2
食品	102.3	102.3	101.8	102.9	102.3	101.8
衣着	102.6	103.6	103.2	103.7	103.3	101.5
一般日用品	107.5	106.2	106.3	105.5	105.7	106.8
耐用消费品	98.7	105.3	104.5	104.5	101.2	97.6
按初级中间最终产品分						
初级产品	146.3	156.4	157.4	155.7	149.9	145.1
矿产品	148.7	159.7	160.7	158.9	152.6	147.4
中间产品	110.6	112.2	112.6	112.2	111.9	110.6
最终产品	106.1	107.9	107.8	107.6	106.9	106.0
最终投资品	106.1	109.0	108.9	108.4	107.4	106.0
最终消费品	106.1	106.2	106.1	106.4	106.2	106.0
按工业部门分						
冶金工业	116.9	116.3	118.6	118.5	118.0	115.8
电力工业	112.1	112.1	111.2	111.3	113.0	112.8
煤炭及炼焦工业	134.2	155.1	153.7	150.8	145.1	134.4
石油工业	155.7	157.0	160.8	158.5	155.7	155.4
化学工业	123.0	126.4	126.7	127.1	125.7	123.1
机械工业	103.1	106.2	106.1	105.8	104.5	103.2
建筑材料工业	94.4	98.2	97.8	97.3	96.7	96.3
森林工业	102.4	98.7	98.3	99.9	108.4	108.0
食品工业	102.3	103.2	102.7	102.7	102.1	101.6
纺织工业	104.5	104.5	104.6	104.0	103.6	103.8
缝纫工业	101.5	101.4	101.3	101.9	101.6	101.2
皮革工业	103.1	105.1	104.6	104.8	104.5	101.7
造纸工业	102.5	104.4	105.6	103.7	103.0	101.7
文教艺术用品工业	86.9	88.7	88.3	88.5	88.3	86.4
其他工业	114.8	116.4	115.7	115.1	113.3	112.7

出厂价格定基指数(2023 年)

6 月	7 月	8 月	9 月	10 月	11 月	12 月
108.7	**108.3**	**108.6**	**109.3**	**109.8**	**109.6**	**109.5**
107.6	107.4	107.2	107.9	108.4	108.3	108.0
102.6	103.2	100.7	100.5	101.1	100.0	99.2
123.1	121.9	124.5	125.7	127.3	126.8	127.7
104.6	104.4	104.8	105.2	105.7	105.5	105.7
102.0	102.0	102.7	103.3	103.2	103.2	103.3
110.1	109.5	109.4	109.3	111.2	110.5	110.8
110.2	109.8	110.1	110.9	111.4	111.1	110.9
136.9	135.8	141.1	145.4	148.9	148.9	148.2
121.1	120.5	122.3	124.0	124.4	124.1	124.7
103.4	103.1	102.6	102.8	103.1	102.9	102.5
111.7	110.9	111.2	112.0	112.6	112.5	112.3
136.9	135.8	141.1	145.4	148.9	148.9	148.2
120.5	119.9	121.5	123.0	123.6	123.3	123.9
105.6	104.8	104.3	104.5	105.0	104.9	104.5
100.2	100.8	101.1	101.6	101.9	101.4	101.5
101.6	101.5	102.7	103.2	102.7	102.0	102.6
101.6	101.9	101.8	102.0	102.5	103.2	103.2
107.6	108.0	106.8	106.8	109.7	109.8	110.1
94.4	96.0	96.0	96.7	96.7	96.0	95.3
135.4	134.5	139.3	143.3	146.5	146.5	145.9
136.9	135.8	141.1	145.4	148.9	148.9	148.2
109.5	108.9	109.1	109.7	110.3	110.1	110.1
104.9	104.9	105.1	105.3	105.7	105.4	105.4
104.6	104.7	104.4	104.7	105.2	104.9	104.5
105.4	105.3	106.0	106.2	106.4	106.2	106.7
115.4	115.4	115.9	117.5	117.5	117.7	116.8
112.3	112.1	112.4	112.9	111.6	111.5	111.5
116.7	113.6	121.0	123.5	131.3	130.6	134.8
152.3	150.5	153.5	155.5	158.1	155.8	155.1
120.5	119.3	119.7	120.5	122.8	122.2	122.2
101.8	101.9	101.5	101.7	101.7	101.5	101.1
94.1	93.1	92.2	90.9	92.0	91.7	92.2
100.0	101.1	102.2	103.2	102.4	102.9	103.4
101.4	101.4	102.5	102.9	102.5	101.7	102.3
103.8	103.3	102.8	105.5	105.9	106.4	105.4
101.2	101.3	101.4	101.5	101.5	101.7	101.7
101.7	102.2	102.3	101.7	102.5	103.7	102.9
99.9	100.6	100.6	102.0	102.9	103.2	102.4
86.9	86.3	85.9	85.8	85.7	85.8	85.9
114.0	112.7	112.3	114.6	117.0	116.3	117.1

5－7　各月分大类工业生产者

（2020 年＝100）

大类行业名称	全年	1 月	2 月	3 月	4 月	5 月
煤炭开采和洗选业	150.6	174.5	172.9	168.5	161.1	153.3
石油和天然气开采业	178.1	167.8	168.6	172.3	171.6	175.6
黑色金属矿采选业	110.5	100.1	115.0	116.4	115.4	106.9
有色金属矿采选业	154.8	150.8	155.8	157.4	148.8	145.5
非金属矿采选业	99.1	100.2	99.8	99.1	98.9	98.7
农副食品加工业	100.4	101.9	101.0	101.5	99.9	99.2
食品制造业	107.3	109.0	108.4	107.1	107.4	106.9
酒、饮料和精制茶制造业	106.9	105.9	106.9	107.4	106.9	106.9
烟草制品业	101.5	101.3	101.3	101.3	101.3	101.3
纺织业	104.5	104.5	104.6	104.0	103.6	103.8
纺织服装、服饰业	101.5	101.4	101.3	101.9	101.6	101.2
皮革、毛皮、羽毛及其制品和制鞋业	102.9	104.6	104.2	104.4	104.1	101.5
木材加工和木、竹、藤、棕、草制品业	103.1	98.2	97.7	99.8	111.2	110.6
家具制造业	105.9	104.6	104.7	105.6	105.6	105.9
造纸和纸制品业	102.5	104.4	105.6	103.7	103.0	101.7
印刷和记录媒介复制业	86.3	87.8	87.7	87.9	87.8	85.7
文教、工美、体育和娱乐用品制造业	121.7	110.1	113.7	112.5	113.2	117.4
石油、煤炭及其他燃料加工业	125.9	135.3	134.4	134.0	132.3	123.6
化学原料和化学制品制造业	132.8	140.0	140.1	138.5	136.8	131.2
医药制造业	114.0	110.2	111.1	115.8	115.1	116.5
化学纤维制造业	114.9	121.4	120.5	119.7	119.8	114.9
橡胶和塑料制品业	99.6	102.1	102.6	102.5	102.0	101.3
非金属矿物制品业	98.4	103.7	102.6	102.1	100.8	99.7
黑色金属冶炼和压延加工业	108.3	111.4	114.2	115.1	113.5	107.9
有色金属冶炼和压延加工业	120.1	116.9	119.1	118.6	119.6	119.0
金属制品业	107.2	109.7	109.7	108.2	107.3	107.2
通用设备制造业	102.1	103.1	103.2	102.6	102.0	102.3
专用设备制造业	103.9	103.2	103.1	102.7	103.0	103.1
汽车制造业	101.7	103.1	103.4	102.7	102.4	102.2
铁路、船舶、航空航天和其他运输设备制造业	100.5	104.0	104.1	101.0	100.3	99.3
电气机械和器材制造业	107.3	107.7	108.2	108.7	107.8	107.2
计算机、通信和其他电子设备制造业	101.1	109.6	108.7	108.7	105.3	100.8
仪器仪表制造业	96.0	95.4	97.8	98.0	99.9	103.4
其他制造业	87.4	93.7	91.3	90.0	88.6	88.1
废弃资源综合利用业	115.8	115.8	115.8	115.8	115.8	115.8
电力、热力生产和供应业	112.1	112.1	111.2	111.3	113.0	112.8
燃气生产和供应业	145.8	150.2	158.9	153.4	147.5	145.5
水的生产和供应业	103.7	103.9	104.2	103.8	103.7	103.6

出厂价格定基指数(2023 年)

6月	7月	8月	9月	10月	11月	12月
131.3	127.6	135.2	139.3	146.6	147.2	149.4
165.8	167.2	175.7	189.1	199.9	197.9	186.2
105.4	109.5	108.1	113.7	113.7	116.5	105.8
151.5	154.2	158.3	163.0	159.6	158.6	154.6
98.9	98.5	98.1	99.1	99.7	99.0	99.6
99.0	98.7	100.7	101.5	100.7	100.0	100.3
107.2	106.6	107.2	106.4	107.0	107.3	107.7
106.3	106.8	106.7	106.8	106.5	106.6	108.5
101.3	101.8	101.8	101.8	101.8	101.8	101.8
103.8	103.3	102.8	105.5	105.9	106.4	105.4
101.2	101.3	101.4	101.5	101.5	101.7	101.7
101.5	101.9	102.0	101.4	102.1	103.7	103.3
99.9	101.4	103.0	104.3	103.2	103.8	104.5
106.1	105.8	106.1	106.2	106.2	106.9	107.7
99.9	100.6	100.6	102.0	102.9	103.2	102.4
86.4	85.7	85.4	85.3	85.3	85.5	85.5
121.2	124.5	124.7	129.5	132.0	129.1	132.5
116.1	113.4	119.7	121.4	128.2	124.8	127.4
126.1	124.9	127.8	131.7	133.2	131.5	131.5
115.8	115.4	112.4	110.5	115.6	114.5	114.7
114.2	114.2	111.0	111.3	111.1	110.8	110.2
100.8	99.4	97.9	97.0	97.1	96.6	96.2
98.0	96.3	95.3	94.4	96.1	95.7	95.9
105.2	105.0	105.7	105.0	104.7	106.3	105.3
119.5	119.3	119.5	122.5	122.8	122.5	121.9
106.5	106.1	105.7	106.2	106.7	106.7	106.2
101.9	101.6	101.3	100.8	100.9	102.4	102.6
102.8	102.7	103.9	105.1	105.5	105.8	106.1
100.1	99.9	101.3	101.4	101.3	101.4	101.3
99.3	99.8	100.5	99.8	100.5	99.2	98.0
107.3	106.8	107.0	107.2	107.1	106.3	105.7
98.8	99.1	97.1	97.3	96.9	96.0	94.9
95.5	100.9	92.4	92.6	92.4	91.5	91.6
85.5	81.7	83.1	85.0	87.4	87.6	86.4
115.8	115.8	115.8	115.8	115.8	115.8	115.8
112.3	112.1	112.4	112.9	111.6	111.5	111.5
143.4	143.1	142.8	140.7	140.2	140.0	144.2
103.7	103.7	103.5	103.6	103.6	103.6	103.7

5－8　工业生产者出厂价格完整同比指数(2023 年)

(上年＝100)

项目名称	指　数	项目名称	指　数
煤炭开采和洗选业	**85.7**	其他饲料加工	101.9
烟煤和无烟煤开采洗选	85.7	配合饲料	101.9
无烟煤开采洗选	83.8	浓缩饲料	103.4
烟煤开采洗选	86.1	混合饲料	97.5
石油和天然气开采业	**92.3**	植物油加工	97.6
石油开采	91.4	食用植物油加工	97.6
陆地石油开采	91.4	食用植物油	97.6
天然气开采	106.0	屠宰及肉类加工	91.4
陆地天然气开采	106.0	牲畜屠宰	79.9
黑色金属矿采选业	**99.4**	鲜、冷藏肉及冻肉	79.9
铁矿采选	99.4	禽类屠宰	100.9
铁矿石成品矿	99.4	肉制品及副产品加工	100.0
有色金属矿采选业	**116.1**	蒸煮香肠制品	100.2
常用有色金属矿采选	104.1	酱卤烧烤肉制品	102.7
铅锌矿采选	104.1	其他未列明肉制品	88.7
贵金属矿采选	111.5	蔬菜、菌类、水果和坚果加工	103.0
金矿采选	111.5	蔬菜加工	103.5
稀有稀土金属矿采选	135.8	食用菌加工	100.6
钨钼矿采选	135.8	水果和坚果加工	104.8
钨矿	106.2	其他农副食品加工	95.8
钼矿	144.8	淀粉及淀粉制品制造	94.0
非金属矿采选业	**96.5**	豆制品制造	101.1
土砂石开采	96.6	蛋品加工	99.0
石灰石、石膏开采	100.0	**食品制造业**	**98.7**
石灰石	100.0	焙烤食品制造	101.2
粘土及其他土砂石开采	89.5	糕点、面包制造	100.1
砂石	89.5	糕点制造	99.8
采盐	89.1	面包制造	100.5
井盐	89.1	饼干及其他焙烤食品制造	101.9
农副食品加工业	**97.2**	饼干	99.6
谷物磨制	101.0	膨化食品	102.6
稻谷加工	104.7	其他焙烤食品	102.0
小麦加工	100.3	糖果、巧克力及蜜饯制造	106.4
饲料加工	101.9	糖果、巧克力制造	106.4

5-8 续表1

（上年=100）

项目名称	指　数	项目名称	指　数
糖果	106.4	白酒制造	100.9
方便食品制造	98.2	啤酒制造	101.2
米、面制品制造	100.5	葡萄酒制造	99.5
速冻食品制造	94.6	饮料制造	102.7
方便面制造	103.0	碳酸饮料制造	102.3
方便面	103.0	瓶（罐）装饮用水制造	103.1
其他方便食品制造	101.0	果菜汁及果菜汁饮料制造	107.3
干制方便食品	101.0	含乳饮料和植物蛋白饮料制造	100.3
乳制品制造	96.8	含乳饮料	100.5
液体乳制造	96.8	植物蛋白饮料	100.2
罐头食品制造	101.5	茶饮料及其他饮料制造	100.2
肉、禽类罐头制造	93.3	茶饮料	100.2
蔬菜、水果罐头制造	103.2	精制茶加工	99.9
调味品、发酵制品制造	99.0	精制茶	99.9
味精制造	89.3	**烟草制品业**	**101.6**
酱油、食醋及类似制品制造	98.9	卷烟制造	101.3
酱油	99.2	卷烟	101.3
食醋	97.3	其他烟草制品制造	117.1
其他调味品、发酵制品制造	101.3	**纺织业**	**92.4**
复合调味品	102.4	棉纺织及印染精加工	92.2
发酵类制品	81.1	棉纺纱加工	91.7
其他食品制造	97.5	纱	91.6
保健食品制造	101.0	缝纫线	100.0
冷冻饮品及食用冰制造	100.0	棉织造加工	94.2
盐加工	91.3	布（棉布、棉混纺布、化纤布）	94.2
食用盐	100.3	毛纺织及染整精加工	86.6
非食用盐	82.1	毛条和毛纱线加工	86.6
食品及饲料添加剂制造	97.4	家用纺织制成品制造	98.4
食品添加剂	97.1	毛巾类制品制造	98.4
饲料添加剂	98.7	产业用纺织制成品制造	91.7
其他未列明食品制造	100.4	非织造布制造	100.0
酒、饮料和精制茶制造业	**104.1**	纺织带和帘子布制造	77.5
酒的制造	105.7	其他产业用纺织制成品制造	100.0
酒精制造	122.4	**纺织服装、服饰业**	**100.1**

5－8　续表 2

（上年＝100）

项目名称	指　数	项目名称	指　数
机织服装制造	100.3	木质家具制造	100.1
其他机织服装制造	100.3	卧室用木质家具	100.5
西服及西服套装	99.0	客厅、餐厅用木质家具	100.0
上衣	100.2	金属家具制造	98.5
衬衫	97.0	办公室用金属家具	98.5
裤	100.4	其他家具制造	101.8
职业服装、工作服及类似服装	103.5	软体坐具	101.8
针织或钩针编织服装制造	99.1	**造纸和纸制品业**	**98.3**
其他针织或钩针编织服装制造	99.1	纸浆制造	96.9
服饰制造	100.3	木竹浆制造	96.9
皮革、毛皮、羽毛及其制品和制鞋业	**99.4**	造纸	98.0
皮革鞣制加工	99.4	机制纸及纸板制造	96.8
半成品革	99.4	未涂布印刷书写用纸	98.9
成品革	99.4	其他机制纸及纸板	96.0
皮革制品制造	102.1	加工纸制造	113.8
皮箱、包(袋)制造	102.5	纸制品制造	98.6
手提包(袋)、背包	102.5	纸和纸板容器制造	99.6
皮手套及皮装饰制品制造	100.3	其他纸制品制造	96.8
毛皮鞣制及制品加工	98.0	卫生用纸制品	98.2
其他毛皮制品加工	98.0	其他纸制品	96.5
羽毛(绒)加工及制品制造	100.9	**印刷和记录媒介复制业**	**98.5**
羽毛(绒)加工	100.9	印刷	98.5
制鞋业	98.5	书、报刊印刷	102.7
皮鞋制造	98.5	多色印刷品	102.7
木材加工和木、竹、藤、棕、草制品业	**104.1**	包装装潢及其他印刷	98.1
人造板制造	104.8	塑料印刷品	94.2
胶合板制造	100.9	其他包装装潢及印刷	100.0
纤维板制造	95.1	**文教、工美、体育和娱乐用品制造业**	**111.7**
刨花板制造	91.8	乐器制造	99.8
其他人造板制造	165.9	中乐器制造	99.8
木质制品制造	102.2	工艺美术及礼仪用品制造	112.9
木门窗制造	102.7	地毯、挂毯制造	98.9
木地板制造	101.3	机制地毯、挂毯	98.9
家具制造业	**99.4**	其他工艺美术及礼仪用品制造	113.2

5-8 续表3

（上年=100）

项目名称	指　数	项目名称	指　数
游艺器材及娱乐用品制造	92.5	肥料制造	86.6
露天游乐场所游乐设备制造	92.5	氮肥制造	82.2
石油、煤炭及其他燃料加工业	**87.9**	磷肥制造	83.1
精炼石油产品制造	95.9	钾肥制造	76.8
原油加工及石油制品制造	95.9	复混肥料制造	90.2
汽油	95.5	有机肥料及微生物肥料制造	94.6
煤油	90.3	微生物肥料	94.6
柴油	98.9	农药制造	83.3
润滑油	108.0	化学农药制造	81.1
其他原油加工及石油制品制造	92.7	杀虫（杀螨）用原药及制剂	81.1
煤炭加工	80.4	生物化学农药及微生物农药制造	98.4
炼焦	80.4	涂料、油墨、颜料及类似产品制造	95.1
焦炭	80.4	涂料制造	95.5
化学原料和化学制品制造业	**90.7**	水性涂料	100.4
基础化学原料制造	93.6	非水性涂料	91.2
无机酸制造	67.8	建筑涂料	98.4
硫酸	67.8	工业颜料制造	94.9
无机碱制造	85.9	无机颜料	94.9
烧碱	85.6	合成材料制造	82.5
纯碱类	84.8	初级形态塑料及合成树脂制造	81.1
其他无机碱产品	88.7	合成纤维单（聚合）体制造	84.2
无机盐制造	96.2	合成纤维单体	81.9
氟化物及其盐	88.1	合成纤维聚合物	87.9
贵金属化合物	116.9	专用化学产品制造	92.1
有机化学原料制造	95.8	化学试剂和助剂制造	94.0
链烯烃	89.6	催化剂及载体	98.9
芳烃	107.0	橡胶助剂	92.6
环醇	100.9	塑料助剂	87.7
羧酸及其衍生物	81.7	炭黑	89.4
醚	89.5	其他化学试剂和助剂	101.0
改性乙醇（部分）	100.3	专项化学用品制造	76.9
其他基础化学原料制造	97.3	油田用化学制剂	102.1
金属氧化物	97.7	其他专项化学用品制造	67.1
其他未列明基础化学原料	96.7	林产化学产品制造	58.8

5－8 续表4

（上年＝100）

项目名称	指　数	项目名称	指　数
竹材、木材水解产品	58.8	兽用药品制造	90.6
文化用信息化学品制造	104.0	兽用疫苗	90.0
环境污染处理专用药剂材料制造	102.0	兽用药品	91.2
水处理剂	102.0	生物药品制品制造	98.8
其他专用化学产品制造	96.0	生物药品制造	98.8
炸药、火工及焰火产品制造	101.1	卫生材料及医药用品制造	110.1
炸药及火工产品制造	101.1	卫生材料及敷料	110.1
炸药	101.1	**化学纤维制造业**	**91.0**
日用化学产品制造	92.0	纤维素纤维原料及纤维制造	97.6
肥皂及洗涤剂制造	91.4	人造纤维（纤维素纤维）制造	97.6
香料、香精制造	92.9	合成纤维制造	87.5
医药制造业	**109.6**	锦纶纤维制造	86.4
化学药品原料药制造	106.7	涤纶纤维制造	100.3
抗菌素（抗感染药）	104.6	氨纶纤维制造	73.9
激素类药	152.2	**橡胶和塑料制品业**	**95.5**
抗肿瘤药	91.5	橡胶制品业	97.1
心血管系统用药	86.0	轮胎制造	99.8
化学药品制剂制造	105.3	轮胎外胎	99.8
注射液	117.3	橡胶板、管、带制造	92.8
输液	92.5	橡胶传动带	92.8
片剂	88.3	橡胶零件制造	100.3
胶囊剂	108.1	塑料制品业	95.0
颗粒剂	100.9	塑料薄膜制造	97.2
冻干粉针剂	98.8	塑料板、管、型材制造	91.9
中药饮片加工	174.0	塑料管及附件	92.1
植物类饮片	174.0	其他塑料板、管、型材	90.8
中成药生产	108.3	塑料丝、绳及编织品制造	96.7
中成药丸剂	102.5	泡沫塑料制造	92.0
中成药颗粒剂	102.3	塑料包装箱及容器制造	99.2
中成药糖浆	114.3	塑料零件及其他塑料制品制造	94.7
中成药片剂	112.7	其他未列明塑料制品	94.7
中成药胶囊	101.6	**非金属矿物制品业**	**93.6**
中成药合剂	115.7	水泥、石灰和石膏制造	81.7
膏药	98.4	水泥制造	81.7

5-8 续表5

（上年=100）

项目名称	指数
通用硅酸盐水泥	81.7
特性水泥	85.9
硅酸盐水泥熟料	78.0
石膏、水泥制品及类似制品制造	93.2
水泥制品制造	93.0
商品混凝土	90.8
水泥混凝土电杆	106.6
预应力混凝土桩	84.9
混凝土轨枕及铁道用混凝土制品	101.3
轻质建筑材料制造	97.8
砖瓦、石材等建筑材料制造	96.8
粘土砖瓦及建筑砌块制造	97.0
建筑砌块	96.8
砖	97.6
防水建筑材料制造	95.6
沥青和改性沥青防水卷材	95.6
玻璃制造	100.6
平板玻璃制造	101.1
特种玻璃制造	99.2
玻璃制品制造	95.8
技术玻璃制品制造	94.6
日用玻璃制品制造	103.2
玻璃包装容器制造	99.5
玻璃纤维和玻璃纤维增强塑料制品制造	96.7
玻璃纤维及制品制造	87.6
玻璃纤维布	87.6
玻璃纤维增强塑料制品制造	99.4
陶瓷制品制造	99.9
建筑陶瓷制品制造	101.7
瓷质砖	102.1
其他建筑陶瓷制品	101.1
卫生陶瓷制品制造	101.0
特种陶瓷制品制造	98.1
日用陶瓷制品制造	97.9
耐火材料制品制造	100.2
耐火陶瓷制品及其他耐火材料制造	100.2
致密定形耐火制品	102.7
其他耐火材料制品	97.7
石墨及其他非金属矿物制品制造	91.5
石墨及碳素制品制造	92.0
石墨制品	93.3
碳制品	89.2
其他石墨及碳素产品	86.8
其他非金属矿物制品制造	91.0
磨具	98.6
磨料	90.8
沥青、泥炭	88.6
其他非金属矿物制品	88.5
黑色金属冶炼和压延加工业	**88.7**
炼铁	90.8
生铁	90.8
炼钢	86.1
非合金钢粗钢	86.1
钢压延加工	88.4
轧制锻造钢坯	92.6
棒材	82.5
钢筋（线材）	85.6
特厚板	87.5
厚钢板	86.2
热轧薄宽钢带	88.7
冷轧窄钢带	87.0
无缝钢管	87.0
焊接钢管	85.4
其他钢材	113.3
铁合金冶炼	102.3
特种铁合金	108.3
其他铁合金	87.5
有色金属冶炼和压延加工业	**98.0**

5-8 续表6

（上年=100）

项目名称	指 数	项目名称	指 数
常用有色金属冶炼	99.0	金属丝绳及其制品制造	93.3
铜冶炼	100.6	钢绞线	85.3
精炼铜(电解铜)	100.6	金属丝绳制品	94.0
铅锌冶炼	100.5	建筑、安全用金属制品制造	112.5
铅	103.9	建筑装饰及水暖管道零件制造	112.5
锌	85.9	供暖用散热器(暖气片)	112.5
铝冶炼	97.7	金属制日用品制造	98.1
氧化铝	102.5	金属制餐具和器皿制造	98.1
原铝(电解铝)	94.2	铝制厨用器皿及餐具制造业	98.1
镁冶炼	73.0	铸造及其他金属制品制造	98.0
贵金属冶炼	112.1	黑色金属铸造	97.4
金冶炼	111.4	铸铁件	95.5
冶炼产金	111.4	铸钢件	99.1
银冶炼	114.9	锻件及粉末冶金制品制造	100.0
有色金属合金制造	97.7	锻件	100.0
常用有色金属合金	98.3	**通用设备制造业**	**99.5**
硬质合金	95.4	锅炉及原动设备制造	99.1
有色金属压延加工	91.7	锅炉及辅助设备制造	100.3
铜压延加工	86.5	工业锅炉	99.0
铝压延加工	93.1	锅炉及辅助设备零件	101.6
铝材	93.1	内燃机及配件制造	97.3
其他有色金属压延加工	84.0	内燃机零部件及配件	97.3
金属制品业	**97.2**	金属加工机械制造	100.0
结构性金属制品制造	94.2	金属切削机床制造	100.4
金属结构制造	92.6	数控切削机床	100.4
钢结构	92.8	金属成形机床制造	99.3
钢铁结构体部件、加工钢材	92.0	普通金属成形机床	99.3
金属门窗制造	96.9	其他金属加工机械制造	100.0
金属工具制造	99.9	物料搬运设备制造	91.1
切削工具制造	99.9	生产专用起重机制造	90.2
集装箱及金属包装容器制造	98.2	连续搬运设备制造	100.0
金属压力容器制造	96.2	输送机械(输送机和提升机)	100.0
金属包装容器及材料制造	100.2	电梯、自动扶梯及升降机制造	95.1
钢铁制包装容器	100.2	电梯	95.1

5－8 续表7

（上年＝100）

项目名称	指数	项目名称	指数
泵、阀门、压缩机及类似机械制造	100.9	矿物筛分、洗选设备	100.6
泵及真空设备制造	98.8	矿山设备专用配套件及其他矿山专用设备	105.7
气体压缩机械制造	106.5	石油钻采专用设备制造	95.8
非制冷设备用压缩机	106.5	石油钻探、开采专用设备零件及其他石油钻采专用设备	95.8
阀门和旋塞制造	100.3	建筑工程用机械制造	98.7
液压动力机械及元件制造	100.5	挖掘、铲土运输机械	99.0
液压元件	100.5	压实机械	100.2
轴承、齿轮和传动部件制造	96.4	其他建筑工程用机械制造业	95.6
滚动轴承制造	94.3	建筑材料生产专用机械制造	99.1
齿轮及齿轮减、变速箱制造	99.9	混凝土机械	97.2
齿轮传动轴	99.9	建筑材料专用窑炉	108.9
齿轮	100.0	非金属矿物混合搅拌机械	90.0
烘炉、风机、包装等设备制造	99.9	冶金专用设备制造	100.0
风机、风扇制造	100.0	金属轧制设备	100.0
离心式通风机	100.0	化工、木材、非金属加工专用设备制造	99.7
气体、液体分离及纯净设备制造	98.8	模具制造	99.7
气体、液体分离及纯净设备	100.1	其他模具	99.7
其他气体、液体分离及纯净设备	96.2	食品、饮料、烟草及饲料生产专用设备制造	100.1
制冷、空调设备制造	100.4	食品、酒、饮料及茶生产专用设备制造	100.2
工商用制冷设备	100.0	食品制造机械	100.2
工商用冷藏、冷冻柜及类似设备	99.1	烟草生产专用设备制造	100.0
工商用空调设备	97.5	印刷、制药、日化及日用品生产专用设备制造	96.4
制冷、空调设备零部件	100.6	印刷专用设备制造	96.4
通用零部件制造	112.1	印刷机设备	96.4
紧固件制造	99.6	纺织、服装和皮革加工专用设备制造	100.7
钢铁制紧固件	99.6	纺织专用设备制造	100.7
机械零部件加工	115.2	农、林、牧、渔专用机械制造	99.9
其他通用零部件制造	100.0	拖拉机制造	99.2
专用设备制造业	**101.0**	大型拖拉机	100.0
采矿、冶金、建筑专用设备制造	102.0	中型拖拉机	98.0
矿山机械制造	103.8	机械化农业及园艺机具制造	103.5
采掘、凿岩设备	100.1	播种机	98.1
矿物破碎机械	99.8	农作物收获机械	100.0
矿物粉磨机械	100.0	其他机械化农业及园艺机具制造	109.7

5-8 续表8

（上年=100）

项目名称	指 数	项目名称	指 数
畜牧机械制造	99.4	铁路运输设备制造	90.1
家禽畜饲养机械及其他畜牧机械制造业	99.4	铁路机车车辆配件制造	90.1
农林牧渔机械配件制造	92.9	铁路机车转向架、轴、轮	87.5
医疗仪器设备及器械制造	101.3	其他铁路机车车辆配件	100.0
医疗、外科及兽医用器械制造	101.3	摩托车制造	100.1
注射穿刺器械	100.2	摩托车整车制造	99.2
手术室、急救室、诊疗室设备及器具	101.6	两轮摩托车	97.5
环保、邮政、社会公共服务及其他专用设备制造	99.7	三轮摩托车	100.8
环境保护专用设备制造	100.0	摩托车零部件及配件制造	101.3
大气污染防治设备	100.0	**电气机械和器材制造业**	**99.2**
社会公共安全设备及器材制造	95.4	电机制造	99.7
灭火器及零件	95.4	发电机及发电机组制造	100.4
水资源专用机械制造	100.0	交流发电机	101.1
汽车制造业	**97.7**	电机及发电机组专用零件	100.0
汽车整车制造	97.7	电动机制造	99.1
汽柴油车整车制造	99.2	交流电动机	99.1
运动型多用途乘用车(SUV)	97.8	输配电及控制设备制造	102.5
大型客车	100.0	变压器、整流器和电感器制造	104.1
中型客车	98.8	变压器	104.1
轻型载货车	100.0	配电开关控制设备制造	101.3
微型载货车	95.0	高压电路开关、保护电器装置	101.5
新能源车整车制造	92.0	低压开关、保护控制装置	100.0
新能源乘用车	92.0	电力控制或电力分配装置	100.5
汽车用发动机制造	99.4	电力电子元器件制造	100.0
改装汽车制造	96.3	电力连接装置	100.0
电车制造	94.9	光伏设备及元器件制造	103.3
汽车车身、挂车制造	97.7	其他输配电及控制设备制造	103.4
挂车、半挂车	97.7	电线、电缆、光缆及电工器材制造	100.2
汽车零部件及配件制造	98.2	电线、电缆制造	100.2
车身以及零配件	95.8	专用电缆	99.9
底盘以及零配件	99.2	其他电线、电缆	102.6
汽车电子制造	100.0	绝缘制品制造	100.0
汽车通用件	94.5	电池制造	93.1
铁路、船舶、航空航天和其他运输设备制造业	**97.5**	锂离子电池制造	89.2

5-8 续表9

（上年=100）

项目名称	指　数	项目名称	指　数
铅蓄电池制造	99.5	绘图、计算及测量仪器制造	96.6
家用电力器具制造	96.2	量具	95.9
家用制冷电器具制造	100.1	其他绘图、计算及测量仪器	99.5
家用空气调节器制造	94.7	实验分析仪器制造	101.4
房间空气调节器	94.7	专用仪器仪表制造	99.1
非电力家用器具制造	100.9	环境监测专用仪器仪表制造	99.1
太阳能器具制造	100.9	光学仪器制造	102.9
照明器具制造	99.3	其他光学仪器及零件、附件	102.9
照明灯具制造	99.3	衡器制造	100.3
户外照明用灯具及装置	99.3	工业用衡器	100.3
计算机、通信和其他电子设备制造业	**99.6**	其他仪器仪表制造业	93.0
计算机制造	96.9	**其他制造业**	**90.5**
计算机零部件制造	96.9	日用杂品制造	90.5
通信设备制造	102.6	其他日用杂品制造	90.5
通信终端设备制造	102.6	打火机及其他烟具	90.5
移动通信手持机(手机)	102.6	**废弃资源综合利用业**	**80.7**
电子器件制造	92.6	金属废料和碎屑加工处理	80.7
光电子器件制造	92.6	熔炼用废钢	80.7
电子束光电器件	92.6	**电力、热力生产和供应业**	**101.7**
电子元件及电子专用材料制造	89.8	电力生产	99.5
电阻电容电感元件制造	88.1	火力发电	99.5
电容器	87.0	水力发电	100.0
电阻器及电阻网络	100.0	其他电力生产	100.0
敏感元件及传感器制造	97.6	电力供应	103.5
传感器	97.6	热力生产和供应	100.0
电子专用材料制造	90.1	**燃气生产和供应业**	**106.8**
电子半导体材料	90.1	燃气生产和供应业	106.8
仪器仪表制造业	**98.7**	天然气生产和供应业	106.8
通用仪器仪表制造	98.4	天然气供应	106.8
工业自动控制系统装置制造	101.0	**水的生产和供应业**	**100.1**
工业自动控制系统	100.0	自来水生产和供应	99.9
流量仪表	101.5	自来水供应	99.9
电工仪器仪表制造	104.5	污水处理及其再生利用	100.6
电磁参数测量仪器仪表	104.5	污水的处理及深度净化	100.6

5-9 工业生产者

（上月=100）

项目名称	全年	1月	2月	3月	4月	5月
煤炭开采和洗选业	**84.0**	**98.1**	**99.1**	**97.5**	**95.6**	**95.2**
烟煤和无烟煤开采洗选	84.0	98.1	99.1	97.5	95.6	95.2
无烟煤开采洗选	70.6	100.6	97.9	95.1	90.5	92.2
烟煤开采洗选	89.8	97.0	99.6	98.6	97.8	96.4
石油和天然气开采业	**96.9**	**87.4**	**100.5**	**102.2**	**99.6**	**102.4**
石油开采	97.4	86.6	100.8	102.5	98.7	103.0
陆地石油开采	97.4	86.6	100.8	102.5	98.7	103.0
天然气开采	91.6	95.6	97.5	99.1	108.3	96.4
陆地天然气开采	91.6	95.6	97.5	99.1	108.3	96.4
黑色金属矿采选业	**106.6**	**100.8**	**114.9**	**101.2**	**99.2**	**92.6**
铁矿采选	106.6	100.8	114.9	101.2	99.2	92.6
铁矿石成品矿	106.6	100.8	114.9	101.2	99.2	92.6
有色金属矿采选业	**107.5**	**104.9**	**103.3**	**101.0**	**94.6**	**97.8**
常用有色金属矿采选	99.9	97.7	96.8	103.2	100.5	98.1
铅锌矿采选	99.9	97.7	96.8	103.2	100.5	98.1
贵金属矿采选	112.6	101.7	99.0	102.5	101.5	103.6
金矿采选	112.6	101.7	99.0	102.5	101.5	103.6
稀有稀土金属矿采选	108.4	117.1	114.4	97.7	82.0	89.2
钨钼矿采选	108.4	117.1	114.4	97.7	82.0	89.2
钨矿	112.0	105.5	104.6	100.5	98.1	101.1
钼矿	107.4	120.3	116.8	97.1	78.3	85.9
非金属矿采选业	**99.8**	**100.4**	**99.6**	**99.3**	**99.7**	**99.9**
土砂石开采	99.8	100.4	99.6	99.3	99.7	99.9
石灰石、石膏开采	100.0	100.0	100.0	100.0	100.0	100.0
石灰石	100.0	100.0	100.0	100.0	100.0	100.0
粘土及其他土砂石开采	99.5	101.1	98.9	98.0	99.2	99.6
砂石	99.5	101.1	98.9	98.0	99.2	99.6
采盐	92.6	100.4	100.4	98.2	97.3	96.2
井盐	92.6	100.4	100.4	98.2	97.3	96.2
农副食品加工业	**94.4**	**95.9**	**99.1**	**100.5**	**98.4**	**99.3**
谷物磨制	100.2	100.1	99.7	99.2	98.6	98.4
稻谷加工	102.5	100.5	100.3	99.7	100.0	101.5
小麦加工	99.7	100.0	99.5	99.2	98.4	97.9
饲料加工	95.4	98.8	100.2	99.3	98.2	99.7

出厂价格完整环比指数(2023 年)

6 月	7 月	8 月	9 月	10 月	11 月	12 月
85.6	**97.2**	**105.9**	**103.0**	**105.2**	**100.5**	**101.5**
85.6	97.2	105.9	103.0	105.2	100.5	101.5
82.8	99.3	103.6	102.3	107.3	97.2	99.6
86.7	96.4	106.8	103.3	104.5	101.7	102.2
94.4	**100.9**	**105.1**	**107.6**	**105.7**	**99.0**	**94.1**
94.0	101.5	105.4	108.3	106.3	99.0	93.6
94.0	101.5	105.4	108.3	106.3	99.0	93.6
98.8	95.4	101.8	100.0	99.6	99.6	100.0
98.8	95.4	101.8	100.0	99.6	99.6	100.0
98.6	**103.8**	**98.7**	**105.1**	**100.0**	**102.5**	**90.8**
98.6	103.8	98.7	105.1	100.0	102.5	90.8
98.6	103.8	98.7	105.1	100.0	102.5	90.8
104.1	101.8	102.6	103.0	97.9	99.4	97.5
98.1	100.6	101.6	102.7	102.7	101.1	97.2
98.1	100.6	101.6	102.7	102.7	101.1	97.2
100.1	101.2	99.6	101.6	100.2	101.1	99.7
100.1	101.2	99.6	101.6	100.2	101.1	99.7
117.1	103.9	107.6	104.9	91.3	95.5	94.6
117.1	103.9	107.6	104.9	91.3	95.5	94.6
102.1	99.6	99.4	100.1	100.6	99.2	100.7
122.1	105.0	109.7	106.1	89.2	94.5	92.9
100.1	**99.6**	**99.6**	**101.0**	**100.6**	**99.3**	**100.6**
100.1	99.6	99.6	101.0	100.6	99.3	100.6
100.0	100.0	100.0	100.0	100.0	100.0	100.0
100.0	100.0	100.0	100.0	100.0	100.0	100.0
100.4	98.8	98.8	103.2	101.9	97.8	101.9
100.4	98.8	98.8	103.2	101.9	97.8	101.9
95.7	90.7	100.0	101.8	108.2	106.4	98.1
95.7	90.7	100.0	101.8	108.2	106.4	98.1
99.8	**99.7**	**102.1**	**100.8**	**99.3**	**99.3**	**100.3**
100.6	99.3	100.3	102.2	100.7	101.0	100.2
98.1	102.2	100.1	102.7	97.6	100.9	98.9
101.1	98.7	100.4	102.0	101.3	101.0	100.4
99.7	100.4	100.0	101.0	99.7	99.4	99.0

5－9 续表1

（上月＝100）

项目名称	全年	1月	2月	3月	4月	5月
其他饲料加工	95.4	98.8	100.2	99.3	98.2	99.7
配合饲料	95.6	98.7	100.3	99.4	98.4	99.8
浓缩饲料	93.9	99.7	99.7	99.1	97.0	99.6
混合饲料	94.6	97.9	100.0	99.2	96.6	99.0
植物油加工	98.9	100.1	100.6	100.7	98.6	98.2
食用植物油加工	98.9	100.1	100.6	100.7	98.6	98.2
食用植物油	98.9	100.1	100.6	100.7	98.6	98.2
屠宰及肉类加工	86.4	88.8	98.0	102.3	97.2	100.4
牲畜屠宰	73.3	76.1	93.4	105.2	92.1	102.3
鲜、冷藏肉及冻肉	73.3	76.1	93.4	105.2	92.1	102.3
禽类屠宰	90.0	96.8	103.2	102.5	101.5	97.1
肉制品及副产品加工	99.6	99.9	100.0	99.9	99.8	100.2
蒸煮香肠制品	100.1	100.0	100.1	100.0	100.0	100.1
酱卤烧烤肉制品	101.0	100.5	99.7	100.0	100.6	100.2
其他未列明肉制品	85.2	95.8	99.7	98.7	94.2	101.5
蔬菜、菌类、水果和坚果加工	100.7	100.4	95.6	99.5	104.1	98.2
蔬菜加工	102.1	100.1	97.7	98.8	100.4	97.1
食用菌加工	102.8	100.0	89.4	100.0	111.8	98.5
水果和坚果加工	96.0	101.3	100.0	100.0	101.0	99.5
其他农副食品加工	100.3	101.1	100.0	100.1	99.5	99.7
淀粉及淀粉制品制造	100.2	101.6	100.0	100.0	99.3	99.7
豆制品制造	100.7	100.0	100.0	100.4	100.0	100.0
蛋品加工	100.0	100.0	100.6	100.6	100.0	99.2
食品制造业	**98.5**	**99.7**	**99.4**	**98.8**	**100.3**	**99.5**
焙烤食品制造	99.7	100.1	100.5	100.0	100.3	99.7
糕点、面包制造	101.7	100.2	99.8	100.2	100.5	100.0
糕点制造	100.8	100.3	99.7	100.1	100.5	99.8
面包制造	103.1	100.0	100.0	100.2	100.4	100.4
饼干及其他焙烤食品制造	98.4	100.0	100.9	99.8	100.3	99.5
饼干	97.0	100.0	100.0	100.0	99.7	99.1
膨化食品	100.3	100.0	103.4	99.4	101.1	100.4
其他焙烤食品	97.9	100.0	100.0	100.0	100.0	99.2
糖果、巧克力及蜜饯制造	99.6	100.0	100.0	100.0	100.0	104.6
糖果、巧克力制造	99.6	100.0	100.0	100.0	100.0	104.6

6月	7月	8月	9月	10月	11月	12月
99.7	100.4	100.0	101.0	99.7	99.4	99.0
99.6	100.5	99.8	100.8	99.6	99.4	99.1
100.1	99.2	101.8	101.9	99.7	98.3	97.9
100.6	99.9	100.8	102.3	100.4	99.4	98.6
98.9	99.8	99.9	101.6	99.8	100.3	100.4
98.9	99.8	99.9	101.6	99.8	100.3	100.4
98.9	99.8	99.9	101.6	99.8	100.3	100.4
99.1	99.4	105.8	99.0	97.6	97.5	101.3
99.4	99.4	115.0	98.4	95.0	94.0	104.1
99.4	99.4	115.0	98.4	95.0	94.0	104.1
96.6	97.4	101.1	98.0	97.8	98.8	98.9
99.9	100.1	100.2	99.9	99.9	100.0	99.9
100.0	100.0	100.2	99.8	100.0	100.0	100.0
100.0	100.0	100.0	99.9	100.0	100.0	100.1
95.7	102.6	101.0	104.2	97.0	98.6	95.6
101.0	101.2	99.6	101.8	99.7	100.2	99.7
100.2	104.2	99.4	104.9	101.2	98.8	99.5
102.8	99.2	99.5	101.1	100.0	101.8	100.0
99.9	99.5	99.9	97.9	96.9	100.3	99.8
100.3	100.4	101.2	101.0	99.2	98.7	99.1
100.4	100.5	101.6	101.3	98.9	98.3	98.8
100.0	100.4	100.0	100.0	100.0	100.0	100.0
101.7	97.9	100.0	101.2	99.4	99.3	100.2
100.3	**99.4**	**100.6**	**99.3**	**100.6**	**100.2**	**100.4**
99.8	99.3	100.6	99.6	98.7	101.3	100.0
100.0	100.2	100.6	100.1	97.0	103.1	100.2
100.2	100.3	99.7	100.0	98.9	101.1	100.1
99.6	100.0	102.1	100.2	93.8	106.6	100.3
99.6	98.8	100.5	99.3	99.9	100.0	99.8
100.0	100.0	99.7	99.7	99.5	99.4	99.9
98.6	98.5	99.0	100.5	99.5	100.7	99.3
100.0	98.7	101.4	98.7	100.2	99.8	100.0
99.3	100.0	100.0	100.3	98.5	96.9	100.3
99.3	100.0	100.0	100.3	98.5	96.9	100.3

5－9 续表2

（上月＝100）

项目名称	全年	1月	2月	3月	4月	5月
糖果	99.6	100.0	100.0	100.0	100.0	104.6
方便食品制造	98.4	99.5	98.5	99.3	100.2	99.4
米、面制品制造	97.6	99.9	99.7	98.8	98.0	98.1
速冻食品制造	96.5	99.0	97.0	98.8	101.0	99.2
方便面制造	99.4	100.0	99.9	100.0	99.9	100.6
方便面	99.4	100.0	99.9	100.0	99.9	100.6
其他方便食品制造	102.4	100.0	100.0	100.2	100.6	100.2
干制方便食品	102.4	100.0	100.0	100.2	100.6	100.2
乳制品制造	92.7	99.7	99.1	91.6	104.1	96.9
液体乳制造	92.7	99.7	99.1	91.6	104.1	96.9
罐头食品制造	101.3	100.7	97.9	99.3	99.4	99.4
肉、禽类罐头制造	86.1	100.0	95.3	96.6	99.8	96.4
蔬菜、水果罐头制造	104.5	100.8	98.4	99.8	99.4	100.0
调味品、发酵制品制造	98.6	100.2	99.0	101.0	100.1	99.9
味精制造	98.7	102.3	96.4	99.7	101.1	100.0
酱油、食醋及类似制品制造	93.0	100.0	99.7	99.9	100.0	100.0
酱油	92.2	100.0	100.0	100.0	100.0	100.0
食醋	97.3	100.0	98.3	99.4	100.0	100.0
其他调味品、发酵制品制造	99.7	99.8	99.4	101.5	100.0	99.9
复合调味品	101.1	100.0	99.4	102.0	100.1	99.9
发酵类制品	73.7	97.0	99.2	90.3	98.0	100.0
其他食品制造	99.9	99.4	100.0	99.5	99.4	99.6
保健食品制造	102.1	100.3	100.0	98.3	103.5	101.7
冷冻饮品及食用冰制造	100.0	100.0	100.0	100.0	100.0	100.0
盐加工	95.7	100.7	100.1	98.3	98.3	96.6
食用盐	101.3	101.2	100.1	99.9	100.0	98.1
非食用盐	88.8	100.0	100.0	96.2	96.1	94.6
食品及饲料添加剂制造	100.2	99.0	99.9	99.6	99.0	99.8
食品添加剂	100.2	98.7	99.9	99.6	98.8	99.7
饲料添加剂	100.0	100.0	100.0	100.0	100.0	100.0
其他未列明食品制造	100.6	100.0	100.4	99.9	100.0	99.8
酒、饮料和精制茶制造业	**102.4**	**100.0**	**100.9**	**100.5**	**99.6**	**100.0**
酒的制造	99.6	100.0	100.6	100.8	99.1	100.0
酒精制造	102.9	100.3	102.4	103.4	95.9	101.1

6月	7月	8月	9月	10月	11月	12月
99.3	100.0	100.0	100.3	98.5	96.9	100.3
99.8	100.2	100.2	100.1	100.0	99.7	101.3
100.6	100.4	100.2	102.3	99.6	100.0	99.9
99.2	99.7	100.1	100.0	102.5	97.1	103.0
100.0	100.0	100.5	98.5	101.6	100.0	98.6
100.0	100.0	100.5	98.5	101.6	100.0	98.6
100.4	101.1	100.0	99.6	94.6	105.1	100.9
100.4	101.1	100.0	99.6	94.6	105.1	100.9
101.4	99.4	98.8	98.6	102.0	102.1	99.3
101.4	99.4	98.8	98.6	102.0	102.1	99.3
100.7	99.9	101.8	99.8	100.2	98.6	103.7
99.4	94.8	105.6	100.0	98.8	98.8	100.0
100.9	100.8	101.1	99.8	100.5	98.6	104.4
99.9	100.0	99.9	100.2	100.3	98.5	99.7
99.8	100.3	99.3	101.3	100.0	100.0	98.7
100.0	100.0	100.0	100.0	101.7	91.8	100.0
100.0	100.0	100.0	100.0	102.0	90.4	100.0
100.0	99.9	100.0	100.0	100.0	99.9	100.0
99.9	99.9	99.9	100.1	100.1	99.5	99.8
100.0	100.1	99.9	100.1	100.0	99.6	100.0
97.9	96.2	99.7	98.2	102.6	97.4	94.0
100.8	98.5	101.7	98.2	101.9	100.8	100.2
98.4	108.0	95.6	97.3	101.1	100.0	98.4
100.0	100.0	100.0	100.0	100.0	100.0	100.0
95.8	98.8	100.0	102.5	106.1	99.4	99.4
100.0	100.0	100.0	100.0	100.0	101.9	100.0
90.0	96.8	100.0	106.6	115.3	96.0	98.6
101.9	97.2	103.1	97.0	102.1	101.3	100.6
102.3	96.5	103.9	96.2	102.6	101.6	100.7
100.0	100.0	100.0	100.0	100.0	100.0	100.0
100.5	100.1	100.0	100.0	100.0	100.0	100.0
99.4	**100.5**	**99.9**	**100.1**	**99.7**	**100.0**	**101.8**
99.0	100.5	99.6	100.0	99.6	100.0	100.4
100.0	100.0	100.0	100.0	100.0	100.0	100.0

5-9 续表3

（上月=100）

项目名称	全年	1月	2月	3月	4月	5月
白酒制造	99.6	99.9	100.3	99.4	100.2	100.1
啤酒制造	97.1	100.2	99.9	100.7	100.0	99.0
葡萄酒制造	99.3	99.3	100.0	100.0	100.0	100.0
饮料制造	106.0	100.0	101.5	100.1	100.0	100.1
碳酸饮料制造	102.4	100.0	100.0	100.1	100.0	99.5
瓶(罐)装饮用水制造	101.6	99.8	102.7	100.4	99.9	101.9
果菜汁及果菜汁饮料制造	123.0	100.0	103.9	100.2	100.0	98.9
含乳饮料和植物蛋白饮料制造	102.0	100.0	100.0	100.0	100.0	100.0
含乳饮料	102.7	100.0	100.0	100.0	100.0	100.0
植物蛋白饮料	101.5	100.0	100.0	100.0	100.0	100.0
茶饮料及其他饮料制造	96.8	100.0	100.1	100.0	100.4	100.0
茶饮料	96.8	100.0	100.1	100.0	100.4	100.0
精制茶加工	101.1	100.0	100.0	100.0	100.0	99.6
精制茶	101.1	100.0	100.0	100.0	100.0	99.6
烟草制品业	**101.8**	**101.3**	**100.0**	**100.0**	**100.0**	**100.0**
卷烟制造	101.3	101.3	100.0	100.0	100.0	100.0
卷烟	101.3	101.3	100.0	100.0	100.0	100.0
其他烟草制品制造	134.2	100.0	100.0	100.0	100.0	100.0
纺织业	**100.5**	**99.6**	**100.1**	**99.4**	**99.7**	**100.2**
棉纺织及印染精加工	101.7	99.6	100.2	99.5	99.7	100.0
棉纺纱加工	102.9	99.8	100.3	99.7	99.7	100.3
纱	102.9	99.8	100.4	99.7	99.7	100.2
缝纫线	100.0	98.2	97.5	101.1	100.0	102.0
棉织造加工	96.6	98.9	99.7	98.7	99.9	98.8
布(棉布、棉混纺布、化纤布)	96.6	98.9	99.7	98.7	99.9	98.8
毛纺织及染整精加工	92.9	96.7	100.8	99.4	100.2	101.0
毛条和毛纱线加工	92.9	96.7	100.8	99.4	100.2	101.0
家用纺织制成品制造	99.1	99.9	100.3	99.7	100.0	100.0
毛巾类制品制造	99.1	99.9	100.3	99.7	100.0	100.0
产业用纺织制成品制造	89.7	99.4	98.7	97.3	98.4	102.1
非织造布制造	98.0	99.2	100.0	98.8	101.2	100.9
纺织带和帘子布制造	72.8	98.8	96.5	93.3	94.1	105.6
其他产业用纺织制成品制造	100.0	100.0	100.0	100.0	100.0	100.0
纺织服装、服饰业	**100.1**	**99.8**	**99.8**	**100.7**	**99.6**	**99.7**

6月	7月	8月	9月	10月	11月	12月
98.8	101.4	99.6	100.1	98.9	100.0	100.9
98.4	99.8	99.2	100.0	100.0	100.0	100.0
100.0	100.0	100.0	100.0	100.0	100.0	100.0
99.7	100.5	100.3	100.1	99.9	100.0	103.6
99.5	100.0	103.3	100.0	100.0	100.0	100.0
97.8	99.8	99.0	101.1	99.7	99.7	100.0
101.1	102.2	100.0	100.0	100.0	100.7	114.9
100.0	100.0	100.0	100.0	100.0	102.0	100.0
100.0	100.0	100.0	100.0	100.0	102.7	100.0
100.0	100.0	100.0	100.0	100.0	101.5	100.0
100.0	99.9	100.4	99.6	100.0	96.3	100.2
100.0	99.9	100.4	99.6	100.0	96.3	100.2
100.0	100.7	100.3	99.7	99.7	100.5	100.5
100.0	100.7	100.3	99.7	99.7	100.5	100.5
100.0	**100.5**	**100.0**	**100.0**	**100.0**	**100.0**	**100.0**
100.0	100.0	100.0	100.0	100.0	100.0	100.0
100.0	100.0	100.0	100.0	100.0	100.0	100.0
100.0	134.2	100.0	100.0	100.0	100.0	100.0
100.0	**99.6**	**99.5**	**102.6**	**100.4**	**100.5**	**99.1**
100.2	99.7	99.6	103.0	100.5	100.5	99.0
100.8	99.2	100.2	103.2	100.0	100.6	99.0
100.8	99.2	100.2	103.3	100.0	100.6	99.0
98.7	101.3	101.1	100.5	101.2	97.6	100.9
97.6	101.8	97.0	102.1	102.5	100.3	99.3
97.6	101.8	97.0	102.1	102.5	100.3	99.3
98.7	96.9	98.9	99.5	100.5	100.3	99.9
98.7	96.9	98.9	99.5	100.5	100.3	99.9
100.7	100.5	98.9	100.1	99.4	101.0	98.7
100.7	100.5	98.9	100.1	99.4	101.0	98.7
96.0	98.3	98.4	100.5	100.3	100.0	100.0
99.8	99.6	97.8	101.4	101.8	98.8	98.8
88.1	94.7	96.8	100.0	99.2	101.3	101.3
100.0	100.0	100.0	100.0	100.0	100.0	100.0
100.0	**100.0**	**100.1**	**100.1**	**100.0**	**100.1**	**100.1**

5-9 续表4

（上月=100）

项目名称	全年	1月	2月	3月	4月	5月
机织服装制造	101.2	99.9	99.8	100.8	99.9	99.8
其他机织服装制造	101.2	99.9	99.8	100.8	99.9	99.8
西服及西服套装	108.3	100.0	99.7	100.0	99.7	100.0
上衣	100.4	100.0	100.0	100.0	100.0	100.0
衬衫	87.0	99.3	100.0	100.0	100.4	100.0
裤	101.6	99.9	100.0	101.0	99.9	99.7
职业服装、工作服及类似服装	101.2	100.0	97.3	101.4	100.0	100.0
针织或钩针编织服装制造	98.0	100.3	99.8	99.4	100.1	99.8
其他针织或钩针编织服装制造	98.0	100.3	99.8	99.4	100.1	99.8
服饰制造	97.4	99.0	100.2	101.6	97.9	98.9
皮革、毛皮、羽毛及其制品和制鞋业	**98.6**	**99.9**	**99.6**	**100.1**	**99.8**	**97.5**
皮革鞣制加工	96.6	100.0	100.6	100.0	100.1	100.4
半成品革	99.5	99.9	100.0	100.0	100.0	100.0
成品革	96.2	100.0	100.7	100.0	100.1	100.5
皮革制品制造	99.7	100.2	99.6	100.1	99.7	99.6
皮箱、包(袋)制造	100.1	100.6	99.8	100.0	99.8	99.4
手提包(袋)、背包	100.1	100.6	99.8	100.0	99.8	99.4
皮手套及皮装饰制品制造	98.0	98.9	98.6	100.6	99.3	100.3
毛皮鞣制及制品加工	97.8	99.4	99.2	100.4	98.9	91.8
其他毛皮制品加工	97.8	99.4	99.2	100.4	98.9	91.8
羽毛(绒)加工及制品制造	107.4	100.0	100.0	100.0	100.0	100.0
羽毛(绒)加工	107.4	100.0	100.0	100.0	100.0	100.0
制鞋业	98.3	100.0	99.0	100.0	100.0	97.5
皮鞋制造	98.3	100.0	99.0	100.0	100.0	97.5
木材加工和木、竹、藤、棕、草制品业	**106.5**	**100.1**	**99.5**	**102.1**	**111.4**	**99.5**
人造板制造	107.4	100.1	99.3	102.9	115.4	99.3
胶合板制造	107.8	100.0	100.0	100.0	99.9	100.0
纤维板制造	98.0	101.3	98.5	97.9	100.1	95.9
刨花板制造	84.3	98.6	95.8	100.1	99.1	99.5
其他人造板制造	149.0	100.0	100.0	135.5	225.9	100.0
木质制品制造	103.8	100.0	100.0	100.1	100.0	100.1
木门窗制造	106.2	100.0	100.0	100.0	100.0	100.2
木地板制造	99.7	100.0	100.0	100.3	100.0	100.0
家具制造业	**103.3**	**100.4**	**100.1**	**100.9**	**100.0**	**100.2**

6月	7月	8月	9月	10月	11月	12月
99.9	100.2	100.2	100.2	100.4	100.1	100.1
99.9	100.2	100.2	100.2	100.4	100.1	100.1
100.0	107.4	99.8	101.0	100.5	100.0	100.0
100.0	100.0	100.2	100.4	99.8	100.1	100.0
100.0	87.6	98.8	100.0	101.9	100.0	98.8
99.9	100.4	100.2	100.0	100.5	100.1	100.2
99.9	100.0	101.0	101.5	100.0	100.0	100.0
100.6	99.3	100.0	99.6	98.3	100.5	100.2
100.6	99.3	100.0	99.6	98.3	100.5	100.2
99.8	100.0	100.0	100.0	100.0	100.0	100.0
100.0	**100.4**	**100.1**	**99.4**	**100.7**	**101.5**	**99.6**
99.5	100.0	101.1	97.6	99.3	100.1	97.9
99.6	100.0	100.0	100.0	100.0	100.0	100.0
99.5	100.0	101.3	97.2	99.2	100.1	97.6
99.9	100.3	99.3	100.0	99.7	100.3	100.9
100.0	100.0	99.4	100.0	99.6	100.0	101.4
100.0	100.0	99.4	100.0	99.6	100.0	101.4
99.7	101.5	98.8	100.0	100.0	101.3	99.0
97.9	102.2	99.3	100.8	104.4	104.7	99.2
97.9	102.2	99.3	100.8	104.4	104.7	99.2
100.0	99.4	99.9	99.5	100.0	105.2	103.4
100.0	99.4	99.9	99.5	100.0	105.2	103.4
101.9	100.0	100.0	100.0	100.0	100.0	100.0
101.9	100.0	100.0	100.0	100.0	100.0	100.0
90.4	**101.5**	**101.5**	**101.3**	**98.9**	**100.6**	**100.6**
87.8	100.3	102.1	101.7	98.6	100.8	100.8
100.0	100.0	104.0	101.1	97.8	102.2	102.6
101.0	100.3	99.4	105.7	100.4	100.2	97.6
101.3	102.6	98.2	100.0	97.5	93.6	97.1
48.7	100.0	100.0	100.0	100.0	100.0	100.0
98.7	105.0	100.0	100.0	100.0	100.0	100.0
98.0	108.3	100.0	100.0	100.0	100.0	100.0
100.0	99.4	100.0	100.0	100.0	100.0	100.0
100.2	**99.7**	**100.3**	**100.0**	**100.0**	**100.7**	**100.7**

5－9 续表5

（上月＝100）

项目名称	全年	1月	2月	3月	4月	5月
木质家具制造	100.2	100.0	100.0	100.0	100.0	100.1
卧室用木质家具	100.8	100.0	100.0	100.0	99.3	101.7
客厅、餐厅用木质家具	100.1	100.0	100.0	100.0	100.0	100.0
金属家具制造	106.7	100.8	100.1	101.8	100.0	100.4
办公室用金属家具	106.7	100.8	100.1	101.8	100.0	100.4
其他家具制造	101.8	100.9	100.3	100.4	100.2	100.0
软体坐具	101.8	100.9	100.3	100.4	100.2	100.0
造纸和纸制品业	**98.7**	**100.6**	**101.2**	**98.2**	**99.3**	**98.7**
纸浆制造	89.1	97.5	99.4	102.4	98.9	91.2
木竹浆制造	89.1	97.5	99.4	102.4	98.9	91.2
造纸	96.6	102.2	100.0	97.9	98.7	98.0
机制纸及纸板制造	95.5	102.1	99.9	97.6	98.7	98.0
未涂布印刷书写用纸	89.5	106.2	97.5	97.7	98.3	96.3
其他机制纸及纸板	97.3	100.9	100.7	97.6	98.8	98.5
加工纸制造	110.6	103.6	100.2	101.0	99.1	99.0
纸制品制造	101.1	99.4	102.4	98.3	99.8	99.7
纸和纸板容器制造	104.5	100.0	103.7	97.3	99.8	99.5
其他纸制品制造	95.2	98.4	100.0	100.0	99.8	100.0
卫生用纸制品	100.0	100.0	100.0	100.0	100.0	100.0
其他纸制品	94.2	98.0	100.0	100.0	99.7	100.0
印刷和记录媒介复制业	**97.3**	**99.9**	**99.8**	**100.3**	**99.9**	**97.6**
印刷	97.3	99.9	99.8	100.3	99.9	97.6
书、报刊印刷	103.7	100.0	100.0	100.5	100.0	100.0
多色印刷品	103.7	100.0	100.0	100.5	100.0	100.0
包装装潢及其他印刷	96.7	99.9	99.8	100.3	99.9	97.4
塑料印刷品	89.9	99.8	99.4	100.8	99.6	91.9
其他包装装潢及印刷	100.0	100.0	100.0	100.0	100.0	100.0
文教、工美、体育和娱乐用品制造业	**120.0**	**99.7**	**103.2**	**99.0**	**100.6**	**103.7**
乐器制造	96.6	100.2	97.7	99.6	99.8	99.8
中乐器制造	96.6	100.2	97.7	99.6	99.8	99.8
工艺美术及礼仪用品制造	122.1	99.8	103.6	98.9	100.7	104.0
地毯、挂毯制造	100.7	100.0	100.1	99.9	100.0	99.9
机制地毯、挂毯	100.7	100.0	100.1	99.9	100.0	99.9
其他工艺美术及礼仪用品制造	122.5	99.8	103.7	98.9	100.7	104.1

6月	7月	8月	9月	10月	11月	12月
100.1	100.0	100.0	100.1	100.1	100.0	100.0
100.6	99.2	99.3	100.7	100.4	99.6	100.0
100.0	100.0	100.0	100.0	100.1	100.0	100.0
100.4	99.4	100.7	100.0	100.0	101.5	101.4
100.4	99.4	100.7	100.0	100.0	101.5	101.4
100.2	100.0	100.0	100.2	99.7	100.0	100.0
100.2	100.0	100.0	100.2	99.7	100.0	100.0
98.3	**100.7**	**100.0**	**101.4**	**100.9**	**100.3**	**99.3**
94.2	101.3	104.2	101.7	101.5	101.0	96.0
94.2	101.3	104.2	101.7	101.5	101.0	96.0
96.8	100.0	99.9	100.5	101.3	100.9	100.4
96.6	99.0	100.0	100.3	102.0	100.9	100.4
96.3	93.2	97.5	100.1	103.4	101.1	102.2
96.6	100.8	100.8	100.4	101.6	100.9	99.9
99.9	111.8	98.8	102.3	94.4	100.3	100.7
99.7	101.2	99.8	102.1	100.5	99.8	98.5
100.1	102.5	99.7	103.3	100.6	99.6	98.3
98.9	98.9	100.0	100.0	100.3	100.0	99.0
100.0	100.0	100.0	100.0	100.0	100.0	100.0
98.7	98.6	100.0	100.0	100.3	100.0	98.7
100.8	**99.2**	**99.6**	**99.9**	**99.9**	**100.3**	**100.0**
100.8	99.2	99.6	99.9	99.9	100.3	100.0
100.0	101.5	100.9	100.0	100.0	100.8	100.0
100.0	101.5	100.9	100.0	100.0	100.8	100.0
100.9	99.0	99.5	99.9	99.9	100.2	100.0
102.9	96.7	98.4	99.6	99.8	100.7	100.1
100.0	100.0	100.0	100.0	100.0	100.0	100.0
103.3	**102.7**	**100.2**	**103.9**	**101.9**	**97.8**	**102.6**
100.0	99.9	98.9	100.0	100.0	100.0	100.6
100.0	99.9	98.9	100.0	100.0	100.0	100.6
103.5	102.9	100.2	104.2	102.1	97.7	102.8
100.1	100.1	99.9	99.9	100.4	100.4	99.9
100.1	100.1	99.9	99.9	100.4	100.4	99.9
103.6	102.9	100.2	104.2	102.1	97.7	102.8

5－9 续表6

（上月＝100）

项目名称	全年	1月	2月	3月	4月	5月
游艺器材及娱乐用品制造	91.0	98.9	98.1	99.8	98.7	98.5
露天游乐场所游乐设备制造	91.0	98.9	98.1	99.8	98.7	98.5
石油、煤炭及其他燃料加工业	**94.5**	**100.3**	**99.3**	**99.7**	**98.8**	**93.4**
精炼石油产品制造	98.5	99.0	99.5	100.1	100.1	100.5
原油加工及石油制品制造	98.5	99.0	99.5	100.1	100.1	100.5
汽油	103.0	99.9	102.6	99.1	99.5	101.0
煤油	88.5	87.7	101.3	95.5	93.9	96.4
柴油	103.2	100.1	100.0	99.7	99.3	99.5
润滑油	114.1	100.0	103.3	100.0	100.0	100.0
其他原油加工及石油制品制造	88.1	100.0	92.8	103.9	104.0	102.0
煤炭加工	91.0	101.5	99.2	99.4	97.6	87.2
炼焦	91.0	101.5	99.2	99.4	97.6	87.2
焦炭	91.0	101.5	99.2	99.4	97.6	87.2
化学原料和化学制品制造业	**92.7**	**98.7**	**100.1**	**98.8**	**98.8**	**95.9**
基础化学原料制造	93.6	98.2	100.0	98.3	98.8	96.1
无机酸制造	84.9	108.7	103.6	100.0	86.5	90.2
硫酸	84.9	108.7	103.6	100.0	86.5	90.2
无机碱制造	86.8	97.5	99.2	92.4	91.0	95.6
烧碱	77.0	97.2	89.8	84.7	105.5	101.8
纯碱类	86.6	98.3	99.9	91.4	87.3	94.0
其他无机碱产品	95.0	95.0	104.3	100.6	93.6	96.1
无机盐制造	95.7	99.5	95.5	100.4	103.4	96.7
氟化物及其盐	86.5	99.7	95.8	100.0	99.6	94.3
贵金属化合物	114.0	99.3	95.0	101.3	111.0	100.9
有机化学原料制造	97.3	96.4	100.4	99.8	102.6	97.8
链烯烃	91.9	92.7	99.5	95.7	114.2	92.7
芳烃	100.1	100.1	103.2	104.9	98.8	100.8
环醇	104.5	94.0	103.9	101.9	100.1	101.2
羧酸及其衍生物	95.4	88.8	97.2	103.3	97.7	97.7
醚	86.1	96.2	96.9	97.7	97.7	97.1
改性乙醇(部分)	101.7	101.0	100.7	100.0	101.3	99.0
其他基础化学原料制造	87.5	103.1	102.3	97.7	92.3	90.7
金属氧化物	81.1	106.1	108.0	94.8	84.3	88.7
其他未列明基础化学原料	91.8	101.0	98.2	100.0	98.4	92.1

6月	7月	8月	9月	10月	11月	12月
99.5	99.6	99.4	99.7	99.0	99.4	99.9
99.5	99.6	99.4	99.7	99.0	99.4	99.9
93.9	**97.7**	**105.6**	**101.4**	**105.6**	**97.4**	**102.1**
98.2	97.6	103.5	102.7	102.8	97.3	97.6
98.2	97.6	103.5	102.7	102.8	97.3	97.6
97.4	101.0	103.0	102.0	102.3	95.9	99.4
93.5	102.1	107.1	119.0	107.7	95.0	92.6
99.4	100.6	105.9	102.1	104.0	97.9	95.0
100.0	100.7	100.0	100.0	100.0	109.8	100.0
99.0	86.9	100.0	100.0	100.0	100.0	100.0
89.6	97.7	107.9	100.0	108.7	97.4	106.8
89.6	97.7	107.9	100.0	108.7	97.4	106.8
89.6	97.7	107.9	100.0	108.7	97.4	106.8
96.1	**99.1**	**102.3**	**103.0**	**101.2**	**98.7**	**100.0**
96.3	98.5	103.1	104.9	101.2	97.3	101.0
69.4	102.0	146.6	107.9	96.4	94.4	94.8
69.4	102.0	146.6	107.9	96.4	94.4	94.8
92.8	99.1	102.5	122.3	102.2	86.2	110.0
95.6	94.7	101.2	110.1	116.3	84.1	98.3
89.7	100.0	104.8	133.5	100.3	82.0	114.0
99.1	99.8	97.9	100.7	98.7	102.9	106.9
99.4	100.6	97.6	99.7	95.9	105.3	102.0
100.0	100.0	96.4	97.0	94.5	107.3	101.8
98.3	101.7	99.7	104.2	97.8	102.4	102.2
96.8	97.1	103.7	102.8	102.5	98.6	99.1
95.6	95.2	101.9	98.5	105.6	105.0	97.3
97.9	99.5	109.1	102.8	96.7	88.9	98.9
96.0	94.3	101.4	112.8	100.0	100.0	100.0
97.9	99.0	106.1	111.6	103.6	91.9	102.5
90.3	91.8	116.4	99.7	112.8	95.0	96.7
99.7	100.1	100.0	100.0	100.0	100.0	100.0
100.0	101.4	100.0	100.0	100.0	100.0	100.0
100.0	100.0	99.9	100.0	100.0	100.0	100.0
100.0	102.3	100.0	100.0	100.0	100.0	100.0

5-9 续表7

(上月=100)

项目名称	全年	1月	2月	3月	4月	5月
肥料制造	87.0	99.6	101.1	100.0	97.1	91.5
氮肥制造	81.7	99.3	103.7	101.2	95.6	83.1
磷肥制造	105.6	100.0	100.0	99.5	100.5	100.0
钾肥制造	88.2	90.7	101.4	100.0	95.5	100.0
复混肥料制造	89.9	100.3	99.0	99.2	97.7	98.8
有机肥料及微生物肥料制造	97.6	100.0	98.8	98.4	102.9	97.0
微生物肥料	97.6	100.0	98.8	98.4	102.9	97.0
农药制造	83.8	99.1	102.5	94.9	94.9	101.5
化学农药制造	81.7	99.0	102.9	94.1	93.9	102.3
杀虫(杀螨)用原药及制剂	81.7	99.0	102.9	94.1	93.9	102.3
生物化学农药及微生物农药制造	95.5	100.0	99.9	100.0	99.8	97.9
涂料、油墨、颜料及类似产品制造	100.5	99.7	99.6	100.2	98.8	100.4
涂料制造	94.2	100.0	99.8	100.0	100.0	96.7
水性涂料	99.2	100.0	100.0	100.0	100.0	100.0
非水性涂料	89.3	100.0	100.0	100.0	100.0	93.0
建筑涂料	98.1	100.1	99.0	99.9	100.1	100.2
工业颜料制造	105.0	99.5	99.5	100.4	97.9	103.2
无机颜料	105.0	99.5	99.5	100.4	97.9	103.2
合成材料制造	93.5	96.2	100.8	98.0	100.8	98.1
初级形态塑料及合成树脂制造	93.1	97.4	100.4	98.5	101.5	96.9
合成纤维单(聚合)体制造	94.2	94.4	101.5	97.3	99.6	100.2
合成纤维单体	89.2	93.2	100.4	95.4	98.9	99.6
合成纤维聚合物	102.5	96.5	103.5	100.4	100.8	101.3
专用化学产品制造	94.4	99.3	98.5	98.7	100.8	96.3
化学试剂和助剂制造	94.8	97.3	100.6	98.8	100.5	93.5
催化剂及载体	111.1	99.3	99.6	101.9	101.4	96.9
橡胶助剂	108.4	94.0	106.3	104.4	99.5	91.5
塑料助剂	86.4	97.9	97.5	98.0	97.8	100.2
炭黑	76.2	98.4	97.1	91.0	102.9	88.1
其他化学试剂和助剂	95.6	101.2	100.4	100.0	100.0	100.0
专项化学用品制造	88.4	103.5	89.8	93.7	97.7	97.9
油田用化学制剂	102.1	101.8	100.3	100.0	100.0	100.0
其他专项化学用品制造	80.8	104.3	84.2	89.8	96.1	96.3
林产化学产品制造	79.8	102.1	98.7	99.9	89.7	91.2

6月	7月	8月	9月	10月	11月	12月
91.5	100.5	102.9	103.3	101.0	98.7	99.5
83.0	103.9	107.2	106.5	102.1	100.0	98.1
77.3	99.8	104.7	118.8	99.3	104.9	105.6
100.0	87.5	101.0	100.0	102.3	105.8	105.0
97.4	98.6	100.1	100.9	100.1	97.1	100.4
99.9	100.1	100.1	100.0	101.0	99.4	100.0
99.9	100.1	100.1	100.0	101.0	99.4	100.0
94.5	102.3	94.5	99.8	99.8	100.3	98.8
93.0	103.1	93.5	100.8	99.6	100.6	98.1
93.0	103.1	93.5	100.8	99.6	100.6	98.1
102.6	98.4	99.2	95.4	101.2	99.0	102.3
100.1	99.2	99.4	100.8	101.6	101.3	99.5
98.9	99.8	97.9	99.9	101.0	101.1	99.0
100.0	100.0	100.0	100.0	100.0	101.0	98.3
98.3	100.0	95.9	99.6	101.8	101.8	98.8
98.9	99.2	99.5	100.3	100.8	100.0	100.1
100.8	98.8	100.4	101.4	102.0	101.4	99.9
100.8	98.8	100.4	101.4	102.0	101.4	99.9
97.9	97.7	100.1	103.4	102.6	98.6	99.3
97.0	97.2	101.4	103.4	103.1	98.6	97.9
99.3	98.4	98.1	103.5	101.7	98.7	101.5
99.7	99.0	96.4	104.3	101.2	99.3	101.8
98.7	97.6	100.6	102.3	102.4	97.8	101.0
97.8	99.7	104.3	100.0	100.2	100.0	98.9
97.7	99.9	102.3	103.7	102.4	100.1	98.2
112.0	99.7	98.4	98.6	101.3	100.5	101.7
97.8	95.9	108.7	109.2	102.4	101.2	99.0
95.7	106.4	101.9	99.0	98.8	96.0	96.7
88.6	103.1	98.2	105.3	106.4	101.4	94.7
100.0	96.2	100.2	98.7	100.0	98.8	100.0
101.0	95.0	111.7	100.0	103.0	97.9	98.2
100.0	100.0	100.0	100.0	100.0	100.0	100.0
101.7	91.2	121.3	100.0	105.1	96.6	97.0
98.6	97.0	109.6	103.9	91.0	95.9	101.8

5-9 续表8

（上月=100）

项目名称	全年	1月	2月	3月	4月	5月
竹材、木材水解产品	79.8	102.1	98.7	99.9	89.7	91.2
文化用信息化学品制造	97.7	100.3	99.8	99.6	100.0	100.0
环境污染处理专用药剂材料制造	101.3	102.3	100.5	99.2	101.0	98.9
水处理剂	101.3	102.3	100.5	99.2	101.0	98.9
其他专用化学产品制造	96.0	100.0	96.8	100.0	106.7	100.0
炸药、火工及焰火产品制造	99.2	100.0	99.4	100.0	100.4	99.0
炸药及火工产品制造	99.2	100.0	99.4	100.0	100.4	99.0
炸药	99.2	100.0	99.4	100.0	100.4	99.0
日用化学产品制造	90.1	98.8	98.6	99.7	97.0	96.3
肥皂及洗涤剂制造	88.2	100.0	100.0	99.6	95.1	94.5
香料、香精制造	92.8	97.2	96.5	99.7	99.9	98.9
医药制造业	**106.4**	**102.2**	**100.8**	**104.2**	**99.4**	**101.2**
化学药品原料药制造	96.5	101.9	96.8	99.3	100.4	95.8
抗菌素（抗感染药）	106.3	108.0	94.8	98.9	100.4	100.9
激素类药	100.0	100.0	100.0	100.0	100.0	100.0
抗肿瘤药	85.3	82.0	93.1	100.0	100.0	95.5
心血管系统用药	69.4	102.4	101.2	98.9	101.2	73.6
化学药品制剂制造	110.2	100.0	98.8	102.3	104.7	102.6
注射液	130.0	99.3	102.6	103.5	110.2	105.5
输液	88.9	100.0	102.8	100.0	86.6	100.0
片剂	78.4	99.8	86.5	105.4	100.0	100.2
胶囊剂	114.9	111.7	92.3	101.8	109.9	101.6
颗粒剂	100.2	100.0	100.0	99.1	102.3	100.0
冻干粉针剂	101.4	97.8	100.0	101.1	100.5	100.6
中药饮片加工	171.9	100.1	100.0	179.1	95.4	100.0
植物类饮片	171.9	100.1	100.0	179.1	95.4	100.0
中成药生产	104.3	103.6	102.5	100.9	102.0	99.7
中成药丸剂	104.1	101.0	101.4	98.3	100.3	100.0
中成药颗粒剂	100.3	100.6	99.7	99.7	100.3	99.7
中成药糖浆	111.3	104.1	85.2	117.3	92.3	100.0
中成药片剂	98.9	102.4	99.4	99.5	101.8	98.1
中成药胶囊	102.6	100.0	100.0	101.5	100.5	99.5
中成药合剂	103.4	106.9	105.0	101.6	103.7	99.8
膏药	110.6	100.0	100.0	100.0	100.0	100.0

6月	7月	8月	9月	10月	11月	12月
98.6	97.0	109.6	103.9	91.0	95.9	101.8
98.0	99.9	99.6	100.5	100.0	100.1	99.9
99.9	100.2	99.8	99.1	99.7	100.6	100.2
99.9	100.2	99.8	99.1	99.7	100.6	100.2
95.7	102.0	110.0	90.5	95.2	101.3	99.2
99.9	100.4	99.9	99.8	100.0	100.2	100.0
99.9	100.4	99.9	99.8	100.0	100.2	100.0
99.9	100.4	99.9	99.8	100.0	100.2	100.0
98.6	96.5	102.0	98.8	100.8	102.4	100.3
98.5	94.0	104.1	99.8	100.7	101.4	100.4
98.8	100.0	99.3	97.5	101.0	103.9	100.2
99.4	**99.7**	**97.4**	**98.3**	**104.6**	**99.1**	**100.2**
103.5	100.1	100.1	100.0	98.8	101.6	98.5
100.4	101.7	100.0	101.3	97.9	103.5	98.9
100.0	100.0	100.0	100.0	100.0	100.0	100.0
133.2	93.9	100.5	94.4	99.3	101.0	98.3
100.0	100.0	100.0	100.0	100.0	97.0	93.8
100.6	99.0	94.4	99.5	106.4	103.9	98.0
103.0	101.2	82.7	98.1	117.8	107.6	99.1
101.4	100.0	99.2	99.2	100.0	100.0	100.0
101.1	99.2	99.9	99.6	99.1	100.3	86.7
90.3	87.7	121.2	100.6	95.0	106.3	100.4
100.0	100.0	100.0	100.0	100.0	102.4	96.5
100.0	97.9	103.5	100.9	99.7	99.7	99.7
96.8	103.3	100.0	104.9	97.7	98.7	99.4
96.8	103.3	100.0	104.9	97.7	98.7	99.4
100.6	100.2	100.7	101.2	99.8	92.2	101.4
100.0	100.0	102.4	100.3	100.0	100.0	100.4
97.8	103.5	99.5	100.5	99.2	100.3	99.7
108.8	90.4	110.6	90.5	112.6	104.6	100.0
102.7	93.1	99.6	104.1	102.0	96.8	99.9
100.8	99.7	99.5	101.2	99.5	100.3	99.9
100.5	98.8	101.8	100.6	100.6	84.6	101.3
100.0	110.6	94.9	105.4	94.9	100.0	105.4

5－9 续表9

（上月＝100）

项目名称	全年	1月	2月	3月	4月	5月
兽用药品制造	100.4	89.5	119.9	99.9	90.8	109.7
兽用疫苗	114.2	79.1	144.4	100.0	83.8	119.3
兽用药品	85.8	100.5	99.5	99.7	99.2	100.0
生物药品制品制造	99.4	98.8	100.0	99.3	102.3	99.6
生物药品制造	99.4	98.8	100.0	99.3	102.3	99.6
卫生材料及医药用品制造	97.8	109.8	100.0	94.8	94.2	105.3
卫生材料及敷料	97.8	109.8	100.0	94.8	94.2	105.3
化学纤维制造业	**90.1**	**99.3**	**99.2**	**99.3**	**100.0**	**95.9**
纤维素纤维原料及纤维制造	91.9	100.6	100.0	97.1	100.0	100.6
人造纤维(纤维素纤维)制造	91.9	100.6	100.0	97.1	100.0	100.6
合成纤维制造	89.2	98.7	98.9	100.5	100.0	93.6
锦纶纤维制造	82.9	100.4	96.4	99.0	99.6	93.0
涤纶纤维制造	101.3	100.0	100.0	100.4	99.8	100.2
氨纶纤维制造	85.3	95.6	100.8	102.3	100.7	88.1
橡胶和塑料制品业	**93.1**	**98.8**	**100.5**	**99.9**	**99.6**	**99.3**
橡胶制品业	93.2	99.5	101.0	100.2	99.9	99.5
轮胎制造	96.3	100.0	101.8	100.0	100.0	100.0
轮胎外胎	96.3	100.0	101.8	100.0	100.0	100.0
橡胶板、管、带制造	88.2	98.8	100.0	100.6	99.8	98.6
橡胶传动带	88.2	98.8	100.0	100.6	99.8	98.6
橡胶零件制造	96.3	100.0	100.0	100.0	100.0	100.0
塑料制品业	93.1	98.6	100.3	99.8	99.4	99.3
塑料薄膜制造	96.0	99.0	101.5	100.0	100.0	98.4
塑料板、管、型材制造	89.3	97.0	99.9	99.5	98.8	100.5
塑料管及附件	88.4	96.2	99.8	99.5	98.6	100.8
其他塑料板、管、型材	93.2	100.3	100.4	99.2	99.5	99.7
塑料丝、绳及编织品制造	94.9	99.9	100.1	100.0	99.1	98.4
泡沫塑料制造	89.4	100.0	100.7	100.2	99.8	98.5
塑料包装箱及容器制造	100.3	100.2	100.0	100.0	102.6	99.1
塑料零件及其他塑料制品制造	91.4	97.8	99.8	99.7	99.9	99.8
其他未列明塑料制品	91.4	97.8	99.8	99.7	99.9	99.8
非金属矿物制品业	**92.3**	**99.8**	**98.9**	**99.5**	**98.7**	**98.9**
水泥、石灰和石膏制造	78.3	98.0	98.2	100.1	98.9	98.1
水泥制造	78.3	98.0	98.2	100.1	98.9	98.1

6月	7月	8月	9月	10月	11月	12月
90.5	95.3	99.7	85.1	116.3	99.9	110.6
84.6	99.1	100.0	73.4	136.2	100.0	119.3
97.7	91.2	99.3	98.6	99.2	99.8	100.4
100.1	99.7	99.9	100.1	100.0	99.7	99.9
100.1	99.7	99.9	100.1	100.0	99.7	99.9
97.2	98.8	91.0	90.9	119.7	99.3	100.3
97.2	98.8	91.0	90.9	119.7	99.3	100.3
99.4	**100.0**	**97.2**	**100.3**	**99.8**	**99.7**	**99.5**
99.4	100.0	94.5	100.3	100.0	100.0	99.3
99.4	100.0	94.5	100.3	100.0	100.0	99.3
99.4	100.1	98.6	100.3	99.6	99.6	99.5
100.0	100.3	95.2	99.8	98.2	99.3	100.6
100.7	99.8	100.9	98.8	100.9	100.4	99.6
97.5	100.0	100.0	102.6	100.0	99.2	98.3
99.5	**98.6**	**98.5**	**99.1**	**100.0**	**99.5**	**99.7**
98.2	97.2	99.6	98.9	99.6	100.0	99.4
100.0	95.1	100.0	100.3	99.7	100.0	99.5
100.0	95.1	100.0	100.3	99.7	100.0	99.5
95.3	100.0	98.9	97.1	99.5	99.9	99.2
95.3	100.0	98.9	97.1	99.5	99.9	99.2
100.0	100.0	100.0	97.8	98.8	100.0	99.7
99.9	99.0	98.2	99.2	100.2	99.3	99.7
99.6	100.0	100.2	99.5	100.5	98.3	99.0
100.9	98.6	93.6	98.9	100.6	99.7	101.0
102.9	98.3	91.9	99.2	100.1	99.8	101.0
93.2	99.9	100.8	97.8	102.4	99.1	100.9
99.2	100.0	100.9	98.8	99.7	99.5	99.3
97.7	97.6	100.0	100.0	100.9	93.8	100.0
99.8	98.6	100.0	100.3	99.7	100.2	99.8
99.8	96.0	98.5	99.5	100.3	101.1	98.9
99.8	96.0	98.5	99.5	100.3	101.1	98.9
98.3	**98.2**	**99.0**	**99.1**	**101.8**	**99.6**	**100.2**
92.0	92.4	95.6	98.0	101.7	99.5	103.9
92.0	92.4	95.6	98.0	101.7	99.5	103.9

5－9 续表 10

（上月＝100）

项目名称	全年	1月	2月	3月	4月	5月
通用硅酸盐水泥	78.1	98.1	98.2	100.2	98.9	98.1
特性水泥	83.5	99.3	98.0	98.5	100.4	99.1
硅酸盐水泥熟料	78.5	94.4	98.7	99.1	99.5	98.8
石膏、水泥制品及类似制品制造	89.9	100.1	99.4	99.9	98.3	99.1
水泥制品制造	89.6	100.0	99.6	99.7	98.3	99.1
商品混凝土	87.7	99.4	99.4	100.1	97.8	98.2
水泥混凝土电杆	106.7	110.0	100.0	100.0	96.9	100.4
预应力混凝土桩	68.6	100.0	100.0	90.4	95.0	105.6
混凝土轨枕及铁道用混凝土制品	97.7	100.0	100.0	100.0	101.1	101.4
轻质建筑材料制造	102.3	103.5	93.6	109.0	98.9	97.6
砖瓦、石材等建筑材料制造	94.0	100.2	100.8	98.1	101.2	98.7
粘土砖瓦及建筑砌块制造	94.0	100.3	101.1	97.8	101.5	98.8
建筑砌块	92.3	100.4	101.7	97.1	102.0	99.1
砖	98.1	100.2	99.9	99.6	100.5	98.2
防水建筑材料制造	94.0	99.7	99.3	99.2	99.7	98.2
沥青和改性沥青防水卷材	94.0	99.7	99.3	99.2	99.7	98.2
玻璃制造	107.8	97.9	103.1	98.9	103.5	108.5
平板玻璃制造	118.4	95.5	108.3	95.9	109.2	118.0
特种玻璃制造	100.4	99.5	99.5	101.1	99.5	101.2
玻璃制品制造	98.7	106.0	87.7	100.8	91.0	100.9
技术玻璃制品制造	97.6	107.5	84.6	101.1	88.1	101.2
日用玻璃制品制造	101.4	100.0	100.0	100.0	101.4	100.0
玻璃包装容器制造	103.9	100.8	99.2	100.0	100.4	100.0
玻璃纤维和玻璃纤维增强塑料制品制造	98.4	102.2	98.0	98.0	96.0	99.9
玻璃纤维及制品制造	91.4	109.5	92.0	89.6	88.7	99.5
玻璃纤维布	91.4	109.5	92.0	89.6	88.7	99.5
玻璃纤维增强塑料制品制造	100.5	100.0	100.0	100.5	97.9	100.0
陶瓷制品制造	99.5	100.3	99.8	99.9	98.6	101.0
建筑陶瓷制品制造	97.4	100.0	100.3	100.0	99.5	100.0
瓷质砖	95.9	100.0	100.6	100.0	99.2	100.0
其他建筑陶瓷制品	100.0	100.0	100.0	100.0	100.0	100.0
卫生陶瓷制品制造	100.6	100.6	100.0	100.0	100.0	100.0
特种陶瓷制品制造	99.4	100.0	100.0	100.0	100.0	100.0
日用陶瓷制品制造	100.4	100.4	97.3	98.7	86.3	112.7

6月	7月	8月	9月	10月	11月	12月
91.9	92.4	95.4	97.9	101.9	99.3	104.1
93.8	94.8	98.0	99.9	99.9	99.6	101.1
92.8	92.6	97.7	98.5	97.5	105.1	102.1
98.5	101.6	97.6	96.5	100.1	100.1	98.3
98.4	101.8	97.7	96.3	100.2	100.0	98.2
99.2	102.0	96.9	96.2	99.2	100.0	98.7
100.0	100.0	100.0	94.9	100.0	105.1	100.0
94.6	91.9	100.0	96.4	88.2	98.3	104.3
95.3	103.0	100.0	97.0	106.3	99.0	95.0
101.4	97.8	96.9	105.5	97.6	100.6	100.8
99.7	98.8	99.0	98.9	99.0	98.9	100.5
99.3	98.7	98.9	99.4	99.3	98.5	100.2
98.7	98.8	98.6	99.1	99.1	97.9	99.7
100.6	98.7	99.6	100.1	99.7	100.0	101.2
102.0	98.8	99.6	96.6	98.0	100.8	102.0
102.0	98.8	99.6	96.6	98.0	100.8	102.0
95.0	97.4	104.3	101.1	98.9	97.7	102.2
88.7	94.0	110.3	101.1	99.6	96.8	103.4
100.6	100.0	99.8	101.0	98.4	98.5	101.2
109.4	88.6	99.1	104.5	115.4	97.0	102.2
112.3	85.1	98.7	105.7	120.6	96.2	102.8
100.0	100.0	100.0	100.0	100.0	100.0	100.0
101.0	100.0	100.0	102.4	100.0	100.0	100.0
100.1	101.0	100.6	101.4	101.5	98.9	101.0
100.5	105.3	103.0	106.5	99.4	94.8	104.9
100.5	105.3	103.0	106.5	99.4	94.8	104.9
100.0	100.0	100.0	100.0	102.1	100.0	100.0
100.6	98.2	101.3	98.2	101.9	100.0	99.9
100.0	99.4	100.0	97.7	100.0	100.0	100.4
100.0	99.1	100.0	96.3	100.0	100.0	100.7
100.0	100.0	100.0	100.0	100.0	100.0	100.0
100.0	100.0	100.0	100.0	100.0	100.0	100.0
100.0	99.4	100.0	96.6	103.6	100.0	100.0
106.3	84.1	115.4	97.9	107.2	100.3	98.6

5-9 续表 11

（上月=100）

项目名称	全年	1月	2月	3月	4月	5月
耐火材料制品制造	104.0	99.7	99.1	100.0	99.7	99.8
耐火陶瓷制品及其他耐火材料制造	104.0	99.7	99.1	100.0	99.7	99.8
致密定形耐火制品	109.3	99.5	101.2	100.2	99.9	99.4
其他耐火材料制品	98.7	99.8	97.0	99.7	99.6	100.2
石墨及其他非金属矿物制品制造	88.2	99.1	98.9	99.3	97.7	96.4
石墨及碳素制品制造	75.7	100.8	99.8	95.2	100.2	96.5
石墨制品	73.7	100.4	100.1	94.7	100.5	97.0
碳制品	103.8	112.1	100.0	100.0	100.0	100.0
其他石墨及碳素产品	75.3	98.9	98.0	96.1	98.2	91.7
其他非金属矿物制品制造	92.8	98.4	98.5	100.8	96.9	96.3
磨具	98.2	99.6	99.6	99.7	99.9	99.6
磨料	94.0	99.2	99.1	101.1	97.6	97.8
沥青、泥炭	74.5	97.1	93.6	101.2	86.7	77.1
其他非金属矿物制品	99.9	92.5	97.8	97.7	100.0	100.0
黑色金属冶炼和压延加工业	**96.7**	**102.3**	**102.6**	**100.8**	**98.6**	**95.1**
炼铁	99.2	101.6	103.2	97.8	98.0	98.0
生铁	99.2	101.6	103.2	97.8	98.0	98.0
炼钢	102.8	106.9	102.0	102.1	96.8	92.2
非合金钢粗钢	102.8	106.9	102.0	102.1	96.8	92.2
钢压延加工	95.9	101.6	102.4	101.1	99.1	94.9
轧制锻造钢坯	97.0	102.0	103.0	99.3	100.8	96.3
棒材	97.9	102.0	101.8	102.6	99.1	93.5
钢筋（线材）	98.6	101.0	104.5	101.6	96.7	90.3
特厚板	97.3	102.2	107.6	103.6	98.0	93.9
厚钢板	89.7	101.8	99.2	101.9	99.5	94.9
热轧薄宽钢带	98.2	100.8	101.5	104.7	96.0	89.4
冷轧窄钢带	90.2	98.2	96.3	102.6	97.0	98.6
无缝钢管	98.2	102.4	102.8	100.9	99.5	95.9
焊接钢管	89.6	100.0	102.2	100.9	95.7	96.6
其他钢材	113.8	104.7	100.0	104.9	96.5	104.2
铁合金冶炼	96.1	111.3	108.2	95.7	90.5	100.6
特种铁合金	99.0	115.5	111.1	94.5	87.6	102.4
其他铁合金	88.7	100.6	99.9	99.7	99.6	95.8
有色金属冶炼和压延加工业	**102.9**	**98.7**	**101.8**	**99.6**	**100.8**	**99.5**

6月	7月	8月	9月	10月	11月	12月
97.2	101.4	100.5	100.2	105.4	100.2	101.0
97.2	101.4	100.5	100.2	105.4	100.2	101.0
94.5	102.6	100.5	100.3	109.8	99.9	101.9
100.0	100.2	100.4	100.0	101.0	100.6	100.2
99.3	97.5	99.1	100.6	101.0	100.1	98.8
94.2	92.2	94.0	100.4	98.4	102.9	98.5
93.1	96.0	93.0	100.5	97.8	99.2	98.2
100.0	50.8	100.0	100.0	102.6	177.4	100.0
98.0	92.9	99.0	100.2	100.2	99.7	99.6
101.2	99.3	100.7	100.7	101.7	99.3	98.9
100.0	100.0	100.0	100.0	100.0	100.0	99.9
99.3	99.2	101.3	100.0	100.2	99.2	99.9
124.9	101.1	94.9	105.0	99.4	98.2	98.8
101.6	98.0	100.9	103.8	118.3	100.8	91.0
97.5	**99.9**	**100.6**	**99.3**	**99.8**	**101.5**	**99.0**
96.9	99.5	101.9	99.5	100.9	99.6	102.5
96.9	99.5	101.9	99.5	100.9	99.6	102.5
94.4	104.3	101.5	98.3	99.6	102.9	102.9
94.4	104.3	101.5	98.3	99.6	102.9	102.9
97.8	99.5	100.4	99.5	99.8	101.7	98.3
98.4	99.2	100.2	100.1	99.6	104.1	94.2
95.5	100.3	100.1	99.2	100.3	101.3	102.8
98.4	101.2	100.8	100.2	100.8	102.8	101.1
97.1	96.8	101.1	99.0	97.6	97.9	103.1
96.6	99.9	101.4	97.8	100.4	97.1	99.1
102.0	100.6	104.0	99.3	96.3	103.2	101.4
103.5	99.6	95.3	99.4	101.7	100.1	97.8
96.7	98.5	100.0	99.5	100.0	100.3	101.7
97.5	99.3	100.8	98.2	98.3	99.9	99.8
103.0	100.0	100.0	100.0	100.0	100.0	100.0
98.1	98.5	102.3	98.8	96.4	96.9	100.2
97.8	99.5	103.5	99.1	93.9	95.7	101.5
99.1	95.6	99.0	98.1	104.1	100.4	96.5
100.4	**99.8**	**100.2**	**102.5**	**100.3**	**99.8**	**99.5**

5－9 续表12

（上月＝100）

项目名称	全年	1月	2月	3月	4月	5月
常用有色金属冶炼	103.7	99.0	102.5	99.8	100.0	98.8
铜冶炼	103.4	98.8	103.8	101.8	99.8	96.1
精炼铜(电解铜)	103.4	98.8	103.8	101.8	99.8	96.1
铅锌冶炼	105.0	100.9	99.0	99.7	99.3	99.9
铅	108.2	101.6	98.4	99.9	100.1	100.3
锌	89.5	97.6	101.9	98.8	95.8	97.5
铝冶炼	103.0	97.7	104.6	98.9	100.6	99.3
氧化铝	108.3	100.1	106.4	99.6	99.9	99.9
原铝(电解铝)	99.1	96.0	103.2	98.4	101.2	98.9
镁冶炼	104.4	100.0	100.0	100.0	100.0	100.0
贵金属冶炼	115.0	101.9	100.8	100.4	102.9	102.1
金冶炼	113.3	100.9	101.0	101.7	103.5	101.3
冶炼产金	113.3	100.9	101.0	101.7	103.5	101.3
银冶炼	121.9	106.0	99.8	95.5	100.7	105.7
有色金属合金制造	100.4	100.3	99.6	101.0	100.3	99.8
常用有色金属合金	101.3	99.6	99.5	101.2	100.4	100.6
硬质合金	96.8	103.0	100.0	100.0	100.0	96.5
有色金属压延加工	97.3	96.8	102.0	99.0	100.6	98.8
铜压延加工	97.9	100.4	101.2	99.7	100.4	98.3
铝压延加工	97.1	95.9	102.3	98.8	100.6	98.5
铝材	97.1	95.9	102.3	98.8	100.6	98.5
其他有色金属压延加工	97.5	100.1	98.5	98.5	100.0	113.8
金属制品业	**96.7**	**99.9**	**100.0**	**98.6**	**99.2**	**99.9**
结构性金属制品制造	94.4	99.5	100.1	97.6	98.7	100.0
金属结构制造	92.7	99.1	100.2	96.5	99.7	99.6
钢结构	94.9	98.6	100.3	99.9	99.7	99.4
钢铁结构体部件、加工钢材	89.0	100.0	100.0	90.8	99.6	100.1
金属门窗制造	97.5	100.2	99.8	99.6	97.0	100.7
金属工具制造	100.0	100.0	100.0	100.0	100.0	100.0
切削工具制造	100.0	100.0	100.0	100.0	100.0	100.0
集装箱及金属包装容器制造	95.1	100.0	101.9	96.5	100.3	100.2
金属压力容器制造	90.2	100.0	99.3	99.8	100.6	98.0
金属包装容器及材料制造	100.0	100.0	104.5	93.5	100.0	102.4
钢铁制包装容器	100.0	100.0	104.5	93.5	100.0	102.4

6月	7月	8月	9月	10月	11月	12月
99.9	100.0	100.6	101.9	100.6	100.5	100.0
101.8	101.2	100.5	101.1	96.3	101.3	101.0
101.8	101.2	100.5	101.1	96.3	101.3	101.0
98.5	100.2	102.0	101.6	102.7	101.3	99.7
99.4	100.9	101.7	102.0	102.4	101.7	99.5
94.1	96.3	103.5	99.0	104.7	99.1	101.3
100.1	99.3	99.7	102.5	101.0	99.6	99.7
99.5	99.2	99.7	100.9	101.5	100.9	100.5
100.5	99.4	99.8	103.8	100.5	98.6	99.1
100.0	100.0	94.0	100.0	100.0	115.7	96.0
100.5	100.5	100.7	102.2	99.3	101.8	101.0
99.8	100.5	100.7	101.9	99.2	101.8	100.3
99.8	100.5	100.7	101.9	99.2	101.8	100.3
103.3	100.7	100.6	103.0	99.7	101.7	103.8
99.9	98.2	101.4	101.1	100.8	100.6	97.5
99.7	97.8	102.2	101.7	100.9	100.5	97.3
100.6	100.0	98.2	98.7	100.1	101.1	98.7
100.8	99.6	99.5	103.2	100.5	98.1	98.6
99.9	100.4	98.6	101.7	97.9	99.1	100.2
101.5	99.3	99.6	103.6	101.0	97.8	98.3
101.5	99.3	99.6	103.6	101.0	97.8	98.3
86.2	101.1	101.3	101.8	101.9	99.8	96.6
99.3	**99.7**	**99.6**	**100.5**	**100.4**	**100.0**	**99.6**
99.6	100.0	99.0	100.2	100.5	99.1	99.9
99.5	99.8	99.3	99.9	100.3	98.7	99.9
99.6	99.6	99.4	99.8	98.0	100.5	99.9
99.3	100.0	99.0	100.0	104.7	95.5	100.0
99.7	100.5	98.6	100.7	100.7	99.9	100.0
100.0	100.0	100.0	100.0	100.0	100.0	100.0
100.0	100.0	100.0	100.0	100.0	100.0	100.0
100.0	97.6	99.8	100.6	99.7	98.4	100.0
100.0	95.2	99.6	101.3	99.3	96.7	100.1
100.0	100.0	100.0	100.0	100.0	100.0	100.0
100.0	100.0	100.0	100.0	100.0	100.0	100.0

5－9　续表 13

（上月＝100）

项目名称	全年	1 月	2 月	3 月	4 月	5 月
金属丝绳及其制品制造	94.4	100.3	100.6	100.0	99.4	98.1
钢绞线	93.2	98.2	103.7	100.8	99.6	97.5
金属丝绳制品	94.5	100.5	100.3	99.9	99.4	98.2
建筑、安全用金属制品制造	102.9	100.7	100.0	100.0	100.0	100.0
建筑装饰及水暖管道零件制造	102.9	100.7	100.0	100.0	100.0	100.0
供暖用散热器（暖气片）	102.9	100.7	100.0	100.0	100.0	100.0
金属制日用品制造	105.7	100.0	100.0	100.1	100.0	100.0
金属制餐具和器皿制造	105.7	100.0	100.0	100.1	100.0	100.0
铝制厨用器皿及餐具制造业	105.7	100.0	100.0	100.1	100.0	100.0
铸造及其他金属制品制造	97.3	100.0	99.8	99.1	99.2	100.0
黑色金属铸造	96.4	100.0	99.8	98.8	99.0	100.1
铸铁件	94.3	100.0	100.5	97.4	98.1	100.0
铸钢件	98.3	100.1	99.2	100.1	99.7	100.1
锻件及粉末冶金制品制造	100.0	100.0	100.0	100.0	100.0	100.0
锻件	100.0	100.0	100.0	100.0	100.0	100.0
通用设备制造业	**100.0**	**100.5**	**100.1**	**99.4**	**99.4**	**100.3**
锅炉及原动设备制造	100.8	100.0	100.0	100.0	100.0	99.9
锅炉及辅助设备制造	103.2	100.0	101.8	100.0	100.0	99.9
工业锅炉	104.4	100.0	103.5	100.0	100.0	100.0
锅炉及辅助设备零件	101.9	100.0	100.1	100.1	100.0	99.7
内燃机及配件制造	97.0	100.0	97.0	100.0	100.0	100.0
内燃机零部件及配件	97.0	100.0	97.0	100.0	100.0	100.0
金属加工机械制造	98.0	100.0	99.9	99.9	99.9	100.1
金属切削机床制造	99.6	100.0	99.5	99.6	100.3	100.7
数控切削机床	99.6	100.0	99.5	99.6	100.3	100.7
金属成形机床制造	90.2	100.0	100.0	100.0	99.0	100.0
普通金属成形机床	90.2	100.0	100.0	100.0	99.0	100.0
其他金属加工机械制造	100.0	100.0	100.0	100.0	100.0	100.0
物料搬运设备制造	89.0	100.7	99.3	99.0	99.3	100.5
生产专用起重机制造	87.3	100.8	99.2	98.8	99.1	100.6
连续搬运设备制造	100.0	100.0	100.0	100.0	100.0	100.0
输送机械（输送机和提升机）	100.0	100.0	100.0	100.0	100.0	100.0
电梯、自动扶梯及升降机制造	100.0	100.0	100.0	100.0	100.0	100.0
电梯	100.0	100.0	100.0	100.0	100.0	100.0

6月	7月	8月	9月	10月	11月	12月
98.2	100.1	97.7	100.4	99.6	100.2	99.7
91.2	101.6	98.8	100.0	102.3	99.6	100.1
98.8	100.0	97.6	100.4	99.4	100.2	99.7
100.0	99.6	100.0	100.4	100.4	103.4	98.5
100.0	99.6	100.0	100.4	100.4	103.4	98.5
100.0	99.6	100.0	100.4	100.4	103.4	98.5
99.4	100.0	106.2	100.8	100.0	99.6	99.6
99.4	100.0	106.2	100.8	100.0	99.6	99.6
99.4	100.0	106.2	100.8	100.0	99.6	99.6
98.9	99.3	99.7	100.8	100.6	100.3	99.4
98.6	99.1	99.7	101.1	100.8	100.3	99.2
97.6	97.2	99.3	100.9	101.6	100.9	100.8
99.4	100.7	99.9	101.3	100.1	99.9	97.9
100.0	100.0	100.0	100.0	100.0	100.0	100.0
100.0	100.0	100.0	100.0	100.0	100.0	100.0
99.6	**99.7**	**99.7**	**99.5**	**100.1**	**101.5**	**100.2**
100.6	98.3	100.0	100.0	100.3	100.0	101.7
101.0	97.3	100.0	100.0	100.5	100.0	102.7
100.0	94.7	100.0	100.0	100.0	101.3	105.1
102.1	100.0	100.0	100.0	100.9	98.6	100.4
100.0	100.0	100.0	100.0	100.0	100.0	100.0
100.0	100.0	100.0	100.0	100.0	100.0	100.0
99.6	100.6	100.0	98.0	100.0	100.0	100.0
99.5	100.0	100.0	100.0	100.1	99.9	99.9
99.5	100.0	100.0	100.0	100.1	99.9	99.9
98.2	103.4	100.0	89.8	100.0	100.0	100.0
98.2	103.4	100.0	89.8	100.0	100.0	100.0
100.0	100.0	100.0	100.0	100.0	100.0	100.0
97.5	99.6	99.2	98.9	98.0	96.7	99.8
97.1	99.5	99.1	98.8	97.7	96.2	99.7
100.0	100.0	100.0	100.0	100.0	100.0	100.0
100.0	100.0	100.0	100.0	100.0	100.0	100.0
100.0	100.0	100.0	100.0	100.0	100.0	100.0
100.0	100.0	100.0	100.0	100.0	100.0	100.0

5－9 续表14

（上月＝100）

项目名称	全年	1月	2月	3月	4月	5月
泵、阀门、压缩机及类似机械制造	100.6	99.8	100.2	100.8	100.5	99.6
泵及真空设备制造	98.1	99.1	100.6	100.0	100.5	98.8
气体压缩机械制造	107.0	100.0	100.0	104.7	102.2	100.0
非制冷设备用压缩机	107.0	100.0	100.0	104.7	102.2	100.0
阀门和旋塞制造	100.4	100.4	100.0	100.0	100.0	100.0
液压动力机械及元件制造	100.0	100.0	100.0	100.0	100.0	100.0
液压元件	100.0	100.0	100.0	100.0	100.0	100.0
轴承、齿轮和传动部件制造	98.1	99.7	103.1	97.0	99.6	96.5
滚动轴承制造	96.2	99.5	105.0	95.2	99.4	94.4
齿轮及齿轮减、变速箱制造	101.4	100.0	100.0	100.0	100.0	100.0
齿轮传动轴	101.5	100.0	100.0	100.0	100.0	100.0
齿轮	100.0	100.0	100.0	100.0	100.0	100.0
烘炉、风机、包装等设备制造	101.7	100.2	99.9	100.0	100.0	100.0
风机、风扇制造	100.0	100.0	100.0	100.0	100.0	100.0
离心式通风机	100.0	100.0	100.0	100.0	100.0	100.0
气体、液体分离及纯净设备制造	100.0	100.5	100.0	100.0	100.0	100.0
气体、液体分离及纯净设备	100.2	100.0	100.0	100.0	100.0	100.0
其他气体、液体分离及纯净设备	99.7	101.6	100.0	100.0	100.0	100.0
制冷、空调设备制造	102.6	100.0	99.8	100.0	100.0	100.0
工商用制冷设备	100.0	100.0	100.0	100.0	100.0	100.0
工商用冷藏、冷冻柜及类似设备	100.0	100.0	100.0	100.0	100.0	100.0
工商用空调设备	96.4	100.0	96.2	100.0	100.0	100.0
制冷、空调设备零部件	103.4	100.0	100.0	100.0	100.0	100.0
通用零部件制造	114.3	101.7	99.7	99.9	97.8	103.0
紧固件制造	108.1	117.2	97.1	99.3	94.8	100.6
钢铁制紧固件	108.1	117.2	97.1	99.3	94.8	100.6
机械零部件加工	116.7	100.0	100.0	100.0	97.9	103.6
其他通用零部件制造	100.0	100.0	100.0	100.0	100.0	100.0
专用设备制造业	**102.8**	**100.0**	**99.9**	**99.6**	**100.3**	**100.1**
采矿、冶金、建筑专用设备制造	106.6	100.1	99.6	99.9	100.1	100.4
矿山机械制造	110.2	100.2	100.1	99.8	100.0	100.0
采掘、凿岩设备	100.0	100.7	100.4	98.8	100.0	100.1
矿物破碎机械	101.1	99.1	101.3	99.9	99.0	100.7
矿物粉磨机械	100.0	100.0	100.0	100.0	100.0	100.0

6月	7月	8月	9月	10月	11月	12月
100.6	100.0	99.3	100.4	100.0	99.6	99.8
101.8	100.1	97.8	101.3	99.4	98.5	100.2
100.0	100.0	100.0	100.0	100.0	100.0	100.0
100.0	100.0	100.0	100.0	100.0	100.0	100.0
100.0	100.0	100.0	100.0	100.6	100.3	99.0
100.0	100.0	100.0	100.0	100.0	100.0	100.0
100.0	100.0	100.0	100.0	100.0	100.0	100.0
101.4	100.4	100.0	98.3	103.1	98.6	100.6
102.3	100.7	100.0	97.2	105.1	97.8	100.1
100.0	100.0	100.0	100.0	100.0	100.0	101.4
100.0	100.0	100.0	100.0	100.0	100.0	101.5
100.0	100.0	100.0	100.0	100.0	100.0	100.0
99.9	100.0	100.0	100.0	101.5	100.4	100.1
100.0	100.0	100.0	100.0	100.0	100.0	100.0
100.0	100.0	100.0	100.0	100.0	100.0	100.0
99.6	99.9	100.0	100.0	100.0	100.0	100.0
100.0	100.2	100.0	100.0	100.0	100.0	100.0
98.9	99.2	100.0	100.0	100.0	100.0	100.0
100.0	100.0	100.0	99.9	102.3	100.5	100.1
100.0	100.0	100.0	100.0	100.0	100.0	100.0
100.0	100.0	100.0	98.6	100.0	101.4	100.0
100.0	100.0	100.0	100.1	100.0	100.0	100.0
100.0	100.0	100.0	100.0	102.7	100.6	100.1
99.9	100.0	100.0	100.2	100.1	112.0	99.9
99.5	100.0	100.0	101.6	100.6	99.5	99.4
99.5	100.0	100.0	101.6	100.6	99.5	99.4
100.0	100.0	100.0	100.0	100.0	115.0	100.0
100.0	100.0	100.0	100.0	100.0	100.0	100.0
99.7	**99.8**	**101.3**	**101.1**	**100.4**	**100.2**	**100.3**
100.1	100.0	102.4	102.2	100.7	100.5	100.5
100.1	99.8	104.1	103.5	100.8	100.8	100.7
100.0	100.0	100.0	100.0	100.0	100.0	100.0
100.5	100.9	100.3	99.5	100.0	100.2	99.7
100.0	100.0	100.0	100.0	100.0	100.0	100.0

5－9 续表15

（上月＝100）

项目名称	全年	1月	2月	3月	4月	5月
矿物筛分、洗选设备	103.8	102.6	100.0	100.8	100.0	100.0
矿山设备专用配套件及其他矿山专用设备	115.0	100.0	100.0	100.0	100.0	100.0
石油钻采专用设备制造	93.9	101.7	93.4	100.0	98.0	101.8
石油钻探、开采专用设备零件及其他石油钻采专用设备	93.9	101.7	93.4	100.0	98.0	101.8
建筑工程用机械制造	96.7	100.0	100.0	99.3	100.0	101.1
挖掘、铲土运输机械	96.3	100.0	100.0	100.0	100.0	101.5
压实机械	100.0	100.0	100.0	100.0	100.0	100.0
其他建筑工程用机械制造业	94.7	100.0	100.0	94.7	100.0	100.0
建筑材料生产专用机械制造	102.9	99.7	98.4	100.4	101.0	101.2
混凝土机械	99.1	99.1	97.8	100.0	100.6	100.4
建筑材料专用窑炉	119.8	101.3	100.0	101.9	103.0	104.7
非金属矿物混合搅拌机械	93.8	101.2	100.6	101.4	98.9	97.7
冶金专用设备制造	100.0	100.0	100.0	100.0	100.0	100.0
金属轧制设备	100.0	100.0	100.0	100.0	100.0	100.0
化工、木材、非金属加工专用设备制造	98.6	100.0	100.0	100.0	102.1	100.0
模具制造	98.6	100.0	100.0	100.0	102.1	100.0
其他模具	98.6	100.0	100.0	100.0	102.1	100.0
食品、饮料、烟草及饲料生产专用设备制造	100.1	99.8	100.2	99.7	100.0	100.0
食品、酒、饮料及茶生产专用设备制造	100.1	99.5	100.5	99.4	100.0	100.0
食品制造机械	100.1	99.5	100.5	99.4	100.0	100.0
烟草生产专用设备制造	100.0	100.0	100.0	100.0	100.0	100.0
印刷、制药、日化及日用品生产专用设备制造	93.1	100.0	100.0	100.0	100.0	100.0
印刷专用设备制造	93.1	100.0	100.0	100.0	100.0	100.0
印刷机设备	93.1	100.0	100.0	100.0	100.0	100.0
纺织、服装和皮革加工专用设备制造	101.0	100.9	97.7	101.0	101.1	98.8
纺织专用设备制造	101.0	100.9	97.7	101.0	101.1	98.8
农、林、牧、渔专用机械制造	98.7	99.3	100.6	98.0	100.8	100.2
拖拉机制造	100.8	99.7	100.1	100.0	100.0	100.0
大型拖拉机	100.2	100.0	100.2	100.0	100.0	100.0
中型拖拉机	101.6	99.3	100.0	100.0	100.0	100.0
机械化农业及园艺机具制造	98.1	98.5	101.6	96.4	102.4	100.8
播种机	100.0	100.0	104.0	96.2	100.0	104.0
农作物收获机械	100.0	100.0	100.0	100.0	100.0	100.0
其他机械化农业及园艺机具制造	95.5	96.4	100.4	94.6	106.0	98.4

6月	7月	8月	9月	10月	11月	12月
101.5	91.5	108.3	101.4	100.0	99.8	98.6
100.0	100.0	105.7	105.1	101.2	101.2	101.1
100.3	98.2	102.2	100.0	100.0	100.0	98.5
100.3	98.2	102.2	100.0	100.0	100.0	98.5
100.0	99.3	98.6	98.4	100.0	100.0	100.0
100.0	99.0	98.0	97.7	100.0	100.0	100.0
100.0	100.0	100.0	100.0	100.0	100.0	100.0
100.0	100.0	100.0	100.0	100.0	100.0	100.0
100.2	101.5	99.1	100.0	101.1	100.1	100.3
100.4	102.0	98.9	100.0	100.0	100.0	99.9
100.6	100.6	100.0	100.0	104.6	100.0	101.8
97.1	97.9	98.0	99.5	101.4	101.1	99.0
100.0	100.0	100.0	100.0	100.0	100.0	100.0
100.0	100.0	100.0	100.0	100.0	100.0	100.0
95.0	100.0	101.4	100.0	100.0	100.3	100.0
95.0	100.0	101.4	100.0	100.0	100.3	100.0
95.0	100.0	101.4	100.0	100.0	100.3	100.0
100.3	100.0	100.0	100.0	100.0	100.0	100.0
100.7	100.0	100.0	100.0	100.0	100.0	100.0
100.7	100.0	100.0	100.0	100.0	100.0	100.0
100.0	100.0	100.0	100.0	100.0	100.0	100.0
100.0	92.2	100.0	101.2	100.0	99.7	100.0
100.0	92.2	100.0	101.2	100.0	99.7	100.0
100.0	92.2	100.0	101.2	100.0	99.7	100.0
101.0	99.8	99.6	101.4	99.5	99.5	100.6
101.0	99.8	99.6	101.4	99.5	99.5	100.6
99.5	99.3	100.6	99.7	100.5	100.2	100.1
100.0	100.0	100.1	100.0	100.0	100.9	100.0
100.0	100.0	100.0	100.0	100.0	100.0	100.0
100.0	100.0	100.2	100.0	100.0	102.1	100.0
98.7	98.0	101.7	99.0	101.6	99.5	100.1
96.2	99.0	101.0	100.0	99.5	99.6	100.9
100.0	100.0	100.0	100.0	100.0	100.0	100.0
100.4	96.1	103.4	97.4	104.5	99.0	99.5

5－9 续表16

（上月＝100）

项目名称	全年	1月	2月	3月	4月	5月
畜牧机械制造	98.1	99.7	100.2	99.6	100.0	100.0
家禽畜饲养机械及其他畜牧机械制造业	98.1	99.7	100.2	99.6	100.0	100.0
农林牧渔机械配件制造	91.6	100.0	100.0	91.8	100.0	100.0
医疗仪器设备及器械制造	99.2	100.7	100.3	99.5	99.4	100.4
医疗、外科及兽医用器械制造	99.2	100.7	100.3	99.5	99.4	100.4
注射穿刺器械	100.0	100.7	100.7	99.3	98.6	101.4
手术室、急救室、诊疗室设备及器具	98.9	100.8	100.1	99.5	99.6	100.1
环保、邮政、社会公共服务及其他专用设备制造	100.1	99.8	99.9	100.3	100.1	99.3
环境保护专用设备制造	100.1	100.0	99.9	100.2	100.0	100.0
大气污染防治设备	100.1	100.0	99.9	100.2	100.0	100.0
社会公共安全设备及器材制造	100.0	96.8	99.7	102.0	101.6	87.1
灭火器及零件	100.0	96.8	99.7	102.0	101.6	87.1
水资源专用机械制造	100.0	100.0	100.0	100.0	100.0	100.0
汽车制造业	**97.8**	**99.6**	**100.2**	**99.3**	**99.8**	**99.8**
汽车整车制造	97.1	100.0	100.0	99.6	100.0	100.0
汽柴油车整车制造	99.7	100.0	100.0	98.7	100.0	100.0
运动型多用途乘用车（SUV）	101.0	100.0	100.0	95.6	100.0	100.0
大型客车	100.0	100.0	100.0	100.0	100.0	100.0
中型客车	98.6	100.0	100.0	98.6	100.0	100.0
轻型载货车	100.0	100.0	100.0	100.0	100.0	100.0
微型载货车	94.0	100.0	100.0	94.0	100.0	100.0
新能源车整车制造	87.3	100.0	100.0	103.4	100.0	100.0
新能源乘用车	87.3	100.0	100.0	103.4	100.0	100.0
汽车用发动机制造	100.6	99.7	99.8	99.7	100.6	99.5
改装汽车制造	93.0	94.9	103.3	96.4	98.1	100.1
电车制造	94.8	94.1	100.3	97.9	100.0	100.0
汽车车身、挂车制造	97.3	101.7	99.6	99.6	100.7	98.4
挂车、半挂车	97.3	101.7	99.6	99.6	100.7	98.4
汽车零部件及配件制造	99.7	100.3	99.8	99.7	99.8	99.6
车身以及零配件	99.9	102.0	100.2	99.6	98.9	100.2
底盘以及零配件	100.3	99.8	99.7	99.7	100.0	99.4
汽车电子制造	100.0	100.0	100.0	100.0	100.0	100.0
汽车通用件	94.9	100.3	99.7	100.1	99.9	98.6
铁路、船舶、航空航天和其他运输设备制造业	**92.8**	**98.4**	**100.1**	**97.0**	**99.3**	**99.0**

6月	7月	8月	9月	10月	11月	12月
99.4	98.8	100.5	100.2	100.0	99.3	100.3
99.4	98.8	100.5	100.2	100.0	99.3	100.3
100.0	100.0	99.8	99.8	100.0	100.0	100.0
100.4	99.9	99.5	99.1	99.8	99.1	100.9
100.4	99.9	99.5	99.1	99.8	99.1	100.9
99.3	100.7	98.6	100.7	100.0	100.7	99.3
100.8	99.7	99.8	98.6	99.7	98.6	101.5
99.3	101.4	99.6	100.5	100.0	100.0	100.0
100.0	100.0	100.0	100.0	100.0	100.0	100.0
100.0	100.0	100.0	100.0	100.0	100.0	100.0
86.2	132.3	92.5	108.8	100.0	100.0	100.0
86.2	132.3	92.5	108.8	100.0	100.0	100.0
100.0	100.0	100.0	100.0	100.0	100.0	100.0
97.9	**99.8**	**101.5**	**100.0**	**99.9**	**100.1**	**100.0**
94.1	100.0	103.6	100.0	100.0	100.0	100.0
99.1	100.0	102.0	100.0	100.0	100.0	100.0
94.9	100.0	111.3	100.0	100.0	100.0	100.0
100.0	100.0	100.0	100.0	100.0	100.0	100.0
100.0	100.0	100.0	100.0	100.0	100.0	100.0
100.0	100.0	100.0	100.0	100.0	100.0	100.0
100.0	100.0	100.0	100.0	100.0	100.0	100.0
75.8	100.0	111.3	100.0	100.0	100.0	100.0
75.8	100.0	111.3	100.0	100.0	100.0	100.0
100.3	101.2	99.2	100.5	100.2	100.1	99.9
99.9	99.1	101.1	98.9	99.2	101.4	100.6
103.8	97.9	101.2	100.0	99.7	100.0	100.0
99.9	100.6	100.1	100.4	99.9	100.9	95.7
99.9	100.6	100.1	100.4	99.9	100.9	95.7
100.8	99.7	99.8	100.2	100.0	99.8	100.1
100.3	98.7	99.9	99.8	101.1	99.9	99.4
101.3	100.0	100.1	100.6	99.6	99.7	100.4
100.0	100.0	100.0	100.0	100.0	100.0	100.0
100.1	99.8	97.6	98.7	100.0	100.0	100.0
100.0	**100.5**	**100.7**	**99.2**	**100.7**	**98.7**	**98.8**

5-9 续表17

（上月=100）

项目名称	全年	1月	2月	3月	4月	5月
铁路运输设备制造	78.5	94.2	100.0	88.4	97.2	100.0
铁路机车车辆配件制造	78.5	94.2	100.0	88.4	97.2	100.0
铁路机车转向架、轴、轮	73.4	92.8	100.0	85.4	96.3	100.0
其他铁路机车车辆配件	100.0	100.0	100.0	100.0	100.0	100.0
摩托车制造	98.2	100.1	100.2	100.1	99.9	98.7
摩托车整车制造	98.0	100.2	100.0	100.1	100.0	97.8
两轮摩托车	96.3	100.0	100.0	100.0	100.0	96.3
三轮摩托车	99.6	100.3	100.0	100.2	100.0	99.2
摩托车零部件及配件制造	98.6	99.9	100.4	100.0	99.9	100.0
电气机械和器材制造业	**97.5**	**99.4**	**100.5**	**100.4**	**99.2**	**99.5**
电机制造	100.4	99.6	99.9	99.8	99.8	99.9
发电机及发电机组制造	100.8	100.0	100.0	100.0	100.0	100.1
交流发电机	102.4	100.0	100.0	100.0	100.0	100.4
电机及发电机组专用零件	100.0	100.0	100.0	100.0	100.0	100.0
电动机制造	100.1	99.2	99.9	99.6	99.7	99.7
交流电动机	100.1	99.2	99.9	99.6	99.7	99.7
输配电及控制设备制造	98.2	99.4	100.2	101.8	100.3	100.7
变压器、整流器和电感器制造	100.2	99.6	101.0	100.0	100.0	100.9
变压器	100.2	99.6	101.0	100.0	100.0	100.9
配电开关控制设备制造	99.8	99.8	99.4	99.7	101.7	100.0
高压电路开关、保护电器装置	99.7	99.7	99.2	99.6	102.4	99.9
低压开关、保护控制装置	100.0	100.0	100.0	100.0	100.0	100.0
电力控制或电力分配装置	100.0	100.1	100.5	99.9	99.5	100.0
电力电子元器件制造	100.0	100.0	100.0	100.0	100.0	100.0
电力连接装置	100.0	100.0	100.0	100.0	100.0	100.0
光伏设备及元器件制造	91.9	97.3	102.7	110.5	97.6	103.2
其他输配电及控制设备制造	98.6	100.0	99.2	100.0	100.0	100.0
电线、电缆、光缆及电工器材制造	99.3	99.5	100.4	100.0	100.5	99.9
电线、电缆制造	99.3	99.5	100.5	100.0	100.5	99.9
专用电缆	99.4	99.4	100.6	100.0	100.6	100.0
其他电线、电缆	98.3	100.2	99.2	99.9	100.0	98.9
绝缘制品制造	100.0	100.0	100.0	100.0	100.0	100.0
电池制造	89.9	98.4	102.8	99.4	95.0	95.3
锂离子电池制造	78.7	96.8	103.3	100.0	92.3	92.1

6月	7月	8月	9月	10月	11月	12月
101.0	103.7	102.7	96.5	103.4	94.9	95.3
101.0	103.7	102.7	96.5	103.4	94.9	95.3
101.3	104.9	103.5	95.5	104.4	93.4	93.9
100.0	100.0	100.0	100.0	100.0	100.0	100.0
99.8	99.5	100.0	100.2	99.9	100.0	99.9
100.1	100.0	100.0	100.0	100.0	100.0	99.8
100.0	100.0	100.0	100.0	100.0	100.0	100.0
100.1	100.0	100.0	100.0	100.0	100.0	99.7
99.4	98.8	100.1	100.4	99.7	100.0	100.0
100.1	**99.5**	**100.2**	**100.2**	**99.9**	**99.2**	**99.5**
100.0	100.1	100.1	100.2	100.5	100.3	100.2
100.5	99.7	100.3	100.0	100.3	100.0	100.0
101.3	99.1	100.8	100.0	100.8	100.0	100.0
100.0	100.0	100.0	100.0	100.0	100.0	100.0
99.7	100.5	100.0	100.3	100.6	100.5	100.3
99.7	100.5	100.0	100.3	100.6	100.5	100.3
99.8	98.2	100.1	99.5	99.6	99.0	99.6
103.2	96.9	98.9	100.9	101.1	98.1	99.7
103.2	96.9	98.9	100.9	101.1	98.1	99.7
99.9	100.2	100.0	100.0	99.2	99.1	100.9
99.8	100.2	100.0	100.0	99.0	98.8	101.2
100.0	100.0	100.0	100.0	100.0	100.0	100.0
100.1	99.7	100.1	100.0	100.0	100.0	100.1
100.0	100.0	100.0	100.0	100.0	100.0	100.0
100.0	100.0	100.0	100.0	100.0	100.0	100.0
97.1	92.5	102.1	96.6	98.9	98.3	96.0
100.0	100.0	99.4	100.0	100.0	100.0	100.0
100.0	100.0	99.0	100.0	101.0	100.0	99.0
100.0	100.0	99.0	100.0	101.1	100.0	99.0
100.0	100.0	98.9	100.0	101.2	100.0	98.9
100.0	100.0	100.0	100.0	100.0	100.0	100.0
100.0	100.0	100.0	100.0	100.0	100.0	100.0
101.2	101.6	100.3	100.7	99.0	97.5	98.5
102.5	102.8	99.9	100.4	97.5	93.4	96.2

5－9 续表18

（上月＝100）

项目名称	全年	1月	2月	3月	4月	5月
铅蓄电池制造	109.5	101.3	101.9	98.4	99.5	100.4
家用电力器具制造	100.8	100.0	99.0	99.0	98.9	100.0
家用制冷电器具制造	100.0	100.0	100.0	100.0	100.0	100.0
家用空气调节器制造	101.1	100.0	98.6	98.6	98.4	100.0
房间空气调节器	101.1	100.0	98.6	98.6	98.4	100.0
非电力家用器具制造	100.6	100.0	100.0	99.8	99.8	99.9
太阳能器具制造	100.6	100.0	100.0	99.8	99.8	99.9
照明器具制造	96.3	100.0	100.0	99.4	99.8	99.1
照明灯具制造	96.3	100.0	100.0	99.4	99.8	99.1
户外照明用灯具及装置	96.3	100.0	100.0	99.4	99.8	99.1
计算机、通信和其他电子设备制造业	**86.1**	**99.4**	**99.2**	**100.0**	**96.8**	**95.8**
计算机制造	97.9	100.0	100.0	99.9	100.0	100.0
计算机零部件制造	97.9	100.0	100.0	99.9	100.0	100.0
通信设备制造	87.6	100.0	99.1	100.0	95.8	95.2
通信终端设备制造	87.6	100.0	99.1	100.0	95.8	95.2
移动通信手持机（手机）	87.6	100.0	99.1	100.0	95.8	95.2
电子器件制造	86.6	93.9	100.0	100.0	100.0	100.0
光电子器件制造	86.6	93.9	100.0	100.0	100.0	100.0
电子束光电器件	86.6	93.9	100.0	100.0	100.0	100.0
电子元件及电子专用材料制造	77.1	98.9	99.6	100.0	100.0	96.4
电阻电容电感元件制造	91.2	91.0	100.0	100.0	100.2	100.0
电容器	90.2	90.0	100.0	100.0	100.2	100.0
电阻器及电阻网络	100.0	100.0	100.0	100.0	100.0	100.0
敏感元件及传感器制造	85.2	100.0	90.7	100.5	98.9	108.2
传感器	85.2	100.0	90.7	100.5	98.9	108.2
电子专用材料制造	66.2	104.6	100.0	100.0	100.0	93.3
电子半导体材料	66.2	104.6	100.0	100.0	100.0	93.3
仪器仪表制造业	**97.5**	**101.5**	**102.5**	**100.2**	**101.9**	**103.6**
通用仪器仪表制造	97.3	101.3	103.9	100.3	102.6	104.8
工业自动控制系统装置制造	102.0	99.7	100.7	100.2	99.8	100.5
工业自动控制系统	100.0	100.0	100.0	100.0	100.0	100.0
流量仪表	103.0	99.6	101.1	100.3	99.7	100.7
电工仪器仪表制造	97.7	100.0	100.0	100.0	100.0	100.0
电磁参数测量仪器仪表	97.7	100.0	100.0	100.0	100.0	100.0

6月	7月	8月	9月	10月	11月	12月
99.2	99.7	100.8	101.2	101.5	103.6	101.7
100.1	100.0	102.0	102.0	100.0	99.9	100.0
100.2	100.0	100.0	100.0	100.0	99.7	100.0
100.0	100.0	102.9	102.8	100.0	100.0	100.0
100.0	100.0	102.9	102.8	100.0	100.0	100.0
100.0	100.3	100.2	100.4	100.2	100.2	99.8
100.0	100.3	100.2	100.4	100.2	100.2	99.8
99.6	100.9	99.2	98.6	99.4	99.5	100.7
99.6	100.9	99.2	98.6	99.4	99.5	100.7
99.6	100.9	99.2	98.6	99.4	99.5	100.7
98.0	**100.3**	**98.0**	**100.2**	**99.6**	**99.1**	**98.9**
100.0	98.2	99.8	100.0	100.0	100.0	100.0
100.0	98.2	99.8	100.0	100.0	100.0	100.0
97.3	102.4	98.7	100.7	100.0	99.0	98.9
97.3	102.4	98.7	100.7	100.0	99.0	98.9
97.3	102.4	98.7	100.7	100.0	99.0	98.9
100.0	100.0	100.0	100.0	92.2	100.0	100.0
100.0	100.0	100.0	100.0	92.2	100.0	100.0
100.0	100.0	100.0	100.0	92.2	100.0	100.0
100.2	91.1	93.0	97.2	101.5	99.0	97.8
100.0	100.0	100.0	100.0	100.0	100.0	100.0
100.0	100.0	100.0	100.0	100.0	100.0	100.0
100.0	100.0	100.0	100.0	100.0	100.0	100.0
98.5	89.8	103.4	102.2	101.1	116.5	79.4
98.5	89.8	103.4	102.2	101.1	116.5	79.4
100.4	85.2	86.5	94.2	103.1	96.1	98.2
100.4	85.2	86.5	94.2	103.1	96.1	98.2
92.3	105.8	91.6	100.2	99.8	99.1	100.1
89.7	107.9	88.6	100.2	99.6	99.9	100.3
101.5	100.0	99.5	100.0	100.0	100.0	100.0
100.0	100.0	100.0	100.0	100.0	100.0	100.0
102.3	100.0	99.3	100.0	100.0	100.0	100.0
100.0	97.7	100.0	100.0	100.0	100.0	100.0
100.0	97.7	100.0	100.0	100.0	100.0	100.0

5－9 续表19

（上月＝100）

项目名称	全年	1月	2月	3月	4月	5月
绘图、计算及测量仪器制造	95.5	102.3	105.8	100.3	104.3	107.1
量具	94.5	102.8	107.0	100.4	105.1	108.4
其他绘图、计算及测量仪器	100.0	100.0	100.0	100.0	100.0	100.0
实验分析仪器制造	92.6	98.2	100.3	100.3	97.5	101.1
专用仪器仪表制造	94.8	100.0	100.0	100.0	100.0	100.0
环境监测专用仪器仪表制造	94.8	100.0	100.0	100.0	100.0	100.0
光学仪器制造	100.2	100.0	100.0	100.0	100.0	100.0
其他光学仪器及零件、附件	100.2	100.0	100.0	100.0	100.0	100.0
衡器制造	122.0	130.5	92.1	99.3	100.6	101.2
工业用衡器	122.0	130.5	92.1	99.3	100.6	101.2
其他仪器仪表制造业	91.4	100.3	92.3	100.0	100.0	100.0
其他制造业	**91.0**	**98.7**	**97.4**	**98.7**	**98.4**	**99.4**
日用杂品制造	91.0	98.7	97.4	98.7	98.4	99.4
其他日用杂品制造	91.0	98.7	97.4	98.7	98.4	99.4
打火机及其他烟具	91.0	98.7	97.4	98.7	98.4	99.4
废弃资源综合利用业	**100.0**	**100.0**	**100.0**	**100.0**	**100.0**	**100.0**
金属废料和碎屑加工处理	100.0	100.0	100.0	100.0	100.0	100.0
熔炼用废钢	100.0	100.0	100.0	100.0	100.0	100.0
电力、热力生产和供应业	**100.6**	**101.1**	**99.2**	**100.1**	**101.6**	**99.9**
电力生产	101.4	103.6	96.8	99.4	102.7	99.8
火力发电	101.5	103.9	96.6	99.4	102.9	99.8
水力发电	100.0	100.0	100.0	100.0	100.0	100.0
其他电力生产	100.0	100.0	100.0	100.0	100.0	100.0
电力供应	100.2	99.6	100.7	100.5	101.0	99.9
热力生产和供应	100.0	100.0	100.0	100.0	100.0	100.0
燃气生产和供应业	**102.3**	**106.6**	**105.8**	**96.5**	**96.1**	**98.6**
燃气生产和供应业	102.3	106.6	105.8	96.5	96.1	98.6
天然气生产和供应业	102.3	106.6	105.8	96.5	96.1	98.6
天然气供应	102.3	106.6	105.8	96.5	96.1	98.6
水的生产和供应业	**99.9**	**100.1**	**100.3**	**99.7**	**99.9**	**99.9**
自来水生产和供应	99.7	100.0	100.4	99.5	99.9	99.9
自来水供应	99.7	100.0	100.4	99.5	99.9	99.9
污水处理及其再生利用	100.2	100.2	100.0	100.0	100.0	100.0
污水的处理及深度净化	100.2	100.2	100.0	100.0	100.0	100.0

6月	7月	8月	9月	10月	11月	12月
83.9	113.1	82.8	100.4	99.3	99.9	100.6
81.1	115.8	79.7	100.5	99.2	99.9	100.7
100.0	100.0	100.0	100.0	100.0	100.0	100.0
100.7	96.2	99.5	99.1	101.2	99.6	98.8
100.0	100.0	100.0	100.0	100.0	94.8	100.0
100.0	100.0	100.0	100.0	100.0	94.8	100.0
100.0	100.0	100.0	100.0	100.0	100.2	100.0
100.0	100.0	100.0	100.0	100.0	100.2	100.0
100.5	100.0	100.0	101.3	101.8	101.5	95.5
100.5	100.0	100.0	101.3	101.8	101.5	95.5
100.0	100.2	100.0	100.0	100.0	98.5	100.0
97.1	**95.5**	**101.7**	**102.3**	**102.9**	**100.2**	**98.6**
97.1	95.5	101.7	102.3	102.9	100.2	98.6
97.1	95.5	101.7	102.3	102.9	100.2	98.6
97.1	95.5	101.7	102.3	102.9	100.2	98.6
100.0	**100.0**	**100.0**	**100.0**	**100.0**	**100.0**	**100.0**
100.0	100.0	100.0	100.0	100.0	100.0	100.0
100.0	100.0	100.0	100.0	100.0	100.0	100.0
99.5	**99.8**	**100.3**	**100.4**	**98.9**	**99.9**	**100.0**
101.2	100.0	98.0	99.7	99.0	100.1	101.3
101.3	100.0	97.8	99.7	98.9	100.1	101.4
100.0	100.0	100.0	100.0	100.0	100.0	100.0
100.0	100.0	100.0	100.0	100.0	100.0	100.0
98.4	99.6	101.9	100.9	98.8	99.7	99.2
100.0	100.0	100.0	100.0	100.0	100.0	100.0
98.6	**99.7**	**99.8**	**98.5**	**99.6**	**99.8**	**103.0**
98.6	99.7	99.8	98.5	99.6	99.8	103.0
98.6	99.7	99.8	98.5	99.6	99.8	103.0
98.6	99.7	99.8	98.5	99.6	99.8	103.0
100.1	**100.0**	**99.8**	**100.1**	**100.0**	**100.0**	**100.1**
100.2	100.0	99.7	100.1	100.1	99.9	100.2
100.2	100.0	99.7	100.1	100.1	99.9	100.2
100.0	100.0	100.0	100.0	100.0	100.0	100.0
100.0	100.0	100.0	100.0	100.0	100.0	100.0

5－10 各月分类工业生产者购进价格同比指数(2023年)

(上年同期＝100)

项目名称	全年	1月	2月	3月	4月	5月	6月
总 指 数	**95.3**	**100.3**	**99.2**	**98.4**	**96.4**	**93.6**	**91.7**
按初级中间最终产品分							
初级产品	95.4	102.4	102.3	100.0	95.5	92.3	90.2
农产品	98.4	101.5	103.4	103.5	100.2	97.1	95.5
矿产品	93.9	104.5	102.9	99.0	93.3	89.8	87.2
废料	88.8	89.9	89.7	87.3	86.1	84.0	81.7
中间产品	95.3	99.7	98.4	97.9	96.7	94.0	92.1
九大类原材料购进价格指数							
燃料、动力类	94.3	109.8	109.5	103.7	97.0	89.9	86.6
黑色金属材料类	93.4	91.1	92.7	92.9	90.6	89.0	87.7
钢材	91.8	89.3	90.5	90.6	90.7	89.9	88.1
其它	96.2	94.4	96.6	97.0	90.3	87.4	87.1
有色金属材料及电线类	101.1	98.8	98.0	96.9	97.2	97.8	96.9
化工原料类	91.5	94.9	93.2	90.6	90.1	91.6	89.5
木材及纸浆类	96.1	97.9	96.5	96.1	95.5	95.7	94.8
建筑材料类及非金属类	87.1	92.7	92.0	90.8	90.2	87.0	86.1
其它工业原材料及半成品类	97.6	101.8	101.0	101.2	99.9	97.4	95.3
农副产品类	98.5	109.2	105.5	109.0	106.1	99.3	95.9
纺织原料类	90.9	84.3	82.9	82.2	82.5	82.9	84.3

5－10 续表

(上年同期＝100)

项目名称	7月	8月	9月	10月	11月	12月
总 指 数	**92.5**	**94.3**	**94.9**	**94.6**	**94.3**	**93.9**
按初级中间最终产品分						
初级产品	90.3	93.2	94.6	94.3	95.7	95.3
农产品	94.4	97.7	97.7	95.9	97.1	97.4
矿产品	87.3	89.9	92.5	93.2	94.8	93.9
废料	89.0	90.4	90.7	92.2	93.0	93.5
中间产品	93.1	94.5	95.0	94.7	93.9	93.5
九大类原材料购进价格指数						
燃料、动力类	85.4	90.1	92.0	91.6	90.4	89.1
黑色金属材料类	91.1	93.8	96.8	98.2	100.0	99.5
钢材	90.4	93.3	94.7	94.6	95.5	95.9
其它	92.6	94.9	100.4	104.4	108.2	105.5
有色金属材料及电线类	102.2	104.9	106.2	105.2	105.1	104.9
化工原料类	88.5	89.8	91.2	93.4	92.8	92.7
木材及纸浆类	94.5	95.4	96.3	97.5	96.8	96.4
建筑材料类及非金属类	87.0	84.1	83.0	83.1	83.6	83.9
其它工业原材料及半成品类	96.2	96.2	96.5	95.3	95.4	94.6
农副产品类	93.6	96.5	94.8	93.1	91.2	91.3
纺织原料类	91.7	97.9	100.8	101.8	102.7	103.7

5－11 各月分类工业生产者购进价格环比指数(2023年)

(上月＝100)

项目名称	全年	1月	2月	3月	4月	5月	6月
总 指 数	**93.9**	**99.4**	**99.1**	**100.2**	**99.0**	**97.8**	**98.3**
按初级中间最终产品分							
初级产品	95.3	98.7	99.7	99.9	98.2	97.3	98.7
农产品	97.4	97.7	100.3	100.6	98.8	98.8	98.8
矿产品	93.9	99.3	99.1	99.3	97.5	96.1	98.9
废料	93.5	99.3	100.3	100.0	99.9	97.5	96.4
中间产品	93.5	99.6	99.0	100.3	99.2	97.9	98.2
九大类原材料购进价格指数							
燃料、动力类	89.1	99.1	101.1	97.1	96.9	96.3	96.6
黑色金属材料类	99.5	101.2	100.9	101.5	98.7	97.2	99.3
钢材	95.9	100.3	100.2	101.0	100.2	98.4	98.0
其他	105.5	102.8	102.1	102.3	96.3	95.1	101.4
有色金属材料及电线类	104.9	100.1	100.5	100.9	100.6	100.0	99.2
化工原料类	92.7	98.2	98.6	98.8	99.7	99.5	98.5
木材及纸浆类	96.4	99.3	98.5	99.3	99.9	100.0	99.3
建筑材料类及非金属类	83.9	99.4	98.6	99.9	98.2	96.7	97.9
其他工业原材料及半成品类	94.6	100.1	99.6	100.2	99.3	97.8	97.7
农副产品类	91.3	98.1	95.5	103.7	99.0	96.2	98.7
纺织原料类	103.7	99.8	100.2	99.4	100.4	101.2	101.6

5－11 续表

(上月＝100)

项目名称	7月	8月	9月	10月	11月	12月
总 指 数	**99.4**	**100.4**	**100.6**	**100.0**	**100.0**	**99.5**
按初级中间最终产品分						
初级产品	99.3	101.1	101.2	101.0	100.9	99.4
农产品	100.6	102.5	100.6	99.3	100.8	98.7
矿产品	98.1	100.1	101.8	102.6	101.2	99.8
废料	100.9	99.2	100.6	99.7	99.4	100.3
中间产品	99.4	100.2	100.4	99.7	99.7	99.6
九大类原材料购进价格指数						
燃料、动力类	98.2	102.9	102.2	100.1	99.2	98.9
黑色金属材料类	98.1	99.5	101.7	100.6	100.1	100.9
钢材	98.7	99.8	99.9	99.1	99.7	100.5
其他	97.0	99.0	104.8	103.1	100.6	101.5
有色金属材料及电线类	100.1	100.7	101.8	99.6	100.8	100.5
化工原料类	98.5	99.7	100.7	101.0	99.8	99.6
木材及纸浆类	99.7	99.9	101.3	99.8	99.5	99.8
建筑材料类及非金属类	98.0	96.0	96.3	100.2	101.2	100.5
其他工业原材料及半成品类	100.6	99.8	100.3	99.7	99.9	99.7
农副产品类	99.5	102.6	100.1	99.3	100.2	98.4
纺织原料类	102.1	101.5	101.4	100.1	98.2	98.0

5－12 各月分类工业生产者购进价格定基指数(2023 年)

(2020 年＝100)

项目名称	全年	1 月	2 月	3 月	4 月	5 月	6 月
总 指 数	**110.3**	**114.6**	**113.6**	**113.9**	**112.7**	**110.2**	**108.4**
按初级中间最终产品分							
初级产品	119.1	123.3	122.9	122.8	120.6	117.3	115.8
农产品	106.2	106.5	106.9	107.5	106.1	104.9	103.6
矿产品	129.6	137.5	136.3	135.4	132.1	126.9	125.5
废料	108.5	112.3	112.7	112.7	112.5	109.7	105.7
中间产品	108.0	112.3	111.1	111.5	110.6	108.3	106.4
九大类原材料购进价格指数							
燃料、动力类	142.5	153.4	155.1	150.6	145.9	140.5	135.8
黑色金属材料类	110.1	112.0	113.0	114.7	113.2	110.0	109.2
钢材	109.3	111.6	111.9	113.0	113.2	111.4	109.2
其他	111.7	112.8	115.1	117.7	113.4	107.8	109.3
有色金属材料及电线类	122.8	120.1	120.7	121.8	122.6	122.6	121.6
化工原料类	107.4	112.1	110.5	109.2	108.8	108.3	106.6
木材及纸浆类	102.3	104.7	103.2	102.5	102.4	102.4	101.6
建筑材料类及非金属类	99.0	109.1	107.5	107.4	105.5	102.0	99.8
其他工业原材料及半成品类	101.4	104.9	104.4	104.6	103.9	101.6	99.3
农副产品类	97.9	102.7	98.0	101.6	100.6	96.7	95.5
纺织原料类	112.3	108.7	108.9	108.2	108.6	109.9	111.6

5－12 续表 (2020 年＝100)

项目名称	7 月	8 月	9 月	10 月	11 月	12 月
总 指 数	**107.7**	**108.2**	**108.8**	**108.8**	**108.7**	**108.2**
按初级中间最终产品分						
初级产品	115.0	116.2	117.6	118.8	119.9	119.1
农产品	104.3	106.9	107.5	106.7	107.5	106.1
矿产品	123.2	123.3	125.5	128.8	130.3	130.0
废料	106.7	105.8	106.5	106.1	105.5	105.8
中间产品	105.8	106.0	106.5	106.1	105.8	105.4
九大类原材料购进价格指数						
燃料、动力类	133.4	137.3	140.3	140.5	139.3	137.9
黑色金属材料类	107.0	106.5	108.3	108.9	109.0	110.0
钢材	107.7	107.5	107.4	106.4	106.1	106.7
其他	106.1	105.0	110.0	113.4	114.1	115.7
有色金属材料及电线类	121.8	122.6	124.7	124.2	125.2	125.9
化工原料类	104.9	104.7	105.4	106.5	106.2	105.8
木材及纸浆类	101.3	101.2	102.5	102.4	101.8	101.6
建筑材料类及非金属类	97.9	93.9	90.5	90.6	91.7	92.1
其他工业原材料及半成品类	99.9	99.7	99.9	99.6	99.5	99.2
农副产品类	95.0	97.4	97.6	96.9	97.1	95.5
纺织原料类	113.9	115.6	117.2	117.3	115.2	112.9

5－13 工业生产者购进价格完整同比指数(2023年)

(上年＝100)

项目名称	指 数	项目名称	指 数
农业	**100.9**	木材和竹材采运	102.3
谷物种植	99.5	木材采运	102.3
稻谷种植	104.7	针叶原木	100.9
小麦种植	97.1	非针叶原木	107.4
玉米种植	100.9	其他木材	100.2
其他谷物种植	105.5	林产品采集	96.9
高粱	104.4	木竹材林产品采集	101.0
大麦	101.1	非木竹材林产品采集	96.2
其他谷物	105.4	天然橡胶	95.2
豆类、油料和薯类种植	103.6	其他非木竹材林产品	100.3
豆类种植	95.9	**畜牧业**	**93.7**
大豆	93.8	牲畜饲养	90.7
其他豆类及豆秸	105.9	牛的饲养	94.7
油料种植	104.7	猪的饲养	87.5
花生	105.0	其他牲畜饲养	106.3
芝麻	104.0	家禽饲养	100.1
棉、麻、糖、烟草种植	92.7	鸡的饲养	100.1
棉花种植	89.9	其他畜牧业	100.2
麻类种植	100.0	其他未列明畜牧业产品	100.2
烟草种植	100.0	**农、林、牧、渔专业及辅助性活动**	**100.7**
蔬菜、食用菌及园艺作物种植	97.0	农业专业及辅助性活动	100.7
蔬菜种植	97.0	农产品初加工活动	100.7
坚果、含油果、香料和饮料作物种植	96.0	**煤炭开采和洗选业**	**88.3**
香料作物种植	96.3	烟煤和无烟煤开采洗选	88.3
调味香料	96.2	无烟煤开采洗选	89.8
香味料	99.1	烟煤开采洗选	87.7
茶及其他饮料作物种植	86.3	其他煤炭采选	93.1
中药材种植	110.8	**石油和天然气开采业**	**90.8**
其他农业	115.6	石油开采	90.5
林业	**99.2**	陆地石油开采	90.5

5－13　续表1

（上年＝100）

项目名称	指　数	项目名称	指　数
天然气开采	97.8	矿盐	86.0
陆地天然气开采	97.8	石棉及其他非金属矿采选	98.2
黑色金属矿采选业	**105.0**	石墨、滑石采选	89.9
铁矿采选	102.7	石墨	89.9
铁矿石成品矿	102.7	其他未列明非金属矿采选	101.7
锰矿、铬矿采选	105.0	**农副食品加工业**	**99.2**
锰矿	102.3	谷物磨制	98.7
铬矿石	112.2	稻谷加工	100.4
有色金属矿采选业	**98.8**	小麦加工	98.5
常用有色金属矿采选	97.3	玉米加工	97.7
铜矿采选	103.8	饲料加工	109.6
铅锌矿采选	90.3	其他饲料加工	109.6
铝矿采选	103.5	配合饲料	111.5
其他常用有色金属矿采选	95.5	其他未列明饲料	108.4
钛矿	95.5	植物油加工	86.2
贵金属矿采选	108.2	食用植物油加工	86.2
金矿采选	108.2	食用植物油	85.6
稀有稀土金属矿采选	99.4	其他食用植物油	89.4
钨钼矿采选	99.4	制糖业	105.8
钼矿	99.4	屠宰及肉类加工	99.7
非金属矿采选业	**90.0**	牲畜屠宰	99.2
土砂石开采	89.7	鲜、冷藏肉及冻肉	99.2
石灰石、石膏开采	94.1	禽类屠宰	110.8
石灰石	94.1	肉制品及副产品加工	80.6
粘土及其他土砂石开采	89.5	动物肠衣	100.0
粘土	101.0	其他未列明肉制品	71.2
砂石	89.4	蔬菜、菌类、水果和坚果加工	105.6
化学矿开采	105.7	蔬菜加工	110.6
磷矿石	105.7	食用菌加工	103.1
采盐	86.0	水果和坚果加工	104.1

5－13 续表2

（上年＝100）

项目名称	指　数	项目名称	指　数
其他农副食品加工	97.4	棉纺纱加工	89.5
淀粉及淀粉制品制造	97.3	已梳皮棉	88.9
豆制品制造	93.5	纱	99.4
其他未列明农副食品加工	100.0	线	92.2
食品制造业	**92.2**	棉织造加工	99.1
乳制品制造	91.7	布（棉布、棉混纺布、化纤布）	99.1
液体乳制造	91.7	毛纺织及染整精加工	98.5
乳粉制造	90.9	毛条和毛纱线加工	102.3
其他乳制品制造	103.2	毛织造加工	98.2
调味品、发酵制品制造	95.6	特种羊毛或动物细毛织物	98.2
味精制造	93.0	丝绢纺织及印染精加工	111.0
其他调味品、发酵制品制造	97.3	缫丝加工	111.0
复合调味品	105.6	**皮革、毛皮、羽毛及其制品和制鞋业**	**101.0**
发酵类制品	96.6	皮革鞣制加工	98.0
其他食品制造	91.9	成品革	98.0
食品及饲料添加剂制造	91.0	毛皮鞣制及制品加工	101.1
食品添加剂	91.6	毛皮鞣制加工	101.1
饲料添加剂	61.4	羽毛（绒）加工及制品制造	120.2
其他未列明食品制造	98.4	羽毛（绒）加工	120.2
酒、饮料和精制茶制造业	**105.8**	**木材加工和木、竹、藤、棕、草制品业**	**100.5**
酒的制造	106.8	木材加工	99.0
酒精制造	96.5	锯材加工	96.2
啤酒制造	113.8	木片加工	86.3
葡萄酒制造	96.7	单板加工	100.0
饮料制造	108.5	人造板制造	102.2
果菜汁及果菜汁饮料制造	108.5	纤维板制造	98.8
精制茶加工	99.5	其他人造板制造	104.4
精制茶	99.5	木质制品制造	100.0
纺织业	**90.9**	软木制品及其他木制品制造	100.0
棉纺织及印染精加工	90.5	**造纸和纸制品业**	**92.4**

5－13 续表3

（上年＝100）

项目名称	指数	项目名称	指数
纸浆制造	92.1	无机碱制造	92.2
木竹浆制造	88.2	烧碱	92.2
非木竹浆制造	100.9	纯碱类	94.4
造纸	92.7	其它无机碱产品	88.0
机制纸及纸板制造	92.3	无机盐制造	92.6
未涂布印刷书写用纸	92.6	非金属卤化物及硫化物	72.5
其他机制纸及纸板	91.7	金属硫化物及硫酸盐	95.2
加工纸制造	100.3	氟化物及其盐	100.0
纸制品制造	92.3	氯化物及其盐	97.7
纸和纸板容器制造	92.2	氰化物、氧氰化物及氰络合物	99.7
其他纸制品制造	100.0	碳化物及碳酸盐	90.0
其他纸制品	100.0	有机化学原料制造	89.1
石油、煤炭及其他燃料加工业	**82.6**	链烯烃	89.1
精炼石油产品制造	87.3	芳烃	99.4
原油加工及石油制品制造	87.3	烃磺化、硝化或亚硝化衍生物	97.1
汽油	97.6	无环醇及其衍生物	86.6
柴油	124.4	羧酸及其衍生物	71.9
润滑油	101.4	氨基化合物	86.4
石脑油	87.9	其他有机化学原料	89.5
液化石油气	92.1	其他基础化学原料制造	96.4
石油焦	70.8	金属氧化物	94.3
石油沥青	86.0	气体及稀有气体	89.1
煤炭加工	80.2	其他未列明基础化学原料	94.4
炼焦	80.2	肥料制造	94.3
焦炭	79.7	氮肥制造	92.6
煤焦油	82.5	磷肥制造	91.1
化学原料和化学制品制造业	**89.2**	钾肥制造	92.9
基础化学原料制造	91.0	复混肥料制造	99.8
无机酸制造	86.7	涂料、油墨、颜料及类似产品制造	100.4
硫酸	86.7	密封用填料及类似品制造	100.4

5－13 续表4

（上年＝100）

项目名称	指数	项目名称	指数
合成材料制造	86.6	调解水、电解质、酸碱平衡药	95.9
初级形态塑料及合成树脂制造	86.6	生化药(酶及辅酶)	100.0
合成纤维单(聚合)体制造	84.4	其他化学药品原料药	99.3
合成纤维单体	83.5	中成药生产	140.8
合成纤维聚合物	88.2	中成药片剂	231.0
专用化学产品制造	97.9	其他中成药	100.0
化学试剂和助剂制造	97.0	生物药品制品制造	99.9
化学试剂	101.3	生物药品制造	99.9
催化剂及载体	93.4	**化学纤维制造业**	**91.8**
其他化学试剂和助剂	101.0	纤维素纤维原料及纤维制造	89.5
专项化学用品制造	101.2	化纤浆粕制造	88.5
工业用脂肪酸	101.2	人造纤维(纤维素纤维)制造	100.0
林产化学产品制造	96.8	合成纤维制造	96.7
其他林产化学产品	96.8	锦纶纤维制造	101.3
其他专用化学产品制造	96.6	涤纶纤维制造	96.3
炸药、火工及焰火产品制造	97.2	**橡胶和塑料制品业**	**97.0**
炸药及火工产品制造	97.2	橡胶制品业	103.7
炸药	101.9	轮胎制造	98.8
火工产品	86.7	轮胎外胎	98.8
日用化学产品制造	99.4	橡胶板、管、带制造	104.5
香料、香精制造	99.4	橡胶输送带	100.0
医药制造业	**102.4**	橡胶传动带	109.1
化学药品原料药制造	99.8	塑料制品业	95.7
抗菌素(抗感染药)	103.6	塑料薄膜制造	91.4
解热镇痛药	59.2	塑料板、管、型材制造	99.8
维生素类	96.4	塑料板、片	100.7
激素类药	106.5	塑料条、棒、型材	93.0
抗肿瘤药	74.3	其他塑料板、管、型材	100.0
心血管系统用药	99.8	塑料丝、绳及编织品制造	95.0
呼吸系统用药	100.0	泡沫塑料制造	98.3

5－13 续表 5

（上年＝100）

项目名称	指　数	项目名称	指　数
塑料人造革、合成革制造	96.8	其他非金属矿物制品制造	94.9
塑料包装箱及容器制造	97.7	磨具	98.5
塑料零件及其他塑料制品制造	97.2	磨料	96.9
医疗卫生用塑料制品	99.0	沥青、泥炭	81.8
塑料粒料	91.9	其他非金属矿物制品	87.2
其他塑料零件	87.7	**黑色金属冶炼和压延加工业**	**91.5**
其他未列明塑料制品	103.9	炼铁	89.3
非金属矿物制品业	**86.1**	生铁	86.5
水泥、石灰和石膏制造	85.9	其他炼铁产品	95.7
水泥制造	79.8	炼钢	97.2
通用硅酸盐水泥	79.7	非合金钢粗钢	97.3
硅酸盐水泥熟料	81.2	低合金钢粗钢	93.3
石灰和石膏制造	90.3	钢压延加工	92.4
石灰	90.3	轧制锻造钢坯	95.2
砖瓦、石材等建筑材料制造	87.8	大型型钢	86.5
其他建筑材料制造	87.8	中小型型钢	92.6
玻璃制造	101.4	棒材	92.9
平板玻璃制造	101.4	钢筋（线材）	87.8
玻璃制品制造	99.9	厚钢板	92.4
技术玻璃制品制造	98.4	中板	93.0
光学玻璃制造	100.6	热轧薄板	92.3
玻璃包装容器制造	100.5	冷轧薄板	94.3
陶瓷制品制造	100.8	中厚宽钢带	94.6
特种陶瓷制品制造	100.8	冷轧薄宽钢带	87.7
耐火材料制品制造	101.7	热轧窄钢带	80.8
耐火陶瓷制品及其他耐火材料制造	101.7	镀层板带	93.5
其他耐火材料制品	101.7	无缝钢管	95.4
石墨及其他非金属矿物制品制造	96.3	焊接钢管	92.9
石墨及碳素制品制造	103.7	其他钢材	93.0
石墨制品	103.7	铁合金冶炼	88.3

5－13 续表 6

（上年＝100）

项目名称	指 数	项目名称	指 数
普通铁合金	87.8	金属工具制造	95.0
特种铁合金	92.4	其他金属工具制造	95.0
有色金属冶炼和压延加工业	**102.2**	集装箱及金属包装容器制造	97.2
常用有色金属冶炼	97.3	金属包装容器及材料制造	97.2
铜冶炼	101.2	钢铁制包装容器	97.1
粗铜	101.2	铝制包装容器	104.2
精炼铜（电解铜）	100.7	金属丝绳及其制品制造	97.6
铅锌冶炼	104.9	钢丝	96.0
铅	104.9	铜丝	104.4
铝冶炼	93.6	钢丝绳	97.9
氧化铝	97.6	金属丝绳制品	96.2
原铝（电解铝）	92.6	其他金属丝绳及其制品	96.8
镁冶炼	75.2	建筑、安全用金属制品制造	96.3
贵金属冶炼	115.1	建筑、家具用金属配件制造	97.8
金冶炼	115.2	锁具及配件	98.7
矿山成品金	114.8	其他建筑、家具用金属配件	97.3
冶炼产金	115.3	安全、消防用金属制品制造	94.0
银冶炼	113.9	其他安全、消防用金属制品	94.0
有色金属合金制造	114.9	金属制日用品制造	94.0
贵金属合金	114.9	其他金属制日用品制造	94.0
有色金属压延加工	98.6	铸造及其他金属制品制造	102.3
铜压延加工	99.6	黑色金属铸造	98.2
铝压延加工	95.2	铸铁件	97.1
铝材	95.2	铸钢件	100.1
其他有色金属压延加工	98.8	锻件及粉末冶金制品制造	107.0
金属制品业	**95.9**	锻件	96.9
结构性金属制品制造	89.2	冲压件、钣金件	108.9
金属结构制造	89.2	其他未列明金属制品制造	99.7
钢结构	95.1	**通用设备制造业**	**99.0**
钢铁结构体部件、加工钢材	89.0	锅炉及原动设备制造	99.9

5－13　续表7

（上年＝100）

项目名称	指　数	项目名称	指　数
内燃机及配件制造	99.9	汽车车身、挂车制造	100.0
其他内燃机	99.9	汽车车身	100.0
金属加工机械制造	100.0	汽车零部件及配件制造	95.8
机床功能部件及附件制造	100.0	车身以及零配件	95.2
泵、阀门、压缩机及类似机械制造	97.0	底盘以及零配件	99.7
气体压缩机械制造	97.1	汽车通用件	100.0
空调压缩机	96.7	**铁路、船舶、航空航天和其他运输设备制造业**	**99.4**
冰箱压缩机	99.1	铁路运输设备制造	100.0
其他气体压缩机械及零件	99.9	铁路机车车辆配件制造	100.0
阀门和旋塞制造	91.8	其他铁路机车车辆配件	100.0
液压动力机械及元件制造	100.2	摩托车制造	99.4
液压元件	100.2	摩托车零部件及配件制造	99.4
轴承、齿轮和传动部件制造	99.6	**电气机械和器材制造业**	**101.0**
滚动轴承制造	95.2	电机制造	101.8
齿轮及齿轮减、变速箱制造	98.8	发电机及发电机组制造	102.4
齿轮传动装置（齿轮箱）	98.8	交流发电机	100.0
其他传动部件制造	100.0	电机及发电机组专用零件	102.4
其他齿轮、传动和驱动部件及零件	100.0	电动机制造	101.0
烘炉、风机、包装等设备制造	99.5	交流电动机	101.1
制冷、空调设备制造	99.5	其他电机及零件	98.2
制冷、空调设备零部件	99.5	输配电及控制设备制造	100.4
通用零部件制造	94.9	变压器、整流器和电感器制造	99.1
紧固件制造	99.9	互感器	99.1
钢铁制紧固件	99.9	电容器及其配套设备制造	100.0
其他通用零部件制造	94.6	电力电容器	100.0
专用设备制造业	**101.2**	配电开关控制设备制造	100.6
环保、邮政、社会公共服务及其他专用设备制造	101.2	高压电路开关、保护电器装置	100.3
其他专用设备制造	101.2	低压开关、保护控制装置	100.0
汽车制造业	**98.0**	电力控制或电力分配装置	101.2
汽车用发动机制造	105.3	其他配电开关控制设备	100.6

5-13 续表 8

（上年=100）

项目名称	指　数	项目名称	指　数
电线、电缆、光缆及电工器材制造	99.2	执行器	99.1
电线、电缆制造	99.2	其他工业自动控制系统装置	100.0
绝缘电线	96.6	电工仪器仪表制造	99.9
其他电线、电缆	100.3	电力自动化仪表及系统	99.9
电池制造	95.8	其他电工仪器仪表	100.0
锂离子电池制造	95.7	其他通用仪器制造	100.2
其他电池制造	100.0	光学仪器制造	100.0
其他电池及类似品	100.0	其他光学仪器及零件、附件	100.0
计算机、通信和其他电子设备制造业	**91.5**	**废弃资源综合利用业**	**88.8**
通信设备制造	91.1	金属废料和碎屑加工处理	89.0
通信终端设备制造	91.1	熔炼用废钢	88.2
移动通信终端设备零件	91.1	有色金属废料与碎屑	98.0
电子器件制造	86.7	非金属废料和碎屑加工处理	86.2
集成电路制造	86.7	造纸废料、废纸	83.4
集成电路成品	105.9	其他非金属废料和碎屑	98.3
其他集成电路	80.2	**电力、热力生产和供应业**	**103.0**
电子元件及电子专用材料制造	103.3	电力供应	103.0
电阻电容电感元件制造	107.2	热力生产和供应	101.0
电子元件、组件零件	107.2	**燃气生产和供应业**	**97.8**
电子电路制造	93.0	燃气生产和供应业	97.8
挠性印制电路板	93.0	天然气生产和供应业	97.7
敏感元件及传感器制造	100.1	天然气供应	97.7
传感器	100.1	液化天然气(LNG)供应业	100.1
电子专用材料制造	86.0	煤气生产和供应业	109.0
磁性材料元件	93.5	**水的生产和供应业**	**99.9**
电子半导体材料	79.5	自来水生产和供应	100.0
仪器仪表制造业	**100.0**	自来水生产	100.0
通用仪器仪表制造	100.0	自来水供应	100.0
工业自动控制系统装置制造	99.7	其他水的处理、利用与分配	99.1

5－14　工业生产者

（上月＝100）

项目名称	全年	1月	2月	3月	4月	5月
农业	**101.6**	**100.4**	**100.5**	**100.2**	**98.5**	**99.1**
谷物种植	93.8	100.6	99.9	99.1	97.4	97.0
稻谷种植	100.9	101.1	101.6	99.7	98.3	100.1
小麦种植	93.0	100.2	100.0	98.5	96.4	95.2
玉米种植	92.8	101.4	99.1	99.8	98.2	99.1
其他谷物种植	94.7	100.9	99.9	100.4	100.0	100.0
高粱	97.7	102.2	99.3	101.0	99.8	98.6
大麦	90.5	100.0	102.6	100.0	101.2	99.2
其他谷物	92.9	100.0	100.0	100.0	100.0	101.1
豆类、油料和薯类种植	99.6	99.8	99.2	100.8	99.9	100.3
豆类种植	91.6	99.3	99.8	100.3	99.5	97.6
大豆	90.8	99.1	99.7	98.0	99.3	98.9
其他豆类及豆秸	94.8	100.0	100.0	110.0	100.0	92.9
油料种植	100.7	99.9	99.1	100.9	100.0	100.6
花生	98.2	99.9	99.4	101.0	100.2	100.9
芝麻	108.3	99.9	98.5	100.5	99.3	99.9
棉、麻、糖、烟草种植	104.4	99.6	101.3	99.6	100.5	101.9
棉花种植	107.0	99.3	102.1	99.4	100.9	103.0
麻类种植	100.0	100.0	100.0	100.0	100.0	100.0
烟草种植	100.0	100.0	100.0	100.0	100.0	100.0
蔬菜、食用菌及园艺作物种植	95.3	100.8	98.3	98.1	98.3	99.9
蔬菜种植	95.3	100.8	98.3	98.1	98.3	99.9
坚果、含油果、香料和饮料作物种植	118.7	100.7	101.1	101.7	98.8	102.6
香料作物种植	119.3	100.8	101.1	101.7	98.7	102.9
调味香料	119.3	100.8	101.1	101.8	98.7	102.9
香味料	103.2	102.8	96.9	100.0	100.0	100.0
茶及其他饮料作物种植	94.4	95.8	100.7	100.0	100.0	85.5
中药材种植	120.1	100.1	99.3	103.7	100.4	101.4
其他农业	106.2	100.0	113.9	100.6	99.5	98.1
林业	**100.2**	**99.1**	**99.8**	**98.0**	**100.9**	**101.3**
木材和竹材采运	101.2	100.1	98.9	99.0	103.8	101.4
木材采运	101.2	100.1	98.9	99.0	103.8	101.4
针叶原木	97.9	100.1	99.3	99.9	100.0	100.5
非针叶原木	101.7	100.0	99.9	99.5	110.2	97.9

购进价格完整环比指数(2023 年)

6 月	7 月	8 月	9 月	10 月	11 月	12 月
99.2	**101.1**	**101.1**	**101.3**	**99.7**	**102.4**	**98.3**
98.8	99.9	100.5	102.5	100.0	99.2	98.8
99.0	99.6	101.2	101.8	101.0	98.6	99.0
98.7	99.3	100.6	103.7	101.0	99.9	99.5
98.6	102.9	101.2	101.0	97.4	97.1	97.0
99.5	97.9	97.7	100.3	99.3	100.1	98.6
99.4	100.9	99.1	99.9	99.3	100.2	98.1
93.7	100.0	98.3	100.1	100.0	100.0	95.3
100.3	95.4	96.5	100.7	99.3	100.1	99.4
99.0	103.7	100.4	99.7	98.4	98.7	99.9
98.5	101.5	100.0	100.4	96.8	99.8	97.8
98.2	101.9	100.0	100.5	97.8	99.7	97.3
100.0	100.0	100.0	100.0	92.8	100.0	100.0
99.0	104.0	100.4	99.6	98.6	98.6	100.1
98.7	102.4	100.4	99.5	98.6	98.1	99.1
100.0	108.7	100.5	99.8	98.4	100.0	103.0
99.8	102.3	103.8	101.2	100.1	96.2	98.3
99.7	103.6	105.8	101.8	100.2	94.3	97.3
100.0	100.0	100.0	100.0	100.0	100.0	100.0
100.0	100.0	100.0	100.0	100.0	100.0	100.0
102.5	102.0	101.6	99.7	98.8	96.9	98.4
102.5	102.0	101.6	99.7	98.8	96.9	98.4
100.1	100.6	101.3	98.6	99.6	117.9	95.8
100.0	100.0	101.4	98.9	99.7	118.3	95.8
100.0	100.0	101.4	98.9	99.7	118.3	95.7
103.6	100.0	96.9	100.0	103.2	100.0	100.0
102.5	131.4	97.8	87.1	97.4	103.0	99.3
99.3	103.9	105.0	104.0	100.1	101.7	100.0
101.0	99.5	100.0	100.0	100.0	100.0	94.7
99.5	**100.6**	**100.2**	**101.5**	**101.1**	**98.5**	**99.8**
99.4	100.6	100.3	100.2	98.5	99.5	99.6
99.4	100.6	100.3	100.2	98.5	99.5	99.6
100.0	99.9	100.3	100.0	100.0	100.1	97.9
98.9	99.6	99.2	100.0	100.5	100.0	96.6

5－14 续表1

（上月＝100）

项目名称	全年	1月	2月	3月	4月	5月
其他木材	102.5	100.1	98.2	98.2	102.2	104.0
林产品采集	99.5	98.4	100.5	97.2	98.6	101.3
木竹材林产品采集	99.4	100.0	101.2	97.1	101.8	100.6
非木竹材林产品采集	99.5	98.1	100.4	97.2	98.1	101.4
天然橡胶	99.1	97.7	100.5	98.4	98.9	99.5
其他非木竹材林产品	101.2	100.0	100.0	92.5	94.6	110.0
畜牧业	**88.6**	**92.6**	**100.1**	**101.8**	**98.8**	**97.7**
牲畜饲养	87.7	91.1	98.2	100.9	97.2	99.2
牛的饲养	95.8	99.3	98.3	98.4	99.2	100.2
猪的饲养	82.0	85.4	98.1	103.0	95.5	98.4
其他牲畜饲养	98.5	100.0	100.0	97.4	102.6	100.0
家禽饲养	90.7	94.6	105.0	104.7	102.4	93.7
鸡的饲养	90.7	94.6	105.0	104.7	102.4	93.7
其他畜牧业	90.9	100.3	100.0	100.0	100.2	100.0
其他未列明畜牧业产品	90.9	100.3	100.0	100.0	100.2	100.0
农、林、牧、渔专业及辅助性活动	**104.4**	**100.0**	**100.0**	**100.0**	**100.0**	**100.0**
农业专业及辅助性活动	104.4	100.0	100.0	100.0	100.0	100.0
农产品初加工活动	104.4	100.0	100.0	100.0	100.0	100.0
煤炭开采和洗选业	**82.9**	**99.9**	**97.7**	**96.0**	**96.4**	**92.8**
烟煤和无烟煤开采洗选	82.9	99.9	97.8	96.0	96.3	92.7
无烟煤开采洗选	72.3	100.1	99.5	92.6	94.0	95.1
烟煤开采洗选	86.7	99.8	97.1	97.2	97.2	91.9
其他煤炭采选	85.4	99.4	92.9	93.5	98.0	102.6
石油和天然气开采业	**92.3**	**89.9**	**97.1**	**97.2**	**100.2**	**97.9**
石油开采	92.4	89.2	96.9	97.2	100.3	98.2
陆地石油开采	92.4	89.2	96.9	97.2	100.3	98.2
天然气开采	89.7	104.5	99.2	98.2	98.5	93.2
陆地天然气开采	89.7	104.5	99.2	98.2	98.5	93.2
黑色金属矿采选业	**119.5**	**105.6**	**104.2**	**105.4**	**94.7**	**92.4**
铁矿采选	124.3	106.8	105.2	106.8	93.6	92.9
铁矿石成品矿	124.3	106.8	105.2	106.8	93.6	92.9
锰矿、铬矿采选	99.0	100.4	99.8	98.7	100.8	90.3
锰矿	93.6	100.0	100.0	97.0	101.2	86.7
铬矿石	116.7	101.9	99.0	104.3	99.5	101.7

6月	7月	8月	9月	10月	11月	12月
99.4	101.4	100.9	100.5	96.6	98.9	102.2
99.5	100.7	100.1	102.5	103.1	97.8	100.0
94.2	106.7	96.0	105.4	111.3	87.8	99.4
100.4	99.7	100.9	102.0	101.7	99.6	100.1
98.7	98.9	100.3	103.1	101.6	100.6	101.1
107.1	102.4	102.9	98.3	102.3	96.0	96.4
97.7	**99.8**	**106.0**	**99.0**	**98.2**	**97.6**	**99.2**
99.1	100.1	105.3	99.0	98.3	98.2	100.8
100.1	99.9	98.7	100.1	100.3	101.0	100.2
98.3	100.3	110.7	98.1	96.9	96.2	101.2
100.0	98.6	100.0	100.0	100.0	100.0	100.0
93.4	98.8	109.6	99.3	97.4	95.3	97.5
93.4	98.8	109.6	99.3	97.4	95.3	97.5
100.1	100.6	100.1	98.9	100.0	99.8	90.9
100.1	100.6	100.1	98.9	100.0	99.8	90.9
100.0	**100.0**	**100.0**	**100.0**	**100.0**	**104.4**	**100.0**
100.0	100.0	100.0	100.0	100.0	104.4	100.0
100.0	100.0	100.0	100.0	100.0	104.4	100.0
92.9	**97.5**	**102.3**	**101.2**	**103.3**	**101.2**	**100.8**
92.9	97.5	102.3	101.2	103.4	101.3	100.8
91.8	94.6	101.8	101.5	98.0	99.7	100.0
93.2	98.6	102.5	101.1	105.2	101.8	101.0
97.3	97.4	102.8	99.8	99.8	99.0	102.4
104.4	**99.7**	**104.0**	**104.9**	**106.3**	**99.7**	**92.1**
104.7	100.0	104.3	105.2	106.4	99.5	91.6
104.7	100.0	104.3	105.2	106.4	99.5	91.6
98.1	93.7	97.0	98.4	102.0	103.4	103.8
98.1	93.7	97.0	98.4	102.0	103.4	103.8
105.3	**96.6**	**98.7**	**108.3**	**105.2**	**100.4**	**102.4**
106.9	95.5	98.5	109.0	106.0	99.6	102.9
106.9	95.5	98.5	109.0	106.0	99.6	102.9
97.3	102.1	99.9	104.9	101.0	105.1	99.4
95.4	101.8	100.0	105.9	100.0	107.0	100.0
102.3	102.9	99.5	102.6	103.6	100.6	97.8

5－14　续表2

（上月＝100）

项目名称	全年	1月	2月	3月	4月	5月
有色金属矿采选业	**102.7**	**99.5**	**99.6**	**101.2**	**99.0**	**100.2**
常用有色金属矿采选	101.7	99.2	99.4	101.6	98.5	99.9
铜矿采选	109.7	98.8	102.8	101.3	100.3	101.2
铅锌矿采选	95.9	99.6	96.6	102.6	97.2	98.4
铝矿采选	101.5	99.2	99.5	99.4	98.5	100.0
其他常用有色金属矿采选	90.8	96.1	100.5	103.4	96.6	104.2
钛矿	90.8	96.1	100.5	103.4	96.6	104.2
贵金属矿采选	108.4	101.2	100.6	98.8	101.8	101.8
金矿采选	108.4	101.2	100.6	98.8	101.8	101.8
稀有稀土金属矿采选	100.0	100.0	100.0	100.0	100.0	100.0
钨钼矿采选	100.0	100.0	100.0	100.0	100.0	100.0
钼矿	100.0	100.0	100.0	100.0	100.0	100.0
非金属矿采选业	**85.8**	**99.4**	**98.6**	**99.3**	**98.1**	**97.2**
土砂石开采	85.6	99.4	98.6	99.3	98.1	97.2
石灰石、石膏开采	92.2	98.3	99.4	99.5	99.7	99.6
石灰石	92.2	98.3	99.4	99.5	99.7	99.6
粘土及其他土砂石开采	85.2	99.5	98.6	99.3	98.0	97.1
粘土	103.7	100.6	98.7	99.0	101.0	99.6
砂石	85.1	99.5	98.6	99.3	98.0	97.0
化学矿开采	100.0	100.0	100.0	100.0	100.0	100.0
磷矿石	100.0	100.0	100.0	100.0	100.0	100.0
采盐	88.0	92.2	99.2	97.4	99.3	98.8
矿盐	88.0	92.2	99.2	97.4	99.3	98.8
石棉及其他非金属矿采选	100.1	100.8	100.4	100.1	100.0	99.7
石墨、滑石采选	95.6	101.4	100.0	100.5	100.0	98.9
石墨	95.6	101.4	100.0	100.5	100.0	98.9
其他未列明非金属矿采选	101.7	100.7	100.5	100.0	100.0	100.0
农副食品加工业	**84.3**	**98.7**	**89.9**	**107.5**	**99.5**	**93.1**
谷物磨制	96.1	100.4	99.6	99.0	97.9	97.3
稻谷加工	99.4	100.0	100.3	99.9	101.1	100.1
小麦加工	95.8	100.5	99.6	98.8	97.5	96.9
玉米加工	96.5	100.0	100.0	100.0	100.0	100.0
饲料加工	89.9	100.6	98.2	99.2	98.4	98.2
其他饲料加工	89.9	100.6	98.2	99.2	98.4	98.2

6月	7月	8月	9月	10月	11月	12月
99.7	**98.2**	**101.1**	**100.9**	**100.4**	**101.5**	**101.3**
99.6	98.0	101.1	100.7	100.4	101.7	101.5
98.3	99.9	102.4	102.5	100.5	99.2	102.1
100.7	95.1	100.4	100.4	100.8	102.6	101.7
100.7	101.0	100.9	96.8	99.8	106.3	99.5
95.9	98.5	94.9	100.2	97.1	102.0	101.6
95.9	98.5	94.9	100.2	97.1	102.0	101.6
100.2	99.7	100.9	102.1	100.2	100.5	100.2
100.2	99.7	100.9	102.1	100.2	100.5	100.2
100.0	100.0	100.0	100.0	100.0	100.0	100.0
100.0	100.0	100.0	100.0	100.0	100.0	100.0
100.0	100.0	100.0	100.0	100.0	100.0	100.0
100.0	**99.1**	**94.6**	**97.4**	**100.6**	**102.0**	**98.6**
100.0	99.1	94.4	97.4	100.6	102.0	98.5
101.3	95.3	99.2	99.7	100.2	99.9	100.0
101.3	95.3	99.2	99.7	100.2	99.9	100.0
99.9	99.3	94.2	97.2	100.6	102.2	98.5
99.8	107.4	95.4	100.4	101.3	99.2	101.8
99.9	99.3	94.2	97.2	100.6	102.2	98.4
100.0	100.0	100.0	100.0	100.0	100.0	100.0
100.0	100.0	100.0	100.0	100.0	100.0	100.0
94.7	96.0	100.7	102.1	105.2	103.6	98.9
94.7	96.0	100.7	102.1	105.2	103.6	98.9
99.1	100.1	99.9	99.8	100.0	100.0	100.1
96.7	100.4	99.6	100.0	99.9	100.0	98.2
96.7	100.4	99.6	100.0	99.9	100.0	98.2
100.0	100.0	100.0	99.8	100.0	100.0	100.8
98.7	**98.0**	**102.6**	**99.5**	**99.3**	**99.4**	**98.0**
100.3	98.7	100.4	101.8	101.3	99.8	99.5
100.4	96.2	100.7	100.2	100.3	99.6	100.6
100.3	99.0	100.4	102.0	101.6	99.8	99.5
100.0	100.0	99.3	101.5	98.3	100.0	97.3
98.5	98.4	100.6	102.6	99.6	97.3	97.9
98.5	98.4	100.6	102.6	99.6	97.3	97.9

5-14 续表3

（上月=100）

项目名称	全年	1月	2月	3月	4月	5月
配合饲料	96.8	100.0	100.0	100.0	100.0	100.0
其他未列明饲料	84.1	101.1	96.8	98.5	97.0	96.5
植物油加工	93.1	98.3	99.2	99.6	98.5	98.3
食用植物油加工	93.1	98.3	99.2	99.6	98.5	98.3
食用植物油	92.9	98.3	99.3	99.5	98.5	97.6
其他食用植物油	94.2	98.6	98.6	100.2	98.3	102.0
制糖业	113.3	100.1	97.7	100.5	102.9	101.5
屠宰及肉类加工	82.7	98.5	88.7	108.7	99.7	92.4
牲畜屠宰	82.2	98.7	87.3	108.6	99.4	92.2
鲜、冷藏肉及冻肉	82.2	98.7	87.3	108.6	99.4	92.2
禽类屠宰	89.8	96.2	109.3	111.0	103.4	94.6
肉制品及副产品加工	81.3	96.0	95.9	100.0	93.6	94.3
动物肠衣	100.0	100.0	100.0	100.0	100.0	100.0
其他未列明肉制品	71.3	93.9	93.5	100.0	89.7	90.4
蔬菜、菌类、水果和坚果加工	99.7	100.1	99.7	101.1	100.0	100.0
蔬菜加工	100.0	100.0	100.0	100.0	100.0	100.0
食用菌加工	98.0	100.3	99.9	100.8	99.9	100.1
水果和坚果加工	100.7	100.0	99.5	101.8	100.0	99.9
其他农副食品加工	96.3	99.6	102.7	99.8	94.4	99.2
淀粉及淀粉制品制造	95.0	99.3	106.1	99.6	89.2	100.1
豆制品制造	93.3	99.6	100.0	100.0	96.5	96.3
其他未列明农副食品加工	100.0	100.0	100.0	100.0	100.0	100.0
食品制造业	**90.2**	**97.7**	**96.1**	**99.5**	**99.0**	**99.6**
乳制品制造	87.6	98.4	93.1	99.2	98.4	99.8
液体乳制造	96.3	100.8	88.9	99.3	98.4	100.6
乳粉制造	80.2	96.5	96.1	99.1	98.3	99.1
其他乳制品制造	101.1	100.0	100.0	100.9	100.9	100.0
调味品、发酵制品制造	92.6	99.4	99.5	99.2	99.1	97.8
味精制造	91.3	98.4	99.2	98.3	100.7	97.9
其他调味品、发酵制品制造	93.5	100.0	99.7	99.8	98.1	97.7
复合调味品	95.5	100.0	96.5	100.0	101.3	100.0
发酵类制品	93.3	100.0	100.0	99.8	97.8	97.5
其他食品制造	93.5	96.2	100.0	100.0	99.9	99.7
食品及饲料添加剂制造	93.0	95.7	100.0	100.0	99.8	100.0

6月	7月	8月	9月	10月	11月	12月
100.0	96.8	100.0	100.0	100.0	100.0	100.0
97.2	100.0	101.2	104.9	99.2	94.9	95.9
98.8	99.7	100.1	102.0	99.2	100.0	99.2
98.8	99.7	100.1	102.0	99.2	100.0	99.2
98.9	99.9	99.9	102.2	99.2	100.2	99.4
98.3	98.9	101.1	101.2	99.5	99.1	98.3
104.4	101.0	104.4	100.1	100.8	99.6	99.6
98.5	97.8	102.9	99.2	99.1	99.3	97.8
99.0	97.5	103.5	99.4	99.3	99.4	97.9
99.0	97.5	103.5	99.4	99.3	99.4	97.9
92.6	101.2	95.9	97.4	95.5	98.3	95.7
98.7	97.4	102.3	97.8	104.3	99.2	100.5
100.0	100.0	100.0	100.0	100.0	100.0	100.0
97.8	95.3	104.1	96.1	107.8	98.6	101.0
100.6	99.8	100.0	102.3	99.6	98.5	98.2
100.0	100.0	100.0	100.0	100.0	100.0	100.0
99.7	100.1	100.0	100.1	100.3	100.0	96.8
101.3	99.6	100.0	104.5	99.0	97.1	98.3
100.1	100.0	100.0	100.6	100.4	99.9	99.9
100.2	100.0	101.0	101.3	100.2	99.0	99.9
100.0	100.0	98.0	100.0	101.4	101.4	100.0
100.0	100.0	100.0	100.0	100.0	100.0	100.0
96.9	**100.4**	**98.9**	**102.1**	**99.6**	**100.4**	**99.6**
97.3	100.7	98.5	101.8	99.7	101.0	99.2
97.9	101.5	101.0	106.2	101.1	102.2	99.2
96.7	100.1	96.1	98.3	98.5	100.0	99.5
100.0	100.0	105.2	100.0	100.0	100.0	94.3
97.6	99.3	100.5	101.4	100.5	98.0	100.1
95.9	98.6	101.4	103.5	101.6	95.5	100.3
98.8	99.8	100.0	100.0	99.7	99.7	100.0
100.0	97.5	100.0	100.0	100.0	100.0	100.3
98.7	100.0	100.0	100.0	99.7	99.7	100.0
96.1	100.3	99.2	102.6	99.2	100.3	100.0
95.6	99.8	99.6	103.0	99.1	100.3	100.0

5－14 续表4

（上月＝100）

项目名称	全年	1月	2月	3月	4月	5月
食品添加剂	93.3	95.7	100.0	100.1	100.0	100.0
饲料添加剂	78.5	97.6	98.1	97.7	89.4	101.8
其他未列明食品制造	97.2	100.0	100.0	100.0	100.0	97.7
酒、饮料和精制茶制造业	**95.3**	**101.0**	**102.4**	**99.9**	**99.7**	**99.9**
酒的制造	100.8	104.3	103.2	100.0	98.7	100.7
酒精制造	96.9	100.0	100.0	100.0	97.5	100.0
啤酒制造	105.1	107.3	105.1	100.0	98.8	101.1
葡萄酒制造	90.8	100.0	100.0	100.0	100.0	100.0
饮料制造	90.9	100.0	103.3	99.8	100.0	99.5
果菜汁及果菜汁饮料制造	90.9	100.0	103.3	99.8	100.0	99.5
精制茶加工	99.0	100.0	100.0	100.0	100.0	100.0
精制茶	99.0	100.0	100.0	100.0	100.0	100.0
纺织业	**103.7**	**99.8**	**100.2**	**99.4**	**100.4**	**101.2**
棉纺织及印染精加工	104.1	99.8	100.0	99.7	100.4	101.3
棉纺纱加工	104.7	99.6	100.1	99.6	100.5	101.5
已梳皮棉	105.4	99.6	100.1	99.8	100.5	101.7
纱	103.4	99.3	100.6	100.2	99.5	99.7
线	86.6	99.7	98.5	91.7	100.2	100.7
棉织造加工	99.4	100.8	99.4	100.3	99.7	99.5
布（棉布、棉混纺布、化纤布）	99.4	100.8	99.4	100.3	99.7	99.5
毛纺织及染整精加工	94.1	100.0	103.1	93.0	100.3	99.2
毛条和毛纱线加工	101.4	100.4	100.3	101.1	99.7	100.2
毛织造加工	93.4	100.0	103.3	92.2	100.3	99.1
特种羊毛或动物细毛织物	93.4	100.0	103.3	92.2	100.3	99.1
丝绢纺织及印染精加工	106.6	100.2	106.4	99.9	100.2	100.1
缫丝加工	106.6	100.2	106.4	99.9	100.2	100.1
皮革、毛皮、羽毛及其制品和制鞋业	**103.4**	**100.0**	**98.4**	**99.9**	**99.4**	**100.6**
皮革鞣制加工	96.7	100.0	99.8	99.9	99.8	100.0
成品革	96.7	100.0	99.8	99.9	99.8	100.0
毛皮鞣制及制品加工	103.7	100.0	98.4	99.9	99.3	100.6
毛皮鞣制加工	103.7	100.0	98.4	99.9	99.3	100.6
羽毛（绒）加工及制品制造	102.7	100.0	100.0	100.0	102.9	100.8
羽毛（绒）加工	102.7	100.0	100.0	100.0	102.9	100.8
木材加工和木、竹、藤、棕、草制品业	**100.8**	**99.8**	**99.9**	**99.8**	**100.0**	**100.0**

6月	7月	8月	9月	10月	11月	12月
95.6	99.8	99.6	103.1	99.1	100.4	100.0
99.0	99.8	100.2	97.9	98.1	97.6	99.5
99.4	103.5	96.6	100.0	100.0	100.0	100.0
100.4	**98.0**	**98.5**	**99.9**	**96.9**	**100.4**	**98.3**
99.5	99.7	99.4	99.8	98.5	99.6	97.7
99.4	98.7	100.0	101.3	100.0	100.0	100.0
99.4	100.0	99.1	99.5	98.9	100.0	96.3
100.0	100.0	100.0	98.7	94.7	97.2	100.0
101.0	96.7	97.2	100.0	94.5	101.0	97.7
101.0	96.7	97.2	100.0	94.5	101.0	97.7
100.0	99.0	100.0	100.0	100.0	100.0	100.0
100.0	99.0	100.0	100.0	100.0	100.0	100.0
101.6	**102.1**	**101.5**	**101.4**	**100.1**	**98.2**	**98.0**
101.5	102.2	101.7	101.1	100.1	98.5	98.0
101.7	102.6	101.9	101.3	100.0	98.2	97.7
101.8	102.6	102.1	101.4	100.0	98.1	97.6
100.2	103.9	100.3	99.8	100.6	99.9	99.4
102.0	97.6	96.6	100.1	100.6	100.1	98.3
99.7	99.2	100.2	99.8	100.5	100.2	100.1
99.7	99.2	100.2	99.8	100.5	100.2	100.1
103.8	99.9	96.4	109.0	100.0	92.0	98.4
99.5	99.2	100.0	100.8	100.0	100.2	99.9
104.3	100.0	96.1	109.8	100.0	91.2	98.2
104.3	100.0	96.1	109.8	100.0	91.2	98.2
100.1	99.9	100.1	98.8	100.1	100.1	100.6
100.1	99.9	100.1	98.8	100.1	100.1	100.6
101.3	**100.2**	**100.6**	**101.4**	**100.7**	**101.3**	**99.7**
99.8	98.2	99.4	99.8	100.0	100.0	99.8
99.8	98.2	99.4	99.8	100.0	100.0	99.8
101.4	100.2	100.8	101.4	100.7	101.3	99.7
101.4	100.2	100.8	101.4	100.7	101.3	99.7
95.8	113.6	87.6	98.8	101.5	100.8	102.7
95.8	113.6	87.6	98.8	101.5	100.8	102.7
100.8	**99.5**	**101.8**	**99.9**	**100.3**	**99.5**	**99.5**

5－14 续表5

（上月＝100）

项目名称	全年	1月	2月	3月	4月	5月
木材加工	97.9	99.7	99.8	99.6	100.0	100.0
锯材加工	93.9	98.5	100.0	100.0	100.0	100.4
木片加工	84.8	96.8	96.6	89.4	94.9	100.0
单板加工	99.1	100.0	100.0	100.0	100.2	100.0
人造板制造	104.2	100.0	100.0	100.0	100.0	99.9
纤维板制造	96.1	100.0	100.0	100.0	100.1	99.8
其他人造板制造	109.4	100.0	100.0	100.0	100.0	100.0
木质制品制造	100.0	100.0	100.0	100.0	100.0	100.0
软木制品及其他木制品制造	100.0	100.0	100.0	100.0	100.0	100.0
造纸和纸制品业	**92.7**	**98.8**	**97.5**	**98.9**	**99.4**	**99.9**
纸浆制造	81.3	101.2	96.9	98.4	97.1	87.3
木竹浆制造	75.2	101.5	95.7	98.2	96.2	82.1
非木竹浆制造	96.0	100.6	100.0	98.9	99.4	98.9
造纸	89.4	99.7	99.9	94.0	97.8	92.8
机制纸及纸板制造	88.9	99.7	99.9	93.6	97.5	92.4
未涂布印刷书写用纸	84.4	100.3	100.0	89.2	97.6	84.7
其他机制纸及纸板	93.4	99.1	99.8	98.1	97.4	99.3
加工纸制造	97.9	100.0	100.0	100.1	102.3	100.0
纸制品制造	93.0	98.7	97.4	99.2	99.5	100.4
纸和纸板容器制造	93.0	98.7	97.4	99.1	99.5	100.4
其他纸制品制造	100.0	100.0	100.0	100.0	100.0	100.0
其他纸制品	100.0	100.0	100.0	100.0	100.0	100.0
石油、煤炭及其他燃料加工业	**73.1**	**98.1**	**99.2**	**97.7**	**88.1**	**89.0**
精炼石油产品制造	84.9	97.9	98.2	103.1	93.3	95.2
原油加工及石油制品制造	84.9	97.9	98.2	103.1	93.3	95.2
汽油	105.2	99.9	101.9	100.0	94.1	99.0
柴油	95.9	99.0	99.5	99.4	99.2	98.8
润滑油	99.5	99.4	101.2	99.3	100.3	100.7
石脑油	95.0	98.3	100.0	104.1	96.4	98.3
液化石油气	91.0	97.6	103.6	104.8	98.8	93.3
石油焦	52.3	96.7	90.5	98.5	74.7	94.2
石油沥青	88.6	98.2	89.9	108.5	96.9	79.5
煤炭加工	67.9	98.2	99.6	95.3	85.7	85.8
炼焦	67.9	98.2	99.6	95.3	85.7	85.8

6月	7月	8月	9月	10月	11月	12月
100.1	99.8	100.0	99.8	100.7	98.9	99.5
100.0	98.6	100.0	100.0	100.0	96.3	100.0
101.5	99.1	103.5	112.0	97.7	94.4	99.5
100.0	100.0	99.9	99.2	100.9	99.4	99.4
101.7	99.2	104.0	100.0	100.0	100.0	99.4
100.0	97.8	99.9	100.0	100.1	100.0	98.3
102.8	100.0	106.5	100.0	100.0	100.0	100.0
100.0	100.0	100.0	100.0	100.0	100.0	100.0
100.0	100.0	100.0	100.0	100.0	100.0	100.0
98.2	**99.6**	**98.4**	**102.6**	**99.6**	**99.5**	**100.0**
96.7	99.6	100.2	99.0	101.2	102.0	100.8
95.6	99.9	101.2	99.3	101.9	101.6	100.6
98.6	99.1	98.3	98.5	100.0	102.7	101.1
100.0	99.6	100.0	101.9	100.8	103.2	99.8
100.3	99.5	100.0	102.0	100.9	103.4	99.8
101.5	99.9	100.6	103.6	101.1	107.4	99.5
99.4	99.1	99.5	100.7	100.7	100.1	100.0
94.4	101.1	100.0	100.0	100.0	100.0	100.0
98.1	99.6	98.3	102.7	99.6	99.3	100.0
98.1	99.6	98.3	102.7	99.6	99.3	100.0
100.0	100.0	100.0	100.0	100.0	100.0	100.0
100.0	100.0	100.0	100.0	100.0	100.0	100.0
96.6	**98.5**	**103.8**	**106.8**	**99.5**	**96.1**	**97.3**
100.0	99.6	99.0	101.6	102.7	95.2	98.6
100.0	99.6	99.0	101.6	102.7	95.2	98.6
99.4	101.9	100.9	107.8	104.2	96.5	100.1
99.2	98.4	101.4	102.4	100.3	99.4	98.7
99.5	99.8	98.6	100.4	101.5	99.3	99.6
98.3	100.7	100.0	99.2	105.9	93.8	100.6
95.7	97.4	97.3	104.5	103.6	95.2	99.7
106.5	98.4	98.0	103.7	97.0	93.9	89.0
117.4	103.2	98.4	101.9	94.3	103.6	101.1
94.7	97.8	106.7	109.7	97.9	96.5	96.6
94.7	97.8	106.7	109.7	97.9	96.5	96.6

5－14 续表6

（上月＝100）

项目名称	全年	1月	2月	3月	4月	5月
焦炭	68.3	99.7	100.6	94.8	85.9	89.0
煤焦油	65.4	89.1	93.1	99.3	84.4	62.9
化学原料和化学制品制造业	**93.1**	**98.5**	**98.1**	**99.7**	**99.7**	**99.3**
基础化学原料制造	91.7	99.4	99.6	100.2	98.4	98.0
无机酸制造	43.8	100.0	100.0	100.0	100.0	100.0
硫酸	43.8	100.0	100.0	100.0	100.0	100.0
无机碱制造	88.4	101.9	98.1	94.6	98.0	98.6
烧碱	87.3	102.1	95.5	90.2	97.4	99.8
纯碱类	90.6	102.0	103.8	101.9	98.5	96.2
其它无机碱产品	89.5	100.6	100.0	100.1	99.1	98.4
无机盐制造	92.0	101.0	98.4	100.8	97.4	98.2
非金属卤化物及硫化物	91.0	98.7	95.2	97.1	92.9	90.4
金属硫化物及硫酸盐	86.2	100.1	96.3	102.1	97.6	99.4
氟化物及其盐	100.0	100.0	100.0	100.0	100.0	100.0
氯化物及其盐	97.2	108.6	90.9	102.5	101.2	98.8
氰化物、氧氰化物及氰络合物	98.9	98.6	98.1	98.6	102.3	97.5
碳化物及碳酸盐	91.3	101.7	99.2	100.8	96.3	97.6
有机化学原料制造	93.4	97.6	100.8	99.9	99.3	98.3
链烯烃	99.0	108.1	109.6	99.0	97.6	94.8
芳烃	97.3	97.5	102.7	102.1	98.6	95.7
烃磺化、硝化或亚硝化衍生物	87.7	101.1	97.4	100.1	99.6	99.9
无环醇及其衍生物	101.8	99.6	99.5	99.6	99.5	100.2
羧酸及其衍生物	83.4	97.7	95.2	98.8	93.4	96.4
氨基化合物	92.9	93.9	104.7	106.9	96.9	95.3
其他有机化学原料	91.1	96.7	101.1	99.6	99.7	98.1
其他基础化学原料制造	108.6	101.2	99.9	118.1	94.8	89.3
金属氧化物	94.0	100.3	99.6	100.1	96.8	98.9
气体及稀有气体	263.0	112.6	100.0	288.4	77.1	43.4
其他未列明基础化学原料	94.4	100.1	100.0	100.4	102.2	100.7
肥料制造	96.1	99.8	100.7	101.4	95.2	93.7
氮肥制造	96.9	100.3	101.6	102.4	92.3	90.7
磷肥制造	100.5	102.5	101.1	100.1	98.9	95.0
钾肥制造	83.4	95.9	96.7	99.8	100.2	95.5
复混肥料制造	99.3	100.0	100.0	100.0	100.0	100.0

6月	7月	8月	9月	10月	11月	12月
90.5	96.4	105.7	111.0	97.3	97.4	96.8
135.8	107.1	113.2	102.9	101.2	91.3	95.8
98.2	**98.0**	**99.9**	**100.8**	**101.3**	**99.8**	**99.7**
98.2	97.7	100.4	101.2	100.9	98.1	99.4
100.0	43.8	100.0	100.0	100.0	100.0	100.0
100.0	43.8	100.0	100.0	100.0	100.0	100.0
96.1	94.4	98.7	105.1	109.2	96.9	97.2
100.6	95.2	97.5	106.2	112.9	96.2	94.8
84.8	90.9	104.6	106.4	105.3	95.4	103.1
98.8	96.5	95.1	99.0	100.3	102.8	98.5
98.3	99.7	99.5	100.1	99.0	99.7	99.8
98.0	103.6	104.6	107.8	102.8	103.9	97.2
95.7	100.9	97.4	97.5	97.9	99.8	100.8
100.0	100.0	100.0	100.0	100.0	100.0	100.0
98.8	99.4	100.6	99.9	100.0	100.0	97.3
98.7	102.2	102.9	101.9	96.4	100.6	101.5
98.8	98.8	99.5	100.5	99.1	99.2	99.5
98.5	98.7	101.7	101.0	100.5	97.2	99.7
91.9	96.9	95.2	107.6	100.2	103.6	96.3
97.3	100.7	103.2	102.8	99.5	99.5	98.1
97.8	99.5	99.0	87.9	108.3	99.8	97.7
97.7	101.2	102.2	103.3	100.3	95.5	103.3
96.8	98.5	99.4	108.4	103.1	95.1	100.2
99.1	96.1	101.5	109.1	101.7	94.8	94.0
99.1	98.0	101.9	100.1	100.1	97.5	99.1
98.1	111.3	98.1	103.7	100.4	98.8	97.5
98.1	100.4	100.4	101.0	100.6	98.6	99.2
101.8	236.5	97.0	117.9	95.5	98.6	93.5
97.5	96.9	97.1	99.7	102.6	99.0	98.4
98.8	96.6	106.5	103.3	99.2	105.0	96.6
98.3	95.9	111.2	105.1	99.9	106.7	94.6
96.9	94.2	100.3	102.2	100.7	106.8	102.4
100.1	93.4	101.7	101.2	91.7	107.0	99.8
100.0	100.0	100.0	100.0	100.0	100.0	99.3

5－14 续表7

（上月＝100）

项目名称	全年	1月	2月	3月	4月	5月
涂料、油墨、颜料及类似产品制造	100.0	100.0	100.0	100.0	100.0	100.0
密封用填料及类似品制造	100.0	100.0	100.0	100.0	100.0	100.0
合成材料制造	91.7	98.0	97.6	99.6	99.8	99.2
初级形态塑料及合成树脂制造	91.8	98.1	97.5	99.5	99.8	99.4
合成纤维单（聚合）体制造	87.8	93.0	98.4	104.1	99.8	93.6
合成纤维单体	87.7	92.3	99.0	104.6	99.8	92.4
合成纤维聚合物	88.2	96.5	96.0	101.7	99.3	99.0
专用化学产品制造	97.6	100.5	102.4	99.7	97.6	99.3
化学试剂和助剂制造	93.7	101.3	106.3	99.5	94.5	97.8
化学试剂	97.2	99.5	101.5	99.8	97.5	94.1
催化剂及载体	88.5	103.0	111.2	99.2	91.2	99.9
其他化学试剂和助剂	104.4	100.0	100.0	100.0	99.9	100.1
专项化学用品制造	100.2	100.2	100.0	100.0	100.0	100.0
工业用脂肪酸	100.2	100.2	100.0	100.0	100.0	100.0
林产化学产品制造	102.4	99.7	100.5	99.7	99.1	100.5
其他林产化学产品	102.4	99.7	100.5	99.7	99.1	100.5
其他专用化学产品制造	95.2	100.1	100.0	100.0	100.0	100.0
炸药、火工及焰火产品制造	99.1	100.0	100.3	100.0	99.6	100.0
炸药及火工产品制造	99.1	100.0	100.3	100.0	99.6	100.0
炸药	99.2	100.0	100.5	100.0	100.0	100.0
火工产品	98.8	100.0	100.0	100.0	98.8	100.0
日用化学产品制造	99.0	100.0	99.5	100.0	100.0	100.0
香料、香精制造	99.0	100.0	99.5	100.0	100.0	100.0
医药制造业	**96.2**	**100.8**	**101.0**	**98.1**	**99.5**	**99.5**
化学药品原料药制造	93.1	100.0	101.3	97.6	99.5	99.5
抗菌素（抗感染药）	90.3	99.5	102.4	98.5	100.2	99.4
解热镇痛药	51.6	100.0	100.0	52.6	88.7	99.7
维生素类	91.3	100.0	100.7	100.0	105.7	103.4
激素类药	101.3	101.3	100.0	100.0	100.0	100.0
抗肿瘤药	100.0	100.0	100.0	100.0	100.0	100.0
心血管系统用药	94.0	99.3	101.5	100.7	99.3	93.4
呼吸系统用药	100.0	100.0	100.0	100.0	100.0	100.0
调解水、电解质、酸碱平衡药	96.1	98.6	99.4	100.1	99.5	97.4
生化药（酶及辅酶）	100.0	100.0	100.0	100.0	100.0	100.0

6月	7月	8月	9月	10月	11月	12月
100.0	100.0	100.0	100.0	100.0	100.0	100.0
100.0	100.0	100.0	100.0	100.0	100.0	100.0
97.8	97.6	99.8	101.2	101.7	99.9	99.5
97.8	97.7	99.8	101.2	101.6	99.9	99.4
99.4	94.2	99.7	101.7	104.6	99.1	100.4
99.3	93.9	99.2	102.2	105.5	98.9	100.9
99.8	95.4	101.8	99.3	100.7	100.3	98.0
98.0	100.2	100.2	101.2	99.8	99.7	98.9
97.5	100.7	100.6	101.0	98.7	98.9	97.1
101.4	103.0	102.4	102.4	96.2	98.3	101.3
94.3	99.3	99.5	100.1	100.1	98.6	92.7
100.0	100.0	100.0	100.0	100.9	101.8	101.7
100.0	100.0	100.0	100.0	100.0	100.0	100.0
100.0	100.0	100.0	100.0	100.0	100.0	100.0
99.7	99.9	99.9	103.1	100.9	100.2	99.2
99.7	99.9	99.9	103.1	100.9	100.2	99.2
94.0	100.0	100.0	100.0	100.0	100.0	101.3
99.7	100.0	99.8	99.8	99.9	100.0	100.0
99.7	100.0	99.8	99.8	99.9	100.0	100.0
99.5	100.0	99.8	99.8	99.8	100.0	99.9
100.0	100.0	100.0	100.0	100.0	100.0	100.0
99.6	100.0	100.0	99.1	100.0	100.0	100.8
99.6	100.0	100.0	99.1	100.0	100.0	100.8
100.6	**103.0**	**100.0**	**99.9**	**97.4**	**97.5**	**98.8**
100.0	99.0	100.1	100.0	99.8	96.4	99.7
99.8	98.8	100.9	99.9	99.4	91.5	100.0
115.3	100.0	97.2	100.0	100.0	98.4	100.5
97.0	89.4	95.6	100.0	100.0	100.0	100.0
100.0	100.0	100.0	100.0	100.0	100.0	100.0
100.0	100.0	100.0	100.0	100.0	100.0	100.0
100.0	100.0	100.0	100.0	100.0	100.0	100.0
100.0	100.0	100.0	100.0	100.0	100.0	100.0
98.4	99.8	100.7	102.0	100.9	99.5	99.8
100.0	100.0	100.0	100.0	100.0	100.0	100.0

5－14 续表 8

（上月＝100）

项目名称	全年	1月	2月	3月	4月	5月
其他化学药品原料药	95.9	100.0	101.7	100.0	97.8	99.1
中成药生产	129.1	112.9	100.0	100.0	99.3	100.0
中成药片剂	185.5	137.8	100.0	100.0	98.2	100.0
其他中成药	100.0	100.0	100.0	100.0	100.0	100.0
生物药品制品制造	98.4	100.0	100.0	99.9	100.0	99.4
生物药品制造	98.4	100.0	100.0	99.9	100.0	99.4
化学纤维制造业	**73.4**	**89.8**	**101.4**	**83.9**	**99.5**	**102.2**
纤维素纤维原料及纤维制造	67.4	87.6	101.8	79.7	98.8	103.0
化纤浆粕制造	65.3	86.8	101.9	78.2	98.7	103.3
人造纤维（纤维素纤维）制造	99.9	100.0	100.0	100.0	100.0	99.9
合成纤维制造	99.4	99.1	99.8	100.4	101.7	99.7
锦纶纤维制造	101.6	100.0	100.0	101.6	100.0	100.0
涤纶纤维制造	99.1	99.0	99.7	100.3	101.9	99.7
橡胶和塑料制品业	**96.7**	**99.8**	**99.4**	**100.0**	**99.6**	**99.5**
橡胶制品业	101.5	100.0	100.0	100.0	100.0	99.9
轮胎制造	98.7	100.0	100.0	100.0	100.0	99.6
轮胎外胎	98.7	100.0	100.0	100.0	100.0	99.6
橡胶板、管、带制造	102.0	100.0	100.0	100.0	100.0	100.0
橡胶输送带	100.0	100.0	100.0	100.0	100.0	100.0
橡胶传动带	104.0	100.0	100.0	100.0	100.0	100.0
塑料制品业	95.8	99.7	99.3	99.9	99.5	99.4
塑料薄膜制造	92.4	99.3	98.9	100.4	98.3	99.8
塑料板、管、型材制造	98.1	99.6	99.9	100.0	99.9	99.6
塑料板、片	95.4	98.2	99.5	100.1	100.0	99.8
塑料条、棒、型材	85.5	100.0	99.7	100.0	98.9	95.0
其他塑料板、管、型材	100.0	100.0	100.0	100.0	100.0	100.0
塑料丝、绳及编织品制造	94.2	100.0	100.0	100.0	100.0	96.5
泡沫塑料制造	99.2	99.8	100.0	100.0	100.6	100.4
塑料人造革、合成革制造	95.4	97.7	100.3	98.6	100.0	100.0
塑料包装箱及容器制造	99.0	100.2	100.0	100.0	98.6	100.0
塑料零件及其他塑料制品制造	96.8	99.9	98.9	99.6	100.3	99.6
医疗卫生用塑料制品	99.2	100.0	98.2	100.0	100.0	101.1
塑料粒料	92.7	99.8	97.7	99.2	101.2	99.0
其他塑料零件	95.6	100.0	100.0	98.2	98.1	97.4

6月	7月	8月	9月	10月	11月	12月
100.0	100.0	99.7	100.0	100.0	98.7	98.9
105.3	151.6	100.0	98.3	79.7	103.7	88.8
112.8	217.1	100.0	97.4	67.6	107.0	79.4
100.0	100.0	100.0	100.0	100.0	100.0	100.0
101.4	99.4	100.0	100.0	98.4	99.5	100.5
101.4	99.4	100.0	100.0	98.4	99.5	100.5
99.2	**98.9**	**98.6**	**100.2**	**99.9**	**99.9**	**97.7**
99.4	98.4	98.0	100.0	100.0	100.0	97.2
99.3	98.2	97.8	100.0	100.0	100.0	97.0
100.0	100.1	100.0	99.9	100.0	100.0	100.0
98.7	100.4	100.5	100.9	99.6	99.6	98.9
100.0	100.0	100.0	100.0	100.0	100.0	100.0
98.5	100.5	100.6	101.0	99.6	99.6	98.8
99.0	**99.5**	**99.5**	**100.5**	**100.6**	**99.7**	**99.7**
100.0	99.9	100.0	101.8	100.0	99.9	99.9
100.0	99.5	100.0	100.5	100.0	99.5	99.6
100.0	99.5	100.0	100.5	100.0	99.5	99.6
100.0	100.0	100.0	102.0	100.0	100.0	100.0
100.0	100.0	100.0	100.0	100.0	100.0	100.0
100.0	100.0	100.0	104.0	100.0	100.0	100.0
98.8	99.4	99.4	100.3	100.8	99.6	99.6
97.0	96.7	99.9	101.3	102.3	98.9	99.3
99.9	99.9	100.0	99.4	99.9	99.9	99.9
99.7	99.4	99.8	100.0	99.6	99.6	99.6
99.9	100.1	100.1	91.2	99.9	99.9	100.2
100.0	100.0	100.0	100.0	100.0	100.0	100.0
100.0	102.4	95.3	100.0	100.0	100.0	100.0
99.4	99.4	100.0	100.3	100.2	99.4	99.6
100.0	100.0	98.7	99.5	100.3	100.0	100.0
100.0	100.5	99.9	99.8	100.0	99.8	100.2
98.9	99.6	100.1	100.1	100.5	99.8	99.5
100.0	100.0	100.0	100.0	100.0	100.0	100.0
97.7	98.9	99.8	99.7	101.3	99.5	98.6
96.7	100.7	101.9	102.5	100.8	100.0	99.4

5－14 续表9

（上月＝100）

项目名称	全年	1月	2月	3月	4月	5月
其他未列明塑料制品	100.0	100.0	100.0	100.0	100.0	100.0
非金属矿物制品业	**83.3**	**99.3**	**98.6**	**100.1**	**98.3**	**96.5**
水泥、石灰和石膏制造	83.0	99.3	98.5	100.1	98.2	96.4
水泥制造	78.2	98.2	96.9	101.8	99.2	96.2
通用硅酸盐水泥	78.2	98.2	96.9	101.8	99.2	96.1
硅酸盐水泥熟料	77.6	100.1	97.3	99.4	101.9	98.9
石灰和石膏制造	86.5	100.1	99.7	98.9	97.5	96.6
石灰	86.5	100.1	99.7	98.9	97.5	96.6
砖瓦、石材等建筑材料制造	78.2	99.6	99.7	106.2	101.7	98.4
其他建筑材料制造	78.2	99.6	99.7	106.2	101.7	98.4
玻璃制造	102.1	100.1	101.6	98.6	100.6	100.0
平板玻璃制造	102.1	100.1	101.6	98.6	100.6	100.0
玻璃制品制造	98.6	100.8	98.4	98.9	100.2	99.7
技术玻璃制品制造	96.2	97.6	100.0	100.0	101.2	92.5
光学玻璃制造	99.2	103.0	97.2	97.9	99.6	102.8
玻璃包装容器制造	100.8	99.2	100.0	100.4	100.1	101.8
陶瓷制品制造	100.8	100.0	101.1	98.4	100.0	99.7
特种陶瓷制品制造	100.8	100.0	101.1	98.4	100.0	99.7
耐火材料制品制造	97.0	99.6	98.8	100.3	100.0	98.8
耐火陶瓷制品及其他耐火材料制造	97.0	99.6	98.8	100.3	100.0	98.8
其他耐火材料制品	97.0	99.6	98.8	100.3	100.0	98.8
石墨及其他非金属矿物制品制造	96.2	99.7	100.2	100.3	99.7	97.7
石墨及碳素制品制造	93.5	99.3	99.7	100.1	100.3	101.5
石墨制品	93.5	99.3	99.7	100.1	100.3	101.5
其他非金属矿物制品制造	96.8	99.8	100.2	100.3	99.6	97.0
磨具	100.9	100.0	101.1	100.0	99.6	99.3
磨料	98.5	100.6	100.5	101.1	100.2	98.2
沥青、泥炭	70.5	91.7	100.0	95.1	91.1	77.1
其他非金属矿物制品	103.4	100.8	98.2	99.5	101.2	100.0
黑色金属冶炼和压延加工业	**95.3**	**100.3**	**100.3**	**100.1**	**99.5**	**98.0**
炼铁	96.1	101.0	100.6	100.1	97.2	97.0
生铁	93.5	100.6	100.9	100.9	98.8	96.6
其他炼铁产品	101.6	101.8	100.1	98.7	93.8	98.1
炼钢	105.3	100.8	96.9	102.4	100.4	99.4

6月	7月	8月	9月	10月	11月	12月
100.0	100.0	100.0	100.0	100.0	100.0	100.0
97.1	**97.7**	**96.4**	**96.0**	**100.0**	**100.9**	**101.2**
97.1	97.6	96.4	95.9	100.0	100.9	101.2
97.4	97.3	95.5	90.2	97.5	103.3	102.8
97.6	97.4	95.5	90.1	97.5	103.2	102.8
88.7	87.0	94.7	99.8	102.0	104.3	102.7
96.8	97.9	97.0	100.0	101.6	99.4	100.1
96.8	97.9	97.0	100.0	101.6	99.4	100.1
96.1	92.2	92.1	101.6	101.3	92.2	95.7
96.1	92.2	92.1	101.6	101.3	92.2	95.7
100.7	95.9	100.0	100.0	104.0	99.7	100.8
100.7	95.9	100.0	100.0	104.0	99.7	100.8
100.8	100.9	99.7	97.6	98.4	102.0	101.2
102.1	101.6	98.8	101.4	100.0	100.0	101.2
100.1	100.8	99.8	95.8	98.1	102.9	101.6
101.3	100.0	101.2	97.6	96.7	102.5	100.0
100.9	99.7	100.0	100.0	100.0	100.0	101.0
100.9	99.7	100.0	100.0	100.0	100.0	101.0
101.0	99.2	98.8	100.4	99.7	100.3	100.0
101.0	99.2	98.8	100.4	99.7	100.3	100.0
101.0	99.2	98.8	100.4	99.7	100.3	100.0
98.3	100.1	99.8	100.5	99.6	100.6	99.8
100.9	100.5	101.5	100.5	89.9	100.5	99.2
100.9	100.5	101.5	100.5	89.9	100.5	99.2
97.7	100.0	99.4	100.5	101.8	100.6	99.9
97.3	100.0	100.0	100.0	100.0	100.0	103.8
97.8	99.6	99.1	99.7	101.8	100.4	99.5
92.4	110.1	101.9	109.3	101.6	100.4	99.5
100.2	98.1	99.9	100.9	103.1	102.1	99.6
98.5	**98.5**	**99.7**	**100.3**	**99.7**	**100.0**	**100.6**
97.7	97.1	99.2	101.8	101.3	101.4	101.8
94.5	95.8	101.4	100.6	100.9	100.3	102.3
104.5	99.6	94.8	104.4	102.2	103.4	100.9
99.5	101.2	100.0	105.1	100.4	99.4	100.0

5-14 续表10

（上月=100）

项目名称	全年	1月	2月	3月	4月	5月
非合金钢粗钢	105.4	100.8	96.8	102.5	100.4	99.6
低合金钢粗钢	100.5	100.0	98.2	100.0	100.0	93.4
钢压延加工	95.7	100.2	100.4	100.4	100.1	98.0
轧制锻造钢坯	96.3	99.0	100.8	100.5	100.7	98.0
大型型钢	90.7	100.6	99.2	100.3	99.5	96.4
中小型型钢	93.1	100.4	99.2	100.4	98.8	97.6
棒材	99.9	99.8	99.9	101.7	100.9	97.8
钢筋(线材)	99.2	100.1	102.0	101.7	99.4	95.4
厚钢板	97.3	100.9	100.6	101.7	100.0	99.5
中板	97.3	100.3	100.5	99.9	100.3	99.2
热轧薄板	103.1	103.1	101.1	95.8	100.9	101.2
冷轧薄板	93.0	101.2	97.9	99.8	97.2	99.7
中厚宽钢带	98.0	100.6	105.8	97.6	103.6	100.0
冷轧薄宽钢带	96.2	99.5	100.9	99.0	98.6	99.1
热轧窄钢带	91.9	100.0	102.8	100.0	100.0	89.4
镀层板带	100.6	99.1	100.5	102.1	101.3	98.2
无缝钢管	97.5	100.2	100.0	99.4	99.6	99.6
焊接钢管	100.3	100.1	98.0	99.9	104.1	99.3
其他钢材	89.3	100.6	99.8	99.7	101.0	97.8
铁合金冶炼	88.2	98.9	99.3	97.5	99.3	99.0
普通铁合金	87.5	99.6	99.2	97.0	99.3	98.9
特种铁合金	94.2	93.4	100.0	102.2	100.0	99.7
有色金属冶炼和压延加工业	**105.9**	**100.3**	**100.9**	**100.8**	**101.4**	**100.0**
常用有色金属冶炼	101.8	99.3	101.1	100.0	100.4	99.2
铜冶炼	106.4	101.1	103.0	100.4	100.4	98.6
粗铜	107.1	101.6	102.8	100.5	100.4	98.6
精炼铜(电解铜)	102.8	98.7	104.6	99.9	100.2	98.5
铅锌冶炼	105.1	100.5	98.1	100.0	100.3	100.4
铅	105.1	100.5	98.1	100.0	100.3	100.4
铝冶炼	97.7	97.7	99.7	99.6	100.5	99.7
氧化铝	101.1	100.8	100.7	100.0	99.8	99.8
原铝(电解铝)	96.7	96.8	99.4	99.5	100.6	99.7
镁冶炼	89.6	99.0	100.0	97.4	104.8	99.2
贵金属冶炼	117.6	102.3	99.9	104.0	104.0	101.3

6月	7月	8月	9月	10月	11月	12月
99.5	101.1	100.0	105.1	100.4	99.4	100.0
100.0	104.7	100.0	105.6	100.0	99.2	100.0
98.6	98.9	99.8	99.7	99.2	99.7	100.6
99.2	98.4	99.9	99.5	99.7	100.1	100.3
99.4	99.9	97.8	98.6	99.2	98.8	100.4
99.7	98.9	99.9	99.1	99.8	99.6	99.5
97.7	99.8	100.0	99.9	99.4	100.8	102.4
96.6	99.7	99.7	99.9	100.5	101.3	103.3
98.3	97.1	99.5	100.4	98.0	99.3	102.1
98.4	99.5	100.1	99.6	99.6	99.1	100.8
98.7	101.6	98.6	99.7	99.9	103.7	99.1
100.3	99.2	98.9	100.5	100.2	98.0	99.9
99.6	92.7	99.7	98.2	100.5	102.3	98.1
96.8	104.6	100.1	102.0	98.8	97.5	99.5
100.0	100.0	100.0	100.0	95.0	100.0	105.3
99.2	99.3	99.0	100.1	101.1	100.7	100.3
98.3	99.9	99.8	99.9	100.0	99.7	101.1
99.7	99.9	99.5	99.6	99.9	100.7	99.7
96.5	98.4	100.8	99.3	98.8	100.0	96.0
98.4	98.3	99.4	100.4	99.9	99.4	97.7
98.2	98.1	99.3	100.4	99.8	99.5	97.4
100.0	100.0	100.3	100.0	100.0	98.7	100.0
99.0	**100.9**	**100.5**	**102.2**	**99.2**	**100.5**	**100.2**
98.6	100.9	100.7	102.0	99.3	100.0	100.1
99.0	102.5	100.8	101.7	97.6	99.8	101.4
99.2	102.3	101.0	101.9	97.2	100.2	101.3
98.2	103.9	99.4	100.3	99.9	97.6	101.8
98.5	101.7	102.0	105.2	101.4	100.4	96.5
98.5	101.7	102.0	105.2	101.4	100.4	96.5
98.3	99.5	100.5	102.2	100.8	100.1	99.2
99.5	98.8	99.0	100.4	100.5	101.1	100.8
98.0	99.7	100.9	102.6	100.9	99.8	98.8
92.2	98.8	99.4	103.2	99.3	96.5	99.9
99.4	101.3	100.1	103.1	98.7	102.0	100.5

5－14 续表 11

（上月＝100）

项目名称	全年	1 月	2 月	3 月	4 月	5 月
金冶炼	117.6	102.4	100.0	104.1	103.4	101.4
矿山成品金	116.9	101.9	100.0	104.2	103.2	101.4
冶炼产金	117.9	102.6	100.0	104.1	103.5	101.5
银冶炼	116.7	100.2	97.8	101.0	114.5	98.4
有色金属合金制造	116.7	101.2	102.4	100.4	104.5	102.4
贵金属合金	116.7	101.2	102.4	100.4	104.5	102.4
有色金属压延加工	100.4	101.2	100.8	99.2	99.6	100.0
铜压延加工	102.3	100.3	101.4	100.5	100.1	99.7
铝压延加工	101.6	101.0	99.4	97.7	100.6	99.7
铝材	101.6	101.0	99.4	97.7	100.6	99.7
其他有色金属压延加工	95.3	103.5	100.6	97.3	97.9	100.8
金属制品业	**97.6**	**99.8**	**99.7**	**101.3**	**100.3**	**99.7**
结构性金属制品制造	95.5	100.7	100.1	103.3	100.5	99.6
金属结构制造	95.5	100.7	100.1	103.3	100.5	99.6
钢结构	99.6	101.8	100.3	101.4	99.1	99.5
钢铁结构体部件、加工钢材	95.3	100.7	100.1	103.4	100.5	99.6
金属工具制造	93.8	100.0	100.0	100.0	100.0	96.9
其他金属工具制造	93.8	100.0	100.0	100.0	100.0	96.9
集装箱及金属包装容器制造	100.1	100.4	98.4	100.0	100.0	100.8
金属包装容器及材料制造	100.1	100.4	98.4	100.0	100.0	100.8
钢铁制包装容器	100.1	100.4	98.4	100.0	100.0	100.8
铝制包装容器	96.7	100.0	99.0	96.1	100.0	100.0
金属丝绳及其制品制造	96.3	98.2	100.6	100.7	100.1	99.0
钢丝	94.4	101.4	100.0	100.7	98.9	98.5
铜丝	101.3	100.1	101.3	100.1	100.3	98.8
钢丝绳	93.7	100.0	100.0	99.4	101.0	100.1
金属丝绳制品	96.1	93.6	100.0	102.2	100.0	97.9
其他金属丝绳及其制品	99.1	101.5	102.8	100.4	99.2	99.8
建筑、安全用金属制品制造	99.5	99.7	100.0	99.7	99.8	99.6
建筑、家具用金属配件制造	99.3	99.6	100.0	99.6	99.8	99.4
锁具及配件	98.0	100.0	100.0	100.0	100.0	98.2
其他建筑、家具用金属配件	99.9	99.4	100.0	99.4	99.7	100.0
安全、消防用金属制品制造	100.0	100.0	100.0	100.0	100.0	100.0
其他安全、消防用金属制品	100.0	100.0	100.0	100.0	100.0	100.0

6月	7月	8月	9月	10月	11月	12月
99.4	101.3	100.1	103.1	98.7	102.0	100.4
99.6	101.4	99.9	103.3	98.8	101.7	100.6
99.3	101.3	100.2	103.1	98.7	102.1	100.3
99.4	101.2	99.5	102.0	97.8	101.7	103.0
99.9	100.6	100.3	102.6	99.8	101.2	100.3
99.9	100.6	100.3	102.6	99.8	101.2	100.3
99.3	99.9	100.6	100.7	99.7	99.9	99.6
99.6	100.2	100.5	100.8	99.1	100.1	100.1
100.0	99.7	100.2	101.8	100.7	100.6	100.4
100.0	99.7	100.2	101.8	100.7	100.6	100.4
98.1	99.2	101.1	99.7	100.4	98.8	97.8
98.1	**100.2**	**99.6**	**100.2**	**99.2**	**100.0**	**99.5**
95.5	97.6	99.7	100.2	98.4	100.0	100.0
95.5	97.6	99.7	100.2	98.4	100.0	100.0
97.9	98.1	101.4	99.2	98.6	99.7	102.7
95.3	97.6	99.6	100.3	98.4	100.0	99.9
96.8	100.0	100.0	101.7	98.4	100.0	100.0
96.8	100.0	100.0	101.7	98.4	100.0	100.0
100.0	100.0	101.1	101.5	100.0	100.0	98.1
100.0	100.0	101.1	101.5	100.0	100.0	98.1
100.0	100.0	101.1	101.5	100.0	100.0	98.0
100.0	100.0	99.2	99.2	99.2	100.0	104.2
98.9	101.0	98.8	100.0	98.8	100.0	100.2
99.0	99.7	100.1	100.2	96.1	99.3	100.3
100.5	100.8	100.3	100.2	98.1	101.1	99.9
100.0	100.0	94.7	99.7	98.6	100.5	99.8
100.0	102.1	101.1	100.3	98.9	99.8	100.5
94.2	101.4	99.8	99.8	101.0	99.3	100.2
99.9	100.0	99.9	100.0	99.9	100.7	100.2
99.8	100.0	99.9	100.0	99.9	101.0	100.3
100.0	100.0	99.8	100.0	100.0	100.0	100.0
99.7	100.0	100.0	100.0	99.9	101.5	100.4
100.0	100.0	100.0	100.0	100.0	100.0	100.0
100.0	100.0	100.0	100.0	100.0	100.0	100.0

5-14 续表 12

（上月=100）

项目名称	全年	1月	2月	3月	4月	5月
金属制日用品制造	99.1	93.2	102.0	102.3	99.3	101.9
其他金属制日用品制造	99.1	93.2	102.0	102.3	99.3	101.9
铸造及其他金属制品制造	99.8	99.9	98.6	100.0	100.4	99.9
黑色金属铸造	96.1	99.8	99.4	99.9	100.0	99.4
铸铁件	93.7	99.7	99.1	99.8	100.0	99.1
铸钢件	100.5	100.0	100.0	100.0	100.0	100.0
锻件及粉末冶金制品制造	108.0	100.0	96.7	100.0	101.0	100.0
锻件	98.9	100.0	100.0	100.0	100.0	100.0
冲压件、钣金件	109.8	100.0	96.0	100.0	101.3	100.0
其他未列明金属制品制造	93.7	100.0	100.0	100.0	100.0	100.0
通用设备制造业	**98.9**	**100.0**	**99.9**	**99.8**	**100.1**	**99.5**
锅炉及原动设备制造	100.2	100.0	100.0	100.0	100.0	100.0
内燃机及配件制造	100.2	100.0	100.0	100.0	100.0	100.0
其他内燃机	100.2	100.0	100.0	100.0	100.0	100.0
金属加工机械制造	100.0	100.0	100.0	100.0	100.0	100.0
机床功能部件及附件制造	100.0	100.0	100.0	100.0	100.0	100.0
泵、阀门、压缩机及类似机械制造	93.4	100.0	99.9	99.0	100.0	96.1
气体压缩机械制造	93.9	100.0	100.0	98.9	100.0	95.8
空调压缩机	92.9	100.0	100.0	98.8	100.0	95.0
冰箱压缩机	97.0	100.0	100.0	100.0	100.0	100.0
其他气体压缩机械及零件	99.3	100.0	100.0	99.3	100.0	100.0
阀门和旋塞制造	80.1	100.0	97.9	100.0	99.4	100.0
液压动力机械及元件制造	100.0	100.0	100.0	100.0	100.0	100.0
液压元件	100.0	100.0	100.0	100.0	100.0	100.0
轴承、齿轮和传动部件制造	99.6	99.9	100.0	99.9	100.0	100.0
滚动轴承制造	96.3	99.4	100.0	99.3	100.2	99.8
齿轮及齿轮减、变速箱制造	96.5	100.0	100.0	100.0	100.0	100.0
齿轮传动装置（齿轮箱）	96.5	100.0	100.0	100.0	100.0	100.0
其他传动部件制造	100.0	100.0	100.0	100.0	100.0	100.0
其他齿轮、传动和驱动部件及零件	100.0	100.0	100.0	100.0	100.0	100.0
烘炉、风机、包装等设备制造	99.8	100.0	100.0	100.0	100.0	99.8
制冷、空调设备制造	99.8	100.0	100.0	100.0	100.0	99.8
制冷、空调设备零部件	99.8	100.0	100.0	100.0	100.0	99.8
通用零部件制造	99.7	100.0	99.1	100.1	101.3	99.6

6月	7月	8月	9月	10月	11月	12月
98.3	98.7	101.7	104.0	101.4	98.6	98.3
98.3	98.7	101.7	104.0	101.4	98.6	98.3
99.9	103.0	99.7	100.0	99.9	100.1	98.6
99.8	99.1	98.9	99.8	99.5	100.2	100.1
99.8	98.5	98.2	99.7	99.3	100.2	100.0
100.0	100.0	100.0	100.0	100.0	100.2	100.2
99.8	110.7	100.0	100.0	100.0	100.0	100.0
98.9	100.0	100.0	100.0	100.0	100.0	100.0
100.0	113.0	100.0	100.0	100.0	100.0	100.0
100.0	97.6	100.0	100.0	100.0	100.0	96.0
100.0	**99.9**	**100.0**	**100.0**	**99.8**	**99.9**	**100.0**
100.0	100.2	100.0	100.0	100.0	100.0	100.0
100.0	100.2	100.0	100.0	100.0	100.0	100.0
100.0	100.2	100.0	100.0	100.0	100.0	100.0
100.0	100.0	100.0	100.0	100.0	100.0	100.0
100.0	100.0	100.0	100.0	100.0	100.0	100.0
100.0	100.1	99.3	99.9	100.1	99.1	99.8
100.0	100.1	99.9	99.9	100.0	99.1	100.0
100.0	100.1	99.9	100.0	100.0	99.0	100.0
99.9	99.5	100.0	100.0	100.0	98.8	98.8
100.3	100.7	100.0	99.0	100.0	100.0	100.0
99.6	100.0	85.3	100.0	101.4	100.0	95.5
100.0	100.0	100.0	100.0	100.0	100.0	100.0
100.0	100.0	100.0	100.0	100.0	100.0	100.0
100.0	99.9	100.0	100.0	99.8	100.0	100.0
100.0	98.7	100.6	99.6	98.1	100.2	100.4
100.0	100.0	100.0	100.0	96.5	100.0	100.0
100.0	100.0	100.0	100.0	96.5	100.0	100.0
100.0	100.0	100.0	100.0	100.0	100.0	100.0
100.0	100.0	100.0	100.0	100.0	100.0	100.0
100.0	100.0	100.0	100.0	100.0	100.0	100.0
100.0	100.0	100.0	100.0	100.0	100.0	100.0
100.0	100.0	100.0	100.0	100.0	100.0	100.0
100.0	99.7	99.9	100.3	100.0	99.8	99.9

5－14 续表 13

（上月＝100）

项目名称	全年	1月	2月	3月	4月	5月
紧固件制造	99.7	100.0	100.0	100.0	100.0	100.0
钢铁制紧固件	99.7	100.0	100.0	100.0	100.0	100.0
其他通用零部件制造	99.7	100.0	99.1	100.1	101.3	99.6
专用设备制造业	**102.6**	**100.0**	**100.0**	**100.0**	**100.0**	**100.0**
环保、邮政、社会公共服务及其他专用设备制造	102.6	100.0	100.0	100.0	100.0	100.0
其他专用设备制造	102.6	100.0	100.0	100.0	100.0	100.0
汽车制造业	**98.0**	**99.3**	**99.4**	**100.4**	**99.8**	**99.7**
汽车用发动机制造	98.3	100.2	98.1	100.0	100.0	100.0
汽车车身、挂车制造	100.0	100.0	100.0	100.0	100.0	100.0
汽车车身	100.0	100.0	100.0	100.0	100.0	100.0
汽车零部件及配件制造	97.7	99.0	99.7	100.6	99.7	99.6
车身以及零配件	97.1	98.9	99.7	100.7	99.6	99.6
底盘以及零配件	101.4	99.7	99.8	99.7	100.1	99.9
汽车通用件	100.0	100.0	100.0	100.0	100.0	100.0
铁路、船舶、航空航天和其他运输设备制造业	**99.2**	**99.4**	**99.7**	**101.0**	**99.1**	**100.0**
铁路运输设备制造	100.0	100.0	100.0	100.0	100.0	100.0
铁路机车车辆配件制造	100.0	100.0	100.0	100.0	100.0	100.0
其他铁路机车车辆配件	100.0	100.0	100.0	100.0	100.0	100.0
摩托车制造	99.1	99.3	99.7	101.1	99.0	100.0
摩托车零部件及配件制造	99.1	99.3	99.7	101.1	99.0	100.0
电气机械和器材制造业	**99.7**	**100.0**	**100.0**	**101.8**	**100.0**	**99.9**
电机制造	100.5	100.0	100.0	102.2	100.0	99.9
发电机及发电机组制造	102.4	100.0	100.0	104.0	100.0	100.0
交流发电机	100.0	100.0	100.0	100.0	100.0	100.0
电机及发电机组专用零件	102.4	100.0	100.0	104.0	100.0	100.0
电动机制造	98.3	100.0	100.1	100.1	100.0	99.9
交流电动机	98.3	100.0	100.1	100.1	100.0	99.9
其他电机及零件	101.4	100.1	99.9	101.4	100.0	100.0
输配电及控制设备制造	100.1	100.0	100.0	100.0	100.0	100.0
变压器、整流器和电感器制造	100.0	100.0	100.0	100.0	100.0	100.0
互感器	100.0	100.0	100.0	100.0	100.0	100.0
电容器及其配套设备制造	100.0	100.0	100.0	100.0	100.0	100.0
电力电容器	100.0	100.0	100.0	100.0	100.0	100.0
配电开关控制设备制造	100.1	100.0	100.0	100.0	100.0	100.0

6月	7月	8月	9月	10月	11月	12月
100.0	99.7	100.0	100.0	100.0	100.0	100.0
100.0	99.7	100.0	100.0	100.0	100.0	100.0
100.0	99.7	99.9	100.3	100.0	99.8	99.9
100.0	**100.2**	**100.0**	**102.4**	**100.0**	**100.0**	**100.0**
100.0	100.2	100.0	102.4	100.0	100.0	100.0
100.0	100.2	100.0	102.4	100.0	100.0	100.0
99.8	**100.1**	**99.4**	**100.0**	**99.9**	**100.0**	**100.1**
100.0	100.0	100.0	100.0	100.0	100.0	100.0
100.0	100.0	100.0	100.0	100.0	100.0	100.0
100.0	100.0	100.0	100.0	100.0	100.0	100.0
99.7	100.2	99.2	100.0	99.9	100.0	100.1
99.6	100.0	99.0	100.0	99.9	100.0	100.1
100.0	101.7	100.0	100.0	100.0	100.2	100.3
100.0	100.0	100.0	100.0	100.0	100.0	100.0
99.9	**100.1**	**99.8**	**100.1**	**100.0**	**100.0**	**100.1**
100.0	100.0	100.0	100.0	100.0	100.0	100.0
100.0	100.0	100.0	100.0	100.0	100.0	100.0
100.0	100.0	100.0	100.0	100.0	100.0	100.0
99.9	100.1	99.8	100.1	100.0	100.0	100.1
99.9	100.1	99.8	100.1	100.0	100.0	100.1
98.2	**100.1**	**99.7**	**100.0**	**100.0**	**100.0**	**100.0**
98.5	100.0	99.9	100.0	100.0	100.0	100.0
98.5	100.0	100.0	100.0	100.0	100.0	100.0
100.0	100.0	100.0	100.0	100.0	100.0	100.0
98.5	100.0	100.0	100.0	100.0	100.0	100.0
98.6	100.0	99.8	100.0	99.9	100.0	99.9
98.6	100.0	99.8	100.0	99.9	100.0	99.9
100.0	100.0	100.0	100.0	100.0	100.0	100.0
100.1	100.0	100.0	100.0	100.0	100.0	100.0
100.0	100.0	100.0	100.0	100.0	100.0	100.0
100.0	100.0	100.0	100.0	100.0	100.0	100.0
100.0	100.0	100.0	100.0	100.0	100.0	100.0
100.0	100.0	100.0	100.0	100.0	100.0	100.0
100.1	100.0	100.0	100.0	100.0	100.0	100.0

5-14 续表14

（上月=100）

项目名称	全年	1月	2月	3月	4月	5月
高压电路开关、保护电器装置	98.5	100.0	100.0	100.0	100.0	100.0
低压开关、保护控制装置	100.0	100.0	100.0	100.0	100.0	100.0
电力控制或电力分配装置	100.0	100.0	100.0	100.0	100.0	100.0
其他配电开关控制设备	100.2	100.0	100.0	100.0	100.0	100.0
电线、电缆、光缆及电工器材制造	102.6	100.1	100.2	100.6	100.3	99.8
电线、电缆制造	102.6	100.1	100.2	100.6	100.3	99.8
绝缘电线	101.9	100.1	100.6	100.8	101.0	99.1
其他电线、电缆	102.9	100.1	100.0	100.6	100.0	100.1
电池制造	92.7	100.0	100.0	100.0	100.0	100.0
锂离子电池制造	92.5	100.0	100.0	100.0	100.0	100.0
其他电池制造	100.0	100.0	100.0	100.0	100.0	100.0
其他电池及类似品	100.0	100.0	100.0	100.0	100.0	100.0
计算机、通信和其他电子设备制造业	**79.8**	**101.2**	**98.7**	**100.0**	**97.2**	**90.6**
通信设备制造	79.3	101.3	98.7	100.0	97.2	90.3
通信终端设备制造	79.3	101.3	98.7	100.0	97.2	90.3
移动通信终端设备零件	79.3	101.3	98.7	100.0	97.2	90.3
电子器件制造	80.6	100.0	98.8	100.2	99.6	99.9
集成电路制造	80.6	100.0	98.8	100.2	99.6	99.9
集成电路成品	97.2	100.0	100.0	100.0	98.6	100.0
其他集成电路	74.6	100.0	98.4	100.3	100.0	99.9
电子元件及电子专用材料制造	95.6	99.4	99.8	100.1	99.9	98.7
电阻电容电感元件制造	100.0	100.0	100.0	100.0	100.0	100.0
电子元件、组件零件	100.0	100.0	100.0	100.0	100.0	100.0
电子电路制造	98.6	100.0	100.0	100.0	100.0	100.0
挠性印制电路板	98.6	100.0	100.0	100.0	100.0	100.0
敏感元件及传感器制造	99.4	100.0	98.0	100.0	100.0	100.8
传感器	99.4	100.0	98.0	100.0	100.0	100.8
电子专用材料制造	66.9	95.6	98.7	100.5	99.2	89.1
磁性材料元件	96.4	102.5	100.3	101.4	99.5	97.2
电子半导体材料	50.6	91.8	97.8	99.9	99.0	83.8
仪器仪表制造业	**100.0**	**100.0**	**100.0**	**100.0**	**100.0**	**100.0**
通用仪器仪表制造	100.0	100.0	100.0	100.0	100.0	100.0
工业自动控制系统装置制造	100.2	100.0	100.0	100.0	100.0	100.0
执行器	100.4	100.0	100.0	100.0	100.0	100.0

6月	7月	8月	9月	10月	11月	12月
100.0	100.0	100.0	100.0	99.3	100.0	99.2
100.0	100.0	100.0	100.0	100.0	100.0	100.0
100.0	100.0	100.0	100.0	100.0	100.0	100.0
100.2	100.0	100.0	100.0	100.0	100.0	100.0
99.3	101.9	100.6	100.3	99.9	99.2	100.4
99.3	101.9	100.6	100.3	99.9	99.2	100.4
99.5	100.1	100.7	100.5	99.4	99.7	100.3
99.3	102.6	100.6	100.2	100.1	98.9	100.4
94.7	100.0	97.8	100.0	100.0	100.0	100.0
94.6	100.0	97.8	100.0	100.0	100.0	100.0
100.0	100.0	100.0	100.0	100.0	100.0	100.0
100.0	100.0	100.0	100.0	100.0	100.0	100.0
90.7	**101.6**	**100.0**	**99.4**	**100.0**	**100.0**	**99.0**
90.4	101.7	100.0	99.4	100.0	100.0	99.0
90.4	101.7	100.0	99.4	100.0	100.0	99.0
90.4	101.7	100.0	99.4	100.0	100.0	99.0
100.0	99.6	86.7	100.0	100.0	98.1	96.6
100.0	99.6	86.7	100.0	100.0	98.1	96.6
100.0	98.6	100.0	100.0	100.0	100.0	100.0
100.0	99.9	82.0	100.0	100.0	97.3	95.0
99.8	99.1	99.6	99.7	100.1	99.8	99.5
100.0	100.0	100.0	100.0	100.0	100.0	100.0
100.0	100.0	100.0	100.0	100.0	100.0	100.0
100.0	98.6	100.0	100.0	100.0	100.0	100.0
100.0	98.6	100.0	100.0	100.0	100.0	100.0
100.7	99.9	100.0	100.0	100.0	100.0	100.0
100.7	99.9	100.0	100.0	100.0	100.0	100.0
98.3	93.1	96.2	96.9	100.6	97.9	95.0
97.9	99.2	100.0	99.8	99.7	99.1	99.8
98.7	88.5	93.1	94.2	101.6	96.7	90.5
100.0	**100.0**	**100.0**	**100.0**	**100.0**	**100.0**	**100.0**
100.0	100.0	100.0	100.0	100.0	100.0	100.0
100.0	100.2	100.0	100.0	100.0	100.0	100.0
100.0	100.4	100.0	100.0	100.0	100.0	100.0

5-14 续表15

（上月=100）

项目名称	全年	1月	2月	3月	4月	5月
其他工业自动控制系统装置	100.0	100.0	100.0	100.0	100.0	100.0
电工仪器仪表制造	100.0	100.0	100.0	100.0	100.0	100.0
电力自动化仪表及系统	100.0	100.0	100.0	100.0	100.0	100.0
其他电工仪器仪表	100.0	100.0	100.0	100.0	100.0	100.0
其他通用仪器制造	100.0	100.0	100.0	100.0	100.0	100.0
光学仪器制造	99.1	99.3	100.0	100.1	99.9	100.4
其他光学仪器及零件、附件	99.1	99.3	100.0	100.1	99.9	100.4
废弃资源综合利用业	**93.5**	**99.3**	**100.3**	**100.0**	**99.9**	**97.5**
金属废料和碎屑加工处理	94.4	99.3	100.6	100.5	99.9	97.4
熔炼用废钢	93.8	99.3	100.7	100.6	99.7	97.4
有色金属废料与碎屑	101.6	99.3	99.6	99.3	102.3	98.4
非金属废料和碎屑加工处理	84.1	98.4	96.9	94.4	99.7	98.7
造纸废料、废纸	81.0	98.0	96.2	93.0	99.7	98.3
其他非金属废料和碎屑	97.6	100.0	100.0	100.0	100.0	100.0
电力、热力生产和供应业	**98.2**	**100.7**	**104.4**	**97.4**	**99.8**	**100.3**
电力供应	98.1	100.8	104.5	97.4	99.8	100.3
热力生产和供应	104.4	100.1	101.7	99.6	99.4	99.3
燃气生产和供应业	**96.8**	**103.4**	**99.0**	**99.8**	**98.4**	**97.5**
燃气生产和供应业	96.8	103.4	99.0	99.8	98.4	97.5
天然气生产和供应业	96.8	103.4	98.9	99.8	98.4	97.4
天然气供应	96.8	103.4	99.0	99.9	98.4	97.4
液化天然气（LNG）供应业	90.6	111.0	97.0	96.4	94.7	95.9
煤气生产和供应业	100.0	100.0	100.0	100.0	100.0	100.0
水的生产和供应业	**99.8**	**100.0**	**100.0**	**100.0**	**100.2**	**100.0**
自来水生产和供应	100.0	100.0	100.0	100.0	100.0	100.0
自来水生产	100.0	100.0	100.0	100.0	100.0	100.0
自来水供应	100.0	100.0	100.0	100.0	100.0	100.0
其他水的处理、利用与分配	98.1	100.0	100.0	100.0	101.9	100.0

6月	7月	8月	9月	10月	11月	12月
100.0	100.0	100.0	100.0	100.0	100.0	100.0
100.0	100.0	100.0	100.0	100.0	100.0	100.0
100.0	100.0	100.0	100.0	100.0	100.0	100.0
100.0	100.0	100.0	100.0	100.0	100.0	100.0
100.0	100.0	100.0	100.0	100.0	100.0	100.0
99.7	99.9	100.8	100.0	100.3	100.1	98.6
99.7	99.9	100.8	100.0	100.3	100.1	98.6
96.4	**100.9**	**99.2**	**100.6**	**99.7**	**99.4**	**100.3**
96.4	101.0	99.2	100.7	99.6	99.4	100.3
96.1	101.0	99.1	100.6	99.7	99.3	100.2
99.8	101.1	101.1	101.2	99.1	99.8	100.6
96.2	99.3	99.3	99.4	99.9	99.6	101.2
95.1	99.1	99.1	100.0	101.1	98.6	101.2
100.0	100.0	100.0	97.5	95.7	103.3	101.3
97.3	**98.2**	**102.8**	**101.0**	**97.8**	**99.0**	**99.7**
97.3	98.2	102.8	101.0	97.7	98.9	99.7
99.4	99.1	100.4	99.7	100.3	105.9	99.6
93.1	**98.6**	**98.6**	**100.3**	**100.3**	**101.8**	**106.7**
93.1	98.6	98.6	100.3	100.3	101.8	106.7
93.1	98.6	98.6	100.4	100.3	101.8	106.7
93.0	98.6	98.6	100.4	100.3	101.8	106.8
98.7	97.8	99.1	99.1	99.6	99.6	102.1
100.0	100.0	100.0	100.0	100.0	100.0	100.0
100.0	**99.5**	**100.0**	**100.0**	**100.0**	**100.0**	**100.0**
100.0	100.0	100.0	100.0	100.0	100.0	100.0
100.0	100.0	100.0	100.0	100.0	100.0	100.0
100.0	100.0	100.0	100.0	100.0	100.0	100.0
100.0	96.2	100.0	100.0	100.0	100.0	100.0

5－15　郑州市分月商品住宅

（上年同月＝100）

项　目	1月	2月	3月	4月	5月
新建商品住宅	**97.0**	**97.8**	**99.4**	**100.2**	**100.1**
90平方米及以下	96.5	97.5	99.2	100.9	101.5
90－144平方米	97.1	97.7	99.4	100.0	99.8
144平方米以上	97.2	98.3	99.4	100.0	99.4
二手住宅	**94.1**	**94.8**	**95.4**	**95.6**	**95.4**
90平方米及以下	93.5	94.0	94.5	94.7	94.8
90－144平方米	95.1	96.2	96.9	96.7	96.2
144平方米以上	93.4	93.9	94.4	95.0	95.2

5－15　续表

（上月＝100）

项　目	1月	2月	3月	4月	5月
新建商品住宅	**100.2**	**100.6**	**100.9**	**100.5**	**99.8**
90平方米及以下	100.1	101.0	101.4	100.6	100.1
90－144平方米	100.3	100.4	100.9	100.5	99.7
144平方米以上	100.2	100.9	100.5	100.6	99.9
二手住宅	**99.6**	**100.3**	**100.4**	**99.7**	**99.6**
90平方米及以下	99.8	100.4	100.3	99.7	99.7
90－144平方米	99.3	100.5	100.6	99.7	99.5
144平方米以上	99.9	100.1	100.5	99.9	99.6

销售价格指数(2023 年)

6 月	7 月	8 月	9 月	10 月	11 月	12 月
100.0	**99.1**	**99.0**	**98.7**	**98.3**	**98.3**	**98.4**
101.8	100.2	99.8	99.0	98.6	98.6	98.5
99.7	98.9	98.4	98.2	97.7	97.8	98.1
99.0	98.5	99.8	99.9	99.9	99.5	99.3
95.3	**94.9**	**94.8**	**94.8**	**94.5**	**94.5**	**93.9**
94.5	94.0	94.1	94.2	93.9	93.9	93.2
95.9	95.3	95.2	94.8	94.4	94.3	93.9
96.0	96.2	95.9	95.9	96.1	96.1	95.7

6 月	7 月	8 月	9 月	10 月	11 月	12 月
99.7	**99.3**	**99.5**	**99.4**	**99.1**	**99.6**	**99.5**
99.9	99.1	99.4	99.0	98.7	99.8	99.4
99.7	99.3	99.3	99.4	99.3	99.7	99.6
99.8	99.7	100.2	99.8	98.9	99.3	99.5
99.2	**99.0**	**99.1**	**99.5**	**99.2**	**99.1**	**98.8**
99.0	98.9	99.2	99.6	99.1	98.9	98.6
99.2	99.1	99.3	99.4	99.2	99.2	98.8
100.0	99.3	98.6	99.4	99.6	99.5	99.2

5－16 洛阳市分月商品住宅

（上年同月＝100）

项 目	1月	2月	3月	4月	5月
新建商品住宅	**95.0**	**95.6**	**96.5**	**97.8**	**98.6**
90平方米及以下	96.2	96.2	96.8	97.2	97.8
90－144平方米	94.6	95.4	96.4	97.8	98.7
144平方米以上	95.8	96.3	97.1	97.8	98.2
二手住宅	**92.6**	**93.2**	**93.7**	**94.3**	**94.6**
90平方米及以下	92.0	92.3	93.2	93.8	94.0
90－144平方米	92.9	93.5	93.6	94.5	95.2
144平方米以上	92.9	94.1	94.8	95.0	94.1

5－16 续表

（上月＝100）

类 别	1月	2月	3月	4月	5月
新建商品住宅	**99.5**	**100.3**	**100.5**	**100.6**	**100.1**
90平方米及以下	99.4	100.0	100.1	100.2	100.1
90－144平方米	99.5	100.4	100.6	100.7	100.1
144平方米以上	99.5	100.2	100.5	100.3	99.8
二手住宅	**99.5**	**99.9**	**100.1**	**99.9**	**99.5**
90平方米及以下	99.6	99.9	100.0	99.8	99.4
90－144平方米	99.5	99.9	100.2	99.9	99.9
144平方米以上	99.4	99.7	100.1	99.7	98.7

销售价格指数(2023年)

6月	7月	8月	9月	10月	11月	12月
98.6	**98.2**	**97.8**	**97.8**	**98.1**	**98.0**	**98.2**
98.5	98.1	97.4	96.7	96.4	95.5	95.9
98.8	98.5	98.0	98.0	98.3	98.2	98.4
97.8	97.2	97.4	98.0	98.6	98.8	98.6
94.9	**95.1**	**95.2**	**95.5**	**96.0**	**95.9**	**95.5**
94.5	94.4	94.5	94.8	95.6	95.2	95.1
95.3	95.6	95.6	95.8	96.3	96.5	95.8
94.4	95.0	95.6	95.8	95.9	95.8	95.3

6月	7月	8月	9月	10月	11月	12月
99.8	**99.7**	**99.2**	**99.6**	**99.6**	**99.5**	**99.7**
99.9	99.6	99.3	99.1	99.4	98.9	99.9
99.7	99.8	99.2	99.7	99.6	99.5	99.7
99.9	99.9	99.6	99.6	99.9	100.0	99.4
99.6	**99.8**	**99.5**	**99.7**	**99.8**	**99.3**	**98.9**
99.8	99.7	99.2	99.9	99.9	98.7	99.2
99.5	99.7	99.6	99.5	99.7	99.4	98.7
99.6	100.0	99.8	99.6	99.8	99.9	98.7

5－17 平顶山市分月商品住宅

（上年同月＝100）

类 别	1月	2月	3月	4月	5月
新建商品住宅	**97.0**	**97.6**	**98.3**	**98.6**	**99.0**
90平方米及以下	97.6	97.6	98.4	98.8	100.1
90－144平方米	97.1	97.9	98.6	98.7	98.9
144平方米以上	95.9	95.8	96.7	97.8	98.5
二手住宅	**95.7**	**95.7**	**96.2**	**96.7**	**96.8**
90平方米及以下	95.8	95.9	96.4	96.6	96.8
90－144平方米	95.6	95.7	96.1	96.8	96.6
144平方米以上	95.8	95.4	96.0	96.5	97.1

5－17 续表

（上月＝100）

类 别	1月	2月	3月	4月	5月
新建商品住宅	**99.4**	**99.9**	**100.4**	**100.2**	**100.2**
90平方米及以下	99.3	99.8	100.2	100.4	100.0
90－144平方米	99.4	99.9	100.5	100.1	100.2
144平方米以上	99.4	99.9	100.1	100.2	100.5
二手住宅	**99.7**	**99.8**	**100.1**	**100.2**	**99.8**
90平方米及以下	99.6	99.6	100.3	100.0	99.9
90－144平方米	99.8	99.9	100.0	100.2	99.7
144平方米以上	99.7	99.6	100.1	100.4	100.1

销售价格指数(2023 年)

6 月	7 月	8 月	9 月	10 月	11 月	12 月
98.8	**98.3**	**98.1**	**97.9**	**98.1**	**98.1**	**97.6**
99.3	98.8	99.2	98.2	97.4	96.5	96.6
98.7	98.3	97.9	97.9	98.1	98.3	97.7
98.8	98.3	98.3	98.1	98.6	98.4	97.7
96.5	**96.8**	**96.9**	**97.0**	**96.8**	**97.0**	**96.6**
96.3	96.8	96.7	96.8	97.0	97.0	96.8
96.7	97.0	96.9	97.0	96.6	96.9	96.5
96.4	96.3	97.1	97.2	97.1	97.1	96.6

6 月	7 月	8 月	9 月	10 月	11 月	12 月
99.7	**99.6**	**99.3**	**99.7**	**99.8**	**99.8**	**99.6**
99.5	99.9	100.0	99.1	99.2	99.1	99.9
99.7	99.6	99.2	99.8	99.9	99.9	99.6
99.9	99.5	99.5	99.4	100.0	99.7	99.5
99.5	**99.8**	**99.7**	**99.5**	**99.4**	**99.7**	**99.3**
99.4	99.8	99.6	99.4	99.9	99.9	99.4
99.7	99.7	99.9	99.5	99.0	99.7	99.3
99.2	99.9	99.7	99.8	99.3	99.4	99.4

5－18　郑州、洛阳、平顶山市

郑州市(2022 年 = 100)

类　别	1 月	2 月	3 月	4 月	5 月
新建商品住宅	**97.0**	**97.4**	**98.0**	**98.6**	**98.9**
90 平方米及以下	96.5	97.0	97.7	98.5	99.1
90－144 平方米	97.1	97.4	98.1	98.5	98.8
144 平方米以上	97.2	97.8	98.3	98.7	98.9
二手住宅	**94.1**	**94.5**	**94.8**	**95.1**	**95.1**
90 平方米及以下	93.5	93.8	94.0	94.2	94.3
90－144 平方米	95.1	95.6	96.0	96.2	96.2
144 平方米以上	93.4	93.6	93.9	94.2	94.4

5－18　续表 1

洛阳市(2022 年 = 100)

类　别	1 月	2 月	3 月	4 月	5 月
新建商品住宅	**95.0**	**95.3**	**95.7**	**96.2**	**96.7**
90 平方米及以下	96.2	96.2	96.4	96.6	96.8
90－144 平方米	94.6	95.0	95.5	96.1	96.6
144 平方米以上	95.8	96.0	96.4	96.7	97.0
二手住宅	**92.6**	**92.9**	**93.1**	**93.4**	**93.7**
90 平方米及以下	92.0	92.1	92.5	92.8	93.0
90－144 平方米	92.9	93.2	93.3	93.6	93.9
144 平方米以上	92.9	93.5	93.9	94.2	94.2

5－18　续表 2

平顶山市(2022 年 = 100)

类　别	1 月	2 月	3 月	4 月	5 月
新建商品住宅	**97.0**	**97.3**	**97.6**	**97.9**	**98.1**
90 平方米及以下	97.6	97.6	97.9	98.1	98.5
90－144 平方米	97.1	97.5	97.9	98.1	98.2
144 平方米以上	95.9	95.8	96.1	96.5	96.9
二手住宅	**95.7**	**95.7**	**95.9**	**96.1**	**96.2**
90 平方米及以下	95.8	95.9	96.0	96.2	96.3
90－144 平方米	95.6	95.6	95.8	96.0	96.2
144 平方米以上	95.8	95.6	95.7	95.9	96.1

商品住宅销售价格定基指数(2023 年)

6 月	7 月	8 月	9 月	10 月	11 月	12 月
99.1	**99.1**	**99.1**	**99.0**	**99.0**	**98.9**	**98.9**
99.6	99.7	99.7	99.6	99.5	99.4	99.3
98.9	98.9	98.9	98.8	98.7	98.6	98.6
98.9	98.8	99.0	99.1	99.2	99.2	99.2
95.1	**95.1**	**95.1**	**95.0**	**95.0**	**94.9**	**94.9**
94.4	94.3	94.3	94.3	94.2	94.2	94.1
96.2	96.1	95.9	95.8	95.7	95.6	95.4
94.6	94.9	95.0	95.1	95.2	95.3	95.3

6 月	7 月	8 月	9 月	10 月	11 月	12 月
97.0	**97.2**	**97.3**	**97.3**	**97.4**	**97.5**	**97.5**
97.1	97.3	97.3	97.2	97.1	97.0	96.9
97.0	97.2	97.3	97.3	97.4	97.5	97.6
97.1	97.2	97.2	97.3	97.4	97.5	97.6
93.9	**94.0**	**94.2**	**94.3**	**94.5**	**94.6**	**94.7**
93.3	93.4	93.6	93.7	93.9	94.0	94.1
94.1	94.4	94.5	94.6	94.8	94.9	95.0
94.2	94.3	94.5	94.6	94.7	94.8	94.9

6 月	7 月	8 月	9 月	10 月	11 月	12 月
98.2	**98.2**	**98.2**	**98.2**	**98.2**	**98.2**	**98.1**
98.6	98.6	98.7	98.6	98.5	98.3	98.2
98.3	98.3	98.2	98.2	98.2	98.2	98.2
97.2	97.4	97.5	97.6	97.7	97.7	97.7
96.3	**96.3**	**96.4**	**96.5**	**96.5**	**96.5**	**96.5**
96.3	96.4	96.4	96.5	96.5	96.5	96.6
96.2	96.3	96.4	96.5	96.5	96.5	96.5
96.2	96.2	96.3	96.4	96.5	96.5	96.5

主要统计指标解释

工业生产者价格 是反映工业产品价格变化趋势和变动幅度的统计指标，是工业品价格在不同时间和空间条件下平均变动的相对数。工业生产者价格包括工业品第一次出售时的出厂价格和企业作为中间投入的原材料、燃料、动力购进价格，是进行国民经济核算和经济管理的重要依据。

同比指数 指以去年同月为对比基期的价格指数。

环比指数 通常为月环比指数，指以上月为对比基期的价格指数。

累计比指数 指以去年同期为对比基期的价格指数。

定基指数 指以某年价格为对比基期的价格指数。2011 年开始 PPI 定基指数的计算，对比基期为 2010 年；2021 年基期轮换后，定基指数的对比基期为 2020 年。

核心产品指数 是扣除了食品、能源产品之后的工业产品指数。

高技术产品指数 指包括生物制药、医疗设备、通信设备、仪器仪表等产品的指数。它是参照国家统计局设管司分类标准《高技术产业统计分类目录》来选取调查产品的。

能源产品指数 指包括原煤、原油、天然气、热力、电力等产品的指数。它是参考国家统计局能源司《能源统计报表制度》来选取调查产品的。

生产资料分类指数 一般指用于生产的产品，包括采掘工业、原材料工业、加工工业三大类。

生活资料分类指数 一般指用于生活的产品，包括食品、衣着、一般日用品和耐用消费品四大类。

初级产品 指没有进行加工的天然产品。初级产品主要包括农产品、原油、原煤、废料等。

中间产品 指经过加工但仍须进一步加工、还不能作为最终消费的产品，也包括一些不需再加工但需安装的零部件等。如棉纱、零部件等。

最终产品 指不需继续加工，可直接供社会投资和消费的产品。可供投资的产品主要包括机械设备等生产资料；可供消费的产品主要包括食品、衣着、日用品等。

中间产品和最终产品有交叉。部分产品既可以再加工也可以作为最终产品。比如汽油，既可以继续加工提炼，也可以作为消费者使用的最终产品。

代表产品 编制工业生产者价格指数，不可能也不必要包括全部工业产品，只要选定部分产品，用其价格变动加权计算的价格指数，来代表全部产品的价格变动。代表产品应当有充分的代表性，既能够代表该类产品的价格变动，又能够基本上反映全部产品价格变动的平均水平。被选中的代表产品与未被选中的产品之间在性质和功能上、在价格变化趋势和变动幅度上的差异越小越好，即同质度越大越好。

基本分类 是 2010 年全国工业生产者价格定基改革引入的一个新的概念。基本分类是一个产品或一组产品，是设置权数的最小类别，是计算指数的最小、最基本的类别。一般情况下基本分类处于国民经济行业分类的小类之下。基本分类的设置突出了重要的生产资料和消费品，简化了一些不太重要的产品。同时，工业统计的重要产品一般设为基本分类。

商品住宅销售价格指数 商品住宅销售价格指数是综合反映商品住宅价格水平总体变化趋势和变化幅度的相对数。中国商品住宅销售价格指数由 70 个大中城市的新建商品住宅销售价格指数和二手住宅销售价格指数组成，河南只有郑州、洛阳、平顶山三市作为国家调查城市，开展商品住宅销售价格指数调查编制工作。

调查范围为70个大中城市的市辖区，不包括县。新建商品住宅价格调查为全面调查，基础数据直接采用当地房地产主管部门的网签备案数据，包括成交总价（合同金额）、建筑面积、签约时间、行政区划等资料；二手住宅销售价格调查为非全面调查，采用重点调查和典型调查相结合的方法，按照房地产经纪机构或房屋居住服务平台等相关企业上报、房地产主管部门提供与调查员实地采价相结合的方式收集基础数据。

六　农产品价格

资料整理：陈　成

6－1 历年农产品生产者价格指数

（上年＝100）

农产品名称	2001年	2005年	2010年	2015年	2016年	2017年	2018年	2019年	2020年	2021年	2022年	2023年
总 指 数		**100.7**	**112.5**	**100.7**	**103.2**	**94.9**	**97.9**	**119.9**	**116.8**	**98.0**	**97.2**	**91.5**
农业产品	**105.2**	**99.8**	**120.5**	**95.9**	**96.4**	**99.8**	**100.1**	**103.2**	**105.4**	**108.8**	**103.9**	**100.0**
谷物	121.0	96.5	111.3	94.3	91.4	103.8	100.8	99.9	105.4	111.8	111.0	95.9
小麦	124.3	97.4	110.5	98.3	95.6	107.5	98.6	98.7	100.9	107.6	120.8	88.9
稻谷	102.6	97.5	105.4	98.0	100.2	94.2	92.7	100.3	104.3	101.6	101.8	109.8
玉米	117.9	94.4	115.0	86.5	81.2	100.3	107.0	101.7	113.6	122.3	104.7	99.6
薯类	94.4	111.5	115.9	95.1	111.7	105.8	118.7	106.7	90.3	113.4	112.4	102.0
豆类	93.9	88.8	112.0	84.9	92.3	93.8	92.0	102.8	107.5	120.6	104.6	95.7
油料	94.8	97.0	118.1	98.8	102.0	91.0	89.6	113.1	113.1	99.8	103.3	113.3
花生	92.4	97.1	118.1	102.0	105.1	91.6	87.9	114.6	115.2	98.4	102.7	114.2
油菜籽	103.2	87.3	105.4	99.6	100.0	86.2				98.4		
芝麻	101.6	105.0	103.0	96.1	78.5	94.5	98.4	105.2	102.1	108.6	113.6	98.9
棉花（籽棉）	85.0	100.4	141.8	96.4	97.0	101.5	89.4					
烟草	114.9	104.3	103.9	105.2	96.7	104.4	102.7	97.7	97.6	95.3	93.0	111.4
蔬菜	101.6	111.3	138.4	100.9	112.7	85.2	96.9	109.6	104.6	114.5	90.8	99.9
水果	85.2	118.0	120.5	87.0	98.2	108.4	108.6	126.5	85.4	105.4	119.4	110.5
林业产品		**104.9**	**92.3**	**84.9**	**102.9**	**103.7**	**105.8**	**102.3**	**96.3**	**114.5**	**99.5**	**99.7**
牧业（畜产品）		**102.0**	**99.5**	**109.2**	**114.0**	**86.6**	**94.0**	**148.4**	**137.4**	**81.0**	**91.9**	**84.9**
牛	126.8	112.6	105.9	100.2	97.9	97.2	108.2	121.7	107.5	104.0	97.4	92.9
羊	112.8	116.7	110.2	88.0	75.2	119.9	116.0	118.6	105.0	100.9	89.4	91.4
猪	95.8	96.4	97.7	116.9	123.4	81.4	81.2	162.4	160.4	64.6	88.4	80.9
家禽		102.5	113.3	93.3	101.8	90.8	127.5	106.9	78.7	113.1	101.5	107.4
禽蛋	118.7	104.9	105.9	94.2	92.3	85.8	120.8	106.1	76.1	133.4	112.1	99.1
渔业	**89.2**	**103.0**	**102.0**	**99.4**	**99.3**	**100.9**	**102.8**	**95.8**	**106.6**	**111.6**	**100.8**	**90.1**

6－2　分季度农产品生产者价格指数(2023年)

(以上年同期价格为100)

农产品名称	全年	一季度	二季度	三季度	四季度
总 指 数	**91.5**	**108.0**	**98.4**	**88.4**	**81.9**
种植业产品	**100.0**	**110.9**	**95.4**	**95.3**	**99.4**
谷物	95.9	104.4	84.3	92.9	92.5
小麦	88.9	101.4	77.3	87.5	89.9
稻谷	109.8	114.7	104.2	116.4	106.6
玉米	99.6	104.0	101.5	101.8	91.4
薯类	102.0	107.8		105.7	92.1
豆类	95.7				95.7
油料	113.3	129.4	122.4	110.4	98.9
花生	114.2	129.4	122.4	111.0	99.0
油菜籽					
芝麻	98.9			99.5	98.3
棉花(籽棉)					
烟草	111.4			121.8	102.6
蔬菜	99.9	89.3	105.4	100.5	104.5
水果	110.5	190.7	86.2	87.1	95.5
林业产品	**99.7**	**93.5**	**100.0**	**104.1**	**104.4**
牧业(畜产品)	**84.9**	**106.2**	**100.2**	**82.9**	**68.3**
牛	92.9	94.9	89.6	95.3	91.7
羊	91.4	89.5	95.6	93.2	89.4
猪	80.9	109.9	102.3	71.3	57.4
家禽	107.4	116.2	109.2	101.6	105.6
禽蛋	99.1	118.2	96.4	100.6	85.8
渔业	**90.1**	**87.1**	**86.6**	**93.1**	**97.1**

6－3　各月农产品集贸市场平均价格(2023年)

单位:元/公斤

农产品名称	1月	2月	3月	4月	5月	6月	7月	8月	9月	10月	11月	12月
粮食类												
籼稻(中等)	2.58	2.58	2.58	2.58	2.58	2.58	2.58	2.58	2.58	2.58	2.66	2.66
粳稻(中等)	2.95	2.98	2.92	2.90	2.85	2.82	2.70	2.85	2.82	2.80	2.85	2.80
小麦(中等)	3.19	3.17	3.10	2.99	2.86	2.65	2.67	2.79	2.82	2.83	2.84	2.79
玉米(中等)	2.79	2.79	2.77	2.75	2.69	2.73	2.78	2.82	2.73	2.62	2.57	2.49
大豆(中等)	7.30	7.31	7.19	7.13	7.06	7.01	7.02	7.04	6.98	6.84	6.77	6.71
籼米(中等)	5.95	5.98	5.98	5.94	6.28	6.18	6.21	6.24	6.31	6.34	6.38	6.37
粳米(中等)	5.35	5.30	5.26	5.28	5.24	5.24	5.32	5.36	5.44	5.44	5.46	5.44
经济类												
棉花[籽棉](中准级)	6.30	6.40	6.00	6.00	6.00	6.00	6.00	6.00	6.00	6.00	6.00	6.50
花生仁(中等)	12.95	12.99	12.97	13.24	13.53	13.93	14.04	14.04	14.02	13.47	13.01	12.68
油菜籽(普通)	6.60	6.67	6.63	6.67	6.80	6.63	6.70	6.70	6.63	6.70	6.63	6.57
畜产品类												
活猪(中等)	16.15	15.98	15.44	14.64	14.45	14.33	14.44	16.58	16.50	15.47	14.93	14.96
仔猪(普通)	37.47	38.06	38.48	38.01	37.80	37.32	35.43	36.63	35.37	32.87	31.37	31.43
猪肉(去骨统肉)	26.95	25.24	24.71	22.78	21.71	21.58	22.03	24.78	25.90	24.43	23.13	23.96
活牛(中等)	34.38	34.24	33.44	32.15	31.42	29.50	29.00	30.80	31.28	31.22	31.53	31.24
牛肉(去骨统肉)	80.13	79.54	79.79	79.50	77.80	74.02	72.09	72.59	73.50	73.70	73.33	73.21
活羊(中等)	33.01	32.78	31.98	31.04	31.07	30.45	29.83	31.01	31.45	30.85	30.59	30.75
羊肉(去骨统肉)	81.60	81.25	81.34	80.62	78.73	78.31	78.45	78.66	78.71	78.54	78.79	78.82
活鸡(普通肉鸡)	17.35	17.18	16.87	16.59	16.72	16.15	15.93	16.34	17.04	16.69	16.65	16.52
鸡蛋(普通鲜蛋)	11.71	10.12	10.75	10.39	9.68	9.25	9.60	11.00	11.53	10.17	10.26	9.84
水产品类												
草鱼(1－2公斤)	16.62	15.59	15.33	15.77	15.96	15.91	15.83	15.65	15.77	15.63	15.58	15.39
鲤鱼(1－2公斤)	13.63	12.66	12.50	12.42	13.83	14.12	13.82	13.86	13.89	13.75	13.38	13.27
鲢鱼(1－2公斤)	10.39	10.10	10.03	9.89	9.84	9.94	9.91	10.19	10.31	10.17	10.21	10.17
带鱼(0.5－1公斤)	25.07	24.73	24.67	24.73	23.00	23.16	23.00	23.00	23.04	23.00	23.00	23.84
蔬菜类												
大白菜(中等)	1.04	1.08	1.51	1.48	1.74	2.67	2.75	2.72	2.57	1.80	1.27	1.25
黄瓜(中等)	9.97	8.84	6.62	4.09	3.60	3.07	3.04	3.55	4.64	4.62	6.05	6.43
西红柿(中等)	6.09	6.10	7.54	6.42	4.44	4.13	4.34	3.86	4.24	4.74	5.34	6.71
菜椒(中等)	8.19	8.85	8.43	6.07	5.70	5.16	5.00	4.99	5.12	4.57	4.56	6.01
四季豆(中等)	13.41	11.80	11.60	9.84	9.44	8.65	8.99	8.56	9.22	9.63	10.38	11.41
水果类												
红富士苹果(中等)	8.55	8.35	8.46	8.71	9.18	9.30	9.43	9.28	9.13	9.04	8.92	8.72
香蕉(中等)	5.99	6.04	6.16	6.08	5.90	5.80	5.20	5.33	5.45	5.16	5.25	5.30
橙子(中等)	10.16	10.02	9.89	9.96	11.80	9.48	9.12	9.75	9.55	9.04	8.98	8.90

主要统计指标解释

农产品生产者价格指数 是指农产品生产者第一手（直接）出售其产品时实际获得的单位产品价格，采取抽样调查和重点调查相结合的方法。农产品生产者价格指数是反映一定时期内，农产品生产者出售的农产品价格水平变动趋势及幅度的相对数。该指数可以客观反映农产品生产价格水平和结构变动情况，满足农业与国民经济核算需要。其中某代表品生产价格指数是通过对全部有出售该产品行为的调查单位的个体指数进行几何平均求得的，类价格指数是通过对其所属的类（或代表品）的价格指数进行加权平均求得的。季度累计价格指数的计算方法与分季指数的计算方法相同。

农产品集贸市场价格 是指农产品主产区集贸市场主要农产品的成交价格。

七 人民生活

资料整理：孙江丽　孙培浩　王　力　郑建鹏

7－1　历年居民收支情况

单位：元

年　份	居民人均可支配收入	居民人均生活消费支出
1978	133.3	107.9
1979	165.0	137.3
1980	189.4	163.4
1981	241.0	193.6
1982	247.3	207.4
1983	298.4	226.8
1984	330.0	250.8
1985	369.0	304.1
1986	392.2	346.7
1987	443.6	370.5
1988	484.7	430.9
1989	557.8	478.4
1990	639.8	533.7
1991	673.7	573.2
1992	753.6	613.5
1993	904.9	737.2
1994	1196.9	970.9
1995	1587.6	1229.5
1996	1979.6	1538.2
1997	2196.4	1683.6
1998	2358.2	1702.3
1999	2525.1	1695.4
2000	2649.4	1937.8
2001	2887.6	2089.5
2002	3272.1	2300.5
2003	3527.3	2520.0
2004	4061.4	2813.0
2005	4668.5	3293.5
2006	5409.3	3848.8
2007	6492.5	4675.9
2008	7637.0	5420.3
2009	8426.0	6065.2
2010	9520.0	6831.3
2011	11206.5	7967.9
2012	12772.2	9103.4
2013	14203.7	10002.5
2014	15695.2	11000.4
2015	17124.8	11835.1
2016	18443.1	12712.3
2017	20170.0	13729.6
2018	21963.5	15168.5
2019	23902.7	16331.8
2020	24810.1	16142.6
2021	26811.2	18391.3
2022	28222.4	19019.5
2023	29932.9	21010.9

注：2013 年以前为纯收入口径。

7－2　调查户家庭基本情况(2023年)

指　　标	单　位	数　值
基本情况		
户均常住人口	人	3.2
户均劳动力人数	人	1.6
平均每户家庭从业人口比重	%	48.7
平均每一从业人口负担人数	人	1.1
户主文化程度		
未上过学	%	1.0
小学	%	13.8
初中	%	46.5
高中	%	20.2
大学专科	%	11.6
大学本科	%	6.2
研究生	%	0.8
常住从业人员就业类型		
雇主	%	1.1
公职人员	%	1.7
事业单位人员	%	5.7
国有企业雇员	%	2.8
其他雇员	%	54.8
农业自营	%	22.3
非农自营	%	11.7
常住从业人员从事主要行业		
第一产业	%	23.5
第二产业	%	24.3
第三产业	%	52.3

7－3　居民家庭居住情况(2023年)

项　　目	单　位	数　值
期末人均住房情况		
现住房建筑面积	平方米	50.05
主要建筑材料		
钢筋混凝土	%	53.3
砖混材料	%	43.7
砖瓦砖木	%	2.9
竹草土坯	%	0.0
其他	%	0.0
住宅外道路路面情况		
水泥或柏油路面	%	92.5
沙石或石板等硬质路面	%	4.4
其他	%	3.0
粪便清掏和处理情况		
自行清掏后运送到处理厂处理并利用	%	15.5
自行清掏后自主无害化处理并利用	%	10.8
自行清掏后直接掩埋在土坑里	%	23.1
自行清掏后直接作为粪肥使用	%	33.2
自行清掏后弃置在开放地带	%	1.8
政府或集体统一组织清掏并处理	%	12.4
需要清掏但建成以来从未清掏过	%	0.3
根据厕所功能设计不需要清掏	%	2.8
住户主要饮用水来源情况		
经过净化处理的自来水	%	89.7
受保护的井水和泉水	%	9.6
不受保护的井水和泉水	%	0.3
江河湖泊水	%	0.0
收集雨水	%	0.0
桶装水	%	0.4
其他水源	%	0.0
获取饮用水存在哪些困难(可多选)		
单次取水往返时间超过半小时	%	0.1
间断或定时供水	%	0.6
当年连续缺水时间超过15天	%	0.1
无上述困难	%	99.2
住户饮用水使用前采取的主要处理措施		
煮沸	%	90.7
加漂白剂/氯等	%	0.3
使用水过滤器	%	6.8
其他处理措施	%	0.7
没有任何水处理措施	%	1.5
厨房使用情况		
住宅内独用	%	78.5

7-3 续表1

项　　目	单　位	数　值
住宅内合用	%	0.7
院内独用	%	20.4
院内合用	%	0.3
其他地方独用	%	0.0
其他地方合用	%	0.0
无厨房	%	0.1
住户厕所类型		
水冲式卫生厕所(冲入下水道)	%	66.7
水冲式卫生厕所(冲入化粪池)	%	18.7
水冲式卫生厕所(冲入防渗厕坑)	%	2.1
水冲式非卫生厕所(冲入其他地方)	%	3.8
卫生旱厕	%	7.2
普通旱厕	%	1.5
无厕所	%	0.0
住户厕所使用情况		
住宅内独用	%	74.0
住宅内合用	%	1.1
院内独用	%	23.2
院内合用	%	1.4
其他地方独用	%	0.2
其他地方合用	%	0.0
公用厕所	%	0.1
住户洗澡设施情况		
统一供热水	%	1.5
家庭自装热水器	%	89.2
其他	%	6.0
无洗澡设施	%	3.3
住宅或院内是否有洗手设施及肥皂和水?		
有洗手设施,并有肥皂和水	%	99.1
有洗手设施,但是没有肥皂或水	%	0.9
没有洗手设施	%	0.0
住户主要取暖设备状况		
由市政或小区集中供暖	%	16.1
自行供暖	%	74.9
无取暖设备	%	9.1
取水位置		
住宅内管道取水	%	83.3
住宅内其他方式取水	%	1.4
院内管道取水	%	14.3
院内其他方式取水	%	0.6
其他位置取水	%	0.4

7－3　续表 2

项　　目	单　位	数　值
住户主要取暖用能源状况		
柴草	%	1.7
煤炭	%	1.4
罐装液化石油气	%	2.6
管道液化石油气	%	0.2
管道煤气	%	0.4
管道天然气	%	5.8
电	%	71.1
燃料用油	%	0
沼气	%	0.0
其他	%	0.6
无取暖行为	%	16.4
主要炊用能源状况		
柴草	%	2.0
煤炭	%	0.4
罐装液化石油气	%	32.5
管道液化石油气	%	1.2
管道煤气	%	0.9
管道天然气	%	44.1
电	%	18.4
燃料用油	%	0.0
沼气	%	0.0
其他	%	0.2
无炊用行为	%	0.2

7－4　居民人均总收入(2023 年)

指　　标	单　位	数　值
总收入	**元**	**33593.3**
工资性收入	元	15166.2
工资	元	14695.8
实物福利	元	57.9
其他	元	412.5
经营性收入	元	8523.3
第一产业经营性收入	元	4010.9
农业	元	3274.4
林业	元	60.8
牧业	元	647.9
渔业	元	27.8
第二产业经营性收入	元	830.7
第三产业经营性收入	元	3681.6
财产性收入	元	1965.5
转移性收入	元	7938.4

7－5　居民人均总收入构成(2023 年)

指　　标	单　位	构　成
总收入	**%**	**100.0**
工资性收入	%	45.1
工资	%	43.7
实物福利	%	0.2
其他	%	1.2
经营性收入	%	25.4
第一产业经营性收入	%	11.9
农业	%	9.7
林业	%	0.2
牧业	%	1.9
渔业	%	0.1
第二产业经营性收入	%	2.5
第三产业经营性收入	%	11.0
财产性收入	%	5.9
转移性收入	%	23.6

7－6　居民人均可支配收入(2023 年)

指　　标	单　位	数　值
可支配收入	**元**	**29932.9**
工资性收入	元	15166.2
工资	元	14695.8
实物福利	元	57.9
其他	元	412.5
经营净收入	元	6037.1
第一产业经营净收入	元	2387.6
农业	元	2088.8
林业	元	33.0
牧业	元	250.3
渔业	元	15.5
第二产业经营净收入	元	729.2
第三产业经营净收入	元	2920.3
财产净收入	元	1888.9
转移净收入	元	6840.7

7-7 居民人均可支配收入构成(2023年)

指　标	单　位	构　成
可支配收入	**%**	**100.0**
工资性收入	%	50.7
工资	%	49.1
实物福利	%	0.2
其他	%	1.4
经营净收入	%	20.2
第一产业经营净收入	%	8.0
农业	%	7.0
林业	%	0.1
牧业	%	0.8
渔业	%	0.1
第二产业经营净收入	%	2.4
第三产业经营净收入	%	9.8
财产净收入	%	6.3
转移净收入	%	22.9

7-8 居民人均现金可支配收入(2023年)

指　标	单　位	数　值
现金可支配收入	**元**	**28251.3**
现金工资性收入	元	15108.3
工资	元	14695.8
其他工资性收入	元	412.5
现金经营净收入	元	5881.7
第一产业现金经营净收入	元	1950.6
农业	元	1616.7
林业	元	33.1
牧业	元	285.1
渔业	元	15.7
第二产业现金经营净收入	元	763.9
第三产业现金经营净收入	元	3167.2
现金财产净收入	元	832.2
现金转移净收入	元	6429.0

7－9 居民人均现金可支配收入构成(2023 年)

指　标	单　位	构　成
现金可支配收入	%	**100.0**
现金工资性收入	%	53.5
工资	%	52.0
其他工资性收入	%	1.5
现金经营净收入	%	20.8
第一产业现金经营净收入	%	6.9
农业	%	5.7
林业	%	0.1
牧业	%	1.0
渔业	%	0.1
第二产业现金经营净收入	%	2.7
第三产业现金经营净收入	%	11.2
现金财产净收入	%	2.9
现金转移净收入	%	22.8

7－10 居民人均总支出(2023 年)

指　标	单　位	数　值
总支出	**元**	**27790.8**
消费支出	元	21010.9
食品烟酒	元	6275.2
衣着	元	1508.8
居住	元	4333.8
生活用品及服务	元	1267.0
交通通信	元	2570.3
教育文化娱乐	元	2461.0
医疗保健	元	2116.0
其他用品和服务	元	478.9
生产经营费用支出	元	2073.7
第一产业经营费用支出	元	1492.5
第二产业经营费用支出	元	66.8
第三产业经营费用支出	元	514.4
财产性支出	元	76.6
生活贷款利息支出	元	70.7

7-10 续表

指　　标	单　位	数　值
其他财产性支出	元	5.9
转移性支出	元	1097.4
个人所得税	元	105.7
社会保障支出	元	851.3
外来从业人员寄给家人的支出	元	19.0
赡养支出	元	91.7
其他转移性支出	元	29.7
部分商业保险支出	元	158.9
意外伤害保险	元	10.5
商业医疗保险(含大病保险)	元	88.7
其他非储蓄性商业保险	元	17.1
其他储蓄性商业保险	元	42.6
购置资产及非经常性转移支出	元	2260.9
购置资产支出	元	641.8
非经常性转移支出	元	1619.0
借贷性支出	元	1112.3
存入储蓄款	元	24.9
借出款	元	14.2
归还借款	元	183.3
购买有价证券	元	9.2
其他投资支出	元	31.6
归还住房贷款	元	620.3
归还汽车贷款	元	105.3
归还教育贷款	元	5.3
归还其他贷款	元	114.2
其他借贷支出	元	4.1
服务性消费支出	元	9221.6

7－11 居民人均总支出构成(2023 年)

指　　标	单　位	构　成
总支出	%	**100.0**
消费支出	%	75.6
食品烟酒	%	22.6
衣着	%	5.4
居住	%	15.6
生活用品及服务	%	4.6
交通通信	%	9.2
教育文化娱乐	%	8.9
医疗保健	%	7.6
其他用品和服务	%	1.7
生产经营费用支出	%	7.5
第一产业经营费用支出	%	5.4
第二产业经营费用支出	%	0.2
第三产业经营费用支出	%	1.9
财产性支出	%	0.3
生活贷款利息支出	%	0.3
其他财产性支出	%	0.0
转移性支出	%	3.9
个人所得税	%	0.4
社会保障支出	%	3.1
外来从业人员寄给家人的支出	%	0.1
赡养支出	%	0.3
其他转移性支出	%	0.1
部分商业保险支出	%	0.6
意外伤害保险	%	0.0
商业医疗保险(含大病保险)	%	0.3
其他非储蓄性商业保险	%	0.1

7－11 续表

指　标	单 位	构 成
其他储蓄性商业保险	%	0.2
购置资产及非经常性转移支出	%	8.1
购置资产支出	%	2.3
非经常性转移支出	%	5.8
借贷性支出	%	4.0
存入储蓄款	%	0.1
借出款	%	0.1
归还借款	%	0.7
购买有价证券	%	0.0
其他投资支出	%	0.1
归还住房贷款	%	2.2
归还汽车贷款	%	0.4
归还教育贷款	%	0.0
归还其他贷款	%	0.4
其他借贷支出	%	0.0
服务性消费支出	%	33.2

7－12 居民人均生活消费支出(2023 年)

指　标	单 位	数 值
全年生活消费支出	**元**	**20933.7**
食品	元	6208.2
衣着	元	1508.8
居住	元	4331.6
生活用品及服务	元	1267.0
交通通讯	元	2570.3
教育文化娱乐	元	2461.0
医疗保健	元	2107.8
其他用品和服务	元	478.9

7－13　居民人均生活消费支出构成(2023年)

指　　标	单　位	构　成
全年生活消费支出	**%**	**100.0**
食品	%	29.7
衣着	%	7.2
居住	%	20.7
生活用品及服务	%	6.1
交通通讯	%	12.3
教育文化娱乐	%	11.8
医疗保健	%	10.1
其他用品和服务	%	2.3

7－14　居民人均现金生活消费支出(2023年)

指　　标	单　位	数　值
现金生活消费支出	**元**	**17766.5**
食品	元	6161.3
衣着	元	1508.5
居住	元	1626.4
生活用品及服务	元	1264.6
交通通讯	元	2569.0
教育文化娱乐	元	2460.6
医疗保健	元	1699.4
其他用品和服务	元	476.8

7-15 居民人均现金生活消费支出构成(2023年)

指　　标	单　位	构　成
全年生活消费支出	**%**	**100.0**
食品	%	34.7
衣着	%	8.5
居住	%	9.2
生活用品及服务	%	7.1
交通通讯	%	14.5
教育文化娱乐	%	13.8
医疗保健	%	9.6
其他用品和服务	%	2.7

7-16 居民家庭平均每百户主要消费品年末拥有量(2023年)

指　　标	单　位	数　值
家用汽车	辆	55.11
其中:新能源汽车	辆	1.62
摩托车	辆	15.10
助力车	台	137.62
洗衣机	台	103.41
电冰箱(柜)	台	102.04
微波炉	台	34.01
彩色电视机	台	108.18
空调	台	193.41
热水器	台	87.48
烤箱	台	6.46
洗碗机	台	2.71
排油烟机	台	65.48
固定电话	线	3.14
移动电话	部	273.58
计算机	台	39.95
照相机	台	4.56
乐器	架	3.63
健身器材	台	3.41
空气净化器(含新风系统)	台	6.34
地面清洁电器	台	6.99

7－17 按收入分组的居民家庭平均每人总收入(2023 年)

单位:元

项　　目	低收入户	中低收入户	中等收入户	中高收入户	高收入户
总收入	**14393.11**	**19930.75**	**27800.57**	**40065.31**	**83009.86**
工资性收入	4672.56	8903.95	13741.76	19325.85	37372.91
工资	4607.88	8812.39	13548.27	18915.22	35283.90
实物福利	12.44	21.83	33.69	56.46	214.63
其他	52.24	69.73	159.79	354.17	1874.39
经营性收入	5238.01	4817.48	6542.53	9562.23	20335.51
第一产业经营收入	4019.14	3066.60	3239.57	3833.62	6591.44
农业	3521.12	2780.98	2778.64	3197.99	4347.04
林业	29.10	39.78	30.88	54.42	188.03
牧业	448.83	228.45	428.70	549.85	1970.55
渔业	20.08	17.39	1.35	31.36	85.82
第二产业经营收入	86.28	218.08	326.00	948.68	3400.49
第三产业经营收入	1132.59	1532.81	2976.96	4779.92	10343.57
财产性收入	238.27	586.25	1217.31	2436.35	7063.68
转移性收入	4244.28	5623.08	6298.98	8740.88	18237.76
家庭外出从业人员寄回带回收入	3120.62	4111.87	3693.89	3441.17	3007.59

7－18 按收入分组的居民家庭平均每人总支出(2023 年)

单位:元

项　　目	低收入户	中低收入户	中等收入户	中高收入户	高收入户
总支出	**18688.42**	**20737.61**	**24270.45**	**31847.88**	**51867.38**
消费支出	13312.59	15945.37	19069.86	24251.97	38939.27
生产经营费用支出	2730.38	1382.69	1557.12	1896.95	2936.74
第一产业经营费用支出	1907.10	1082.59	1101.66	1274.81	2215.04
农业	1412.73	947.14	826.64	1069.05	1154.14
林业	14.88	15.02	27.95	23.53	56.00
牧业	451.36	107.26	246.83	177.79	997.34
渔业	28.14	13.17	0.24	4.44	7.56
第二产业经营费用支出	23.58	28.36	31.58	142.13	144.64
第三产业经营费用支出	799.70	271.75	423.88	480.01	577.06
财产性支出	42.42	36.64	75.61	59.00	209.98
转移性支出	535.17	646.52	819.26	1191.74	2878.01
部分商业保险支出	66.85	74.42	104.47	216.07	426.33
购置资产及非经常性转移支出	1543.52	1825.15	1819.25	2658.38	4110.76
借贷性支出	457.49	826.82	824.89	1573.77	2366.29

7－19　按收入分组的居民家庭平均每人可支配收入(2023年)

单位:元

项　　目	低收入户	中低收入户	中等收入户	中高收入户	高收入户
可支配收入	**10843.2**	**17662.0**	**25065.9**	**36385.4**	**75977.9**
工资性收入	4672.6	8903.9	13741.8	19325.9	37372.9
工资	4607.9	8812.4	13548.3	18915.2	35283.9
实物福利	12.4	21.8	33.7	56.5	214.6
其他	52.2	69.7	159.8	354.2	1874.4
经营净收入	2265.7	3232.3	4703.0	7133.3	16392.0
第一产业经营净收入	1952.6	1909.8	2033.2	2433.8	4167.6
农业	1997.4	1769.2	1862.8	2031.8	3059.2
林业	13.6	24.0	0.5	29.8	123.4
牧业	－50.4	113.2	168.8	346.3	908.8
渔业	－8.1	3.5	1.1	25.9	76.2
第二产业经营净收入	47.1	169.1	267.0	739.9	3200.8
第三产业经营净收入	266.0	1153.4	2402.7	3959.7	9023.7
财产净收入	195.8	549.6	1141.7	2377.4	6853.7
转移净收入	3709.1	4976.2	5479.5	7548.9	15359.2

7－20　按收入分组的居民家庭平均每人生活消费支出(2023年)

单位:元

项　　目	低收入户	中低收入户	中等收入户	中高收入户	高收入户
全年生活消费支出	**13233.4**	**15852.6**	**18989.0**	**24180.8**	**38884.4**
食品烟酒	4086.7	4885.4	5744.3	7195.1	10835.5
衣着	997.1	1178.8	1379.0	1716.0	2702.2
居住	2628.1	3109.5	3818.5	5011.2	8600.6
生活用品及服务	790.7	890.1	1108.1	1539.4	2430.8
交通通讯	1417.3	1895.3	2262.1	2984.8	5245.6
教育文化娱乐	1863.8	2174.2	2383.8	2806.4	3488.0
医疗保健	1254.8	1476.8	1911.9	2427.3	4216.6
其他用品和服务	194.9	242.6	381.3	500.6	1365.0

7-21 按收入分组的居民家庭平均每人现金可支配收入(2023年)

单位:元

项目	低收入户	中低收入户	中等收入户	中高收入户	高收入户
现金可支配收入(未扣除生产费用)	**9861.85**	**16248.84**	**22982.57**	**32738.90**	**61824.92**
现金工资性收入	4036.59	8627.88	13381.46	19403.98	30895.24
工资	3980.09	8483.84	13133.57	18835.97	29333.78
其他工资性收入	56.50	144.03	247.89	568.00	1561.46
现金经营性收入	1997.99	3146.48	4409.28	6114.63	14876.40
第一产业现金经营收入	1486.03	1924.07	2198.59	2320.82	2120.13
农业	1390.01	1788.48	1998.23	1915.52	1186.83
林业	16.46	34.12	32.82	7.42	1.47
牧业	56.56	84.54	156.72	397.80	870.73
渔业	22.99	16.93	10.81	0.08	61.11
第二产业现金经营收入	62.16	147.81	431.59	465.29	3063.87
第三产业现金经营收入	449.80	1074.60	1779.10	3328.52	9692.40
现金财产性收入	141.53	233.34	559.37	881.31	2411.54
现金转移性收入	3685.74	4241.15	4632.46	6338.98	13641.73
家庭外出从业人员寄回带回收入	3020.17	3360.11	2963.47	2811.69	3681.37

7-22 按收入分组的居民家庭平均每人生活消费现金支出(2023年)

单位:元

项目	低收入户	中低收入户	中等收入户	中高收入户	高收入户
全年生活现金消费支出	**10133.74**	**11983.14**	**14401.11**	**18242.16**	**28625.11**
食品烟酒	3445.45	4180.94	4982.12	6231.96	9232.06
衣着	865.98	1035.41	1176.59	1510.90	2336.84
居住	823.57	1039.33	1407.28	1945.54	2645.26
生活用品及服务	699.56	898.39	1017.64	1319.31	2429.02
交通通讯	1244.62	1536.93	2121.36	2936.63	4669.79
教育文化娱乐	1705.74	1917.78	2095.22	2284.09	3203.14
医疗保健	1147.66	1128.84	1309.38	1602.10	2934.73
其他用品和服务	201.15	245.53	291.51	411.63	1174.27

7-23 历年城镇居民收支

单位：元

年 份	城镇居民人均可支配收入	城镇居民人均生活消费支出
1978	315.0	274.0
1979	361.0	303.0
1980	365.0	335.0
1981	395.0	363.2
1982	429.0	382.5
1983	452.5	405.0
1984	497.5	431.7
1985	600.6	556.7
1986	724.2	653.8
1987	814.2	711.3
1988	946.1	896.6
1989	1111.5	964.0
1990	1267.7	1067.7
1991	1384.8	1200.0
1992	1608.0	1342.6
1993	1962.8	1609.3
1994	2618.6	2155.2
1995	3299.5	2674.0
1996	3755.4	3009.4
1997	4093.6	3378.0
1998	4219.4	3415.7
1999	4532.4	3497.5
2000	4766.3	3830.7
2001	5267.4	4110.2
2002	6245.4	4504.7
2003	6926.1	4941.6
2004	7704.9	5294.2
2005	8668.0	6038.0
2006	9810.3	6685.2
2007	11477.1	7826.7
2008	13231.1	8837.5
2009	14371.6	9567.0
2010	15930.3	10838.5
2011	18194.8	12336.5
2012	20442.6	13733.0
2013	22398.0	14822.0
2014	23672.0	16184.0
2015	25575.6	17154.3
2016	27232.9	18087.8
2017	29557.9	19422.3
2018	31874.2	20989.2
2019	34201.0	21971.6
2020	34750.3	20644.9
2021	37094.8	23177.5
2022	38483.7	23539.3
2023	40234.5	25570.4

注:2013 年以前为纯收入口径。

7－24　城镇调查户家庭基本情况(2023 年)

指　　标	单　位	数　值
基本情况		
户均常住人口	人	3.2
户均劳动力人数	人	1.5
平均每户家庭从业人口比重	%	47.5
平均每一从业人口负担人数	人	1.1
户主文化程度		
未上过学	%	0.4
小学	%	7.7
初中	%	34.6
高中	%	26.5
大学专科	%	18.5
大学本科	%	10.9
研究生	%	1.4
常住从业人员就业类型		
雇主	%	1.4
公职人员	%	3.0
事业单位人员	%	9.8
国有企业雇员	%	5.1
其他雇员	%	60.4
农业自营	%	6.4
非农自营	%	14.0
常住从业人员从事主要行业		
第一产业	%	7.0
第二产业	%	22.6
第三产业	%	70.4

7－25 城镇居民家庭居住情况(2023年)

项　目	单　位	数　值
期末人均住房情况		
现住房建筑面积	平方米	45.40
主要建筑材料		
钢筋混凝土	%	69.22
砖混材料	%	30.17
砖瓦砖木	%	0.61
竹草土坯	%	0.00
其他	%	0.00
住宅外道路路面情况		
水泥或柏油路面	%	96.45
沙石或石板等硬质路面	%	2.60
其他	%	0.96
粪便清掏和处理情况		
自行清掏后运送到处理厂处理并利用	%	20.09
自行清掏后自主无害化处理并利用	%	16.88
自行清掏后直接掩埋在土坑里	%	17.86
自行清掏后直接作为粪肥使用	%	20.79
自行清掏后弃置在开放地带	%	3.45
政府或集体统一组织清掏并处理	%	15.17
需要清掏但建成以来从未清掏过	%	0.39
根据厕所功能设计不需要清掏	%	5.36
住户主要饮用水来源情况		
经过净化处理的自来水	%	94.18
受保护的井水和泉水	%	4.78
不受保护的井水和泉水	%	0.31
江河湖泊水	%	0.00
收集雨水	%	0.00
桶装水	%	0.65
其他水源	%	0.09
获取饮用水存在哪些困难(可多选)		
单次取水往返时间超过半小时	%	0.11
间断或定时供水	%	0.46
当年连续缺水时间超过15天	%	0.12
无上述困难	%	99.31
住户饮用水使用前采取的主要处理措施		
煮沸	%	89.99

7－25　续表 1

项　　目	单　位	数　值
加漂白剂/氯等	%	0.33
使用水过滤器	%	8.46
其他处理措施	%	0.15
没有任何水处理措施	%	1.07
厨房使用情况		
住宅内独用	%	92.39
住宅内合用	%	0.64
院内独用	%	6.46
院内合用	%	0.25
其他地方独用	%	0.00
其他地方合用	%	0.07
无厨房	%	0.18
住户厕所类型		
水冲式卫生厕所(冲入下水道)	%	88.44
水冲式卫生厕所(冲入化粪池)	%	7.20
水冲式卫生厕所(冲入防渗厕坑)	%	1.10
水冲式非卫生厕所(冲入其他地方)	%	0.82
卫生旱厕	%	1.93
普通旱厕	%	0.52
住户厕所使用情况		
住宅内独用	%	89.24
住宅内合用	%	1.64
院内独用	%	8.71
院内合用	%	0.30
其他地方独用	%	0.01
其他地方合用	%	0.04
公用厕所	%	0.06
无厕所	%	0.00
住户洗澡设施情况		
统一供热水	%	2.14
家庭自装热水器	%	93.36
其他	%	2.96
无洗澡设施	%	1.53
住宅或院内是否有洗手设施及肥皂和水?		
有洗手设施,并有肥皂和水	%	99.41

7－25 续表 2

项目	单位	数值
有洗手设施，但是没有肥皂或水	%	0.59
没有洗手设施	%	0.00
住户主要取暖设备状况		
由市政或小区集中供暖	%	31.12
自行供暖	%	60.81
无取暖设备	%	8.07
取水位置		
住宅内管道取水	%	93.83
住宅内其他方式取水	%	0.53
院内管道取水	%	4.70
院内其他方式取水	%	0.69
其他位置取水	%	0.26
住户主要取暖用能源状况		
柴草	%	0.12
煤炭	%	0.31
.罐装液化石油气	%	0.98
管道液化石油气	%	0.08
管道煤气	%	0.31
管道天然气	%	9.00
电	%	57.01
燃料用油	%	0.00
沼气	%	0.00
其他	%	0.46
无取暖行为	%	31.73
主要炊用能源状况		
柴草	%	0.24
煤炭	%	0.13
罐装液化石油气	%	16.89
管道液化石油气	%	1.45
管道煤气	%	0.93
管道天然气	%	67.77
电	%	12.13
燃料用油	%	0.00
沼气	%	0.02
其他	%	0.06
无炊用行为	%	0.38

7－26　城镇居民人均总收入(2023 年)

指　　标	单　位	数　值
总收入	**元**	**43558.0**
工资性收入	元	23113.8
工资	元	22254.6
实物福利	元	99.0
其他	元	760.3
经营性收入	元	7229.0
第一产业经营性收入	元	956.0
农业	元	724.4
林业	元	9.2
牧业	元	217.5
渔业	元	4.8
第二产业经营性收入	元	1104.6
第三产业经营性收入	元	5168.4
财产性收入	元	3688.3
转移性收入	元	9526.9

7－27　城镇居民人均总收入构成(2023 年)

指　　标	单　位	构　成
总收入	**%**	**100.0**
工资性收入	%	53.1
工资	%	51.1
实物福利	%	0.2
其他	%	1.7
经营性收入	%	16.6
第一产业经营性收入	%	2.2
农业	%	1.7
林业	%	0.0
牧业	%	0.5
渔业	%	0.0
第二产业经营性收入	%	2.5
第三产业经营性收入	%	11.9
财产性收入	%	8.5
转移性收入	%	21.9

7－28 城镇居民人均可支配收入(2023年)

指　　标	单　位	数　值
可支配收入	**元**	**40234.5**
工资性收入	元	23113.8
工资	元	22254.6
实物福利	元	99.0
其他	元	760.3
经营净收入	元	5674.1
第一产业经营净收入	元	515.0
农业	元	434.6
林业	元	1.4
牧业	元	75.5
渔业	元	3.5
第二产业经营净收入	元	988.7
第三产业经营净收入	元	4170.4
财产净收入	元	3567.2
转移净收入	元	7879.4

7－29 城镇居民人均可支配收入构成(2023年)

指　　标	单　位	构　成
可支配收入	**%**	**100.0**
工资性收入	%	57.4
工资	%	55.3
实物福利	%	0.2
其他	%	1.9
经营净收入	%	14.1
第一产业经营净收入	%	1.3
农业	%	1.1
林业	%	0.0
牧业	%	0.2
渔业	%	0.0
第二产业经营净收入	%	2.5
第三产业经营净收入	%	10.4
财产净收入	%	8.9
转移净收入	%	19.6

7－30　城镇居民人均现金可支配收入(2023年)

指　　标	单　位	数　值
现金可支配收入	**元**	**37893.9**
现金工资性收入	元	23014.8
工资	元	22254.6
其他工资性收入	元	760.3
现金经营净收入	元	6086.6
第一产业现金经营净收入	元	521.0
农业	元	426.6
林业	元	1.6
牧业	元	89.3
渔业	元	3.5
第二产业现金经营净收入	元	1017.5
第三产业现金经营净收入	元	4548.1
财产现金经营净收入	元	1408.8
转移现金经营净收入	元	7383.7

7－31　城镇居民人均现金可支配收入构成(2023年)

指　　标	单　位	构　成
现金可支配收入	**%**	**100.0**
现金工资性收入	%	60.7
工资	%	58.7
其他工资性收入	%	2.0
现金经营净收入	%	16.1
第一产业现金经营净收入	%	1.4
农业	%	1.1
林业	%	0.0
牧业	%	0.2
渔业	%	0.0
第二产业现金经营净收入	%	2.7
第三产业现金经营净收入	%	12.0
财产现金经营净收入	%	3.7
转移现金经营净收入	%	19.5

7－32 城镇居民人均总支出(2023年)

指　标	单　位	数　值
总支出	**元**	**32612.0**
消费支出	元	25570.4
食品烟酒	元	7435.5
衣着	元	1836.0
居住	元	5487.3
生活用品及服务	元	1574.6
交通通信	元	3098.8
教育文化娱乐	元	2933.8
医疗保健	元	2506.1
其他用品和服务	元	698.3
生产经营费用支出	元	1116.3
第一产业经营费用支出	元	408.8
第二产业经营费用支出	元	87.1
第三产业经营费用支出	元	620.3
财产性支出	元	121.1
生活贷款利息支出	元	110.6
其他财产性支出	元	10.6
转移性支出	元	1647.2
个人所得税	元	171.6
社会保障支出	元	1272.7
外来从业人员寄给家人的支出	元	10.5
赡养支出	元	149.4
其他转移性支出	元	43.0
部分商业保险支出	元	260.6
意外伤害保险	元	11.1
商业医疗保险(含大病保险)	元	146.6
其他非储蓄性商业保险	元	27.8
其他储蓄性商业保险	元	75.2
购置资产及非经常性转移支出	元	2338.1
购置资产支出	元	419.1
非经常性转移支出	元	1919.0
借贷性支出	元	1558.3
存入储蓄款	元	45.9
借出款	元	18.6
归还借款	元	197.1
购买有价证券	元	16.6
其他投资支出	元	44.1
归还住房贷款	元	916.9
归还汽车贷款	元	134.1
归还教育贷款	元	3.4
归还其他贷款	元	177.7
其他借贷支出	元	3.8
服务性消费支出	元	11669.8

7－33　城镇居民人均总支出构成(2023 年)

指　　标	单　位	构　成
总支出	%	**100.0**
消费支出	%	78.4
食品烟酒	%	22.8
衣着	%	5.6
居住	%	16.8
生活用品及服务	%	4.8
交通通信	%	9.5
教育文化娱乐	%	9.0
医疗保健	%	7.7
其他用品和服务	%	2.1
生产经营费用支出	%	3.4
第一产业经营费用支出	%	1.3
第二产业经营费用支出	%	0.3
第三产业经营费用支出	%	1.9
财产性支出	%	0.4
生活贷款利息支出	%	0.3
其他财产性支出	%	0.0
转移性支出	%	5.1
个人所得税	%	0.5
社会保障支出	%	3.9
外来从业人员寄给家人的支出	%	0.0
赡养支出	%	0.5
其他转移性支出	%	0.1
部分商业保险支出	%	0.8
意外伤害保险	%	0.0
商业医疗保险(含大病保险)	%	0.4
其他非储蓄性商业保险	%	0.1
其他储蓄性商业保险	%	0.2
购置资产及非经常性转移支出	%	7.2
购置资产支出	%	1.3
非经常性转移支出	%	5.9
借贷性支出	%	4.8
存入储蓄款	%	0.1
借出款	%	0.1
归还借款	%	0.6
购买有价证券	%	0.1
其他投资支出	%	0.1
归还住房贷款	%	2.8
归还汽车贷款	%	0.4
归还教育贷款	%	0.0
归还其他贷款	%	0.5
其他借贷支出	%	0.0
服务性消费支出	%	35.8

7－34 城镇居民人均生活消费支出(2023 年)

指　　标	单　位	数　值
全年生活消费支出	**元**	**25541.5**
食品	元	7420.8
衣着	元	1836.0
居住	元	5487.0
生活用品及服务	元	1574.6
交通通讯	元	3098.8
教育文化娱乐	元	2933.8
医疗保健	元	2492.1
其他用品和服务	元	698.3

7－35 城镇居民人均生活消费支出构成(2023 年)

指　　标	单　位	构　成
全年生活消费支出	**%**	**100.0**
食品	%	29.1
衣着	%	7.2
居住	%	21.5
生活用品及服务	%	6.2
交通通讯	%	12.1
教育文化娱乐	%	11.5
医疗保健	%	9.8
其他用品和服务	%	2.7

7－36　城镇居民人均现金生活消费支出（2023 年）

指　　标	单　位	数　值
全年现金生活消费支出	**元**	**21400.9**
食品	元	7339.5
衣着	元	1835.4
居住	元	1929.5
生活用品及服务	元	1571.8
交通通讯	元	3096.3
教育文化娱乐	元	2933.0
医疗保健	元	2000.1
其他用品和服务	元	695.4

7－37　城镇居民人均现金生活消费支出构成（2023 年）

指　　标	单　位	构　成
全年现金生活消费支出	**%**	**100.0**
食品	%	34.3
衣着	%	8.6
居住	%	9.0
生活用品及服务	%	7.3
交通通讯	%	14.5
教育文化娱乐	%	13.7
医疗保健	%	9.3
其他用品和服务	%	3.2

7－38 城镇居民家庭平均每百户主要消费品年末拥有量(2023年)

指　标	单　位	数　值
家用汽车	辆	58.02
其中:新能源汽车	辆	2.31
摩托车	辆	7.51
助力车	台	129.29
洗衣机	台	102.28
电冰箱(柜)	台	100.98
微波炉	台	47.79
彩色电视机	台	106.34
空调	台	220.36
热水器	台	94.42
烤箱	台	10.09
洗碗机	台	4.33
排油烟机	台	85.37
固定电话	线	3.40
移动电话	部	252.23
计算机	台	52.71
照相机	台	7.27
乐器	架	6.18
健身器材	台	5.20
空气净化器(含新风系统)	台	11.19
地面清洁电器	台	11.79

7－39 按收入分组的城镇居民家庭平均每人总收入(2023年)

单位:元

项　目	低收入户	中低收入户	中等收入户	中高收入户	高收入户
总收入	**18651.5**	**27502.1**	**38001.0**	**53986.7**	**104737.4**
工资性收入	10241.8	16760.3	21369.4	27423.8	51443.4
工资	10145.8	16445.2	20936.8	26354.6	48136.3
实物福利	37.2	33.9	48.1	122.4	344.7
其他	58.8	281.3	384.5	946.9	2962.4
经营性收入	3740.1	3597.9	6101.6	7086.8	20356.7
第一产业经营收入	779.7	529.5	422.5	1059.1	2531.9
农业	648.1	512.3	376.8	1008.4	1325.1
林业	15.3	3.9	1.6	17.4	8.5
牧业	116.1	12.0	43.9	9.0	1197.7
渔业	0.3	1.4	0.3	24.3	0.6
第二产业经营收入	179.2	323.9	678.1	908.3	4675.2
第三产业经营收入	2781.2	2744.5	5000.9	5119.4	13149.6
财产性收入	1277.7	1959.1	2853.4	4781.7	10197.0
转移性收入	3391.9	5184.7	7676.6	14694.4	22740.4
家庭外出从业人员寄回带回收入	2131.7	2328.7	2435.3	2796.6	2973.4

7－40 按收入分组的城镇居民家庭平均每人总支出(2023年)

单位:元

项目	低收入户	中低收入户	中等收入户	中高收入户	高收入户
总支出	**20527.20**	**24174.71**	**29412.91**	**38538.21**	**62959.33**
消费支出	15450.55	19877.25	23864.93	29877.80	48283.35
生产经营费用支出	1816.46	425.96	667.43	893.56	1926.41
第一产业经营费用支出	386.53	155.34	128.95	463.93	1164.59
农业	283.97	140.78	116.82	429.66	487.87
林业	4.53	6.44	5.28	21.01	0.09
牧业	98.02	8.11	6.83	7.13	676.61
渔业	0.01	0.01	0.01	6.13	0.02
第二产业经营费用支出	50.73	35.17	75.23	121.93	202.25
第三产业经营费用支出	1379.19	235.45	463.25	307.70	559.56
财产性支出	54.49	101.66	68.05	146.02	306.03
转移性支出	842.42	985.67	1239.74	2007.51	4137.21
部分商业保险支出	119.65	154.92	229.25	403.84	528.40
购置资产及非经常性转移支出	1252.71	1695.14	1969.71	2948.42	4905.96
借贷性支出	990.92	934.12	1373.78	2261.06	2871.97

7－41 按收入分组的城镇居民家庭平均每人可支配收入(2023年)

单位:元

项目	低收入户	中低收入户	中等收入户	中高收入户	高收入户
可支配收入	**15789.39**	**25744.54**	**35610.68**	**50559.68**	**97044.51**
工资性收入	10241.79	16760.34	21369.41	27423.84	51443.36
工资	10145.76	16445.16	20936.81	26354.56	48136.28
实物福利	37.25	33.86	48.09	122.42	344.71
其他	58.78	281.32	384.52	946.86	2962.37
经营净收入	1775.10	2927.89	5019.40	5813.75	17107.48
第一产业经营净收入	357.73	363.09	284.77	538.99	1304.15
农业	351.68	362.76	251.19	526.46	829.53
林业	10.73	-2.56	-3.73	-6.29	8.41
牧业	-4.93	1.50	37.03	1.90	465.66
渔业	0.25	1.39	0.29	16.91	0.56
第二产业经营净收入	127.34	261.15	573.24	770.56	4382.37
第三产业经营净收入	1290.03	2303.66	4161.39	4504.20	11420.96
财产净收入	1223.20	1857.44	2785.30	4635.71	9890.97
转移净收入	2549.31	4198.87	6436.56	12686.39	18602.70

7-42　按收入分组的城镇居民家庭平均每人生活消费支出(2023 年)

单位:元

项　　目	低收入户	中低收入户	中等收入户	中高收入户	高收入户
全年生活消费支出	**15407.77**	**19861.32**	**23849.94**	**29868.75**	**48214.13**
食品	4725.04	5862.30	7278.39	8574.47	13090.01
衣着	1096.81	1487.58	1757.80	2050.45	3446.48
居住	3176.53	4098.28	5049.37	6744.59	10547.69
生活用品及服务	851.64	1252.96	1456.94	1778.24	3185.07
交通通讯	1725.42	2236.86	2836.11	4030.91	5944.64
教育文化娱乐	2240.26	2645.40	2977.93	3216.84	4121.49
医疗保健	1350.99	1837.91	1986.32	2610.06	5956.40
其他用品和服务	241.08	440.02	507.07	863.19	1922.34

7-43　按收入分组的城镇居民家庭平均每人现金可支配收入(2023 年)

单位:元

项　　目	低收入户	中低收入户	中等收入户	中高收入户	高收入户
现金可支配收入	**14681.90**	**24273.19**	**33821.52**	**47583.07**	**91316.17**
现金工资性收入	10204.54	16726.48	21321.33	27301.42	51098.65
工资	10145.76	16445.16	20936.81	26354.56	48136.28
其他工资性收入	58.78	281.32	384.52	946.86	2962.37
现金经营性收入	1771.75	3143.35	5455.89	6353.01	18324.43
第一产业现金经营收入	241.27	345.62	315.32	754.98	1261.44
农业	215.49	343.55	282.65	739.17	729.34
林业	10.20	-2.75	-3.83	-3.86	8.37
牧业	15.43	3.66	36.52	1.65	523.57
渔业	0.15	1.17	-0.01	18.02	0.16
第二产业现金经营收入	128.49	288.71	602.89	786.36	4472.92
第三产业现金经营收入	1401.99	2509.01	4537.68	4811.67	12590.08
现金财产性收入	259.12	371.72	887.51	1681.91	5313.32
现金转移性收入	2446.49	4031.63	6156.79	12246.73	16579.77
家庭外出从业人员寄回带回收入	2131.71	2328.68	2435.35	2796.64	2973.40

7－44 按收入分组的城镇居民家庭平均每人现金生活消费支出(2023 年)

单位:元

项　　目	低收入户	中低收入户	中等收入户	中高收入户	高收入户
全年现金生活消费支出	**13317.81**	**16992.95**	**20249.06**	**24881.02**	**38983.51**
食品	4694.00	5830.91	7235.15	8473.10	12818.80
衣着	1096.66	1487.46	1757.71	2049.54	3444.00
居住	1221.40	1428.32	1774.36	2311.72	3630.77
生活用品及服务	850.71	1252.04	1455.04	1774.84	3175.73
交通通讯	1724.37	2236.47	2834.85	4021.99	5941.94
教育文化娱乐	2240.26	2645.39	2977.81	3214.57	4118.66
医疗保健	1250.01	1672.88	1708.86	2175.58	3942.19
其他用品和服务	240.40	439.49	505.30	859.68	1911.41

7－45 历年农村居民收支

单位:元

年　份	城镇居民人均可支配收入	农村居民人均生活消费支出
1978	104.71	81.70
1979	133.56	110.83
1980	160.78	135.51
1981	215.57	165.57
1982	216.74	177.90
1983	272.00	196.35
1984	301.17	219.64
1985	328.78	260.19
1986	333.64	292.48
1987	377.72	309.90
1988	401.32	346.73
1989	457.06	390.05
1990	526.95	437.73
1991	539.29	454.68
1992	588.48	472.61

7－45 续表

单位:元

年 份	城镇居民人均可支配收入	农村居民人均生活消费支出
1993	695.85	564.93
1994	909.81	731.78
1995	1231.97	929.39
1996	1579.19	1206.43
1997	1733.89	1270.52
1998	1864.05	1240.30
1999	1948.36	1163.98
2000	1985.82	1315.83
2001	2097.86	1375.60
2002	2215.74	1451.51
2003	2235.68	1508.67
2004	2553.15	1664.09
2005	2870.58	1891.57
2006	3261.03	2229.28
2007	3851.60	2676.41
2008	4454.24	3044.21
2009	4806.95	3388.47
2010	5523.73	3682.21
2011	6604.03	4319.95
2012	7524.94	5032.14
2013	8475.34	5627.73
2014	9966.07	7277.21
2015	10852.86	7887.45
2016	11696.74	8586.59
2017	12719.18	9211.52
2018	13830.74	10392.01
2019	15163.70	11545.99
2020	16107.90	12201.10
2021	17533.30	14073.20
2022	18697.26	14823.92
2023	20052.93	16638.15

注:2013 年以前为纯收入口径。

7－46　农村调查家庭基本情况(2023年)

指　　标	单　位	数　值
基本情况		
户均常住人口	人	3.4
户均劳动力人数	人	1.6
平均每户家庭从业人口比重	%	48.3
平均每一从业人口负担人数	人	1.1
户主文化程度		
未上过学	%	1.6
小学	%	20.6
初中	%	59.7
高中	%	13.1
大学专科	%	3.8
大学本科	%	1.1
研究生	%	0.1
常住从业人员就业类型		
雇主	%	0.8
公职人员	%	0.5
事业单位人员	%	1.4
国有企业雇员	%	0.4
其他雇员	%	48.9
农业自营	%	38.8
非农自营	%	9.2
常住从业人员从事主要行业		
第一产业	%	40.6
第二产业	%	26.0
第三产业	%	33.4

7－47 农村居民家庭居住情况（2023年）

项　目	单　位	数　值
期末人均住房情况		
现住房建筑面积	平方米	54.52
主要建筑材料		
钢筋混凝土	%	36.71
砖混材料	%	57.88
砖瓦砖木	%	5.37
竹草土坯	%	0.00
其他	%	0.03
住宅外道路路面情况		
水泥或柏油路面	%	88.42
沙石或石板等硬质路面	%	6.35
其他	%	5.23
粪便清掏和处理情况		
自行清掏后运送到处理厂处理并利用	%	14.52
自行清掏后自主无害化处理并利用	%	9.44
自行清掏后直接掩埋在土坑里	%	24.22
自行清掏后直接作为粪肥使用	%	35.93
自行清掏后弃置在开放地带	%	1.41
政府或集体统一组织清掏并处理	%	11.86
需要清掏但建成以来从未清掏过	%	0.33
根据厕所功能设计不需要清掏	%	2.29
住户主要饮用水来源情况		
经过净化处理的自来水	%	85.02
受保护的井水和泉水	%	14.67
不受保护的井水和泉水	%	0.23
江河湖泊水	%	0.01
收集雨水	%	0.00
桶装水	%	0.07
其他水源	%	0.01
获取饮用水存在哪些困难（可多选）		
单次取水往返时间超过半小时	%	0.08
间断或定时供水	%	0.78
当年连续缺水时间超过15天	%	0.16
无上述困难	%	98.99
住户饮用水使用前采取的主要处理措施		
煮沸	%	91.44

7－47 续表1

项　　目	单　位	数　值
加漂白剂/氯等	%	0.31
使用水过滤器	%	5.07
其他处理措施	%	1.21
没有任何水处理措施	%	1.96
厨房使用情况		
住宅内独用	%	64.01
住宅内合用	%	0.72
院内独用	%	34.89
院内合用	%	0.33
其他地方独用	%	0.04
其他地方合用	%	0.02
无厨房	%	0.00
住户厕所类型		
水冲式卫生厕所(冲入下水道)	%	44.04
水冲式卫生厕所(冲入化粪池)	%	30.64
水冲式卫生厕所(冲入防渗厕坑)	%	3.16
水冲式非卫生厕所(冲入其他地方)	%	6.98
卫生旱厕	%	12.70
普通旱厕	%	2.48
无厕所	%	0.00
住户厕所使用情况		
住宅内独用	%	58.23
住宅内合用	%	0.60
院内独用	%	38.30
院内合用	%	2.49
其他地方独用	%	0.31
其他地方合用	%	0.02
公用厕所	%	0.05
住户洗澡设施情况		
统一供热水	%	0.77
家庭自装热水器	%	84.95
其他	%	9.13
无洗澡设施	%	5.16
住宅或院内是否有洗手设施及肥皂和水?		
有洗手设施,并有肥皂和水	%	98.83

7－47　续表2

项　　目	单　位	数　值
有洗手设施，但是没有肥皂或水	%	1.17
没有洗手设施	%	0.00
住户主要取暖设备状况		
由市政或小区集中供暖	%	0.36
自行供暖	%	89.49
无取暖设备	%	10.15
取水位置		
住宅内管道取水	%	72.34
住宅内其他方式取水	%	2.21
院内管道取水	%	24.34
院内其他方式取水	%	0.56
其他位置取水	%	0.54
住户主要取暖用能源状况		
柴草	%	3.33
煤炭	%	2.44
.罐装液化石油气	%	4.22
管道液化石油气	%	0.23
管道煤气	%	0.40
管道天然气	%	2.52
电	%	85.67
燃料用油	%	0.00
沼气	%	0.00
其他	%	0.69
无取暖行为	%	0.49
主要炊用能源状况		
柴草	%	3.90
煤炭	%	0.74
罐装液化石油气	%	48.73
管道液化石油气	%	1.01
管道煤气	%	0.92
管道天然气	%	19.55
电	%	24.82
燃料用油	%	0.00
沼气	%	0.00
其他	%	0.27
无炊用行为	%	0.05

7－48　农村居民人均总收入（2023 年）

指　　标	单　位	数　值
总收入	**元**	**24036.5**
工资性收入	元	7543.9
工资	元	7446.4
实物福利	元	18.5
其他	元	79.0
经营性收入	元	9764.6
第一产业经营性收入	元	6940.9
农业	元	5720.0
林业	元	110.2
牧业	元	1060.7
渔业	元	49.9
第二产业经营性收入	元	568.0
第三产业经营性收入	元	2255.7
财产性收入	元	313.1
转移性收入	元	6414.9

7－49　农村居民人均总收入构成（2023 年）

指　　标	单　位	构　成
总收入	**%**	**100.0**
工资性收入	%	31.4
工资	%	31.0
实物福利	%	0.1
其他	%	0.3
经营性收入	%	40.6
第一产业经营性收入	%	28.9
农业	%	23.8
林业	%	0.5
牧业	%	4.4
渔业	%	0.2
第二产业经营性收入	%	2.4
第三产业经营性收入	%	9.4
财产性收入	%	1.3
转移性收入	%	26.7

7－50　农村居民人均可支配收入(2023 年)

指　　标	单　位	数　值
可支配收入	**元**	**20052.9**
工资性收入	元	7543.9
工资	元	7446.4
实物福利	元	18.5
其他	元	79.0
经营净收入	元	6385.3
第一产业经营净收入	元	4183.7
农业	元	3675.4
林业	元	63.3
牧业	元	418.0
渔业	元	27.0
第二产业经营净收入	元	480.4
第三产业经营净收入	元	1721.3
财产净收入	元	279.2
转移净收入	元	5844.5

7－51　农村居民人均可支配收入构成(2023 年)

指　　标	单　位	构　成
可支配收入	**%**	**100.0**
工资性收入	%	37.6
工资	%	37.1
实物福利	%	0.1
其他	%	0.4
经营净收入	%	31.8
第一产业经营净收入	%	20.9
农业	%	18.3
林业	%	0.3
牧业	%	2.1
渔业	%	0.1
第二产业经营净收入	%	2.4
第三产业经营净收入	%	8.6
财产净收入	%	1.4
转移净收入	%	29.1

7-52 农村居民人均现金可支配收入(2023 年)

指　　标	单　位	数　值
现金可支配收入	**元**	**19003.2**
现金工资性收入	元	7525.4
工资	元	7446.4
其他工资性收入	元	79.0
现金经营净收入	元	5685.2
第一产业现金经营净收入	元	3321.7
农业	元	2758.1
林业	元	63.4
牧业	元	472.9
渔业	元	27.4
第二产业现金经营净收入	元	520.7
第三产业现金经营净收入	元	1842.8
财产现金经营净收入	元	279.2
转移现金经营净收入	元	5513.4

7-53 农村居民人均现金可支配收入构成(2023 年)

指　　标	单　位	构　成
现金可支配收入	**%**	**100.0**
现金工资性收入	%	39.6
工资	%	39.2
其他工资性收入	%	0.4
现金经营净收入	%	29.9
第一产业现金经营净收入	%	17.5
农业	%	14.5
林业	%	0.3
牧业	%	2.5
渔业	%	0.1
第二产业现金经营净收入	%	2.7
第三产业现金经营净收入	%	9.7
财产现金经营净收入	%	1.5
转移现金经营净收入	%	29.0

7－54　农村居民人均总支出(2023年)

指　　标	单　位	数　值
总支出	**元**	**23166.9**
消费支出	元	16638.2
食品烟酒	元	5162.3
衣着	元	1195.0
居住	元	3227.5
生活用品及服务	元	972.0
交通通信	元	2063.3
教育文化娱乐	元	2007.6
医疗保健	元	1741.8
其他用品和服务	元	268.5
生产经营费用支出	元	2992.0
第一产业经营费用支出	元	2531.8
第二产业经营费用支出	元	47.3
第三产业经营费用支出	元	412.9
财产性支出	元	33.9
生活贷款利息支出	元	32.4
其他财产性支出	元	1.5
转移性支出	元	570.2
个人所得税	元	42.5
社会保障支出	元	447.1
外来从业人员寄给家人的支出	元	27.2
赡养支出	元	36.4
其他转移性支出	元	16.9
部分商业保险支出	元	61.2
意外伤害保险	元	9.9
商业医疗保险(含大病保险)	元	33.1
其他非储蓄性商业保险	元	6.9
其他储蓄性商业保险	元	11.3
购置资产及非经常性转移支出	元	2186.9
购置资产支出	元	855.5
非经常性转移支出	元	1331.4
借贷性支出	元	684.6
存入储蓄款	元	4.8
借出款	元	9.9
归还借款	元	170.0
购买有价证券	元	2.2
其他投资支出	元	19.5
归还住房贷款	元	335.8
归还汽车贷款	元	77.6
归还教育贷款	元	7.1
归还其他贷款	元	53.2
其他借贷支出	元	4.4
服务性消费支出	元	6873.7

7－55　农村居民人均总支出构成(2023 年)

指　　标	单　位	构　成
总支出	**%**	**100.0**
消费支出	%	71.8
食品烟酒	%	22.3
衣着	%	5.2
居住	%	13.9
生活用品及服务	%	4.2
交通通信	%	8.9
教育文化娱乐	%	8.7
医疗保健	%	7.5
其他用品和服务	%	1.2
生产经营费用支出	%	12.9
第一产业经营费用支出	%	10.9
第二产业经营费用支出	%	0.2
第三产业经营费用支出	%	1.8
财产性支出	%	0.1
生活贷款利息支出	%	0.1
其他财产性支出	%	0.0
转移性支出	%	2.5
个人所得税	%	0.2
社会保障支出	%	1.9
外来从业人员寄给家人的支出	%	0.1
赡养支出	%	0.2
其他转移性支出	%	0.1
部分商业保险支出	%	0.3
意外伤害保险	%	0.0
商业医疗保险(含大病保险)	%	0.1
其他非储蓄性商业保险	%	0.0
其他储蓄性商业保险	%	0.0
购置资产及非经常性转移支出	%	9.4
购置资产支出	%	3.7
非经常性转移支出	%	5.7
借贷性支出	%	3.0
存入储蓄款	%	0.0
借出款	%	0.0
归还借款	%	0.7
购买有价证券	%	0.0
其他投资支出	%	0.1
归还住房贷款	%	1.4
归还汽车贷款	%	0.3
归还教育贷款	%	0.0
归还其他贷款	%	0.2
其他借贷支出	%	0.0
服务性消费支出	%	29.7

7－56　农村居民人均总生活消费支出（2023年）

指　　标	单　位	数　值
全年生活消费支出	**元**	**16514.4**
食品	元	5045.2
衣着	元	1195.0
居住	元	3223.5
生活用品及服务	元	972.0
交通通讯	元	2063.3
教育文化娱乐	元	2007.6
医疗保健	元	1739.2
其他用品和服务	元	268.5

7－57　农村居民人均总生活消费支出构成（2023年）

指　　标	单　位	构　成
全年生活消费支出	**%**	**100.0**
食品	%	30.6
衣着	%	7.2
居住	%	19.5
生活用品及服务	%	5.9
交通通讯	%	12.5
教育文化娱乐	%	12.2
医疗保健	%	10.5
其他用品和服务	%	1.6

7－58　农村居民人均现金生活消费支出(2023 年)

指　　标	单　位	数　值
全年现金生活消费支出	**元**	**14280.9**
食品	元	5031.3
衣着	元	1195.0
居住	元	1335.6
生活用品及服务	元	970.0
交通通讯	元	2063.3
教育文化娱乐	元	2007.5
医疗保健	元	1411.0
其他用品和服务	元	267.2

7－59　农村居民人均现金生活消费支出构成(2023 年)

指　　标	单　位	构　成
全年现金生活消费支出	**%**	**100.0**
食品	%	35.2
衣着	%	8.4
居住	%	9.4
生活用品及服务	%	6.8
交通通讯	%	14.4
教育文化娱乐	%	14.1
医疗保健	%	9.9
其他用品和服务	%	1.9

7－60 农村居民家庭平均每百户主要消费品年末拥有量(2023 年)

指　　标	单　位	数　值
家用汽车	辆	52.08
其中:新能源汽车	辆	0.91
摩托车	辆	22.99
助力车	台	146.29
洗衣机	台	104.58
电冰箱(柜)	台	103.15
微波炉	台	19.66
彩色电视机	台	110.09
空调	台	165.35
热水器	台	80.26
烤箱	台	2.68
洗碗机	台	1.03
排油烟机	台	44.78
固定电话	线	2.87
移动电话	部	295.80
计算机	台	26.66
照相机	台	1.73
乐器	架	0.99
健身器材	台	1.55
空气净化器(含新风系统)	台	1.28
地面清洁电器	台	2.00

7－61 按收入分组的农村居民家庭平均每人总收入(2023 年)

单位:元

项　　目	低收入户	中低收入户	中等收入户	中高收入户	高收入户
总收入	**12952.72**	**16085.14**	**20507.97**	**27853.78**	**51505.90**
工资性收入	3113.20	6144.99	7799.12	9985.75	12873.52
工资	3042.06	6074.88	7720.90	9905.87	12654.18
实物福利	4.73	21.79	10.65	25.19	36.76
其他	66.41	48.32	67.57	54.69	182.58
经营性收入	5635.42	4329.44	5943.22	9761.17	28273.78
第一产业经营收入	4912.22	3774.19	4575.94	6170.51	18233.10
农业	4311.65	3375.08	4159.66	5173.92	13670.56
林业	27.24	38.54	59.38	61.56	453.30
牧业	534.20	334.45	352.43	928.54	3902.33
渔业	39.13	26.11	4.47	6.49	206.91
第二产业经营收入	86.30	92.98	239.23	348.49	2610.96
第三产业经营收入	636.90	462.28	1128.06	3242.17	7429.72
财产性收入	91.14	151.48	179.76	381.35	956.48
转移性收入	4112.96	5459.23	6585.87	7725.51	9402.12
家庭外出从业人员寄回带回收入	3091.24	4175.88	4910.66	5264.34	5431.26

7－62　按收入分组的农村居民家庭平均每人总支出(2023年)

单位:元

项　　目	低收入户	中低收入户	中等收入户	中高收入户	高收入户
总支出	**17956.58**	**18314.09**	**21682.68**	**24530.83**	**37892.84**
消费支出	12715.85	13767.08	16445.06	18435.96	24568.02
生产经营费用支出	3061.97	1467.43	1666.86	2739.19	6984.45
第一产业经营费用支出	2655.01	1332.88	1546.50	2120.88	5742.96
农业	1988.20	1041.66	1353.20	1532.82	3894.50
林业	24.89	16.13	12.66	52.65	133.37
牧业	587.74	252.49	180.47	528.86	1697.24
渔业	54.19	22.61	0.17	6.54	17.86
第二产业经营费用支出	41.14	5.56	15.63	12.28	195.39
第三产业经营费用支出	365.82	128.99	104.73	606.02	1046.10
财产性支出	47.31	22.63	26.92	45.12	25.48
转移性支出	506.83	463.25	539.10	625.73	787.00
部分商业保险支出	27.64	67.01	66.58	62.59	94.53
购置资产及非经常性转移支出	1156.99	2107.60	2260.78	1934.82	4014.62
借贷性支出	439.99	419.08	677.38	687.42	1418.73

7－63　按收入分组的农村居民家庭平均每人可支配收入(2023年)

单位:元

项　　目	低收入户	中低收入户	中等收入户	中高收入户	高收入户
可支配收入	**9115.50**	**13907.29**	**18019.44**	**24012.43**	**42732.17**
工资性收入	3113.20	6144.99	7799.12	9985.75	12873.52
工资	3042.06	6074.88	7720.90	9905.87	12654.18
实物福利	4.73	21.79	10.65	25.19	36.76
其他	66.41	48.32	67.57	54.69	182.58
经营净收入	2352.38	2637.52	4021.39	6590.79	20312.82
第一产业经营净收入	2093.66	2293.05	2923.54	3820.12	11918.16
农业	2211.92	2213.09	2715.73	3442.26	9356.55
林业	1.63	21.93	45.05	3.72	303.89
牧业	－104.83	55.97	158.48	374.19	2073.71
渔业	－15.06	2.07	4.30	－0.05	184.01
第二产业经营净收入	35.46	64.32	180.40	310.59	2293.11
第三产业经营净收入	223.26	280.15	917.44	2460.08	6101.55
财产净收入	43.83	128.84	152.84	336.23	931.00
转移净收入	3606.09	4995.94	6046.09	7099.65	8614.83

7-64 按收入分组的农村居民家庭平均每人生活消费支出(2023年)

单位:元

项目	低收入户	中低收入户	中等收入户	中高收入户	高收入户
全年生活消费支出	**12622.58**	**13686.66**	**16319.17**	**18285.71**	**24372.96**
食品	3974.13	4271.87	4919.93	5718.88	7078.00
衣着	943.33	1042.28	1282.58	1283.15	1563.84
居住	2519.97	2628.98	3188.44	3462.23	4852.76
生活用品及服务	799.91	775.16	923.42	1042.17	1479.12
交通通讯	1294.09	1520.57	1978.01	2314.62	3768.52
教育文化娱乐	1713.28	2003.58	2149.56	2032.71	2237.01
医疗保健	1209.47	1234.88	1610.98	2130.09	2931.16
其他用品和服务	168.41	209.35	266.25	301.86	462.55

7-65 按收入分组的农村居民家庭平均每人现金可支配收入(2023年)

单位:元

项目	低收入户	中低收入户	中等收入户	中高收入户	高收入户
现金可支配收入(未扣除生产费用)	**6966.69**	**12958.65**	**17329.98**	**23145.24**	**42494.46**
现金工资性收入	3108.48	6123.20	7788.47	9960.56	12836.76
工资	3042.06	6074.88	7720.90	9905.87	12654.18
其他工资性收入	66.41	48.32	67.57	54.69	182.58
现金经营性收入	352.72	1891.30	3572.24	6211.31	20904.53
第一产业现金经营收入	36.48	1470.60	2325.31	3238.95	12105.34
农业	97.51	1373.97	2142.71	2816.21	9322.68
林业	-1.85	18.53	44.97	4.93	312.79
牧业	-43.98	75.13	134.84	419.02	2281.34
渔业	-15.20	2.96	2.80	-1.21	188.53
第二产业现金经营收入	45.16	87.42	223.60	336.21	2415.57
第三产业现金经营收入	271.08	333.29	1023.32	2636.15	6383.62
现金财产性收入	43.83	128.84	152.84	336.23	931.00
现金转移性收入	3461.66	4815.30	5816.44	6637.14	7822.16
家庭外出从业人员寄回带回收入	3091.24	4175.88	4910.66	5264.34	5431.26

7-66 按收入分组的农村居民家庭平均每人生活消费现金支出(2023年)

单位:元

项　　目	低收入户	中低收入户	中等收入户	中高收入户	高收入户
全年生活消费现金支出	**10892.78**	**11798.81**	**14247.62**	**15714.24**	**21100.85**
食品	3969.55	4258.20	4910.57	5701.16	7048.31
衣着	943.32	1042.28	1282.43	1283.14	1563.73
居住	938.22	937.77	1355.19	1374.51	2402.22
生活用品及服务	799.37	773.61	919.87	1039.88	1476.61
交通通讯	1294.02	1520.57	1977.99	2314.43	3768.33
教育文化娱乐	1713.28	2003.57	2149.39	2032.71	2236.95
医疗保健	1066.73	1056.76	1386.10	1667.53	2144.56
其他用品和服务	168.29	206.05	266.09	300.89	460.15

7-67 主要年份农村农户固定资产投资情况

单位:万元

指　标	2000年	2005年	2010年	2015年	2016年	2017年	2018年	2019年	2020年	2021年	2022年	2023年
农村投资总额	**2549526**	**450200**	**7866446**	**7090634**	**6611615**	**6065769**	**6292064**	**5801276**	**5107626**	**4616950**	**4083366**	**3433257**
按投资来源分												
国内贷款	209704	8114	35450	97688	247007	258350	285469	270071	152913	129069	110999	86775
自筹资金	3758	4468528	7732178	6922895	6321870	5756872	5947315	5472752	4891088	4417352	3901837	3274300
其他资金	2294758	25358	98818	70051	42737	50547	59280	58453	63625	70529	70530	72182
按投资构成分												
建筑工程	1834257	3293919	6923459	6413649	5842618	5241444	5424050	4634375	3995198	3336995	3208866	2739902
设备工器具购置	604245	947275	800540	595780	617002	440058	521988	736505	548604	537649	537531	537776
其他	100283	255283	134574	81205	151995	384267	346027	430395	563825	742306	336969	155579
按投资方向分												
农林牧渔业	495605	916446	850420	724561	906768	1018041	1138885	833672	1143130	1061543	821804	847079
制造业	111632	45436	40859	66211	41796	32486	32223	41069	29616	12816	13073	14674
电力煤气及水的生产和供应业		10799	4006	7544	0	7560	2302	3138	2743	10337	548	1445
建筑业	19399	118045	26340	45680	0	5807	76408	56923	27644	130452	82940	57395
批发和零售	28518	36392	34536	40094	0	153575	78764	61357	131106	69515	161486	78172
交通运输仓储和邮电业	170367	349604	280767	312028	143329	109709	140793	554194	175368	202126	25425	14447
住宿和餐饮		2060	2544	36945		9577	51605	45490	12781	24689	36040	9158
房地产业	1678599	2699392	6412652	5592884	5350269	4641694	4660315	4153432	3531369	3025309	2904608	2389755
租赁和商务服务业		1093		28344	51334	61392	8597	17086	11124	21195	5268	2721
居民服务和其他服务业		314408	214322	233283	15482	17651	95090	34914	42745	58968	32174	18411

7－68 分行业农村农户固定资产投资增速及结构(2023年)

单位:%

产　　业	增　速	结　构
总　　计	**－15.92**	**100.00**
农、林、牧、渔业	3.08	24.67
制造业	12.25	0.43
电力、热力、燃气及水的生产和供应业	163.70	0.04
建筑业	－30.80	1.67
批发和零售业	－51.59	2.28
交通运输、仓储和邮政业	－43.18	0.42
住宿和餐饮业	－74.59	0.27
房地产业	－17.73	69.61
租赁和商务服务业	－48.35	0.08
居民服务和其他服务业	－42.78	0.54

7－69 河南省各省辖市及省直管县居民收支(2023年)

单位:元

地　区	居民人均可支配收入	居民人均生活消费支出
省　辖　市		
郑　州　市	43784.7	29501.2
开　封　市	27078.9	21518.2
洛　阳　市	33662.0	24192.8
平　顶　山	29809.6	19719.0
安　阳　市	30266.1	17941.4
鹤　壁　市	32979.0	20143.7
新　乡　市	30329.3	20112.9
焦　作　市	33416.8	23457.8
濮　阳　市	27962.0	17812.0
许　昌　市	31685.0	20312.1
漯　河　市	31636.2	21529.4
三　门　峡	29357.1	20709.0
南　阳　市	28741.6	19561.8
商　丘　市	25069.2	17255.2
信　阳　市	27179.5	19882.6
周　口　市	23101.7	17286.3
驻　马　店	25044.2	19029.4
济　源　市	35963.2	17964.1
省直管县		
巩　义　市	37529.6	20537.5
兰　考　县	24624.7	19449.2
汝　州　市	29489.0	18273.3
滑　　　县	22265.9	16531.1
长　垣　市	32707.3	22857.5
邓　州　市	28481.5	22100.7
永　城　市	30565.2	21928.3
固　始　县	26577.1	20264.2
鹿　邑　县	25571.2	17638.6
新　蔡　县	22423.5	19127.1

7－70 河南省各省辖市及省直管县城镇居民收支(2023 年)

单位:元

地　区	居民人均可支配收入	居民人均生活消费支出
省 辖 市		
郑 州 市	48739.7	31842.7
开 封 市	36699.8	28798.3
洛 阳 市	45727.3	31573.0
平 顶 山	39987.2	23878.0
安 阳 市	39860.9	21117.3
鹤 壁 市	39390.5	23624.9
新 乡 市	39165.1	24733.6
焦 作 市	39175.4	26696.0
濮 阳 市	38711.5	21840.0
许 昌 市	39537.9	23699.8
漯 河 市	40692.2	27002.1
三 门 峡	37363.3	25797.4
南 阳 市	39813.9	25108.4
商 丘 市	37377.8	22326.2
信 阳 市	36525.0	24403.4
周 口 市	33084.2	21197.4
驻 马 店	36370.4	25349.7
济 源 市	43401.0	19869.9
省直管县		
巩 义 市	41514.6	22025.8
兰 考 县	32471.9	25569.2
汝 州 市	36144.6	22304.2
滑　　县	33353.2	16600.7
长 垣 县	37180.4	26132.0
邓 州 市	37976.7	28280.1
永 城 市	41382.9	23584.7
固 始 县	35403.7	23897.9
鹿 邑 县	34378.5	22194.5
新 蔡 县	32727.7	25445.6

7－71　河南省各省辖市及省直管县农村居民收支(2023 年)

单位:元

地　区	居民人均可支配收入	居民人均生活消费支出
省　辖　市		
郑　州　市	30383.0	23168.2
开　封　市	19287.7	15622.7
洛　阳　市	19733.7	15673.0
平　顶　山	19279.3	15415.8
安　阳　市	20876.4	14833.5
鹤　壁　市	24815.3	15711.1
新　乡　市	21683.3	15591.5
焦　作　市	25299.0	18893.0
濮　阳　市	19106.2	14493.6
许　昌　市	24228.2	17095.3
漯　河　市	23036.4	16332.5
三　门　峡	20731.6	15227.1
南　阳　市	20435.4	15322.0
商　丘　市	16931.5	13900.4
信　阳　市	19446.4	16141.8
周　口　市	16342.1	14637.9
驻　马　店	17495.5	14817.0
济　源　市	26719.4	15595.6
省直管县		
巩　义　市	32802.4	18772.0
兰　考　县	19617.4	15544.0
汝　州　市	23584.3	14697.1
滑　　　县	17513.0	16449.0
长　垣　市	28991.1	20137.0
邓　州　市	22411.7	18150.5
永　城　市	21302.9	20510.1
固　始　县	20670.7	17832.6
鹿　邑　县	19148.9	14316.3
新　蔡　县	17954.7	16386.8

7－72 脱贫地区农民家庭平均每人总收入

单位:元

项 目	2000年	2005年	2010年	2015年	2016年	2017年	2018年	2019年	2020年	2021年	2022年	2023年
全年总收入(未扣除生产费用)	**2348.31**	**3151.89**	**5577.39**	**11696.51**	**12344.28**	**13516.33**	**14391.86**	**15816.52**	**16733.74**	**18415.70**	**19157.23**	**21717.83**
工资性收入	454.22	763.18	1709.82	2424.47	2829.11	3257.37	3919.55	4536.64	4838.77	5641.81	6038.02	6360.46
工资	88.77	76.43	135.15	1477.61	1806.91	2082.38	2867.03	3643.87	4214.97	5260.20	5856.41	6283.50
实物福利	135.81	195.48	452.61	1.23	0.91	1.11	8.31	5.68	10.96	12.32	6.94	8.58
其他	229.64	491.27	1122.07	945.64	1021.28	1173.88	1044.21	887.09	612.84	369.29	174.67	68.38
经营性收入	1788.70	2260.04	3582.47	6374.38	6442.34	6714.12	6316.75	6664.22	6633.08	7096.22	7135.74	8534.52
第一产业经营收入	1553.94	1986.31	3050.84	5097.82	4868.79	5004.18	4546.92	4787.33	4936.69	5220.02	5261.36	6096.97
农业	1162.36	1457.49	2310.89	3937.37	3770.77	3876.47	3574.68	3877.27	3756.20	4238.93	4352.07	5064.80
林业	43.22	52.85	107.30	155.42	126.80	154.54	186.78	136.51	124.92	91.91	113.77	90.94
牧业	343.27	467.94	613.46	988.84	954.92	951.89	757.10	712.39	1011.25	810.36	730.95	935.22
渔业	5.09	8.03	19.18	16.19	16.30	21.28	28.36	61.15	44.32	78.82	64.57	6.01
第二产业经营收入	63.84	70.83	141.75	297.63	364.69	491.91	421.99	319.89	311.47	208.58	242.33	316.85
第三产业经营收入	170.92	202.90	389.88	978.93	1208.86	1218.03	1347.84	1557.00	1384.92	1667.62	1632.04	2120.69
财产性收入	12.21	28.58	28.86	96.63	122.98	133.55	170.41	129.53	185.31	140.07	160.44	188.33
转移性收入	93.18	100.09	256.24	2801.02	2949.85	3411.29	3985.15	4486.13	5076.57	5537.61	5823.04	6634.51
其中:家庭外出从业人员寄回带回收入				2128.88	2277.60	2656.84	2956.70	3191.69	3522.89	3919.17	4100.69	4747.82

注:2007 年以前为 44 个扶贫开发重点县数据,2008－2012 年为 31 个国家级扶贫开发重点县数据,2013 年及以后为 53 个贫困县数据,2023 年及以后为 38 个国定脱贫县数据。2014 年开始为新口径数据。

7－73　脱贫地区农民家庭平均每人总支出

单位:元

项　目	2000年	2005年	2010年	2015年	2016年	2017年	2018年	2019年	2020年	2021年	2022年	2023年
全年总支出	**1771.76**	**2573.91**	**4567.50**	**10646.53**	**10976.24**	**11903.28**	**13170.07**	**14469.43**	**14990.91**	**16701.66**	**17197.69**	**19070.51**
生产经营费用支出	433.97	700.13	1225.27	2106.26	1930.84	2103.82	1908.00	2000.26	1939.09	2096.66	2014.50	2679.24
第一产业经营费用支出	381.61	630.77	1058.27	1784.36	1524.61	1623.22	1551.18	1544.93	1662.71	1678.01	1611.05	2072.25
农业	247.80	406.12	754.92	1223.34	1057.88	1128.54	1119.12	1138.89	1051.00	1217.23	1212.81	1532.26
林业	2.21	7.52	13.39	18.91	10.45	10.09	13.39	23.98	23.73	15.46	19.32	31.86
牧业	130.42	215.07	282.58	538.66	451.75	482.97	402.89	352.71	583.30	433.17	373.74	505.86
渔业	1.18	2.06	7.38	3.46	4.53	1.63	15.77	29.36	4.68	12.14	5.18	2.27
第二产业经营费用支出	15.98	24.74	63.71	81.19	118.21	187.19	63.03	45.13	35.08	23.70	21.08	30.20
第三产业经营费用支出	36.38	44.62	103.28	240.71	288.02	293.41	293.79	410.20	241.29	394.95	382.36	576.79
部分商业保险支出				13.41	16.16	15.41	49.25	79.93	35.33	34.24	32.44	33.30
购置资产及非经常性转移支出				1368.04	1369.82	1353.85	1686.61	1828.58	1720.80	1687.95	1531.07	1740.61
借贷性支出				134.99	130.47	169.12	229.48	270.18	336.87	329.41	384.94	424.83
消费支出	1128.84	1694.82	3088.58	6865.51	7360.17	8044.71	8979.10	9958.13	10637.69	12156.09	12867.46	13676.98
食品烟酒	567.39	823.10	1306.01	2157.17	2261.08	2339.16	2555.32	2831.93	3199.56	3836.38	4027.74	4443.80
衣着	76.86	109.15	224.72	539.16	558.01	602.10	669.58	749.13	784.53	952.53	979.87	1034.47
居住	155.79	289.02	654.85	1482.22	1559.60	1749.62	2035.67	2210.34	2393.64	2490.83	2713.76	2703.90
生活用品及服务	49.08	73.14	178.58	502.32	550.83	574.41	653.39	689.23	772.64	830.67	851.34	891.62
交通通信	50.89	127.63	297.07	784.73	916.71	1008.21	1035.97	1093.06	1193.32	1197.33	1437.56	1506.64
教育文化娱乐	128.04	160.65	175.69	658.09	755.31	879.22	986.39	1137.72	1082.35	1374.04	1419.84	1583.20
医疗保健	54.67	84.82	196.00	598.70	607.22	720.06	890.76	1082.54	1046.44	1299.70	1253.03	1309.33
其他用品和服务	46.12	27.31	55.67	143.11	151.42	171.92	152.01	164.18	165.19	174.60	184.32	204.02
财产性支出	16.56	2.38	2.92	2.02	3.15	3.28	5.23	5.02	9.35	18.99	11.78	26.01
转移性支出	67.69	93.12	214.77	156.31	165.62	213.08	312.41	327.34	311.78	378.32	355.49	489.56

注:2007 年以前为 44 个扶贫开发重点县数据,2008－2012 年为 31 个国家级扶贫开发重点县数据,2013 年及以后为 53 个贫困县数据,2023 年及以后为 38 个国定脱贫县数据。2014 年开始为新口径数据。

7－74 脱贫地区农民家庭平均每人可支配收入

单位:元

项 目	2000年	2005年	2010年	2015年	2016年	2017年	2018年	2019年	2020年	2021年	2022年	2023年
全年可支配收入	**1749.31**	**2330.90**	**4208.78**	**9176.02**	**10020.66**	**10945.31**	**11966.02**	**13282.35**	**14276.50**	**15733.12**	**16624.82**	**18220.87**
工资性收入	454.22	763.18	1709.82	2424.47	2829.11	3257.37	3919.55	4536.64	4838.77	5641.81	6038.02	6360.46
工资				1477.61	1806.91	2082.38	2867.03	3643.87	4214.97	5260.20	5856.41	6283.50
实物福利				1.23	0.91	1.11	8.31	5.68	10.96	12.32	6.94	8.58
其他				945.64	1021.28	1173.88	1044.21	887.09	612.84	369.29	174.67	68.38
经营净收入	1215.22	1472.65	2254.07	4013.96	4287.49	4359.46	4208.58	4462.41	4497.03	4810.94	4970.60	5553.41
第一产业经营净收入	1050.51	1276.41	1904.26	3163.01	3201.51	3219.91	2861.45	3112.90	3150.20	3417.56	3548.41	3809.70
农业	835.46	994.33	1485.23	2575.58	2586.79	2603.64	2347.92	2626.82	2605.21	2919.26	3063.87	3340.92
林业	40.30	44.58	93.01	135.90	114.72	143.69	172.85	112.06	99.53	71.90	90.83	54.92
牧业	171.22	231.70	314.56	439.04	488.40	453.09	331.17	345.41	405.95	359.95	334.39	410.12
渔业	3.53	5.80	11.46	12.49	11.60	19.48	9.51	28.61	39.51	66.45	59.33	3.73
第二产业经营净收入	42.10	44.04	74.82	203.63	234.15	292.08	348.77	264.06	262.92	181.82	217.58	275.49
第三产业经营净收入	122.61	152.20	274.99	647.32	851.83	847.47	998.37	1085.45	1083.90	1211.56	1204.61	1468.22
财产净收入	12.21	29.04	28.86	91.78	119.83	130.27	165.18	124.51	175.95	121.08	148.67	162.32
转移净收入	67.66	66.03	216.03	2645.80	2784.23	3198.21	3672.71	4158.79	4764.75	5159.29	5467.54	6144.68
其中:家庭外出从业人员寄回带回收入				2128.88	2277.60	2656.84	2956.70	3191.69	3522.89	3919.17	4100.69	4747.82

注:2007 年以前为 44 个扶贫开发重点县数据,2008－2012 年为 31 个国家级扶贫开发重点县数据,2013 年及以后为 53 个贫困县数据,2023 年及以后为 38 个国定脱贫县数据。2014 年开始为新口径数据。

7-75 脱贫地区农民家庭平均每人现金收入

单位:元

项　目	2000年	2005年	2010年	2015年	2016年	2017年	2018年	2019年	2020年	2021年	2022年	2023年
全年现金收入(未扣除生产费用)	**1500.48**	**2237.64**	**4234.55**	**10160.85**	**11109.43**	**12137.11**	**13297.81**	**14506.54**	**15706.68**	**17390.13**	**17874.29**	**20295.46**
现金工资性收入	450.17	763.18	1708.34	2423.25	2828.20	3256.26	3911.24	4530.96	4827.81	5629.49	6031.07	6351.88
工资				1477.61	1806.91	2082.38	2867.03	3643.87	4214.97	5260.20	5856.41	6283.50
其他工资性收入				945.64	1021.28	1173.88	1044.21	887.09	612.84	369.29	174.67	68.38
现金经营性收入	960.63	1358.43	2250.75	4961.61	5333.35	5471.12	5377.29	5563.10	5819.70	6309.62	6033.65	7331.92
第一产业现金经营收入	739.87	1084.70	1719.69	3685.05	3759.79	3761.18	3607.46	3686.21	4123.30	4433.42	4159.28	4894.37
农业	452.32	598.97	1030.96	2564.01	2710.76	2686.89	2700.20	2834.72	2997.24	3487.34	3328.89	3888.86
林业	23.96	42.77	96.61	132.76	94.52	118.25	142.98	105.02	101.07	80.38	64.03	86.04
牧业	260.74	435.95	576.07	972.46	938.70	935.19	736.59	686.00	981.43	787.66	702.48	914.27
渔业	2.85	7.01	16.04	15.83	15.81	20.86	27.68	60.47	43.56	78.04	63.87	5.20
第二产业现金经营收入	58.11	70.83	141.18	297.63	364.69	491.91	421.99	319.89	311.47	208.58	242.33	316.85
第三产业现金经营收入	162.65	202.90	389.87	978.93	1208.86	1218.03	1347.84	1557.00	1384.92	1667.62	1632.04	2120.69
现金财产性收入	10.60	28.58	27.11	95.37	122.98	133.55	170.41	129.53	185.31	140.07	160.44	188.33
现金转移性收入	79.08	87.45	248.35	2680.63	2824.91	3276.18	3838.87	4282.95	4873.87	5310.95	5649.12	6423.33
家庭外出从业人员寄回带回收入				2128.88	2277.60	2656.84	2956.70	3191.69	3522.89	3919.17	4100.69	4747.82

注:2007 年以前为 44 个扶贫开发重点县数据,2008-2012 年为 31 个国家级扶贫开发重点县数据,2013 年及以后为 53 个贫困县数据,2023 年及以后为 38 个国定脱贫县数据。2014 年开始为新口径数据。

7－76 脱贫地区农民家庭平均每人现金支出

单位:元

项　目	2000年	2005年	2010年	2015年	2016年	2017年	2018年	2019年	2020年	2021年	2022年	2023年
全年现金支出	**1317.56**	**2033.84**	**4056.58**	**9454.47**	**9734.81**	**10578.99**	**11612.30**	**12710.22**	**13110.57**	**14753.76**	**15185.45**	**16696.59**
生产经营现金费用支出	339.65	562.10	1071.24	2078.91	1903.04	2061.43	1881.37	1978.47	1923.25	2075.59	1996.61	2648.17
第一产业经营现金费用支出	290.79	501.90	909.73	1757.01	1496.80	1580.83	1524.55	1523.15	1646.87	1656.95	1593.17	2041.18
农业	210.30	345.09	655.81	1208.24	1037.08	1093.92	1102.43	1125.03	1044.31	1213.41	1208.73	1531.04
林业	2.16	6.27	12.68	18.88	10.45	10.04	13.39	23.98	23.73	15.46	19.32	31.84
牧业	77.48	149.22	236.36	526.44	444.75	475.24	393.04	344.93	574.20	416.42	360.13	476.03
渔业	0.85	1.32	4.87	3.45	4.53	1.62	15.69	29.21	4.63	11.65	4.98	2.27
第二产业经营现金费用支出	15.74	23.83	60.50	81.19	118.21	187.19	63.03	45.13	35.08	23.70	21.08	30.20
第二产业经营现金费用支出	33.12	36.37	101.01	240.71	288.02	293.41	293.79	410.20	241.29	394.95	382.36	576.79
部分商业保险支出				13.41	16.16	15.41	49.25	79.93	35.33	34.24	32.44	33.30
购置资产及非经常性转移支出				1368.04	1369.82	1353.85	1686.61	1828.58	1720.80	1687.95	1531.07	1740.61
借贷性支出				134.99	130.47	169.12	229.48	270.18	336.87	329.41	384.94	424.83
现金消费支出	786.88	1294.62	2643.34	5700.80	6146.55	6762.81	7447.95	8220.70	8773.19	10229.24	10873.12	11334.13
食品烟酒	263.59	473.12	901.51	1929.50	2087.55	2161.32	2405.80	2679.08	3022.64	3695.30	3898.00	4327.90
衣着	73.87	109.15	224.72	539.04	557.88	601.94	669.35	748.79	783.57	952.49	979.83	1034.35
居住	120.64	238.81	614.11	665.12	644.38	777.56	800.88	828.41	911.63	932.30	1022.52	694.48
生活用品及服务	49.07	73.14	178.57	501.49	548.87	572.71	651.81	684.99	758.88	827.50	850.73	890.43
交通通信	50.89	127.63	297.07	784.73	916.70	1008.17	1035.83	1092.80	1193.05	1197.33	1437.46	1506.59
教育文化娱乐	128.04	160.65	175.69	657.78	754.74	879.20	985.61	1137.63	1082.34	1373.91	1419.84	1583.18
医疗保健	54.67	84.82	196.00	480.05	485.15	590.02	747.80	887.80	859.67	1077.95	1082.06	1094.05
其他用品和服务	46.11	27.30	55.67	143.08	151.28	171.88	150.88	161.21	161.40	172.46	182.68	203.15
现金财产性支出	6.67	2.38	2.92	2.02	3.15	3.28	5.23	5.02	9.35	18.99	11.78	26.01
现金转移性支出	66.42	91.38	213.13	156.31	165.62	213.08	312.41	327.34	311.78	378.32	355.49	489.56

注:2007 年以前为 44 个扶贫开发重点县数据,2008－2012 年为 31 个国家级扶贫开发重点县数据,2013 年及以后为 53 个贫困县数据,2023 年及以后为 38 个国定脱贫县数据。2014 年开始为新口径数据。

7－77　农村劳动力外出从业情况构成

单位:%

项　目	2010年	2011年	2012年	2013年	2014年	2015年	2016年	2017年	2018年	2019年	2020年	2021年	2022年	2023年
年末就业状况	**100.0**	**100.0**	**100.0**	**100.0**	**100.0**	**100.0**	**100.0**	**100.0**	**100.0**	**100.0**	**100.0**	**100.0**	**100.0**	**100.0**
本地务农	51.2	51.4	48.1	40.8	40.1	40.1	38.8	38.9	35.3	32.2	31.9	31.7	33.9	28.3
本地非农自营	5.6	5.6	5.6	6.6	6.9	6.8	7.0	7.2	6.1	6.2	6.6	6.7	7.1	8.4
本地非农务工	8.9	10.0	11.5	18.2	18.5	19.7	19.7	20.3	19.1	20.0	21.1	20.5	21.0	19.9
外出从业	28.2	26.9	28.2	26.5	26.3	26.8	28.0	28.9	31.3	32.4	32.9	32.3	33.4	36.4
未从业及其他	6.1	6.1	6.6	7.9	8.2	6.6	6.5	4.7	8.2	9.2	7.5	8.9	4.6	7.0
外出从业地区(人)	**100.0**	**100.0**	**100.0**	**100.0**	**100.0**	**100.0**	**100.0**	**100.0**	**100.0**	**100.0**	**100.0**	**100.0**	**100.0**	**100.0**
本省	38.9	42.0	43.0	51.4	51.3	54.3	54.8	53.2	50.2	50.4	50.6	49.3	42.8	43.7
乡外县内	49.5	39.3	39.9	43.7	42.2	46.4	41.3	42.9	42.4	45.4	43.7	41.7	36.3	40.5
县外省内	50.5	60.7	60.1	56.3	57.8	53.6	58.7	57.1	57.6	54.6	56.3	58.3	63.7	59.5
省外	61.1	58.0	57.0	48.6	48.7	45.7	45.2	46.8	49.8	49.6	49.4	50.7	57.2	56.3
东部地区	81.1	81.9	79.9	81.6	80.9	80.1	78.5	78.1	81.4	79.1	81.4	80.7	83.7	80.2
北京	12.2	9.8	10.0	12.5	13.1	11.1	14.0	10.3	12.2	11.0	7.2	9.0	8.9	8.5
上海	6.5	10.1	9.2	6.8	7.4	8.6	8.6	7.1	11.0	11.8	9.0	11.1	11.3	8.9
江苏	11.6	13.5	12.9	17.8	16.4	15.9	16.1	13.8	17.4	17.7	17.5	20.4	19.6	17.0
浙江	13.8	15.7	17.1	16.8	18.0	18.1	17.4	13.8	20.9	21.5	17.6	22.3	22.9	17.5
广东	40.4	33.4	34.3	30.2	30.3	32.2	28.9	20.8	26.4	25.4	25.7	22.0	23.7	14.8
中部地区	10.2	9.8	9.1	7.8	9.4	9.6	10.7	10.6	8.5	9.8	8.5	9.4	8.3	8.8
西部地区	8.4	7.8	10.5	10.2	9.0	9.8	8.8	9.3	8.7	9.5	8.6	7.7	7.4	9.3
其他地区	0.3	0.5	0.5	0.4	0.7	0.5	2.0	2.0	1.4	1.6	1.5	2.1	0.6	1.7
外出从事行业	**100.0**	**100.0**	**100.0**	**100.0**	**100.0**	**100.0**	**100.0**	**100.0**	**100.0**	**100.0**	**100.0**	**100.0**	**100.0**	**100.0**
一产业	1.2	2.0	2.0	1.6	1.3	1.1	1.7	1.5	1.4	1.0	0.9	1.0	0.7	0.4
二产业	64.9	68.9	67.8	65.2	63.8	62.1	58.5	57.2	56.4	55.9	58.1	58.1	56.7	54.9
制造业	54.7	53.4	52.5	44.2	46.9	45.6	44.3	45.9	48.7	48.5	47.6	44.9	49.4	45.3
建筑业	40.7	42.5	43.8	51.3	49.6	50.3	50.6	49.0	47.4	47.9	48.6	51.2	46.8	50.2
三产业	33.9	29.0	30.2	33.2	34.9	36.8	39.8	41.3	42.2	43.1	41.0	40.9	42.6	44.7
批发和零售业	7.5	5.3	4.9	23.5	24.2	26.6	21.5	19.7	16.3	15.9	16.3	15.8	15.9	18.8
住宿和餐饮业	5.6	5.5	6.0	18.1	20.0	16.1	17.7	18.0	15.6	17.2	15.5	17.4	17.0	14.4
外出务工月均收入(元)	**1640**	**2108**	**2315**	**2858**	**2930**	**3123**	**3295**	**3500**	**3827**	**4133**	**4340**	**4414**		
外出从业的劳动关系	**100.0**	**100.0**	**100.0**	**100.0**	**100.0**	**100.0**	**100.0**	**100.0**	**100.0**	**100.0**	**100.0**	**100.0**	**100.0**	**100.0**
无固定期限劳动合同工	14.3	15.0	14.5	14.3	17.0	17.0	9.3	9.0	10.5	15.2	16.6	15.2	10.7	17.3
一年及以上劳动合同工	9.6	9.5	9.7	13.2	13.9	10.5	11.9	10.8	11.1	11.4	10.9	11.0	14.3	14.8
一年以下劳动合同工	2.5	2.5	2.7	2.6	2.7	2.7	2.6	2.5	3.7	4.2	4.5	5.3	8.5	2.8
没有劳动合同	61.4	68.1	68.3	64.8	59.1	62.6	68.6	70.2	65.8	61.0	60.8	59.6	59.8	56.7
自营及其他	12.2	4.9	4.8	5.1	7.3	7.2	7.5	7.5	9.0	8.2	7.1	8.9	6.6	8.4

注:1. 2012 年以前为全省 42 个县,2013 年以后为全省 18 市 43 县(区)。

2. 外出从业地区类型里“中部地区”不包含河南。

3. 外出从业不含本地非农自营和本地非农务工。

4. 外出务工月均收入包括劳动报酬和各种实物福利。

5. —表示该数据暂不提供。

7－77 续表

单位:%

项 目	2010年	2011年	2012年	2013年	2014年	2015年	2016年	2017年	2018年	2019年	2020年	2021年	2022年	2023年
单位或雇主提供伙食情况	**100.0**	**100.0**	**100.0**	**100.0**	**100.0**	**100.0**	**100.0**	**100.0**	**100.0**	**100.0**	**100.0**	**100.0**	**100.0**	**100.0**
每天提供三顿	42.3	39.8	41.1	37.7	35.7	28.7	30.9	30.2	29.9	29.4	26.5	27.1	24.0	20.5
每天提供两顿	6.6	9.5	10.3	8.3	8.9	12.7	10.1	10.0	10.4	13.7	11.9	11.0	13.3	10.9
每天提供一顿	9.3	10.9	12.7	13.1	12.2	15.4	14.9	16.3	15.4	13.3	14.3	14.1	14.5	15.0
不提供,但补贴部分伙食费	3.8	5.5	5.9	5.0	5.6	5.1	5.0	5.4	4.7	4.3	7.2	6.3	7.0	6.3
不提供,也没有补贴	38.0	34.3	30.0	35.9	37.6	38.1	39.1	38.1	39.7	39.3	40.1	41.5	41.2	47.3
单位或雇主提供住宿情况	**100.0**	**100.0**	**100.0**	**100.0**	**100.0**	**100.0**	**100.0**	**100.0**	**100.0**	**100.0**	**100.0**	**100.0**	**100.0**	**100.0**
提供住宿	57.8	66.3	64.3	55.0	52.6	56.5	53.3	54.0	56.9	55.6	57.5	57.9	55.0	51.1
不提供住宿,但住房有补贴	6.8	5.0	7.5	7.8	8.3	5.7	5.3	5.1	4.7	5.4	3.5	2.4	2.7	2.1
不提供住宿,也没有住房补贴	35.4	28.7	28.2	37.2	39.1	37.8	41.4	40.9	38.4	39.0	39.0	39.7	42.3	46.8
五险一金缴纳情况														
缴纳养老保险	5.9	4.6	5.1	9.0	10.7	9.1	8.5	8.6	9.1	9.8	9.2	11.2	14.9	13.5
缴纳工伤保险	15.9	11.6	14.1	15.7	17.4	15.2	18.3	17.7	19.1	22.8	20.9	25.8	30.2	26.9
缴纳医疗保险	8.0	7.5	7.4	9.4	12.2	10.2	18.3	9.7	10.1	10.9	10.5	13.3	16.4	14.5
缴纳失业保险	3.3	2.5	2.4	3.9	4.5	5.1	5.6	6.1	6.9	7.2	7.7	9.2	11.1	11.1
缴纳生育保险	1.9	1.3	1.3	2.8	3.0	3.4	3.8	5.2	6.2	6.1	6.1	7.0	9.4	9.2
缴纳住房公积金	1.8	2.4	2.5	3.6	4.2	4.2	4.9	4.9	5.9	5.8	6.3	6.1	8.6	8.1

主要统计指标解释

一、住户收支与生活状况调查指标解释

从2013年度起，国家统计局对分别进行的城乡住户调查实施了一体化改革，规范了城乡划分范围，统一了城乡居民收入指标名称、分类和统计标准，建立了城乡统一的一体化住户调查，并据此采集全国居民有关数据。

（一）居民可支配收入

居民可支配收入指居民可用于最终消费支出和储蓄的总和，即居民可用于自由支配的收入。既包括现金收入，也包括实物收入。按照收入的来源，可支配收入包含四项，分别为：工资性收入、经营性净收入、转移性净收入和财产性净收入。

工资性收入 指就业人员通过各种途径得到的全部劳动报酬和各种福利，包括受雇于单位或个人、从事各种自由职业、兼职和零星劳动得到的全部劳动报酬和福利。

经营净收入 指住户或住户成员从事生产经营活动所获得的净收入，是全部经营收入中扣除经营费用、生产性固定资产折旧和生产税之后得到的净收入。计算公式具体为：

经营净收入＝经营收入－经营费用－生产性固定资产折旧－生产税

财产净收入 指住户或住户成员将其所拥有的金融资产、住房等非金融资产和自然资源交由其他机构单位、住户或个人支配而获得的回报并扣除相关的费用之后得到的净收入。财产净收入包括利息净收入、红利收入、储蓄性保险净收益、转让承包土地经营权租金净收入、出租房屋净收入、出租其他资产净收入和自有住房折算净租金等。财产净收入不包括转让资产所有权的溢价所得。

转移净收入 计算公式为：转移净收入＝转移性收入－转移性支出

转移性收入 指国家、单位、社会团体对住户的各种经常性转移支付和住户之间的经常性收入转移。包括养老金或退休金、社会救济和补助、政策性生产补贴、政策性生活补贴、救灾款、经常性捐赠和赔偿、报销医疗费、住户之间的赡养收入，本住户非常住成员寄回带回的收入等。转移性收入不包括住户之间的实物馈赠。

转移性支出 指居民家庭对国家、单位、住户或个人的经常性或义务性转移支付。包括缴纳的税款、各项社会保障支出、赡养支出、经常性捐赠和赔偿支出以及其他经常转移支出等。

（二）居民消费支出

居民消费支出是指居民用于满足家庭日常生活消费需要的全部支出，既包括现金消费支出，也包括实物消费支出。消费支出可划分为食品烟酒、衣着、居住、生活用品及服务、交通通信、教育文化娱乐、医疗保健以及其他用品及服务八大类。

食品烟酒 指用于各种食品和烟草、酒类的支出。

衣着 指与居民穿着有关的支出，包括服装、服装材料、鞋类、其他衣类及配件、衣着相关加工服务

的支出。

居住 指与居住有关的支出，包括房租、水、电、燃料、物业管理等方面的支出，也包括自有住房折算租金。

生活用品及服务 指家庭及个人的各类生活品及家庭服务。包括家具及室内装饰品、家用器具、家用纺织品、家庭日用杂品、个人用品和家庭服务。

交通通信 指用于交通和通信工具及相关的各种服务费、维修费和车辆保险等支出。

教育文化娱乐 指用于教育、文化和娱乐方面的支出。

医疗保健 指用于医疗和保健的药品、用品和服务的总费用。包括医疗器具及药品，以及医疗服务。

其他用品及服务 指无法直接归入上述各类支出的其他用品与服务支出。

二、2012 年及以前的分城镇和农村住户调查指标解释

2012 年及以前年份，中国的住户调查一直分城乡分别开展。由于分别调查，农村与城镇居民收入、支出等指标的统计口径有所不同，数据也不完全可比，城镇调查城镇居民可支配收入，农村调查农村居民纯收入。城镇居民收入与支出数据，指现金收入或现金支出，不包括实物收支；其中，计算城镇居民人均可支配收入和消费支出时，不包括自有住房折算租金，也不包括购建房支出。农村居民收入与支出数据，分为总收支和现金收支，即农村居民的总收支部分包括了自产自用的实物收支；其中，计算农村居民人均纯收入和消费支出时，也不包括自有住房折算租金，但农村居民居住消费支出中，包括了购建房支出。

为了保持历史数据的可比，本年鉴中 2012 年及以前年份的数据和指标解释仍保持了原城镇住户调查和农村住户调查方案的原貌。

（一）城镇住户调查主要收支指标解释

1. 城镇居民家庭总收入

家庭总收入 指居民家庭中生活在一起的所有家庭成员在调查期得到的工薪收入、经营净收入、财产性收入、转移性收入的总和，不包括出售财物和借贷收入。收入的统计标准以实际发生的数额为准，无论收入是补发还是预发，只要是调查期得到的都应如实计算，不作分摊。

工薪收入 指就业人员通过各种途径得到的全部劳动报酬，包括所从事的主要职业的工资以及从事第二职业、其他兼职和零星劳动得到的其它劳动收入。

经营净收入 指家庭成员从事生产经营活动所获得的净收入。是全部生产经营收入中扣除生产成本和税金后所得的收入。如当期收入小于生产费用的开支，其差额记入“其他借贷支出”中。

财产性收入 指家庭拥有的动产（如银行存款、有价证券）、不动产（如房屋、车辆、土地、收藏品等）所获得的收入。包括出让财产使用权所获得的利息、租金、专利收入；财产营运所获得的红利收入、财产增值收益等。

利息收入 指资产所有者按预先约定的利率获得的高于存款本金以外的那部分收入。包括各类定期和活期存款利息、债券利息、储蓄性奖券和存款的“中奖”收入。利息与红利的差异：利息一般是预先约定的，与企业的经营状况无关，而红利的多少与企业的经营效益直接有关，一般不预先约定。利息收入是应得收入，包括银行代扣的利息所得税。

转移性收入 指国家、单位、社会团体对居民家庭的各种转移支付和居民家庭间的收入转移。包括政府对个人收入转移的离退休金、失业救济金、赔偿等；单位对个人收入转移的辞退金、保险索赔、住房公积金、家庭间的赠送和赡养等。

记账补贴 指居民家庭因承担记账工作从统计部门、工作单位和其它途径所得到的现金。不包括实物部分。

2. 城镇居民可支配收入

可支配收入 指居民家庭可用于最终消费支出和其它非义务性支出以及储蓄的总和，即居民家庭可以用来自由支配的收入。它是家庭总收入扣除交纳的所得税、个人交纳的社会保障费以及调查户的记账补贴后的收入。计算公式为：

可支配收入＝家庭总收入－交纳所得税－个人交纳的社会保障支出－记账补贴

3. 城镇居民家庭总支出

家庭总支出 指家庭除借贷支出以外的全部实际支出。包括消费支出、购房建房支出、转移性支出、财产性支出、社会保障支出。支出统计是以实际购得的商品或服务的总价值填报，不论其付款方式是一次付清、分期付款，还是赊购，只要商品或服务已被消费就要按其总价值计量。如果采用分期付款或赊购形式，则要在借贷收入类相应的项目填入实付款与总的应付款的差额。

4. 城镇居民消费支出

消费支出 指居民家庭用于满足家庭日常生活消费需要的全部支出，包括食品、衣着、居住、家庭设备及用品、交通通信、文教娱乐、医疗保健、其他等八大类。消费支出构成是按照商品或服务的用途进行分类，如果消费支出的目的与用途不一致时，必须按照用途归入相应类内。

服务性消费支出 指居民家庭用于本家庭支付社会提供的各种文化和生活方面的非商品性服务费用。不包括为别人付款的服务。服务消费与商品消费不同，其特点在于其劳动过程和消费过程在时间与空间上的统一。

财产性支出 指家庭购买或维护财产所支付的利息等有关费用。

社会保障支出 指居民家庭成员参加国家法律、法规规定的社会保障项目中由个人交纳的保障支出。不包括职工所在单位交纳的那部分社会保障金。

食品支出 指居民为摄取身体所需要的营养和满足某种嗜好而进食的各种消费品，包括在商店、集市、工作单位食堂和饮食业购买的主食、副食、烟草、酒、饮料以及干鲜瓜果、糖果、糕点、奶制品等。

衣着支出 指各种穿着用品及加工穿着品的各种材料，包括棉、麻、丝、毛和各种人造纤维、合成纤维纺织的各种布匹、呢绒、绸缎及其加工的服装，各种鞋、袜、帽及其他零星穿着用品等。

居住支出 指与居住有关的支出，包括住房、水、电、燃料方面的支出。其中的住房支出：指居民家庭用于住房的直接支出，包括房租、房屋维修支出、物业管理费、房屋装潢支出。不包括购建房支出，也不包括自有住房虚拟租金。

家庭设备及用品支出 指家庭各类日用消费品及家庭服务。包括日用耐用消费品、室内装饰品、床上用品、家庭日用杂品、家具、家庭服务。不含个人用品和服务。

交通通信支出 指用于交通和通信工具和相关的各种服务费、维修等支出。

交通 指购置交通工具及零配件、支付各种交通费、修理服务费、油料费等的支出。

通信 指家庭用于通信方面的全部支出。包括通信工具、电话费、邮费及其他通信费用。

文教娱乐支出 指居民家庭用于教育和文化娱乐方面的支出。

文化娱乐用品 指居民家庭用于购置家庭文娱用耐用消费品和其它文娱用品的支出。其中，购买家庭影院的根据其设备配置情况分别记为彩色电视机、影碟机、组合音响等。

文化娱乐服务 指和文化娱乐活动有关的各种服务费用。

教育支出 是指按一定的目的要求，对受教育者的德育、智育、体育、爱好、技能等诸方面施以影响的一种有计划的活动，与这一活动直接相关的支出即为教育支出。包括学费、教材费、家教费、赞助费、寄宿学生的住宿费等。

医疗保健支出 指用于医疗和保健的药品、用品和服务费用。包括医疗器具、保健用品、医药费、滋补保健品、医疗保健服务及其他医疗保健费用。实行医疗改革的单位，医疗基金（医保卡）支付的全部费用计入工资及补贴收入中，同时记入相应的医疗保健支出中。个人先现金支付然后到单位报销的医疗费在记入相应消费的同时，如果是在职职工则记入工资性收入，如果是离退休职工则记入离退休金中。

其他支出 指无法直接归入上述各类支出以外的个人用品和其他商品与服务支出。

其他商品 指七大类以外的个人用品和各种其他商品。

服务 指用于个人消费中的服务费，包括旅馆住宿费、理发洗澡费、美容费等。

（二）农村住户调查主要收支指标解释

1．农村居民总收入与总支出

总收入 指调查期内农村住户和住户成员从各种来源渠道得到的收入总和。按收入的性质划分为工资性收入、家庭经营收入、财产性收入和转移性收入。

工资性收入 指农村住户成员受雇于单位或个人，靠出卖劳动而获得的收入。

在非企业组织中劳动得到的收入 指农村住户成员在不具备企业性质的行政事业单位和各种组织中劳动得到的收入。包括村干部和民办教师的工资（奖金、补贴），乡及以上行政、事业单位工作人员的工资（奖金、补贴）等。

在本地劳动得到的收入 指农村住户成员在住户所属乡（镇）地域范围内受雇于单位或个人，靠出卖劳动而获得的收入。

常住人口外出从业得到的收入 指农村住户成员到住户所属乡（镇）地域范围以外从业得到的收入。

家庭经营收入 指农村住户以家庭为生产经营单位进行生产筹划和管理而获得的收入。农村住户家庭经营活动按行业划分为农业、林业、牧业、渔业、工业、建筑业、交通运输业邮电业、批发和零贸易餐饮业、社会服务业、文教卫生业和其他家庭经营。

农业收入 指包括谷物种植业，豆类和薯类作物种植业，棉、麻等植物性纺织原料种植业，油料、糖料作物种植业，烟草种植业，药材种植业，蔬菜、瓜类作物种植业，饲料作物种植业，茶、桑、果树种植业。

种植业收入 是指农村住户当年从承包地和自营地上收获的粮食、经济作物、蔬菜、茶叶、水果、水生植物（如菱、藕等）等的主产品和副产品的全部收入。但生产用的绿肥和青饲料不作为收入，用来沤肥的副产品以及野生植物的采集和家庭兼营商品性手工业不作为种植业收入。

林业收入 是指农村住户当年采伐竹木收入、出售树苗和从人工栽培的竹林上不经砍伐而取得的各种林产品收入，如生漆、棕片、五倍籽、松脂、紫胶、竹笋、油桐籽、油茶籽、乌柏籽、核桃、各种林木子实，以及修剪竹木枝叶（荆条、柳条、蒲葵叶）等等；包括野生林木的采集产品收入；但不包括桑叶、茶叶、水果、花卉，它们算在种植业收入中。

畜牧业收入 是指农村住户当年出售、屠宰的畜禽、小动物和畜禽产品收入。包括家畜（仔畜、架子猪也包括在内）、家禽（包括幼禽）及其他小动物收入；也包括出售鹌鹑、鸽子等收入，按出售和屠宰的产品计算。畜禽的繁殖和增重，不计算收入；活的家畜、家禽及其他小动物的产品（如蛋类、羊毛、蜂蜜、蜂蜡等）收入，按全部产品计算；动物屠宰和死后的畜产品（如猪鬃、羊皮、蚕茧等）收入，按全部产品计算。牧区和半牧区农民出卖大牲畜的收入，应作为畜牧业收入；农户出售肉牛的收入和专门饲养大牲畜出售的收入应作为畜牧业收入，但变卖属于固定资产的役畜的现金收入，不能作为牧业收入，而应计算在出售财物收入中；包括野生动物的狩猎及其产品的采集收入。

渔业收入 是指农村住户当年捕捞天然水生的和人工养殖的鱼、虾、蟹、贝、藻类等淡水水产品和海水水产品的全部收入。包括养殖观赏鱼类的收入。

工业收入 是指农村住户的个体企业（有固定场所和生产设备、有专业生产劳动力，年内生产三个月以上）利用手工和机械进行自然资源开采，农副产品，工业品加工和修理以及从事手工业（手工业指依靠手工劳动，使用简单工具从事的工业性生产活动，包括各种制作、刺绣、编织、雕刻、加工等手工业。）所得全部产品收入，来料加工的产品，按加工费计算收入。自制自用的产品不计收入。

建筑业收入 是指农村住户成员当年从事房屋或建筑物的新建和维修以及设备安装所得到的劳动报酬，参加国家举办的基本建设工程所得到的收入。

交通运输业、邮电业收入 是指农村住户成员当年从事对本户以外的单位或个人进行货物运送、旅客运送及从事邮电行业活动的收入。

批零和零售贸易、餐饮业收入 是指从事批发贸易、零售商业和餐饮业活动的收入。

社会服务业 是指从事于日常生活及社会公共服务等服务活动的收入。包括从事社会服务业、金融保险业、房地产管理、旅馆、车店、理发、照相、洗染、缝纫、修理、导游等收入。

文教卫生业 指在文教卫生等单位从事有关活动的收入。如在教育、文化艺术事业、广播电视业从事有关活动的收入；在体育事业单位、体育设施管理单位、体育队、体育训练机构等从事体育活动的收入；在医疗、防治、检疫及其他卫生事业的收入等。

财产性收入 指金融资产或有形非生产性资产的所有者向其他机构单位提供资金或将有形非生产性资产供其支配，作为回报而从中获得的收入。

转移性收入 指农村住户和住户成员无需付出任何对应物而获得的货物、服务、资金或资产所有权等，不包括无偿提供的用于固定资本形成的资金。一般情况下，是指农村住户在二次分配中的所有收入。包括在外人口寄回和带回、农村外部亲友赠送、救济金、保险赔偿收入、退休金、土地征用补偿收入等。

总支出 是指农村住户全年用于生产、生活和再分配等方面的全部实际支出。包括家庭经营费用支出、购置生产性固定资产支出、税费支出、生活消费支出、转移性支出和财产性支出。

家庭经营费用支出 指农村住户以家庭为基本生产经营单位从事生产经营活动而消费的商品和服务、自产自用产品。所消费的未计算为住户收入的自产自用产品，不计算为费用支出；库存的化肥、农药也不计算为本期费用支出。

农业生产支出 指用于农业生产活动费用。如种籽、肥料、农药、小农具购置和修理、油料费、耕畜的饲料、饲草费、机耕费、排灌费、电费等，此外还包括家庭兼营商品性手工业等所支付的有关费用。

种植业生产支出 是指种植各种农作物所支付的生产费用。如种籽、肥料、农药、小农具购置和修理、油料费、耕畜的饲料、饲草费、机耕费、排灌费、电费等。

林业生产支出 是指经营林业生产而支付的费用。如树种、树苗、肥料、农药、电费及小型工具的购置维修等开支，但不包括林业的基本建设投资。

牧业生产支出 是指经营牧业生产所支付的费用。如购买仔畜（包括架子猪）、幼禽支出；肉用牛、羊的饲料、饲草支出；生猪、家禽等的饲料、燃料、防疫医疗费；电费和小型用具购置、维修等支出。但耕畜的饲料费应列为“种植业生产费用支出”。

渔业生产支出 是指养殖水生动物、培养海藻和捕捞生产过程中的开支。包括鱼苗、饵料、电费以及小型渔具和用具的购置、维修及油料费等支出。但不包括添置的固定资产支出。

工业生产支出 是指进行工业生产所支付的生产费用。包括工业生产耗用的原料、燃料、电费及小型工具的购置、维修等开支，还包括来料加工产品所耗用的燃料、电费，但不包括自产自用和来料加工产品所耗用的原材料。

建筑业生产支出 是指为了从事本户以外的房屋或建筑物的新建与维修以及设备安装而耗用的建筑材料、电器设备、燃料、电费以及小型工具的购置、维修等开支。

交通运输业生产支出 是指为从事对本户以外单位或个人进行货物运送和旅客运送所耗用燃料和小型工具的购置、维修等开支。

批零和零售贸易、餐饮业生产支出 是指从事批发贸易、零售商业、和餐饮业活动时所购买的生产用具支出、租用铺面支出、帮工工资支出、燃料支出、电费支出及其他费用开支。

社会服务业生产支出 指用于包括金融保险业、房地产管理、旅馆、车店、理发、照相、洗染、缝纫、修理、导游等日常生活及社会公共服务等服务活动的费用支出。

文教卫生业生产支出 指在文教卫生等单位从事有关活动的支出。如在教育、文化艺术事业、广播电视业从事有关活动的支出；在体育事业单位、体育设施管理单位、体育队、体育训练机构等从事体育活动的支出；在医疗、防治、检疫及其他卫生事业的支出等。

其他家庭生产经营支出 是指上述各项家庭经营费用支出以外的其他支出，包括各项劳务所支出的费用。

购置生产性固定资产支出 指农村住户用于建造和购置生产性固定资产所支出的费用。

税费支出：是指农村住户从事生产经营活动以现金和实物形式缴纳的各种税费。

消费支出 指农村住户用于物质生活和精神生活方面的消费支出。消费支出分为食品支出、衣着支出、居住支出、家庭设备及用品支出、交通通信支出、文教娱乐支出、医疗保健支出、其他支出。

食品支出 指农村居民年内消费各类食品支出。包括主食、副食、其他食品、在外饮食和食品加工费支出。

衣着支出 指农村住户用于各种穿着用品及加工穿着用品的材料支出。包括棉花、丝棉、化纤棉、驼毛、棉布、各种化纤布、绸、缎、呢绒、各类成衣、棉、毛、丝、麻纺织品，背心、汗衫、棉毛衫裤、卫生衫裤、袜子等针织品，毛线、毛线织品、各种鞋、帽等消费品及衣着的加工修理费（指农村住户为加工或修补服装、鞋帽等衣着所支付的服务费）。但不包括用各种布料做的床上用品，室内装饰品。

居住支出 指与农村住户居住有关的所有支出。包括新建（购）房屋、房屋维修、居住服务、租赁住房所付的租金、生活用水、生活用电、用于生活的燃料等支出。

家庭设备及用品支出 指农村住户消费的各种耐用消费品、其他家庭用品及用品的加工修理费用。

交通通信支出 指农村住户用于交通和通讯的工具、各种服务费、维修费用支出。

文教娱乐支出 指农村住户用于文化、教育、娱乐方面的支出。包括文化教育娱乐用品支出和文化教育娱乐服务支出。

医疗保健支出 指农村住户用于医疗和保健的药品、医疗器械和服务费用。包括医药卫生保健用品、医疗保健服务费和医疗卫生设备、用品加工修理费等。

其他支出 指上述各类支出以外的商品和服务支出。

财产性支出 为获得其他住户财产（包括无形资产）的使用权而支付的各种费用。

转移性支出 指农村住户和住户成员没有获得任何对应物而支出的货物、服务、资金或资产所有权等，不包括无偿提供的用于固定资本形成的资金。一般情况下，指农村住户在二次分配中的所有支出。

2. 农村居民现金收入与支出

现金收入 指农村住户和住户成员在调查期内得到以现金形态表现的收入。按来源分成工资性收入、家庭经营现金收入、财产性收入、转移性收入。

现金支出 指农村住户在调查期内用于生产、生活和再分配所支付的现金。包括家庭经营费用支出、缴纳的税费、购买生产性固定资产、生活消费、财产性和转移性支出。

3. 农村居民纯收入

纯收入 指农村住户当年从各个来源得到的总收入相应地扣除所发生的费用后的收入总和。纯收入主要用于再生产投入和当年生活消费支出，也可用于储蓄和各种非义务性支出。“农民人均纯收入”按人口平均的纯收入水平，反映的是一个地区或一个农户农村居民的平均收入水平。计算方法：

纯收入 = 总收入 − 家庭经营费用支出 − 税费支出 − 生产性固定资产折旧 − 农村内部亲友赠送

八 全国及各省区市指标

资料整理：各有关处

8-1 全国及各省区市主要农产品产量(2023年)

单位:万吨

地　区	粮　食	棉　花	油　料	水果	肉类	奶类	禽蛋
全　国	**69541.0**	**561.8**	**3863.7**	**32744.3**	**9748.2**	**4281.3**	**3563.0**
北　京	47.8		1.0	41.8	4.2	26.5	9.1
天　津	255.7	0.1	0.4	42.3	31.5	54.1	23.2
河　北	3809.9	10.4	118.3	1563.2	495.0	574.3	404.6
山　西	1478.1		17.9	1082.8	155.0	147.5	126.7
内蒙古	3957.8		206.2	213.3	291.2	794.9	67.2
辽　宁	2563.4		128.1	928.2	473.7	136.0	311.8
吉　林	4186.5		88.4	157.2	309.4	30.9	95.7
黑龙江	7788.2		16.5	188.9	328.5	504.3	107.4
上　海	101.9		0.6	31.7	12.2	30.7	3.6
江　苏	3797.7	0.5	103.4	1015.2	331.7	72.9	235.3
浙　江	638.8	0.3	35.6	733.4	119.9	20.9	36.3
安　徽	4150.8	2.0	189.0	828.8	497.1	53.6	206.3
福　建	511.0		24.4	914.3	311.4	25.4	69.1
江　西	2198.3	2.2	148.1	799.0	369.1	6.3	73.2
山　东	5655.3	12.6	280.7	3208.2	910.1	318.3	462.2
河　南	6624.3	0.7	703.0	2561.6	679.1	241.8	441.2
湖　北	2777.0	9.6	394.9	1191.5	457.9	9.0	216.3
湖　南	3068.0	7.6	293.1	1266.1	582.6	8.0	119.6
广　东	1285.2		121.0	2127.8	507.5	20.3	49.9
广　西	1395.4		80.8	3553.2	478.9	13.8	33.4
海　南	147.0		7.9	592.6	76.4	0.3	7.1
重　庆	1095.9		77.5	645.9	215.8	3.1	53.1
四　川	3593.8		438.6	1490.4	697.1	72.1	181.1
贵　州	1119.7		111.0	756.7	246.9	3.7	38.8
云　南	1974.0		68.5	1380.9	536.1	73.9	46.6
西　藏	108.9		5.0	3.1	31.3	64.3	1.4
陕　西	1323.7		60.6	2335.5	135.7	163.9	65.2
甘　肃	1272.9	4.2	63.1	1044.0	157.4	102.8	23.5
青　海	116.2		32.1	2.5	41.4	33.9	1.7
宁　夏	378.8		4.6	310.5	41.4	430.6	12.7
新　疆	2119.2	511.2	43.2	1733.8	222.6	243.2	39.9
河南居全国位次	2	9	1	3	3	7	2

8－2 全国及各省区市居民消费价格指数(2023年)

(上年＝100)

地区	居民消费价格总指数	食品烟酒	衣着	居住	生活用品及服务	交通和通信	教育文化和娱乐	医疗保健	其他用品及服务
全国	**100.2**	**100.3**	**101.0**	**100.0**	**100.1**	**97.7**	**102.0**	**101.1**	**103.2**
北京	100.4	100.1	100.6	100.3	100.3	98.3	102.8	100.2	104.2
天津	100.4	100.5	101.0	100.5	100.0	97.2	103.1	100.4	103.6
河北	100.6	100.5	102.3	100.3	100.6	97.6	101.5	103.2	103.2
山西	99.9	99.8	100.3	100.0	100.3	98.0	100.4	100.9	102.4
内蒙古	100.6	100.6	101.2	100.1	100.5	98.0	101.5	103.3	103.5
辽宁	100.1	100.1	100.5	100.4	100.2	98.1	101.0	100.1	103.1
吉林	99.9	99.3	100.1	100.0	100.2	97.8	101.4	100.7	103.4
黑龙江	100.6	100.6	101.7	100.1	100.3	98.1	101.6	102.5	102.8
上海	100.3	98.8	102.0	100.2	100.4	99.1	103.6	100.2	104.8
江苏	100.4	101.0	101.4	100.0	100.6	96.7	101.8	103.2	103.9
浙江	100.3	100.6	101.0	99.6	100.4	97.9	102.8	101.0	103.6
安徽	100.2	100.5	101.6	99.7	100.1	97.5	102.0	100.7	103.2
福建	100.0	100.9	100.0	99.8	99.9	96.7	101.6	100.7	103.1
江西	100.3	100.4	101.9	100.1	99.8	97.5	102.3	100.7	103.3
山东	100.1	100.3	100.6	100.1	100.0	97.7	102.0	100.2	103.7
河南	99.8	99.6	99.8	99.6	99.6	97.9	101.4	100.9	103.2
湖北	100.1	99.9	101.3	100.4	100.2	97.5	101.8	100.5	102.9
湖南	100.2	99.4	101.0	100.4	100.1	98.0	101.6	102.0	103.0
广东	100.4	101.4	101.8	99.5	99.9	97.7	102.7	100.4	102.3
广西	99.8	100.0	102.1	99.1	99.0	96.9	101.8	101.5	102.1
海南	100.3	101.3	99.8	99.4	100.2	98.5	101.8	99.8	102.0
重庆	99.7	98.6	101.0	100.2	99.8	98.8	101.3	100.2	102.4
四川	100.0	99.8	99.0	100.4	100.0	97.9	102.5	100.6	102.6
贵州	99.7	99.8	102.0	99.8	100.0	97.3	100.4	100.0	101.9
云南	100.3	100.9	100.5	100.3	100.2	97.2	102.2	100.7	103.0
西藏	99.9	99.9	100.1	100.2	100.0	98.1	100.6	101.0	103.7
陕西	100.1	99.8	100.4	100.4	99.7	97.9	101.0	101.4	103.8
甘肃	100.5	100.3	100.2	99.6	100.0	99.2	101.6	103.5	103.2
青海	100.5	99.4	100.5	100.1	100.1	99.2	104.2	102.1	103.5
宁夏	100.4	100.3	100.5	100.6	99.8	98.5	101.7	100.8	104.6
新疆	100.0	99.6	102.5	100.0	99.4	98.0	101.0	100.3	104.4
河南居全国位次	28	25	29	26	29	15	23	11	15

8－3 全国及各省区市主要价格指数(2023 年)

(上年＝100)

地 区	工业生产者出厂价格指数	工业生产者购进价格指数
全 国	**97.0**	**96.4**
北 京	99.2	98.7
天 津	96.4	96.0
河 北	94.7	93.8
山 西	91.3	94.7
内蒙古	92.1	93.0
辽 宁	96.6	95.8
吉 林	98.1	98.9
黑龙江	95.7	97.5
上 海	99.7	98.9
江 苏	96.7	96.4
浙 江	97.3	94.8
安 徽	96.6	95.1
福 建	98.2	96.2
江 西	96.6	95.8
山 东	96.5	97.0
河 南	97.4	95.3
湖 北	97.4	95.9
湖 南	98.5	97.5
广 东	98.5	97.6
广 西	97.0	95.7
海 南	97.3	100.5
重 庆	97.8	97.0
四 川	97.6	97.1
贵 州	98.1	95.7
云 南	96.7	96.8
西 藏	101.1	
陕 西	94.9	94.3
甘 肃	95.9	92.5
青 海	96.3	97.7
宁 夏	92.7	94.1
新 疆	93.5	93.6
河南居全国位次	11	21

8－4 全国及各省区市分月

（上年同期＝100）

地区	全年	1月	2月	3月	4月	5月
全国	**97.0**	**99.2**	**98.6**	**97.5**	**96.4**	**95.4**
北京	99.2	99.2	99.7	99.2	98.6	99.0
天津	96.4	99.4	97.9	95.2	95.5	93.4
河北	94.7	95.6	95.1	94.6	92.5	90.5
山西	91.3	100.2	99.8	97.4	90.8	86.5
内蒙古	92.1	98.5	96.3	93.5	90.6	89.0
辽宁	96.6	101.1	100.0	97.9	95.5	94.4
吉林	98.1	100.0	99.1	98.6	98.1	97.5
黑龙江	95.7	101.9	100.2	96.0	94.3	92.6
上海	99.7	101.4	100.8	100.5	99.9	99.3
江苏	96.7	98.2	97.7	97.2	96.5	95.5
浙江	97.3	99.1	98.6	97.7	97.0	96.2
安徽	96.6	98.2	98.1	97.1	96.5	95.4
福建	98.2	99.7	99.5	98.9	97.9	97.3
江西	96.6	98.4	98.1	96.7	95.7	94.5
山东	96.5	99.1	98.4	96.5	95.7	94.4
河南	97.4	100.6	100.2	98.7	97.2	95.7
湖北	97.4	99.3	98.9	98.3	97.6	96.8
湖南	98.5	99.4	99.6	98.9	98.2	97.5
广东	98.5	100.6	99.8	99.3	98.6	97.7
广西	97.0	98.4	98.5	97.2	95.9	95.4
海南	97.3	104.3	101.4	98.7	96.7	96.0
重庆	97.8	99.2	98.0	98.0	97.7	97.2
四川	97.6	99.1	98.9	98.4	97.1	96.8
贵州	98.1	100.0	99.0	99.0	97.7	95.9
云南	96.7	98.1	97.8	96.6	95.7	93.8
西藏	101.1	103.2	103.5	101.0	100.1	97.9
陕西	94.9	99.1	98.7	96.3	93.2	93.3
甘肃	95.9	99.7	98.4	93.7	91.8	91.3
青海	96.3	101.4	99.3	97.4	96.2	94.4
宁夏	92.7	99.1	98.3	94.7	91.9	90.1
新疆	93.5	97.2	95.7	92.2	91.2	89.8
河南居全国位次	11					

工业生产者出厂价格指数(2023年)

6月	7月	8月	9月	10月	11月	12月
94.6	**95.6**	**97.0**	**97.5**	**97.4**	**97.0**	**97.3**
98.2	98.9	99.4	99.6	99.7	99.8	99.4
91.8	94.0	96.5	98.3	98.5	98.1	98.3
90.5	93.3	96.1	96.4	96.4	97.6	97.9
84.7	87.1	90.9	90.5	89.8	88.6	89.2
86.6	89.0	92.4	93.2	93.2	91.7	92.2
91.8	92.5	96.0	97.6	98.1	97.0	97.3
97.7	97.8	98.6	98.9	98.4	97.1	98.6
89.2	90.3	95.0	96.2	98.3	97.7	98.0
98.3	98.7	99.7	99.7	99.6	99.1	99.3
95.0	95.6	96.7	97.2	97.0	96.8	96.7
95.6	96.5	97.3	97.8	97.7	97.2	97.1
94.7	95.3	96.6	97.1	97.1	96.6	96.9
96.6	97.3	97.7	98.5	98.4	98.3	98.2
94.1	96.2	97.4	97.7	97.2	97.0	96.6
93.5	94.9	97.1	97.5	97.3	96.8	97.2
94.9	95.6	97.2	97.9	97.2	97.3	97.0
95.9	96.1	96.9	97.3	97.2	97.2	97.7
97.3	98.0	98.9	99.1	98.4	98.4	98.4
97.3	98.1	98.6	98.9	98.2	97.7	97.7
94.2	95.8	97.8	98.4	98.1	97.5	97.6
90.3	90.3	95.3	98.1	99.9	99.4	98.5
97.2	97.4	98.0	97.9	98.1	97.7	97.7
96.1	96.3	97.2	98.1	98.1	97.7	97.7
96.5	96.8	98.2	98.6	98.5	98.5	98.2
93.0	95.2	97.2	98.2	98.6	97.9	98.1
98.4	102.6	101.8	103.4	101.0	100.7	99.6
91.2	92.7	94.1	95.1	95.6	94.9	95.1
90.4	95.0	98.0	98.3	99.3	98.3	97.2
92.7	94.0	94.4	96.2	97.3	97.0	96.0
88.5	89.4	91.9	93.3	92.5	91.7	91.2
87.6	90.2	93.7	94.6	97.8	96.6	97.0

8－5　全国及各省区市分月

（上年同期＝100）

地　区	全年	1月	2月	3月	4月	5月
全　国	**96.4**	**100.1**	**99.5**	**98.2**	**96.2**	**94.7**
北　京	98.7	100.5	100.9	99.9	97.5	98.2
天　津	96.0	100.6	98.9	97.4	94.9	93.1
河　北	93.8	97.5	97.4	96.1	92.2	89.4
山　西	94.7	101.2	101.1	98.7	94.6	92.0
内蒙古	93.0	99.4	99.9	97.3	93.6	90.6
辽　宁	95.8	101.4	99.9	97.3	95.5	93.9
吉　林	98.9	101.2	101.4	101.4	100.5	99.3
黑龙江	97.5	104.4	103.4	101.2	98.6	96.3
上　海	98.9	102.1	100.4	99.1	98.2	97.3
江　苏	96.4	99.1	98.7	97.7	96.3	94.9
浙　江	94.8	98.3	97.9	96.6	94.2	92.9
安　徽	95.1	97.6	97.3	96.5	94.8	93.4
福　建	96.2	99.5	98.8	97.3	95.8	95.0
江　西	95.8	101.1	100.5	99.1	96.6	94.3
山　东	97.0	100.9	100.1	98.9	96.9	95.4
河　南	95.3	100.3	99.2	98.4	96.4	93.6
湖　北	95.9	99.8	99.7	98.3	97.0	94.7
湖　南	97.5	99.3	98.6	97.8	96.5	96.3
广　东	97.6	100.5	100.1	99.1	97.5	96.2
广　西	95.7	101.5	100.6	99.1	95.9	94.7
海　南	100.5	107.2	109.8	107.4	103.1	100.7
重　庆	97.0	98.9	98.8	98.4	96.8	95.9
四　川	97.1	101.2	100.5	100.0	98.2	96.9
贵　州	95.7	103.8	101.6	100.2	97.0	94.0
云　南	96.8	101.1	100.1	98.0	95.9	95.3
西　藏						
陕　西	94.3	100.9	99.7	96.4	93.7	92.3
甘　肃	92.5	99.4	97.1	93.5	91.1	89.3
青　海	97.7	102.9	103.9	99.8	98.8	96.2
宁　夏	94.1	102.3	101.5	98.1	94.0	92.5
新　疆	93.6	98.7	96.4	94.2	92.1	90.8
河南居全国位次	21					

工业生产者购进价格指数（2023 年）

6月	7月	8月	9月	10月	11月	12月
93.5	**93.9**	**95.4**	**96.4**	**96.3**	**96.0**	**96.2**
96.6	96.6	98.0	99.2	98.7	99.3	98.9
91.4	92.0	94.7	96.5	97.5	98.1	98.1
88.4	90.2	93.1	95.3	95.6	95.7	95.9
90.4	91.6	92.5	93.3	93.5	94.1	94.3
85.4	87.4	90.9	94.0	92.5	92.2	93.6
92.0	91.6	94.7	95.8	95.9	96.4	96.2
98.4	97.1	98.8	97.5	97.3	96.8	97.2
94.5	93.8	97.3	97.1	95.7	94.4	93.7
96.3	97.5	98.6	100.0	99.5	98.9	99.3
93.6	94.1	95.6	97.0	96.9	96.6	96.7
91.5	91.6	93.5	95.1	95.3	95.3	95.4
92.2	93.4	94.9	95.9	95.4	94.9	95.4
93.6	94.2	95.4	96.2	96.1	96.1	96.9
91.7	92.6	94.1	95.2	95.3	94.5	94.6
94.4	94.7	96.3	97.2	96.9	96.4	96.6
91.7	92.5	94.3	94.9	94.6	94.3	93.9
93.5	92.6	93.8	95.5	96.0	94.9	95.5
95.8	96.4	97.0	97.8	97.9	97.9	98.1
96.2	96.6	97.3	97.4	97.2	96.7	96.7
92.8	92.5	93.7	94.9	94.6	94.4	94.1
96.7	94.8	95.6	99.6	98.0	98.5	97.4
95.6	96.2	97.0	97.2	96.8	96.1	96.5
94.9	93.9	95.4	96.3	96.5	95.8	95.7
92.3	92.3	93.1	93.9	93.7	93.7	93.0
93.5	93.4	94.9	96.6	97.7	97.2	98.1
90.4	90.3	93.6	93.9	93.5	93.4	93.7
87.0	88.8	90.8	93.0	93.6	92.8	94.3
95.0	96.4	96.7	97.3	96.2	96.1	93.4
89.4	88.3	91.4	93.2	94.0	92.9	92.8
88.7	88.9	91.5	94.8	96.1	95.6	96.0

8-6 全国70个大中城市商品住宅销售价格指数(2023年)

(上年=100)

地　区	新建商品住宅销售价格指数	二手住宅交易价格指数
北　京	103.5	101.6
天　津	99.9	96.1
石家庄	99.2	97.6
太　原	98.5	97.0
呼和浩特	98.8	95.3
沈　阳	97.0	94.3
大　连	95.6	95.4
长　春	95.9	93.9
哈尔滨	96.8	94.2
上　海	104.4	99.8
南　京	99.8	97.5
杭　州	104.2	98.3
宁　波	102.8	97.7
合　肥	102.6	98.7
福　州	98.6	97.1
厦　门	97.4	95.7
南　昌	101.2	97.0
济　南	102.8	97.6
青　岛	101.6	96.2
郑　州	98.9	94.9
武　汉	99.0	95.7
长　沙	103.4	100.6
广　州	98.8	97.4
深　圳	97.7	98.2
南　宁	97.9	94.6
海　口	102.0	96.6
重　庆	101.1	96.5
成　都	107.0	105.8
贵　阳	98.4	97.5
昆　明	98.7	99.4
西　安	102.3	99.4
兰　州	98.1	95.7
西　宁	99.0	98.6
银　川	101.6	97.7
乌鲁木齐	100.7	97.0

注:各地年度数据是根据国家各月反馈数据进行简单平均计算得出。新建商品住宅不包含保障性住房。

8-6 续表

（上年=100）

地　　区	新建商品住宅销售价格指数	二手住宅交易价格指数
唐　　山	98.4	94.2
秦 皇 岛	95.9	96.1
包　　头	97.1	96.2
丹　　东	97.3	94.1
锦　　州	98.1	94.9
吉　　林	97.6	92.1
牡 丹 江	96.6	92.3
无　　锡	98.7	98.5
扬　　州	99.8	97.4
徐　　州	99.5	97.2
温　　州	95.4	96.0
金　　华	96.8	95.5
蚌　　埠	99.2	97.8
安　　庆	98.7	95.5
泉　　州	97.2	93.9
九　　江	99.4	96.9
赣　　州	98.0	99.4
烟　　台	99.7	97.8
济　　宁	97.1	94.8
洛　　阳	97.5	94.7
平 顶 山	98.1	96.5
宜　　昌	96.4	93.9
襄　　阳	98.3	95.4
岳　　阳	95.8	96.0
常　　德	97.0	96.5
惠　　州	98.7	96.7
湛　　江	98.5	96.5
韶　　关	96.8	97.5
桂　　林	97.2	96.5
北　　海	97.9	94.8
三　　亚	101.8	99.7
泸　　州	98.0	97.9
南　　充	100.0	100.4
遵　　义	100.5	96.4
大　　理	97.1	96.8

8－7 全国及各省区市城乡居民人均可支配收入和消费支出(2023 年)

单位:元

地 区	全体居民		城镇常住居民		农村常住居民	
	可支配收入	人均消费支出	可支配收入	人均消费支出	可支配收入	人均消费支出
全 国	**39218**	**26796**	**51821**	**32994**	**21691**	**18175**
北 京	81752	47586	88650	50897	37358	26277
天 津	51271	34914	55355	37586	30851	21553
河 北	32903	22920	43631	27906	20688	17244
山 西	30924	19756	41327	24524	17677	13684
内蒙古	38130	27025	48676	32249	21221	18650
辽 宁	37992	24865	45896	29091	21483	16040
吉 林	29797	21411	37503	26677	19472	14354
黑龙江	29694	22052	36492	25882	19756	16453
上 海	84834	52508	89477	54919	42988	30782
江 苏	52674	35491	63211	40461	30488	25029
浙 江	63830	42194	74997	47762	40311	30468
安 徽	34893	23607	47446	27900	21144	18905
福 建	45426	31869	56153	37674	26722	21746
江 西	34242	23379	45554	27733	21358	18421
山 东	39890	24293	51571	30251	23776	16075
河 南	29933	21011	40234	25570	20053	16638
湖 北	35146	27106	44990	31500	21293	20922
湖 南	35895	25462	49243	31035	20921	19210
广 东	49327	34331	59307	39333	25142	22209
广 西	29514	19749	41287	24427	18656	15435
海 南	33192	23752	42661	28930	20708	16924
重 庆	37595	26515	47435	31531	20820	17964
四 川	32514	23550	45227	29280	19978	17901
贵 州	27098	20161	42772	27693	14817	14260
云 南	28421	20995	43563	28338	16361	15147
西 藏	28983	17220	51900	28858	19924	12619
陕 西	32128	22012	44713	27303	16992	15647
甘 肃	25011	19013	39833	27044	13131	12575
青 海	28587	20327	40408	25373	15614	14790
宁 夏	31604	21629	42395	27076	17772	14649
新 疆	28947	19715	40578	26134	17948	13645

九　大事记（2023年）

资料整理：高庚茂

大事记(2023年)

一月

1月6—12日,总队举办全系统领导干部学习宣传贯彻党的二十大精神专题培训班。

1月7日,总队召开机关2022年度党支部书记述职评议会议。总队党组成员、副总队长、总队直属机关党委常务副书记郭学来参加会议听取汇报并点评。

1月8日,总队召开河南国家调查队系统市级调查队党组书记、队长向总队党组述职会议。总队成立4个工作组,党组成员分别听取了各市级国家调查队党组书记、队长工作述职。

1月8日,总队召开市级国家调查队纪检组长2022年履职汇报会议。总队党组成员、党组纪检组组长吴小武出席会议并进行点评。

1月10—11日,总队党组成员、副总队长陈建设一行到新乡开展劳动力调查督导陪访工作。

1月11日,总队与省发展改革委等部门召开重要民生商品保供稳价工作座谈会,就当前重要民生商品价格形势,做好春节、"两会"等重要时间节点保供稳价工作进行分析研判。

1月12日,国家统计局党组成员、副局长毛有丰对总队报送的《关于王凯省长、孙守刚常务副省长对河南国家调查工作作出批示的报告》作出批示。

1月13日,总队党组理论学习中心组召开2023年第1次学习会议。党组成员、副总队长郭学来主持会议并讲话,党组成员、总统计师郑泽香,党组成员、党组纪检组组长吴小武参加会议。

1月13日,总队机关组织党员志愿者联合正光街社区辖区单位开展"寒冬人心暖、正光温情在"慰问环卫工人活动。

1月16日,河南省文明办致函总队,对总队圆满完成2022年河南省文明城市测评工作表示衷心感谢。

1月17日,总队党组召开会议,专题研究2022年全面从严治党工作。总队党组书记、总队长崔刚主持会议,总队党组成员参加会议。

1月17日,总队党组成员、党组纪检组组长吴小武赴郑东新区调查队党支部工作联系点督导党建暨党风廉政"两个责任"落实情况,并为分管和联系单位党员干部上廉政党课。

1月18日,兵团总队党组来函对总队持续加强援疆工作、推动兵团统计调查事业发展做出的积极贡献表示衷心感谢和崇高敬意,对总队选派援疆的侯晨凯同志在援疆期间的工作表示充分肯定。

1月19日,总队机关纪委、纪检监察室组织机关全体干部职工集中观看反腐电视专题片《永远吹冲锋号》。

1月19日，受总队党组书记、总队长崔刚委托，总队办公室和机关党委办公室有关人员代表河南调查总队党组和全体干部职工，看望和慰问驻楼武警官兵，向他们致以诚挚的问候和新春的祝福。

1月19日，总队机关纪委召开2023年第一次全体会议。总队党组成员、党组纪检组组长吴小武出席会议。

1月，总队党组成员分别带队到市县队专题督导学习贯彻落实全国统计工作会议暨国家统计局党建工作会议精神。

1月，总队组织开展了春节前后就业状况及意向调研、重要民生商品价格专题调研、春节期间农村疫情防控专题调研。

1月，总队呈送的调查专报《2022年河南居民人均可支配收入增长5.3%》《疫情防控“迎峰转段”全省就业市场升温回暖》《2022年河南市场物价总体运行平稳》《河南：小微企业经营承压　三难三盼仍需关注》获多位省领导批示。

二月

2月1日，总队与河南省气象科学研究所就贯彻党中央关于“三农”工作重大部署，进一步提升服务水平开展座谈交流。

2月1日，总队召开2022年度领导班子民主生活会。总队党组书记、总队长崔刚主持会议。党组成员、总统计师郑泽香，党组成员、党组纪检组组长吴小武，党组成员、副总队长王传健、陈建设参加会议。省直工委李玉洁主任莅临督导。

2月2日，总队党组成员、党组纪检组组长吴小武赴安阳队开展“一案一宣讲”警示教育活动。

2月2日，总队举办河南国家调查队系统2023年第一期调查学堂，邀请河南省政府研究室生态建设研究处赵华处长作公文材料写作主题讲座。

2月3日，总队与内蒙古总队、北京师范大学遥感技术团队就大豆玉米带状复合种植调查工作开展业务交流。

2月7—8日，河南国家调查工作会议在郑州召开。总队党组书记、总队长崔刚作工作报告，党组成员、总统计师郑泽香主持会议，党组成员、党组纪检组组长吴小武，党组成员、副总队长王传健、陈建设出席会议。

2月8日，河南国家调查队系统党建工作会议在郑州召开。总队党组书记、总队长崔刚主持会议，总队党组成员、总统计师郑泽香，党组成员、党组纪检组组长吴小武，党组成员、副总队长王传健、陈建设出席会议。

2月8日，鹤壁市委、市政府致函总队，对总队多年来对鹤壁市经济社会高质量发展和加快建设新时代高质量发展示范城市所给予的支持与帮助表示感谢。

2月9日，总队党组成员、副总队长陈建设带队赴郑州开展就业形势及劳动力调查情况调研座谈。

2月9日，总队荣获2022年度全省党委信息工作成绩突出单位，高庚茂荣获2022年度全省党委信息工作成绩突出个人。

2月10日，总队党组召开会议，认真学习贯彻《国家统计局关于调查队系统巩固深化“三项清理”专项治理工作情况的通报》。

2月10日，国家统计局巡视办主任武洁

一行莅豫就探索调查总队交叉巡察工作开展调研座谈。

2月10日,总队召开2022年全年经济形势分析会,总队党组成员、副总队长王传健出席会议并讲话。

2月14—15日,总队赴鹤壁陪访督导劳动力调查工作。

2月15—16日,总队赴三门峡、许昌等地督导2023年统计执法证迎考备考工作,并现场组织模拟考试。

2月15—17日,总队党组成员、副总队长陈建设带队到新疆调研指导对口援疆工作。

2月16日,总队党组理论学习中心组召开2023年第2次学习会议。总队党组成员、总统计师郑泽香主持会议并讲话,党组成员、党组纪检组组长吴小武,党组成员、副总队长王传健参加会议。

2月16日,总队居民收支调查处和住户监测处组成联合调研督导组,赴新乡督导住户调查工作并开展调研。

2月17日,总队印发《2023年度河南国家调查队系统专题(课题)申报工作的通知》,全面部署2023年专题(课题)申报工作。

2月21日,2023年度全国统计执法证资格考试(河南考区)在郑州举行。河南国家调查队系统参加执法证资格考试255人,为2017年以来全系统参考积极性最高、参考人数规模最大。

2月23日,总队机关青工委召开会议,学习习近平总书记在学习贯彻党的二十大精神研讨班开班式上的重要讲话精神,明确委员职责分工,统筹谋划2023年总队机关青年工作。

2月23日,总队组织开展一季度消费价格调查业务知识线上测试。

2月27日,总队专题研究《2023年河南国家调查队系统统计执法监督检查技能竞赛方案》,总队党组书记、总队长崔刚对统计执法监督检查技能竞赛提出具体要求。

2月27日,总队召开专题会议,传达贯彻全国人口就业统计工作会议精神。总队党组书记、总队长崔刚听取汇报并就做好2023年劳动力调查工作提出明确要求。

2月28日,总队党组书记、总队长崔刚带队赴焦作开展小麦苗情调研,总队农业调查处、焦作调查队主要负责同志陪同调研。

2月,总队领导班子成员分别带队赴相关市队督导2022年度领导班子民主生活会。

2月,总队领导班子成员分别以普通党员身份参加所在党支部2022年度组织生活会。

2月,总队被省人民政府办公厅表彰为全省政府系统政务信息工作先进单位,左鑫一荣获全省政府系统政务信息工作先进个人称号。

2月,总队开展了节假日期间服务消费情况调研、冬小麦生产形势专题调研、归雁经济暨返乡创业情况专题调研、工业企业经营形势情况专题调研、河南省企业利用外资情况及存在问题调研、肉鸡蛋鸡生产成本及收益情况专题调研、春耕备耕专项调研、小麦苗情调研。

2月,总队报送的《2022年河南脱贫县农村居民人均可支配收入增长7.2%》《农村劳动力节后返岗(就业)意愿强烈　存在问题仍需关注》《河南小麦苗情总体良好　夺取夏粮丰产丰收仍需综合施策》《2022年河南农村

居民收入稳定增长　消费水平稳步提升》《制造业企业返岗复工提速　奋战首季“开门红”》《2022年河南省各地市居民人均可支配收入稳步增长》《工业企业经营形势预期向好　四方面问题亟需重点关注》等调查专报获多位省领导批示。

三月

2月27日—3月1日，总队党组成员、副总队长王传健带队赴驻马店开展工作调研。

2月27日—3月10日，总队组织开展“贯彻二十大精神　深入田间掌实情”调研实践活动。

2月28日—3月1日，总队党组成员、总统计师郑泽香带队赴商丘开展小麦苗情调研。

2月28日—3月2日，总队赴天津总队学习交流劳动力调查工作。

3月2日，总队党组理论学习中心组召开第3次学习会议。党组书记、总队长崔刚主持会议并讲话，党组成员、总统计师郑泽香，党组成员、党组纪检组组长吴小武，党组成员、副总队长陈建设参加会议。

3月3日，总队党组书记、总队长崔刚主持召开党组会议，传达学习《国家统计局党廉办关于印发〈国家统计局落实与驻委纪检监察组会商问题及意见建议的整改任务清单（2023年年初会商）〉的通知》和《国家统计局落实与驻委纪检监察组会商问题及意见建议的整改任务清单》等文件精神，研究审议《河南调查总队贯彻国家统计局落实与驻委纪检监察组会商问题及意见建议的整改措施》。总队党组成员、总队党风廉政建设领导小组成员单位主要负责人参加会议。

3月3日，总队党组书记、总队长崔刚主持召开党组会议，专题研究总队2023年审计工作计划，并对2023年加强内部审计工作提出要求。总队党组成员、审计联席会议成员单位主要负责人参加会议。

3月3日，总队与省工业和信息化厅围绕河南省“万人助万企”活动做好精准帮扶企业政策调查研究开展座谈交流。党组书记、总队长崔刚会前听取专题汇报并对做好此次调研座谈提出具体要求。

3月3日，总队召开河南国家调查队系统警示教育视频会议。党组书记、总队长崔刚出席会议并讲话，党组成员、党组纪检组组长吴小武主持会议。党组成员、总统计师郑泽香，党组成员、副总队长王传健、陈建设出席会议。

3月3日，总队印发《关于做好居民消费价格调查扫描数据正式应用工作的通知》，安排部署扫描数据正式应用工作。

3月6日，河南省副省长杨青玖听取总队党组书记、总队长崔刚关于农业农村统计调查工作专题汇报。

3月6日，总队召开调度会议，听取全系统分析研究工作开展情况汇报，研究部署2023年分析研究重点任务。党组书记、总队长崔刚出席会议并讲话。

3月6日，总队召开专题会议，学习贯彻全国农村统计调查工作会议精神，谋划农村统计调查改革发展，部署2023年农村统计调查重点任务。党组书记、总队长崔刚听取汇报并提出具体要求。

3月6日，总队党组书记、总队长崔刚参

加省政协组织召开的“农业强省建设”专题研究重点问题调研会商会。

3月7日，总队党组成员、副总队长陈建设一行赴安阳队督导案件专题民主生活会。

3月7日，总队机关工会、郑州队工会联合举办“花香礼赞二十大，团结奋进新征程”花艺活动，庆祝第113个“三八”国际劳动妇女节。党组书记、总队长崔刚，党组成员、总统计师郑泽香，党组成员、党组纪检组组长吴小武莅临现场指导并向女职工送去节日的祝福。

3月7日，总队与省人社厅就进一步分析研判河南省农民工就业形势，推动农民工工作高质量发展开展工作座谈。

3月7—9日，总队党组成员、副总队长王传健带队赴安徽总队开展座谈交流。

3月7—9日，总队党组成员、副总队长陈建设带队赴新乡、开封、周口开展冬小麦苗情调研。

3月9日，总队组织机关志愿者参加2023年省直机关春季义务植树活动。党组成员、党组纪检组组长吴小武参加活动。

3月10日，总队组织机关干部职工开展“贯彻二十大精神　践行生态文明理念”义务植树暨党建主题活动。党组成员、总统计师郑泽香，党组成员、党组纪检组组长吴小武，党组成员、副总队长王传健参加活动。

3月10日，总队党组理论学习中心组召开第4次学习会议。党组书记、总队长崔刚主持会议并讲话，党组成员、总统计师郑泽香，党组成员、党组纪检组组长吴小武，党组成员、副总队长陈建设参加会议。

3月10日，总队长崔刚主持召开2023年第1次总队长办公会议，总队领导郑泽香、吴小武、陈建设出席会议。

3月10日，总队召开畜牧业调查样本轮换工作座谈会。党组成员、副总队长陈建设参加座谈并提出具体要求。

3月10—13日，总队组织参加河南省“学习贯彻习近平法治思想暨第二届全省服务型行政执法比武”活动。

3月10—16日，总队赴郑州、平顶山、许昌市开展劳动力调查陪访督导工作。

3月13日，总队召开专题会议，传达学习《关于进一步加强财会监督工作的意见》，研究部署贯彻落实措施。党组书记、总队长崔刚主持会议，党组成员、总统计师郑泽香，党组成员、党组纪检组组长吴小武，党组成员、副总队长王传健、陈建设参加会议。

3月13—15日，总队赴广东总队学习交流价格调查工作。

3月14日，总队举办机关统计执法人员基础知识培训班。

3月15日，总队党组书记、总队长崔刚，党组成员、副总队长王传健听取居民收支调查处和住户监测处工作汇报，对住户类调查工作提出具体要求。

3月15日，总队党组成员、副总队长陈建设带队赴河南省农业农村厅就主要畜禽生产及价格形势等工作开展交流座谈。

3月16日，总队召开党组理论学习中心组第5次学习会议暨全国两会精神专题研讨会议。党组成员、总统计师郑泽香主持会议并讲话，党组成员、党组纪检组组长吴小武参加会议。

3月17日，总队召开专题会议研究部署

农村统计调查工作。党组书记、总队长崔刚主持召开专题会议,并提出具体要求。

3月17日,总队与省人社厅就业促进局就近期全省就业形势、深化交流协作以及巩固季度联席会议成果等开展座谈交流。

3月20—22日,总队召开部分市县调查队、总队有关处室辅调员管理工作座谈会议。党组成员、总统计师郑泽香参加座谈。

3月20日,总队召开专题会议,研究总队转交市级调查队的统计违法案件查处督察工作,党组书记、总队长崔刚出席会议。

3月21日,总队召开专题会议,总结一季度综合统计工作,研究部署全年工作要点。党组书记、总队长崔刚主持会议并作讲话。

3月22—23日,总队抽调统计执法骨干成立督察组,赴新乡市开展统计违法案件查处督察工作。

3月22日,总队召开专题会议,研究部署2023年全国统计建模大赛参赛工作。党组书记、总队长崔刚出席会议并提出具体要求,党组成员、副总队长陈建设主持会议,建模大赛参赛工作领导小组成员参加会议。

3月22—24日,总队举办全省农业调查业务培训班,传达学习全国农村统计调查工作会议精神,总结2022年农业统计调查工作,安排部署2023年农业统计调查工作。党组成员、副总队长陈建设参加会议。

3月24日,总队党组成员、总统计师郑泽香带队到部分龙头企业开展河南出口企业生产经营和外贸出口情况开展专题调研。

3月27日,总队召开会议专题研究统计执法监督工作,对近期执法监督重点工作进行安排部署。党组书记、总队长崔刚出席会议并讲话。

3月27—30日,总队采取“异地交叉互查”的方式,组成核查组对南阳市相关县区2023年3月劳动力调查源头数据质量开展核查。

3月28日,总队党组书记、总队长崔刚主持召开专题会议,听取价格调查开展情况及工作计划汇报,并提出具体要求。

3月29日,总队党组成员、总统计师郑泽香召集总队相关处室专题研究推进法治政府建设工作。

3月29日,总队组织退休干部开展“春暖花开　强健体魄”主题春游踏青活动。

3月29日,总队召开劳动力调查工作推进视频会,传达贯彻全国人口就业统计工作会议精神,通报一季度劳动力调查工作情况,安排部署2023年劳动力调查重点工作任务。党组成员、副总队长陈建设出席会议并讲话。

3月29—31日,总队召开全省农村调查业务暨样本轮换工作培训班,传达全国农村统计工作会议精神,部署2023年畜牧业统计调查工作,布置样本轮换摸底核实工作。党组成员、副总队长陈建设参加会议。

3月31日,总队召开专题会议组织学习全国综合统计暨新闻宣传工作会议精神,研究部署具体贯彻落实措施。党组书记、总队长崔刚听取汇报并提出工作要求,党组成员、副总队长王传健参加会议。

3月31日,总队组织开展“弘扬民族精神　感悟家国情怀　做新时代统计调查人”中国特色社会主义和中国梦主题活动。党组成员、总统计师郑泽香,党组成员、党组纪检组组长吴小武,党组成员、副总队长王传健、陈建设参加活动。

3 月,总队与郑州市委宣传部、正光路社区联动,组织开展新时代文明实践周系列活动。

3 月,总队被中共祭城路街道工委、祭城路街道办事处评为“优秀志愿服务队”。

3 月,总队《聚焦九大家庭民生领域　满足河南人民群众美好生活需要——“民生新期待”专题调研报告》《疫情期间河南居民生活状况及所受影响调查报告》《金融扶贫“卢氏模式”打通脱贫“最后一公里”》等三篇文章获得第七届河南省发展研究奖三等奖。

3 月,总队开展了小麦苗情调研、国家统计调查制度执行情况专题调研、住户收支与经济形势专题调研、房地产市场运行情况专题调研、生猪二次育肥专题调研、生猪春季防疫专题调研、商贸个体户经营恢复情况专题调研、生猪成本收益专题调研、特色养殖专题调研、少子化背景下幼儿园“关停潮”专题调研、餐饮业消费形势专题调研、非洲猪瘟疫情情况调研、新能源汽车购置补贴政策终止后市场情况调研、河南出口企业生产经营和外贸出口情况专项调研。

3 月,总队报送的《肉鸡蛋鸡生产稳中向好　养殖收益趋于稳定》《2 月份河南制造业采购经理指数运行于扩张区间》《2 月份全省城镇调查失业率持续回落》《新能源汽车“国补”退场影响可控　四个掣肘仍待破解》《河南:房地产市场初显回暖趋势　政策仍存优化空间》《河南特色养殖助力乡村振兴存在问题不容忽视》《2 月份河南制造业采购经理指数变动原因分析》等调查专报获多位省领导批示。

四月

4 月 3 日,总队召开会议专题学习贯彻全国统计科研工作会议暨全国统计学会秘书长工作会议精神。党组书记、总队长崔刚和分管总队领导听取会议情况汇报,并提出工作要求。

4 月 4 日,总队举办系统科级及科级以下干部学习贯彻党的二十大精神轮训班开班式。党组书记、总队长崔刚以《牢记“三个务必”　矢志不移笃行不怠　团结一心走好新时代赶考路》为题作开班辅导,党组成员、副总队长陈建设主持开班式。

4 月 4 日,总队赴郑州烈士陵园开展“传承红色基因　清明祭英烈”现场祭扫活动。党组成员、党组纪检组组长吴小武,党组成员、副总队长王传健参加活动。

4 月 4 日,总队与省发改委、省人社厅、省统计局联合召开 2023 年一季度就业形势分析座谈会。党组成员、副总队长陈建设主持会议。

4 月 6 日,总队召开全省依法行政专题培训视频会议。党组成员、总统计师郑泽香出席会议。

4 月 6 日,总队举办以“增强保密意识　提升保密能力”为主题的河南国家调查队系统 2023 年第二期调查学堂。

4 月 6—7 日,总队党组成员、副总队长王传健带队分组赴安阳、林州、洛阳、栾川及嵩县等地调研指导住户调查工作。

4 月 7 日,总队组织开展了“瑜悦身心　和谐一伽”瑜伽兴趣活动。

4 月 7 日,总队召开专题会议研究制定防治统计造假工作任务清单，对防治统计造假工作进行了责任梳理和任务分解。党组成员、总统计师郑泽香出席会议。

4 月 10 日，河南国家调查队系统全面从严治党工作视频会议在郑州召开。总队党组书记、总队长崔刚出席会议并讲话，党组成员、党组纪检组组长吴小武作监督责任工作报告，党组成员、副总队长陈建设传达全国统计部门全面从严治党工作会议精神。党组成员、总统计师郑泽香主持会议。

4 月 10 日，经省政府同意，总队印发《关于做好 2023 年全省主要畜禽监测调查样本轮换工作的通知》，部署全省主要畜禽监测调查样本轮换工作。

4 月 13 日，总队在信阳市召开豫南片区生产价格调查基础工作座谈会。

4 月 14 日，总队长崔刚主持召开总队 2023 年第 2 次总队长办公会议，传达学习习近平总书记关于调查研究的重要论述等，审议各专业业务考核办法、系统技能竞赛实施方案、网络和数据安全约谈办法等。总队领导郑泽香、吴小武出席会议。

4 月 14 日，总队党组纪检组与驻省审计厅纪检监察组进行座谈，就进一步加强合作，提升监督质效进行交流探讨。

4 月 14 日，总队党组暨党风廉政建设领导小组会议研究审议通过《河南国家调查队系统 2023 年纪检工作要点》。

4 月 14 日，总队党组召开党组理论学习中心组（扩大）专题学习会暨学习贯彻习近平新时代中国特色社会主义思想主题教育工作部署会。党组书记、总队长崔刚主持会议并对主题教育进行动员部署。党组成员、总统计师郑泽香，党组成员、党组纪检组组长吴小武，党组成员、副总队长陈建设参加学习。

4 月 15 日，总队联合郑东新区管委会、郑州调查队、郑东新区调查队在郑东新区七里河公园开展全民国家安全日宣传教育活动。党组书记、总队长崔刚参加现场活动。

4 月 17 日，总队召开专题会议，部署河南国家调查队系统开展“入百村　访千户”调研实践工作。党组书记、总队长崔刚主持会议并讲话。

4 月 17—19 日，总队党组成员、总统计师郑泽香一行 3 人赴广西交流学习网络安全和信息化工作。

4 月 17—21 日，总队联合省统计局和农业农村部门开展主要畜禽监测调查样本轮换摸底调查督导检查。

4 月 18 日，郑州市委副书记、市长何雄一行到总队就国家调查工作进行交流座谈，总队党组书记、总队长崔刚参加座谈会。

4 月 18 日，总队机关工会妇委会组织机关全体女干部职工参加第 13 期线上“省直机关女性大讲堂”。

4 月 18 日，总队机关退休干部党支部组织在郑退休党员干部开展党的二十大精神学习心得交流活动，进一步掀起学习党的二十大精神的热潮。

4 月 18 日，总队举办河南国家调查队系统统计建模选拔赛，各市县队和总队机关联合组建的 11 支参赛队伍参加了本次选拔赛，总队机关相关业务处室负责人担任评委。

4 月 18—19 日，总队党组书记、总队长崔刚带队赴信阳开展小麦生产形势调研。总队农业调查处、信阳调查队主要负责同志陪同调研。

4 月 18—19 日，总队党组成员、党组纪检组组长吴小武一行赴孟津调查队、济源调查队开展工作调研。

4 月 19—21 日，国家统计局服务业调查中心专项调查处处长、一级调研员赵娟和副处长、一级调研员苗征一行莅临河南洛阳调研高等职业教育发展情况。总队党组成员、副总队长陈建设就服务业统计工作与调研组进行了交流与探讨。

4 月 19—20 日，总队在全国居民消费价格统计调查培训班上作经验交流。

4 月 20 日，总队召开一季度经济形势分析会。党组书记、总队长崔刚出席会议并讲话，党组成员、总统计师郑泽香，党组成员、副总队长王传健出席会议。

4 月 20 日，总队召开全国文明单位创建暨模范机关先进单位创建动员会。党组书记、总队长崔刚作动员讲话，省直文明办主任王勇生应邀到会指导。党组成员、总统计师郑泽香，党组成员、党组纪检组组长吴小武，党组成员、副总队长王传健出席会议。

4 月 21 日，总队党组召开党组会议，专题部署学习贯彻习近平新时代中国特色社会主义思想主题教育工作。党组书记、总队长崔刚主持并对做好主题教育工作提出要求。

4 月 22—24 日，总队开展“党群心连心 插秧助农忙”青年走基层实践教育活动。党组成员、总统计师郑泽香，国家统计局在豫挂职锻炼干部，总队部分青年干部，信阳队青工委相关人员参加此次活动。

4 月 23 日，总队召开专题会议，传达学习全国统计部门财务工作会议精神，研究部署贯彻落实相关工作。党组成员、副总队长王传健出席会议并提出要求。

4 月 24 日，总队生猪 Ai 大数据视觉识别技术作为智慧统计项目在“第四届联合国世界数据论坛”进行成果展示。

4 月 25 日，总队开展“重走长征路 传承清廉志”主题党日活动。党组成员、党组纪检组组长吴小武，总队机关纪委委员、纪检监察室全体人员，郑州国家调查队系统纪检干部参加活动。

4 月 25 日，总队召开保密专题会议，部署保密自查自评工作。党组成员、副总队长、保密委副主任王传健参加会议。

4 月 25 日，总队召开专题会议，传达学习全国房价统计调查培训班精神，研究部署落实房价改革工作等 2023 年重点工作措施。党组成员、总统计师郑泽香出席会议并提出具体要求。

4 月 26 日，总队赴信阳开展网络和数据安全工作专题调研并检查指导安全保密工作。

4 月 26 日，总队举办河南国家调查队系统法治建设调查学堂。党组成员、总统计师郑泽香出席讲座。

4 月 26 日，总队举行法律顾问聘任仪式。党组成员、总统计师郑泽香出席，为法律顾问代表颁发聘书。

4 月 27 日，总队机关青工委举办以“深入学习二十大 青年读书筑根基”为主题的青年干部读书分享活动。

4 月 27 日，总队党组理论学习中心组召开 2023 年第 8 次学习会议。党组成员、副总队长王传健主持会议。总队在郑领导班子成员、机关各处室主要负责人参加会议。

4 月 27 日，总队党组成员、副总队长陈建设以“四不两直”方式带队赴郑东新区队开展“大兴调查研究”工作调研，并督导检查企业类调查、劳动力调查和专项调查工作。

4 月，国家统计局印发《国家统计局关于2022 年度创建模范机关先进单位评选结果的通报》(国统字〔2023〕60 号)文件，总队被评选为 2022 年度“国家统计局创建模范机关先进单位”。

4 月，总队被评为 2022 年度“省直机关党建工作考评优秀单位”。

4 月，总队组织开展了全省生产性服务业发展情况专题调研、公务员考试培训情况调研、2023 届河南高校毕业生就业创业情况调研、种粮主体收益保障情况重点选题调研、网络和数据安全专题调研。

4 月，总队报送的调查专报《一季度河南农产品价格涨跌互现　总指数呈上涨趋势》《河南外贸出口开局良好　量价压力不容忽视》《河南：生猪市场价格回升　三大瓶颈亟待解决》《河南公务员考生报读培训班比例高　存在三种乱象不容忽视》《2 月份河南制造业采购经理指数变动原因分析》《3 月份河南制造业采购经理指数运行于扩张区间》《3 月份河南非制造业商务活动指数运行于扩张区间》《河南高校毕业生就业创业环境改善但压力较大　需加速释放政策效能》《一季度河南居民人均可支配收入增长 5.2%》《国家统计局河南调查总队等四部门联合召开一季度就业形势分析座谈会》获得多位省领导批示。

五月

5 月 4 日，总队召开服务型行政执法培训会。党组成员、总统计师郑泽香出席培训会。

5 月 4 日，总队印发《国家统计局河南调查总队落实中央依法治国办督察反馈意见整改方案》，全方位部署落实中央依法治国办督察反馈意见整改工作。

5 月 4—11 日，总队党组成员、副总队长陈建设带队赴部分市、县开展小麦生产形势调研。

5 月 6 日，总队邀请兵团十三师调查队、巴里坤调查队业务骨干参加夏粮预实产业务视频培训。

5 月 6—10 日，总队举办学习贯彻习近平新时代中国特色社会主义思想主题教育读书班第一期。总队机关全体干部职工参加。

5 月 8 日上午，总队组织干部职工参加省直机关无偿献血暨造血干细胞捐献志愿者招募活动。

5 月 8—10 日，国家统计局农村司副司长普布顿珠来豫调研农产品价格调查工作开展情况。

5 月 9—19 日，总队党组书记、总队长崔刚，党组成员、副总队长陈建设分别带队，赴部分市、县开展劳动力调查督导陪访、回访。

5 月 10 日，总队与省人社厅召集郑州航空港区人社局、富士康、比亚迪等职能部门及企业，联合召开企业用工情况座谈会。

5 月 10—11 日，河南国家调查队系统青年工作培训班在开封举办。总队党组书记、总队长崔刚出席会议并讲话，党组成员、副总队长王传健出席会议。

5 月 11 日，总队党组成员、总统计师郑泽香到基层联系点为邓州队党员干部作《紧跟领袖　在读书中淬炼政治素养》专题党课。

5月11—12日，总队党组书记、总队长崔刚一行赴开封开展劳动力调查督导陪访工作。

5月11—14日，总队在大别山干部学院举办河南国家调查队系统纪检干部业务培训班。

5月13日，总队组织河南国家调查队系统纪检干部在信阳市新县鄂豫皖革命根据地开展“弘扬大别山精神，锻造忠诚廉洁纪检铁军”主题党日活动。

5月15—17日，总队在林州红旗渠干部学院举办河南国家调查队系统科级及以下干部学习宣传贯彻党的二十大精神集中研讨培训班。

5月16日，总队组织召开市级调查队OA系统应用需求研讨会。

5月16—17日，总队党组书记、总队长崔刚采取“四不两直”的方式，深入开封、周口和许昌等地区开展夏粮生产形势调研。

5月17日，总队赴南阳调查队开展“美好生活·民法典相伴”宣讲活动。

5月17—21日，总队举办学习贯彻习近平新时代中国特色社会主义思想主题教育第二期读书班。

5月18日，总队获评2022年度全省平安建设工作优秀单位，总队连续6年获此殊荣。

5月22—24日，总队党组成员、副总队长陈建设一行赴焦作、新乡开展“专精特新”企业与中小微企业生产经营情况调研。

5月23日，国家统计局党组书记、局长，主题教育第一巡回指导组组长康义一行到总队督导学习贯彻习近平新时代中国特色社会主义思想主题教育开展情况，调研了解总队农业、劳动力、居民收支调查及其他工作开展情况，并看望总队机关干部职工。

5月23日，总队在南阳唐河县开展2023年夏粮统计调查实割实测开镰活动。

5月24日，总队召开专题会议，学习康义局长调研河南讲话精神，研究部署贯彻落实举措。党组书记、总队长崔刚主持会议并作讲话。

5月24日，总队赴开封市召开豫东片区生产价格调查基础工作座谈会。

5月25日，总队党组理论学习中心组召开2023年第10次学习暨干部教育整顿专题会议。党组书记、总队长崔刚主持会议并讲话。党组成员、总统计师郑泽香，党组成员、党组纪检组组长吴小武，党组成员、副总队长王传健参加学习。

5月25日，总队召开夏粮会商视频会议，研判全省夏粮生产形势。党组成员、副总队长陈建设主持会议。

5月25—26日，总队在许昌举办全省国家调查队系统综合调查工作业务培训班。

5月25—27日，总队在信阳举办全省居民收支调查业务培训班。

5月26日，总队参加省直机关综合办公楼2023年夏季火灾警示宣传教育月活动。

5月29—31日，河南国家调查队系统2023年半年工作推进暨培训会议在南阳召开。会议深入学习贯彻习近平新时代中国特色社会主义思想，回顾总结上半年工作，安排部署下半年重点工作。总队党组书记、总队长崔刚出席会议并讲话，党组成员、总统计师郑泽香主持会议，党组成员、党组纪检组组长吴小武，党组成员、副总队长王传健、陈建设出席会议。

5月，总队印发《河南国家调查队系统专项调查人才库管理办法》，进一步加强专项调查人才培养，打造高素质、专业化人才队伍。

5月，总队制作选送的微视频《平安河南 国调人在行动》获得第七届平安河南“三微”作品展播活动最佳剪辑奖。

5月，总队荣获2022年法治河南（法治政府）建设考核优秀等次。

5月，总队组织开展了小微企业和个体经营户经营情况专题调研、高等职业教育发展情况调研、乡村医疗卫生体系建设情况调研、提高劳动力调查源头数据质量专项研究、国家统计调查制度执行情况调研、医疗服务情况专题调研、脱贫人口就业增收问题调研、“专精特新”企业与中小微企业生产经营情况调研、“农业强省建设”系列专题调研、强降雨对夏粮生产影响快速调研。

5月，总队报送的调查专报《4月份河南制造业采购经理指数有所回落》《4月份河南非制造业商务活动指数继续扩张》《河南网购成为消费新引擎　四方面问题仍需关注》《四月全省就业总体稳定　青年就业压力较大》获得多位省领导批示。

六月

6月1－3日，国家局农村司司长王贵荣一行到河南调研农业遥感调查工作和夏粮生产形势。总队党组成员、副总队长陈建设，农业调查处有关人员陪同调研。

6月5日，总队党组成员、总统计师郑泽香赴安阳滑县开展食品行业生产经营及转型升级情况调研。总队生产价格调查处、消费价格调查处主要负责同志参加调研。

6月5－8日，总队在焦作市举办河南劳动力调查业务培训班。党组成员、副总队长陈建设出席培训班并讲话。

6月6－7日，中国统计师事务所副所长王琦一行到总队调研辅助调查员培训工作。总队党组成员、总统计师郑泽香，总队制度方法处、居民收支调查处、劳动力调查处有关同志陪同调研。

6月8日，总队在全系统组织开展分析研究写作技能线上笔试竞赛，以赛促练扎实推进全系统分析研究写作技能竞赛工作。

6月8日，总队党组成员、党组纪检组组长吴小武一行赴党支部工作联系点卫辉调查队开展工作调研，并对党建工作和“两个责任”落实情况进行督导检查。总队纪律检查室（巡察办）、机关党委办公室主要负责同志参加调研。

6月8－9日，总队在开封举办全省财务工作培训班。党组成员、副总队长王传健出席培训班并讲话。

6月8－10日，国家局人口司崔红艳一行莅临河南调研劳动力调查工作。总队党组成员、副总队长陈建设，总队劳动力调查处有关负责同志陪同调研。

6月9日，总队党组理论学习中心组召开2023年第11次学习会议。总队党组书记、总队长崔刚主持会议，并对贯彻落实树立和践行正确政绩观提出要求。党组成员、总统计师郑泽香，党组成员、党组纪检组组长吴小武参加会议。

6月12－16日，总队党组书记、总队长崔刚一行赴新疆调研统计对口援疆工作，看望慰问援疆干部。总队办公室、人事处、机关党办和郑州队有关同志陪同调研。

6 月 12－19 日,总队到洛阳、安阳、濮阳、许昌、焦作及有关县级调查队开展领导班子和队伍建设专项调研,党组成员、副总队长陈建设带队开展调研。

6 月 13 日,总队党组成员、副总队长陈建设到党支部联系点滑县调查队督导党建工作,并为滑县队全体干部职工上专题党课。总队农业调查处、人事教育处有关同志陪同调研督导,并共同聆听党课。

6 月 13－14 日,总队网信办和数安办组成检查调研小组赴洛阳、伊川开展网络和数据安全检查调研。总队办公室和信息技术应用处有关人员参加调研。

6 月 13－14 日,总队党组成员、副总队长陈建设一行深入安阳、濮阳开展夏粮实割实测及收储情况调研。总队农业调查处相关人员陪同调研。

6 月 14 日,总队党组纪检组召开系统纪检干部队伍教育整顿学习研讨暨市队纪检组组长履职汇报会。总队党组成员、党组纪检组组长吴小武出席会议并进行点评。

6 月 14—16 日,总队举办生产价格调查业务培训班。党组成员、总统计师郑泽香出席培训班并讲话。

6 月 15 日,总队举办河南国家调查队系统 2023 年第一期(总第六期)课题研究分享沙龙。

6 月 15 日,总队党组成员、副总队长王传健赴基层工作联系点项城调查队,为全体人员讲专题党课。总队机关党委办公室和农业调查处相关同志陪同督导和调研,并共同聆听党课。

6 月 15－16 日,总队党组成员、副总队长陈建设深入洛阳开展夏粮生产情况及收储情况调研。总队农业调查处相关人员陪同调研。

6 月 15－16 日,总队居民消费价格处赴三门峡、灵宝等地开展了居民消费价格基层基础工作现场调研。

6 月 16 日,总队召开 2023 年上半年内部监督工作贯通协同会议,党组成员、党组纪检组组长吴小武和党组成员、副总队长王传健出席会议。

6 月 18－21 日,国家统计局住户调查司副司长肖宁一行赴河南省固始县、禹州市开展住户调查基础工作和数据质量检查调研。总队党组成员、副总队长王传健,总队居民收支处、住户监测处等有关同志参加调研。

6 月 20 日,总队举办河南国家调查队系统“学习二十大　奋进新征程”党建知识技能竞赛决赛。党组成员、总统计师郑泽香出席活动,党组成员、副总队长王传健出席活动并致辞。

6 月 21 日,总队精神文明建设领导小组办公室联合驻楼单位共同组织“粽情端午、传承文明”包粽子活动。

6 月 22－24 日,总队完成局域网新核心路由交换设备割接上线和中心机房网络配线整体改造工作。

6 月 25 日,国家统计局召开河南调查总队干部大会,宣布河南调查总队主要负责人任免决定。国家统计局党组成员、副局长毛有丰出席会议并讲话,国家统计局人事司副司长和胜平主持会议,河南省统计局党组成员、副局长冯文元出席会议。

6月26日，总队组织召开干部队伍教育整顿工作推进会，传达学习国家统计局关于扎实推进干部队伍教育整顿有关文件精神，对总队机关干部队伍教育整顿工作进行再部署再落实。党组成员、副总队长陈建设主持会议并提出要求。

6月26－27日，国家统计局办公室副主任杨东红一行赴河南开展调研，深入信阳调研安全保密、网络和数据安全工作。总队党组成员、副总队长王传健及总队信息技术应用处、办公室、省统计局等有关同志陪同调研。

6月26－28日，总队在许昌举办全省住户监测调查业务培训班。总队党组成员、副总队长王传健出席培训班并讲话。

6月28日，河南调查总队纪律检查室党支部联合漯河调查队党支部赴临颍县开展“传承家风家训　弘扬廉洁新风”主题党日活动。总队党组书记、总队长吴小武以普通党员身份参加了活动。

6月30日，总队召开学习贯彻习近平新时代中国特色社会主义思想主题教育专题党课会议。党组书记、总队长吴小武为河南国家调查队系统党员干部授课，强调要深入学习贯彻习近平总书记关于政绩观的重要论述，树立和践行统计数据真实准确政绩观，全力推动河南国家调查事业高质量发展。

6月30日，总队党组召开专题会议，研究2023年上半年全面从严治党工作。总队党组书记、总队长吴小武主持会议，总队党组成员、总统计师郑泽香，党组成员、副总队长王传健、陈建设参加会议。

6月，中共河南省委、河南省人民政府下发《关于命名新一届河南省文明城市文明村镇文明单位文明家庭的决定》，总队再次获评“省级文明单位(标兵)”称号。

6月，总队印发《国家统计局河南调查总队电子统计调查数据保存管理办法》。

6月，河南总队组织开展了国家统计调查制度执行情况调研、“外卖小哥”工作生活情况专题调研、领导班子和队伍建设专项调研、食品行业生产经营及转型升级情况调研、辅助调查员培训工作调研、网络和数据安全检查调研、夏粮实割实测及收储情况调研。

6月，河南总队报送的调查专报《五月全省城镇调查失业率保持稳定》《河南：承接东南沿海产业转移势头强劲　企业发展主要存在四难三盼》《河南：居民对医疗服务的总体满意度较高　三大医疗服务乱象有待整治》《河南高等职业教育驶入提质培优快车道　高质量发展面临诸多问题》获得多位省领导批示。

七月

7月3－4日，总队组织总队机关部分人员参加省委组织部面试考官培训。

7月5日，总队召开总队长办公会议专题研究制定提高数据质量任务清单，对提高数据质量工作进行了责任梳理和任务分解。

7月5－6日，总队综合处赴开封开展“调查服务中存在的问题及建议”主题调研并督导检查“双基”“履行调查核心职能”资料准备情况。

7月5－6日，总队信息技术应用处赴许昌开展网络和数据安全检查调研暨市队OA

建设方案研讨。

7 月 6 日，总队党组成员、副总队长王传健以《以高质量统计调查服务中国式现代化》为题，为分管部门党员干部讲主题教育专题党课。

7 月 7 日，总队召开 2023 年第 18 次党组会议，研究部署法治建设工作。

7 月 10 日，总队召开统计建模工作汇报会，总队党组成员、副总队长陈建设出席会议。

7 月 10 日，总队组织召开 2023 年统计执法监督检查培训会，对总队 2023 年统计执法监督检查工作进行了具体安排部署。

7 月 11 日，总队党组成员、总统计师郑泽香以《紧跟领袖　在读书中淬炼政治素养》为题，为分管部门党员干部讲主题教育专题党课。

7 月 11 日，总队党组成员、副总队长陈建设以《用党的创新理论统一思想意志行动　推动河南国家调查工作高质量发展》为题，为分管部门党员干部讲主题教育专题党课。

7 月 10－13 日，总队党组成员、副总队长王传健一行赴济源、洛阳开展督导调研工作。

7 月 12－13 日，总队党组成员、副总队长陈建设一行赴周口督导陪访劳动力调查工作。

7 月 13 日，总队党组书记、总队长吴小武赴武汉参加国家统计局组织的中南片区调查总队现场调研交流。

7 月 13 日，总队开展“依法统计、诚信调查”诚信主题宣传教育活动，弘扬依法统计、诚信调查精神。

7 月 13－14 日，总队在郑州举办河南国家调查队系统政务管理暨安全保密工作培训班。总队党组成员、副总队长王传健出席会议。

7 月 14 日，总队党组理论学习中心组召开 2023 年第 13 次学习会议。党组成员、总统计师郑泽香主持会议并讲话，党组成员、副总队长王传健、陈建设参加学习。

7 月 14 日，总队组织干部职工赴郑州东区康宁街消防救援站开展“走进消防基地　消防安全记我心”亲子活动。

7 月 18－21 日，总队在洛阳举办河南国家调查队系统新提任领导干部任职培训班。总队党组书记、总队长吴小武出席开班仪式并作动员讲话，党组成员、副总队长陈建设主持开班仪式。

7 月 18 日，总队举行河南国家调查队系统新提任领导干部宪法宣誓仪式。总队党组书记、总队长吴小武监誓，总队党组成员、副总队长陈建设主持宣誓仪式。

7 月 16－20 日，总队机关足球代表队参加河南省第十四届运动会，获得河南省第十四届运动会三等奖和体育道德风尚奖。

7 月 19 日，总队党组书记、总队长吴小武一行赴息县调研指导工作。

7 月 19 日，总队党组书记、总队长吴小武一行赴息县弯柳树村开展乡村振兴帮扶工作调研座谈。

7 月 20 日，国家统计局主题教育第二巡回指导组成员、离退局党委专职副书记、一级巡视员张丽颖一行，到总队督导调研主题教育工作，全面了解总队主题教育开展情况。

7 月 20 日，总队党组书记、总队长吴小武参加省委直属机关工委组织召开的省直机关清廉机关创建工作推进会,并作交流发言。

7月25日,河南省人民政府印发《关于表扬2022年度服务河南经济社会发展优秀中央驻豫单位的通报》(豫政〔2023〕25号),总队荣获"2022年度服务河南经济社会发展优秀中央驻豫单位",在获得优秀等次的15家中央驻豫单位中名列第6位。

7月25日,总队印发《河南国家调查系统市级样本粮中心标准化建设指南》,切实做好样本粮管理工作。

7月25日,总队召开主题教育调研成果交流会,进一步推动调查研究走深走实。

7月25日,总队党组召开会议,传达学习省直机关清廉机关创建工作推进会精神,安排部署下阶段重点工作。

7月26－27日,总队在在洛阳举办河南国家调查队系统消费价格调查业务培训班。

7月26日,总队在洛阳广播电视中心举办2023年河南国家调查队系统统计执法监督检查技能竞赛。总队党组成员、总统计师郑泽香全程督导,并担任评委组组长。

7月26日,总队召开主题教育调查研究成果交流会。

7月26日,总队举办第2期道德讲堂,持续营造见贤思齐、争当先进的浓厚氛围。

7月27日,总队召开上半年经济形势分析会,分析上半年全省主要调查监测指标运行情况,对后期走势进行研判。总队党组成员、总统计师郑泽香,党组成员、副总队长王传健、陈建设出席会议。

7月28日,总队与省发改委、省教育厅、省人社厅、省统计局联合召开上半年就业形势分析座谈会。总队党组成员、副总队长陈建设主持会议,省人社厅二级巡视员李四清出席会议。

7月28日,总队召开机关退役军人"八一"座谈会。党组成员、副总队长王传健参加会议并讲话。

7月31日,总队看望和慰问驻楼武警官兵,向他们致以节日的问候和诚挚的祝福。

7月,总队机关工会被省直机关工会联合会评为"模范职工之家"。

7月,总队发布第七次升级版《河南国家调查队系统干部应知应会题库(2023版)》;总队首创编印《优秀辅助调查员先进事迹汇编》。

7月,总队开展退役军人专题调研,全面了解河南退役军人安置和就业保障情况,深入了解退役军人就业面临的困难和诉求建议。

7月,总队在省内18个地市对99家中小微企业开展专题调研,了解在推进全国统一大市场建设中河南中小微企业的困难和诉求、中小微企业纾困惠企政策落实等情况。

7月,总队印发《关于印发〈2023年河南大豆玉米带状复合种植调查工作方案〉和〈2023年河南再生稻调查工作方案〉的通知》,对做好大豆玉米带状复合种植和再生稻调查工作进行部署。

7月,河南总队报送的调查专报《6月份河南制造业采购经理指数继续回落》《政务要闻－－上半年我省PMI下滑态势凸显》《上半年河南居民收入增速回升,但低于全国平均增速》《六月全省城镇调查失业率下降》获得多位省领导批示。

八月

7月31日－8月2日,总队党组书记、总队长吴小武一行赴周口督导源头数据质量检查工作。

7月31日－8月2日,总队党组成员、总统计师郑泽香一行赴濮阳督导源头数据质量检查工作。

8月1日,总队召开河南国家调查队系统进一步推进主题教育专项整治工作部署视频会议,传达学习国家统计局有关文件精神,对防惩统计造假弄虚作假工作进行了再部署再安排。

8月1日－3日,总队党组成员、副总队长陈建设一行赴漯河督导源头数据质量检查工作。

8月2日,国家统计局办公室印发《关于2022年度全国统计分析报告专项业务考核结果的通报》,总队1篇统计分析报告获得二等奖。

8月3日,总队举办2023年河南住户收支与生活状况调查技能竞赛决赛。

8月4日,总队党组理论学习中心组召开2023年第14次学习会议。

8月4日,总队召开全省劳动力调查业务培训视频会议,学习传达全国劳动力调查业务培训会议精神,安排部署下阶段全省劳动力调查重点工作任务。

8月4日,总队开展消防安全和汛期安全知识培训,邀请省消防协会宣传服务队专职教官进行授课。

8月7日,总队召开学习贯彻习近平新时代中国特色社会主义思想主题教育整改整治工作推进会。总队党组成员、副总队长王传健主持会议并对专项整治工作提出明确要求。

8月7日,总队与省农业农村厅召开工作交流座谈会。总队党组成员、副总队长陈建设主持会议,省农业农村厅副厅长王俊忠出席会议。

8月7日－9日,总队党组成员、副总队长陈建设一行赴洛阳督导源头数据质量检查工作。

8月8日,总队举办河南国家调查队系统2023年第二期(总第七期)课题研究分享沙龙。总队党组成员、副总队长王传健、二级巡视员姚新建出席活动。

8月9日,总队举办河南国家调查队系统纪检业务知识技能竞赛。

8月10日,总队组织纪检干部赴鹤壁市石林镇开展“悟初心　强党性　走进红色石林”主题党日活动。

8月14日,总队召开专题会议并举行2023年度统计执法证集体颁发仪式。

8月14日,总队党组成员、副总队长陈建设带队赴省气象科学研究所开展工作座谈交流。

8月15日,总队党组理论学习中心组召开2023年第15次学习会议,开展主题教育专题民主生活会会前集中学习。

8月15日－16日,河北总队党组成员、副总队长王挺漳一行来豫考察交流农业农村调查工作。

8月16日－18日,总队举办全省大豆玉米带状复合种植及再生稻调查培训班,安排部署下阶段农业调查重点工作。

8 月 18 日，总队举办 2023 年河南国家调查队系统分析研究写作技能竞赛决赛。

8 月 18 日，总队赴中央河南调查组旧址，开展“赓续红色血脉　传承优良作风”主题党日活动。

8 月 21 日，总队党组成员、副总队长陈建设听取了总队分析研究处关于贯彻落实全国新设立小微企业跟踪监测调查培训班精神的专题汇报，并就如何高质量推进小微企业跟踪监测调查提出了具体要求。

8 月 22 日－23 日，总队学习小组就国家统计局党校第 6 期科级干部网上培训班课程学习组织开展两期研讨交流活动，学习小组 11 名学员全员参加研讨交流。

8 月 22 日，总队印发《采购经理调查全过程数据质量管理工作规范》。

8 月 24 日，总队与北京师范大学、北京艾尔思时代科技有限公司等单位就统计调查智慧平台建设、遥感技术在农业农村调查工作中的应用以及数据安全等方面进行了座谈交流。

8 月 23 日－24 日，总队组织国家统计局网上党校第 6 期科级干部培训班河南学员赴焦作开展党性教育现场教学，参观国家方志馆南水北调分馆、“西大井 1919”爱国主义教育基地。

8 月 25 日，总队选派 80 余名干部职工参加河南省第十四届运动会(社会组 · 省直和中央驻豫单位组)。

8 月 25 日，总队举办参加党校学习人员学习成果分享会。

8 月 25 日－30 日，总队各党支部分别召开学习贯彻习近平新时代中国特色社会主义思想主题教育专题组织生活会，总队党组成员以普通党员身份参加会议。总队各巡回指导组到会指导并点评。

8 月，国家统计局通报了国家统计局青年理论学习小组“关键小事”调研攻关活动成果评奖结果，总队两篇调研报告分别荣获“三等奖”“优秀奖”。总队党组书记、总队长吴小武作出批示：“荣获三等奖和优秀奖，向相关同志表示祝贺。望再接再厉，争取更上一层楼。”

8 月，国家统计局新疆生产建设兵团第十三师调查队、国家统计局巴里坤调查队分别致函河南总队，对河南总队派出的援疆干部给予的大力支持表示感谢。

8 月，总队对 6 个市级国家调查队、14 个县级国家调查队、县级统计局的 25 家样本企业的采购经理专业进行了源头数据质量检查和数据质量核查抽查。

8 月，国家统计局机关党委(巡视办)致函总队，对总队长期以来对机关党委(巡视办)工作的支持表示感谢，对总队选派干部借调期间的优异表现提出表扬。国家统计局统计督察领导小组办公室致函总队，对总队选派干部在国家统计局 2023 年第 6 统计督察组实地督察期间工作给予充分肯定和好评。

8 月，总队完成对全省 1311 家企业开展了夏季安全生产经营情况专题调研。在郑州、开封等 10 个地市开展完成河南涉企违规收费专项整治调研。完成领导班子建设和干部队伍建设调研。对全省 10 个地市的 79 家乡村文旅经营主体开展了专题调研。

8 月，《河南总队荣获 2022 年度服务河南经济社会发展优秀驻豫单位的报告》获国家统计局党组成员、副局长毛有丰批示。

8月,总队报送的调查专报《河南秋粮作物长势总体良好　夺取秋粮丰产丰收仍需综合施策》《上半年河南脱贫县农村居民人均可支配收入增长7.9%》获多位省领导批示。

九月

8月29日–9月1日,国家统计局农村司副司长魏锋华一行来总队调研指导农业农村统计调查工作,并赴鹤壁、安阳、新乡、洛阳等地开展畜牧业样本轮换及农业农村生产形势调研。

8月31日–9月1日,总队在洛阳召开全国统计重大专项课题总结汇报会。国家统计局农村司副司长魏锋华到会指导。

9月1日,总队机关组织青年志愿者联合正光街社区辖区单位开展了“夏日送清凉”慰问“城市美容师”活动。

9月1日,总队召开专题会议,听取2023年河南国家调查源头数据质量检查情况汇报,研究进一步加强统计调查基层基础工作。

9月2日,总队党组召开2023年巡察工作动员部署会暨巡察业务培训会。

9月4–5日,总队赴新乡市原阳县、辉县市调研畜禽养殖生产形势并开展数据质量检查。

9月5日,总队长吴小武专题听取消费价格统计调查工作开展情况汇报,并对消费价格统计调查下一步工作提出具体要求。

9月5日,总队执法检查组到许昌开展执法检查工作。

9月5日–7日,副总队长陈建设带队深入南阳、三门峡、洛阳开展秋季农业生产形势调研。

9月5日–7日,总队第一检查组到郑州开展统计执法监督检查工作。

9月6日–9日,总队巡察工作督导组赴驻马店、商丘、济源、新乡调查队对巡察工作开展督导。

9月6日–7日,总队第五检查组到漯河对漯河队和临颍县统计局开展统计执法监督检查工作。

9月7日,副总队长陈建设带队到洛阳开展农业生产情况调研。

9月8日,总队召开专题会议传达学习全国统计法治工作会议精神。

9月8日,总队党组理论学习中心组召开2023年第16次学习会议。

9月11日,总队与省农业农村厅、省发展改革委、省财政厅、省粮食和储备局、中储粮集团公司河南分公司等部门就大豆生产相关问题开展会商座谈。

9月12日,总队开展网络安全宣传周现场宣传活动。

9月13日,副总队长陈建设一行赴新乡市国家经济技术开发区开展平安建设基层联系点调研指导工作。

9月12日–13日,总队在焦作召开豫北片区生产价格调查基础工作观摩会,总统计师郑泽香带队到3家工价企业进行了访厂调研和基层基础规范化工作检查。

9月12日–14日,总队组织检查组到宜阳、洛宁开展劳动力调查执法检查。

9月12日–14日,总队在新乡举办河南国家调查系统企业类调查业务培训班。

9月12日–14日,总队长吴小武带队赴

濮阳调研指导党建、居民收支、劳动力调查等工作。

9月12日－14日，副总队长陈建设带队赴平顶山督导劳动力调查工作并入户陪访。

9月16日，总统计师郑泽香赴河南大别山干部学院为郑州国家调查队系统党员干部讲专题党课。

9月18日，总队机关青工委召开会议进行集体学习，研究青年理论学习提升工程相关工作，为荣获国家统计局青年理论学习小组"关键小事"调研攻关奖项的青年理论学习小组发放了获奖证书。

9月18日－19日，总队长吴小武带队赴兰考开展秋粮生产形势调研。

9月19日，河南省副省长李酌到总队调研服务"三农"工作情况，看望慰问总队机关干部职工。

9月19日，总队在洛阳召开豫西片区生产价格调查基础工作观摩会。

9月20日－22日，总队委托国家统计局统计师事务所在古都安阳举办劳动力调查专业辅助调查员业务能力提升培训班。

9月22日，总队召开学习贯彻习近平新时代中国特色社会主义思想主题教育第一批总结暨第二批部署视频会。

9月22日，总队赴郑州座谈指导农民工市民化进程动态监测调查工作。

9月22日，总队联合河南省统计局在开封市午朝门广场举办河南省第十四届"中国统计开放日"活动。

9月25日，总队召开党组巡察工作领导小组会议，听取总队党组2023年巡察工作情况汇报。

9月25日－27日，总队赴新疆与国家统计局兵团第十三师调查队和国家统计局哈密调查队开展农业统计调查工作交流。

9月25日－26日，总队组织国家统计局网上党校第7期科级干部培训班河南学员赴济源开展党性教育现场教学。

9月25日－26日，总队召开OA系统管理员培训班，推动省市级调查队自动化办公一体化发展。

9月26日，总队党组理论学习中心组召开2023年第17次学习会议。

9月26日－27日，总队组织国家统计局网上党校第7期科级干部培训班河南学员开展两期研讨交流活动。

9月26日－28日，副总队长王传健带队赴驻马店、漯河调研指导住户类调查工作和学习贯彻习近平新时代中国特色社会主义思想主题教育开展情况。

9月26日，总队组织机关退休老干部参加2023年省直机关老年人"人与自然和谐共生"健步走活动，并荣获"优秀组织奖"。

9月27日，总队开展节前警示教育活动，组织机关干部集中观看《扣好廉洁从政的"第一粒扣子"》等警示教育片。

9月28日，总队长吴小武，党组纪检组组长刘慧岩等2名新任职厅局级领导干部利用视频会议系统参加了国家统计局宪法宣誓仪式。

9月，总队选送的稿件《情景模拟　比拼实力》荣获中国信息报社评选的2023年度系统好新闻二等奖。

9月，总队定点帮扶村信阳市息县路口乡弯柳树村入选全国"乡村振兴赋能计划宜居宜业和美乡村创建示范基地”,驻村第一书记宋瑞荣获全国十大“乡村振兴先锋人物”。

9 月,总队组织全省 17 个省辖市国家调查队和济源调查队开展秋粮生产形势快速调研。本次调研依托国家统计局农村司农情观察问卷调查系统,通过二维码扫描进行问卷填报,提升调查效率。

9 月,总队在郑州、开封等 9 个地市组织开展河南新就业形态劳动者就业状况专题调研。

9 月,总队赴焦作、驻马店、漯河、三门峡、新乡、濮阳等地开展牛羊生产形势专题调研。

9 月,总队抽选 6 个地市、48 家大、中小型养殖场户开展河南省当前家禽养殖成本收益现状调研。

9 月,总队在全省开展高校毕业生就业流向专题调研,全面了解河南高校毕业生就业状况、人才流向及期盼诉求。

9 月,总队在全省范围内组织开展快递服务助力乡村振兴情况专题调研。

9 月,总队在安阳、南阳、商丘、周口、驻马店 5 个地市开展大豆产业链情况专题调研,了解大豆生产、使用、加工、销售等全产业链情况。

9 月,总队组织开展“中医医疗服务现状及问题”调研,全面深入了解河南中医发展现状、存在问题及政策需求。

9 月,总队在郑州、开封等 7 个地市开展河南消费新业态新热点发展情况专项调研,了解河南消费新业态新热点发展情况。

9 月,总队在郑州、开封、洛阳、平顶山、安阳、新乡、漯河等 7 个省辖市开展文化消费发展情况专题调研。

9 月,总队报送的调查专报《河南秋粮生产形势整体较好　种植成本较高等问题需关注》《河南新就业形态劳动者就业状况分析》《河南中药材价格持续上涨　平稳发展需努力》获多位省领导批示。

十月

9 月 26 日 - 10 月 10 日,总队在全系统开展了违规办案行为和案件质量问题专项整治工作。

10 月 8 日,总队召开有关市县国家调查队同城整合动员部署会。

10 月 9 日,总队赴省农业农村厅就全省畜牧业生产形势、统计现代化改革以及下阶段重点工作等相关问题进行会商座谈。

10 月 9 日,总队与省农业农村厅、省统计局等部门就全省畜牧业当前生产形势及未来走势等相关问题开展会商座谈。

10 月 10 日,总队组织学习贯彻蔺涛副局长讲话精神,推动国家统计局统计基层基础建设意见落实落地。

10 月 9 - 11 日,总队在开封举办河南国家调查队系统网络安全和信息化工作培训班。

10 月 9 - 12 日,总队与省农业农村厅组成联合调研组赴信阳开展实地调研。

10 月 13 日,总队召开 2023 年年报和 2024 年定期报表修订工作专题会。

10 月 15 日,总队召开统计建模论文汇报会。

10 月 11 - 14 日,河南总队赴安徽总队开展农村调查业务及主要畜禽监测调查样本轮换工作交流。

10月16日，驻委纪检监察组副组长张东升一行到总队调研。

10月17日，总队举办河南国家调查队系统2023年第五期调查学堂。

10月17日，总队联合省农业农村厅赴新乡市获嘉县开展大豆玉米复合种植整割整测实收活动。

10月17日，国家统计局在厦门举办2023年（第九届）全国统计建模大赛答辩赛。总队参赛2队荣获一等奖，总队参赛1队荣获二等奖，总队荣获优秀组织奖。

10月17日，总队长吴小武带队赴商丘召开总队党组第一巡察组向商丘调查队主要负责人反馈巡察情况会议、总队党组巡察商丘调查队党组情况反馈会议。

10月17日，总统计师郑泽香带队先后赴新乡、济源调查队，主持召开总队党组巡察组向新乡、济源调查队主要负责人反馈巡察情况会议，向新乡调查队党组及所辖县级调查队、济源调查队党组反馈巡察情况会议。

10月17－18日，总队在驻马店召开2023年第三季度河南房地产价格调查重点城市集中联审会议。

10月18—20日，总队在周口召开主要畜禽监测调查样本轮换评审培训班。

10月19日，总队长吴小武、纪检组长刘慧岩一行赴省纪委监委沟通联系工作，与第二监督检查室就强化统计监督、纪检干部队伍教育整顿、拓宽问题线索来源等工作进行座谈交流。

10月19日，总队召开党组会议传达学习驻委纪检监察组副组长张东升调研讲话精神，研究制定贯彻落实讲话精神的具体举措。

10月20日，总队召开2023年度统计法治工作视频会议。

10月18－20日，河南总队与山西总队联合开展居民消费价格调查工作座谈交流，并赴平顶山现场观摩CPI扫描数据应用情况。

10月23日，总队针对新修订的报表制度内容，组织相关业务处进行研读学习，以确保国家统计局年报布置视频会议落实落细。

10月20日，总队纪律检查室党支部组织召开党的二十大精神集中学习研讨会。

10月24日，总队派员参加由河南省农机农垦发展中心举办的全省农机化统计人员能力提升培训班。

10月24日，总队长吴小武一行赴洛阳、三门峡检查指导第二批主题教育并调研统计调查工作。

10月24日，总队组织机关全体统计行政执法人员参加服务型行政执法理论测试。

10月25日，总队组织退休老干部赴开封开展秋游赏菊活动。

10月25日，省农业农村厅二级巡视员朱立良一行到总队开展座谈交流，围绕畜牧业统计调查工作及当前农村经济形势等进行会商研讨。

10月23－25日，总统计师郑泽香一行赴南阳邓州，参加南阳、平顶山队联合举办的学习贯彻习近平新时代中国特色社会主义思想主题教育读书班并指导开展第二批主题教育。

10月25日，副总队长陈建设一行赴漯河调查队指导第二批学习贯彻习近平新时代中国特色社会主义思想主题教育。

10月25日，总队召开前三季度经济形势

分析会。

10 月 25 – 26 日,总队在漯河举办 2023 年全面从严治党民意调查培训班。

10 月 26 日,总统计师郑泽香带队赴驻马店调查队主持召开总队党组巡察组向驻马店调查队主要负责人反馈巡察情况会议、总队党组巡察组向驻马店调查队党组及所辖县级调查队反馈巡察情况会议,并对巡察整改工作提出意见和要求。

10 月 26 日,总统计师郑泽香一行赴驻马店检查指导第二批学习贯彻习近平新时代中国特色社会主义思想主题教育工作。

10 月 26 – 27 日,中央主题教育第十八巡回指导组、国家统计局第五巡回指导组莅临河南,调研指导第二批学习贯彻习近平新时代中国特色社会主义思想主题教育。

10 月 27 日,总队党组理论学习中心组召开 2023 年第 18 次学习会议。

10 月 28 日,河南省委、省政府印发《中共河南省委　河南省人民政府关于表扬法治河南(法治政府)建设考核优秀单位的通报》,总队荣获“法治河南(法治政府)建设考核优秀单位”称号。

10 月 30 日,总队召开专题会议学习国家统计局副局长蔺涛讲话精神,贯彻落实 2023《中国统计》宣传工作暨新闻宣传培训会议精神。

10 月 30 日,总队举办河南国家调查队系统 2023 年第六期调查学堂。

10 月 30 日,总队举办河南国家调查队系统财务一体化系统培训班。

10 月 30 – 31 日,总队在郑州举办河南国家调查队系统网络信息视频培训暨座谈会议。

10 月 31 日,总队长吴小武赴光山检查指导第二批主题教育并调研乡村振兴和基层统计调查工作。

10 月 31 日 – 11 月 1 日,副总队长王传健一行赴许昌队指导第二批学习贯彻习近平新时代中国特色社会主义思想主题教育,并讲授专题党课。

10 月,由河南总队牵头,浙江总队、河南农业大学参与的国家统计局重大统计专项课题《基于无人机遥感等多维技术估计小麦群体穗数研究》在结项审核中荣获优秀等次。

10 月,中国统计教育学会致函总队,对陆军、赵宝两位同志受邀参加 2023 年(第九届)全国大学生统计建模大赛河南赛区的评审工作表示感谢,同时感谢总队长期以来对中国统计教育学会工作的支持。

10 月,总队组织开展了职业教育高质量发展情况专题调研。

10 月,总队对全省 259 家民营企业开展了党组织作用发挥情况专题调研。

10 月,总队组织开展了“中小微企业创新开展情况”调研。

10 月,总队组织开展了“拖欠民营企业状况问题”调研。

10 月,总队报送的调查专报《秋粮增产趋势明显　丰收到手仍需综合施策》《脱贫人口就业形势总体向好　稳岗增收制约因素需关注》《前三季度河南居民收入平稳增长　增速较上半年减缓》《河南化解拖欠民企账款问题需关注“三盼”》获多位省领导批示。

十一月

10 月 30 日 – 11 月 1 日,总队党组成员、副总队长陈建设到南阳指导第二批主题教育，并赴镇平督导2023年全面从严治党民意调查工作。

11月2日，总队党组书记、总队长吴小武赴卢氏检查指导第二批主题教育，并调研居民收支调查等工作。

11月3日至7日，总队举办帮助工作人员学习贯彻习近平新时代中国特色社会主义思想主题教育读书班。

11月6日，总队机关纪委召开2023年第四次全体会议。党组成员、党组纪检组组长刘慧岩出席会议并讲话。

11月6日，总队党组成员、副总队长王传健赴开封调查队及祥符调查队开展第二批主题教育检查指导。

11月6－8日，总队党组成员、党组纪检组组长刘慧岩赴济源、孟津、伊川检查指导第二批主题教育。

11月7－8日，总队党组成员、总统计师郑泽香赴内乡、南召、方城三县检查指导畜牧业调查样本轮换新样本单位的基础工作。

11月8日，总队党组成员、总统计师郑泽香赴方城检查指导第二批主题教育，并调研畜禽生产形势。

11月8日，总队召开专题会议学习贯彻全国2021年轮国际比较项目(ICP)总结培训班会议精神。

11月8－9日，总队联合河南省农业农村厅在驻马店召开主要畜禽监测调查大型养殖场(户)名录库摸底核查培训班。

11月9－10日，总队赴安徽调查总队开展廉洁文化建设工作交流学习。

11月10日，总队党组理论学习中心组召开2023年第19次学习会议。

11月13日，总队举办河南国家调查队系统2023年第七期调查学堂。

11月13日，总队联合河南省统计局、河南省农业农村厅就全省主要畜禽生产情况召开专题座谈会。

11月13日，总队到河南省农业农村厅乡村产业发展服务中心，就遥感监测和大数据应用开展座谈交流。

11月14日，总队召开专题会议传达学习全国建立主要畜禽监测调查大型养殖场(户)名录库视频会议精神。

11月14－15日，国家统计局党组成员、副局长、主题教育第五巡回督导组组长毛盛勇到河南，现场督导调查队系统第二批主题教育开展情况和党建工作，并调研基层统计调查工作。

11月14－16日，总队党组成员、总统计师郑泽香赴平顶山检查指导平顶山国家调查队系统第二批主题教育开展情况，并实地调研企业生产经营状况。

11月15日，总队党组书记、总队长吴小武专题听取了“河南国家调查管理服务平台”建设工作情况汇报，并对平台建设工作提出了具体要求。

11月15－17日，总队党组成员、党组纪检组组长刘慧岩先后赴新蔡、汝南、泌阳、西平等4个县级国家调查队指导第二批主题教育，督导检查巡察整改情况。

11月16日，省农业农村厅党组书记、厅长孙巍峰，二级巡视员朱立良到总队座谈交流工作。总队党组书记、总队长吴小武，党组成员、副总队长陈建设出席座谈会。

11月16日，总队党组书记、总队长吴小武，党组成员、副总队长陈建设到河南省人力资源和社会保障厅座谈交流就业统计监测工作。

11月17日，总队参加省直机关综合办公楼2023年度“119消防宣传月”专题讲座及冬季消防演练。

11月16－17日，总队在许昌召开2023年河南住户调查年报工作布置培训会。

11月20日，总队党组成员、副总队长陈建设专题听取关于贯彻落实全国贸易统计数据处理程序培训班精神的汇报。

11月20－21日，总队党组成员、副总队长陈建设一行赴济源、修武指导第二批主题教育。

11月20－21日，总队赴山东与山东调查总队和泰安调查队开展农业统计调查工作交流。

11月21－23日，总队党组成员、副总队长陈建设赴辉县、长垣、原阳指导第二批主题教育。

11月23日，总队党组书记、总队长吴小武赴襄城、禹州检查指导第二批主题教育并调研基层统计调查工作。

11月24日，总队党组理论学习中心组召开2023年第20次学习会议。

11月27日，总队党组成员、副总队长王传健赴商丘队督导巡察整改工作。

11月27日，总队召开专题会议贯彻落实全国采购经理调查视频培训会议精神。

11月28日，总队召开河南国家调查队系统第二批学习贯彻习近平新时代中国特色社会主义思想主题教育推进会。

11月29日，省乡村振兴局党组书记、局长刘保仓，党组成员、副局长王惠民一行到总队座谈交流脱贫地区农村住户统计监测工作。

11月29日，总队党组成员、总统计师郑泽香赴驻马店队督导巡察整改工作。

11月30日，总队党组纪检组听取市级国家调查队纪检组长履职汇报。总队党组成员、纪检组长刘慧岩出席会议并进行点评。

11月30日，总队召开全省网购用户调查工作布置暨业务培训视频会议。

11月，总队荣获政协河南省委员会颁发的“农业强省建设”专题研究工作表扬单位荣誉，2位同志荣获“农业强省建设”专题研究工作表扬个人荣誉。

11月，总队组织开展社会集团消费情况专题调研。

11月，总队对全省协商民主工作开展情况进行专题调研。

11月，总队编印《劳动力调查常见问题90问——调查员实操指南》手册。

11月，总队报送的调查专报《河南化解拖欠民企账款问题需关注“三盼”》《10月份河南制造业采购经理指数降至收缩区》《河南社会集团消费下降三大问题亟需解决》获多位省领导批示。

十二月

12月1日，总队组织机关干部职工代表赴省美术馆参观“学思践悟二十大　实干笃行铸辉煌”省直机关“红旗渠杯”书画展。

12月1日，总队对口援疆单位哈密调查队寄来《感谢信》，对总队援疆工作表示衷心的感谢。

12月4日，总队党组理论学习中心组召开2023年第21次学习会议。

12月4－6日，总队赴四川总队开展农村调查业务工作交流。

12月5日，总队在郑东新区商都嘉园社区广场开展2023年宪法宣传日暨统计法颁布纪念日宣传活动，总统计师郑泽香出席活动。

12月5－6日，副总队长陈建设赴汤阴、滑县检查指导第二批学习贯彻习近平新时代中国特色社会主义思想主题教育，深入党建联系点开展主题党日活动，并深入样本企业开展核查回访。

12月5－7日，总队党组纪检组组长刘慧岩赴民权、宁陵、虞城、永城检查指导第二批学习贯彻习近平新时代中国特色社会主义思想主题教育及巡察整改情况，并开展基层基础工作检查。

12月6日，国家统计局主题教育第五巡回督导组到河南总队、洛阳调查队、孟津调查队、伊川调查队调研指导第二批主题教育和党建工作开展情况。

12月6日，总队长吴小武一行赴卫辉检查指导第二批学习贯彻习近平新时代中国特色社会主义思想主题教育、巡察整改及各项业务工作，并开展“学典型 强党性 促发展 建新功”主题党日活动。

12月6日，副总队长陈建设一行赴新乡调查队督导巡察整改专题民主生活会。

12月6－7日，湖北总队来豫考察交流农业调查工作。

12月7日，总统计师郑泽香赴驻马店督导驻马店调查队党组巡察整改专题民主生活会。

12月7日，总队召开审计整改工作专题会议，副总队长王传健主持会议，对审计整改工作提出具体要求。

12月12日，副总队长王传健赴商丘督导商丘调查队巡察整改专题民主生活会。

12月12日，副总队长王传健一行赴尉氏，对尉氏调查队第二批学习贯彻习近平新时代中国特色社会主义思想主题教育进行检查指导。

12月12日，总队“送法小组”赴安阳鑫盛机床股份有限公司开展“送法入企”宣传活动。

12月12－14日，总统计师郑泽香一行赴郑州检查指导郑州国家调查队系统第二批学习贯彻习近平新时代中国特色社会主义思想主题教育，并参加主题党日活动。

12月13－14日，副总队长陈建设赴三门峡灵宝、陕州指导第二批学习贯彻习近平新时代中国特色社会主义思想主题教育，并深入社区督导劳动力调查工作。

12月13－14日，总队在郑州举办全省价格统计调查年报培训班，总统计师郑泽香出席培训班并讲话。

12月15日，总队召开机关工会委员会换届选举大会，选举产生新一届机关工会委员会，总队长吴小武出席并讲话。

12月15日，总队召开2023年内部监督工作贯通协同第二次会议，副总队长王传健，党组纪检组组长刘慧岩出席会议。

12月18－19日，副总队长王传健一行赴基层工作联系点项城调查队，指导第二批学习贯彻习近平新时代中国特色社会主义思想主题教育，并对住户年报工作进行检查指导。

12 月 18－19 日，总统计师郑泽香一行赴息县、潢川检查指导第二批学习贯彻习近平新时代中国特色社会主义思想主题教育。

12 月 19－21 日，总队在信阳举办河南国家调查队系统统计法治工作培训班，总统计师郑泽香出席培训班并讲话。

12 月 20 日，省直机关清廉机关创建行动考评组，对总队机关清廉机关建设示范点创建工作进行了实地考评，副总队长王传健，党组纪检组组长刘慧岩参加会议。

12 月 20－21 日，副总队长陈建设带队赴鹤壁检查指导农业与畜牧业基层基础工作。

12 月 20－21 日，总队在鹤壁召开全省农业农村统计调查报表制度布置培训班，副总队长陈建设出席会议并讲话。

12 月 21 日，总队机关纪委召开 2023 年第五次全体会议暨机关纪委委员履职汇报会，党组纪检组组长刘慧岩参加会议。

12 月 22 日，总队党组理论学习中心组召开 2023 年第 22 次学习会议。

12 月 22 日，总队党组召开会议，学习贯彻习近平总书记近期重要讲话和文章精神，总队长吴小武主持会议并讲话。

12 月 25 日，总队"送法小组"赴中共河南省委党校(河南省行政学院)开展"送法进党校"宣传活动。

12 月 26 日，总队与省农业农村厅在郑州签署战略合作框架协议。总队长吴小武，省农业农村厅厅长孙巍峰出席会议并见证协议签署。副总队长陈建设，省农业农村厅副厅长马万里分别代表双方签署协议。

12 月 26 日，总队党组纪检组召开专题组织生活会，党组纪检组组长刘慧岩以普通党员身份参加会议。

12 月 26 日，总队赴航空港区冯堂办事处苏家村开展"冬日送温暖"文明实践帮扶活动，看望慰问老党员、困难群众。

12 月 27 日，总队与省人力资源和社会保障厅签署合作框架协议。

12 月 27 日，总队组织全体机关干部集中收看警示教育片《清除国企蛀虫》《蚁贪之害》。

12 月 28 日，总队法治建设行政服务指导组赴企业开展服务型行政执法行政指导工作，总队和郑州调查队、企业人员共计 20 余人参加活动。

12 月 28 日，总队党组"第一议题"学习贯彻习近平总书记重要讲话精神，强调在实现中国式现代化的宏伟事业中奋力推进统计调查现代化，总队长吴小武主持会议并讲话。

12 月 28 日，总队长吴小武主持召开党组会议，专题听取 2023 年巡察整改工作情况汇报。

12 月，总队召开河南国家调查队系统人事年报培训班，副总队长陈建设出席培训班并讲话。

12 月，总队组织开展"我们的节日—冬至"主题活动，总队长吴小武莅临现场指导并向干部职工送去节日的问候和祝福。

12 月，副总队长王传健专程赴信阳市息县路口乡弯柳树村开展"迎双节　送温暖　固成果"活动。

12 月，总队在国家统计局"《统计法》在我心中"征文活动中分获二等奖和优秀奖。

12月，总队和河南农业大学共同选送的课题《面向产量预测的小麦穗粒分割与计数分析》，在2023联合国大数据黑客松大赛中荣获三等奖。

12月，国家统计局人事司致函总队，对李永强同志借调人事司工作期间的突出表现予以表扬，总队长吴小武、副总队长陈建设作出批示。

12月，国家统计局数管中心致函总队，对桑琪硕同志提出表扬，总队长吴小武、副总队长陈建设作出批示。

12月，国家统计局统计执法监督局致函总队，对总队推荐参加国家常规统计督察的5名同志提出表扬。

12月，国家统计局城市司致函总队，对马越洋同志在城市司跟班学习期间的突出表现予以表扬，总队长吴小武、副总队长陈建设作出批示。

12月，总队报送的调查专报《2023年河南秋粮喜获丰收　全年粮食产量超1324亿斤》获多位省领导批示。

《河南调查年鉴2024》只读光盘介绍

《河南调查年鉴 2024》只读光盘是一张信息高度密集的资料载体。该光盘全面反映河南省经济社会发展情况的抽样调查资料，收录了全省和市、县（区）2023 年经济和社会发展有关方面大量的调查统计数据，以及历史重要年份的全省主要调查统计数据。

光盘的主要内容分为 9 个部分，即 1. 工作报告；2. 农业；3. 畜牧业；4. 消费价格；5. 生产价格；6. 农产品价格；7. 人民生活；8. 全国及各省区市指标；9. 大事记（2023）。第 2–7 部分篇末附有《主要统计指标解释》。

《河南调查年鉴 2024》光盘（CD–ROM）操作简便、功能实用，浏览时可实现各部分内容之间的切换，并附有 Html 文件。

河南调查总队官方微信